W0395539

grafit

Die Von-Linden-Saga:

*Das Haus der grauen Mönche – Das Mündel.*
ISBN 978-3-89425-619-7
*Das Haus der grauen Mönche – Freund und Feind.*
ISBN 978-3-89425-620-3
*Das Haus der grauen Mönche – Im Dienst der Hanse.*
ISBN 978-3-89425-621-0

*Ein Königreich von kurzer Dauer.*
ISBN 978-3-89425-623-4
*Schwarzes Gold und alte Missgunst.*
ISBN 978-3-89425-624-1

© 2018 by GRAFIT Verlag GmbH
Chemnitzer Str. 31, D-44139 Dortmund
Internet: http://www.grafit.de
E-Mail: info@grafit.de
Alle Rechte vorbehalten.
Umschlaggestaltung: Nele Schütz Design unter Verwendung von shutterstock/GoodWinn777 (Münzen), Anton Grachev (Würfel)
Druck und Bindearbeiten: GGP Media GmbH, Pößneck
ISBN 978-3-89425-624-1
1. 2. 3. / 2019 18 17

Jan Zweyer

# Schwarzes Gold und alte Missgunst

Historischer Roman

grafit

## Der Autor

**Jan Zweyer** wurde 1953 in Frankfurt am Main geboren. Mitte der Siebzigerjahre zog er ins Ruhrgebiet, studierte erst Architektur, dann Sozialwissenschaften und schrieb als ständiger freier Mitarbeiter für die *Westdeutsche Allgemeine Zeitung.* Er war viele Jahre für verschiedene Industrieunternehmen tätig. Heute arbeitet Zweyer als freier Schriftsteller in Herne.

Mit seiner Trilogie *Das Haus der grauen Mönche* entführte er die Leser in das deutsche Mittelalter. In *Schwarzes Gold und alte Missgunst* erzählt er die generationenübergreifende Geschichte der von Lindens in den Wirren des Dreißigjährigen Krieges weiter.

## Dramatis Personae

(Die mit einem * gekennzeichneten Figuren sind historisch belegt.)

*Familie von Linden*
**Jürgen von Linden,** Kaufmann
**Gesche,** seine Frau
**Dirk,** sein Sohn
**Walter,** sein Bruder, Advokat beim klevischen Rat
**Frowe,** seine Schwester
**Trine,** seine zweite Schwester
**Wilhelm Mattheissen,** genannt der Arzt, Trines Mann *
**Alke,** ihre Tochter

*Familie von der Recke*
**Cordt von der Recke,** Herr auf Burg Kemnade und der Freiherrlichkeit Stiepel *
**Anna von Quadt,** seine Frau *
**Wennemar von der Recke,** ihr Sohn *
**Ursula von der Recke,** ihre Tochter *
**Clemens Nagel,** Ursulas Ehemann *

*Hattinger Bürger*
**Tigges Rupe,** Gastwirt
**Georg Pelser,** Bürgermeister bis 1624 *
**Arnold Kielmann,** Bürgermeister ab 1624 *
**Georg Kielmann,** sein Sohn *
**Hermann Pfannkuch,** Bürgermeister ab 1624 *
**Everdt Marienbaum,** Schmied *
**Arndt von Eicken,** Bauer
**Mattes,** sein Knecht
**Johann Anrodt zum Sünsbruch** *
**Steffen Hülsbeck,** Goldschmied

**Utz Stams,** Apotheker
**Fritz Trepmann,** Fleischhauer
**Wingert Schubbe,** Totengräber *
**Johan Wilstach,** Richter *
**Anna-Maria,** Hure *
**Hermann Merker,** Pastor *
**Veit,** Lohgerber-Knecht

*Soldaten*
**Peter de Brügg,** Hauptmann der spanischen Besatzungstruppen
**Don Gonzalo Fernández de Córdoba,** spanischer Befehlshaber *
**Wilhelm Wendt zum Crassenstein,** schwedischer Obrist *

*Beamte/Adelige*
**Jobst von Strünkede** (eigentlich Jobst von Aschebrock zu Mahlenburg), genannt der Gelehrte, Droste und Amtmann von Bochum *
**Adam von Schwarzenberg,** Geheimer Rat Brandenburgs *
**Bergmeister Cronenberg,** Bergvogt im Dienst des klevischen Rats *
**Mathias von Honnichen,** Vertrauter Cronenbergs *
**Johann von Dellwig zu Dellwig,** Amtmann und Droste in Blankenstein *
**Dietrich von Syberg,** Landdroste in der Grafschaft Mark *
**Dietrich von Diest,** Bergvogt ab 1632 *
**Johann von Schell und Rechen** *
**Caspar von Romberg von Brünninghausen** *
**Doktor Konradus Fabri,** Kammergerichtsadvokat beim Klever Rat *
**Gerd von Huck,** Landadeliger

*Sonstige*
**Doktor Beatus Moses,** Prokurator am Reichskammergericht Speyer *

**Winold von Büren,** Salinenbesitzer und Bürgermeister in Unna *
**Agatha Wettesbach,** Tochter eines Klever Beamten
**Jacob,** Diener
**Josef Faßbender,** Kölner Kaufmann
**Luigi,** Mailänder Schauspieler
**Elena,** Wirtin in Genua

## Hattingen um 1630
(vereinfachte Darstellung)

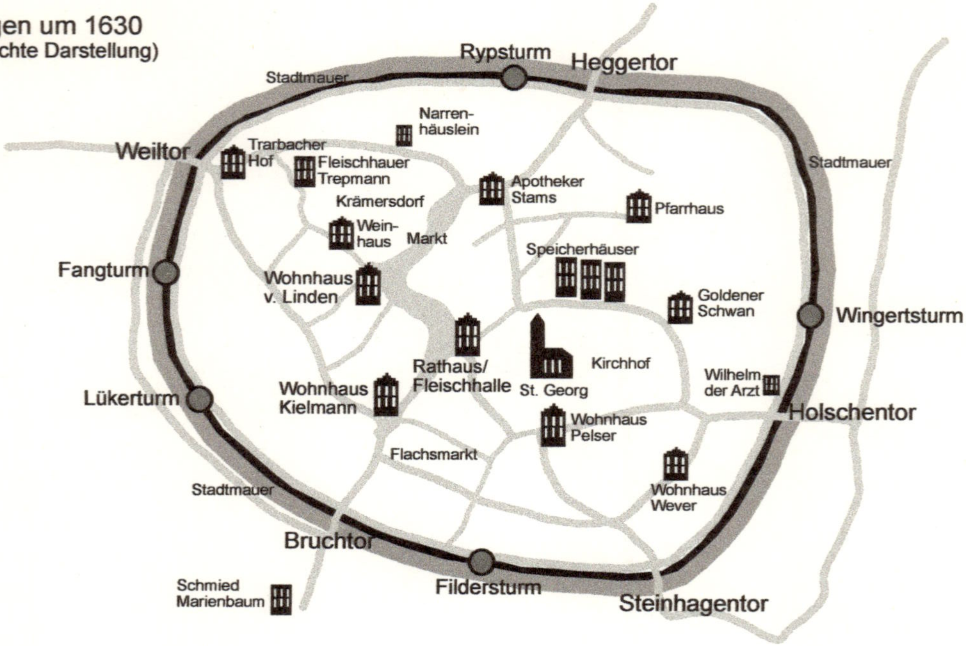

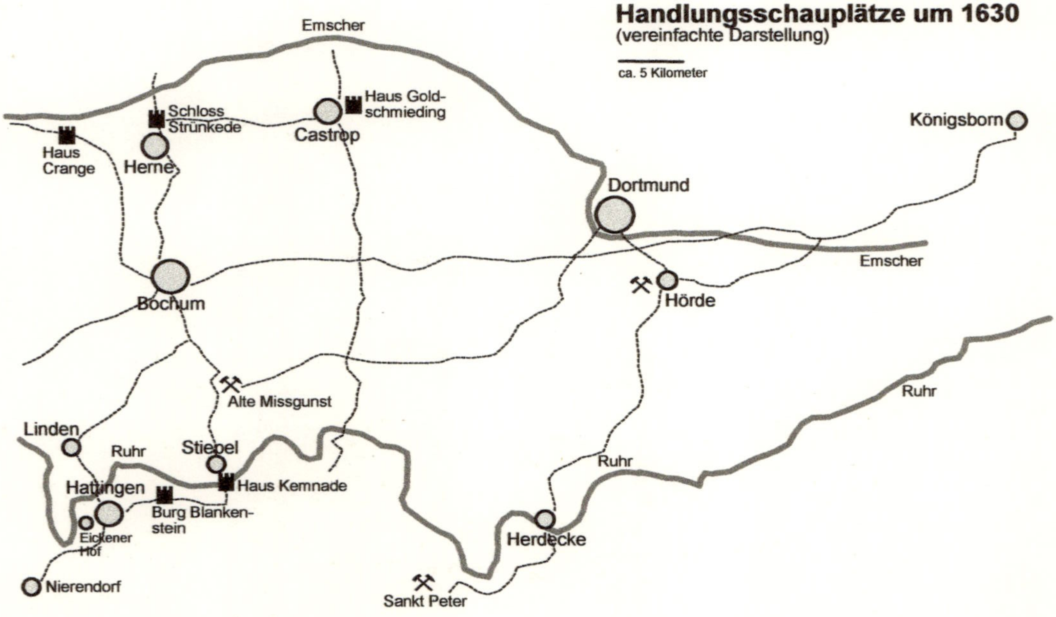
Handlungsschauplätze um 1630
(vereinfachte Darstellung)
ca. 5 Kilometer
Emscher
Schloss Strünkede
Haus Goldschmieding
Castrop
Königsborn
Haus Crange
Herne
Dortmund
Bochum
Emscher
Hörde
Ruhr
Alte Missgunst
Linden
Ruhr
Stiepel
Haus Kemnade
Ruhr
Hattingen
Burg Blankenstein
Eickener Hof
Herdecke
Nierendorf
Sankt Peter

# GÄNSEREITER

November 1622 bis Oktober 1623

# 1

*Hattingen, 1. November 1622*

»Ich bin Hauptmann Peter de Brügg.« Der junge Offizier trug die weiße Schärpe mit dem roten Kreuz von Burgund, die Farben der spanischen Streitkräfte, mit sichtbarem Stolz.

Langsam schweifte sein Blick durch die Gaststube, die er eben betreten hatte. Ihm schien zu gefallen, was er sah: der mächtige Kamin an der hinteren Wand des Hauses, der nicht nur zum Heizen, sondern auch zum Kochen genutzt wurde, die schweren, von den Ärmeln der Gäste und den Lappen der Mägde glatt geschliffenen Eichentische, die Butzenscheiben, die die Wärme im Haus und die Kälte draußen hielten, und schließlich die gusseisernen Kerzenhalter, die von der Decke hingen.

»Wie viele Zimmer hast du in deinem Gasthaus?«, fragte er den Wirt in einem Akzent, der neben seinem Namen verriet, dass er nicht aus Spanien, sondern aus Flandern stammte.

»Fünf, Herr«, antwortete Tigges Rupe eingeschüchtert und warf einen misstrauischen Blick zu den drei Musketieren hinüber, die gelangweilt vor der Eingangstür standen.

»Welches ist das größte?«

»Das, das zum Markt hinausgeht.«

»Gut. Das bekommt General Don Gonzalo Fernández de Córdoba.«

»Es ist belegt, Herr. Ein Kaufmann aus Bremen logiert dort.«

»Wirf ihn hinaus«, befahl der junge Offizier mit stoischer Miene.

»Aber er hat schon bezahlt.«

»Dann gib ihm sein Geld zurück.« De Brüggs Gesichtsausdruck zeigte, dass er keine weitere Diskussion führen würde.

»Ja, Herr«, erwiderte Rupe eingeschüchtert und senkte den Kopf.

»Die anderen Zimmer sind für Don Fernández' Offiziere gedacht.« Der Soldat zog ein zerknittertes Blatt Papier aus der Tasche und reichte es dem Wirt. »Hier, der vom Rat der Stadt ausgestellte Quartierschein für den General und seinen Stab. Insgesamt vierzehn Offiziere. Sie werden sich die restlichen vier Zimmer teilen.«

Rupe nickte. »Wie lange werdet Ihr bleiben?«

»Den Winter über.«

Der Wirt rechnete nach. Das waren mehr als drei Taler nur für die Unterkunft. Er witterte ein gutes Geschäft.

Aber seine Träume zerstoben jäh, als Peter de Brügg fortsetzte: »Du bekommst für die Unterbringung einen Reichstaler täglich, unsere Verpflegung inbegriffen.«

Der Wirt schüttelte entsetzt den Kopf. »Davon kann ich ja kaum die Nahrungsmittel kaufen.«

»Ist das mein Problem? Wende dich an deinen Rat, der hat den Preis festgelegt.« De Brügg nahm auf einer der Bänke Platz und winkte den Musketieren zu, die sich nach mehrfachem Verbeugen an einen entfernteren Tisch setzten. »Bevor du dort deine Beschwerde vorträgst, bringst du mir und meinen Leuten roten Wein. Den besten, den du im Keller hast. Aber höre: Ich verstehe eine Menge von Wein. Wenn du versuchst, mir ein minderwertiges Gesöff unterzujubeln, wird dir das schlecht bekommen.« Peter de Brügg strich mit der Handkante an seiner Kehle entlang. »Hast du das verstanden?«

»Natürlich, Herr.« Vor Angst schlotternd, eilte der Wirt in den Keller, um die Krüge zu füllen.

Kurz darauf traf der General mit seinem restlichen Gefolge ein. Der Schankraum füllte sich mit Soldaten, die alle nach Wein und geröstetem Fleisch verlangten. Zwei Stunden später hatten die Spanier zu Rupes Entsetzen seine Vorräte fast vollständig getilgt und ein Zehnliterfass besten Weins geleert.

Tigges Rupe atmete auf, als sich die Herren in ihr neues Quartier zurückzogen. Er befahl den Mägden, aufzuräumen und beim Fleischhauer neues Fleisch zu besorgen. Dann machte er sich auf den Weg zum nicht weit entfernten Rathaus, um einem der Bürgermeister sein Leid zu klagen.

»Mir sind die Hände gebunden, Herr Rupe.« Bürgermeister Georg Pelser, ein stattlicher Mann von Anfang vierzig, schüttelte den Kopf. Sein schwarzes Wams spannte etwas über dem Bauch, den er vor sich herschleppte. Ihn schienen die Entbehrungen der vergangenen Kriegsjahre weniger getroffen zu haben als andere, den um Hilfe suchenden Wirt, der vor ihm stand, eingeschlossen.

Tigges Rupe registrierte mit einer gewissen Bitternis, dass Pelsers Trikothosen nicht wie seine aus grober Wolle bestanden, sondern aus feinstem Linnen. Und das Leder der Reitstiefel des Bürgermeisters sah aus wie mehrfach gegerbt und war damit weicher als die harten Schuhe Rupes.

Die beiden Männer standen sich im Versammlungssaal des Rathauses über der Markthalle gegenüber. Hier tagte der Rat, in den kleinen Kammern links und rechts des Saales lagerten die Stadtakten und in einem der Räume arbeitete der Stadtschreiber.

»Der Reichstaler, den Ihr bewilligt habt …«

»Nicht ich, mein lieber Herr Rupe. Der Rat hat entschieden.«

»Aber sicher auf Euren Vorschlag hin.«

Der Bürgermeister nickte zustimmend. »Nichtsdestotrotz bleibt es ein Ratsbeschluss. Der, füge ich hinzu, aus absoluter Notwendigkeit erlassen wurde. Wie Ihr wisst, ist Hattingen, von einer kleinen Unterbrechung im letzten Jahr abgesehen, seit acht Jahren durchgängig von spanischen Truppen besetzt. Die Soldaten wollen von uns untergebracht und verpflegt sein. Das kostete uns im vorletzten Jahr und den Jahren davor ein Vermögen. Für jeden fremden Soldaten wandten wir etwa zehn Albus pro Kopf und Tag auf.«

»Ich erhalte nur fünf«, warf der Wirt ein. »Außerdem bezahle ich wie jeder andere Bürger Steuern, die Ihr den Besatzern zum Fraß vorwerft.«

»Ich verstehe Euren Unmut. Aber unsere Geldtruhen sind leer, wir wissen nicht, wie wir die Abgaben an den Landesherrn aufbringen sollen. Ihr habt doch gehört, wie Einzelne über unsere Stadt spotten: Nicht Hattingen, sondern Hatnichts heiße sie.«

»Das ist mir alles bekannt. Aber ich weiß nicht, wie ich über die Runden kommen soll.«

»Lieber Herr Rupe, uns bleibt keine Wahl. Leisten wir Widerstand, wird die Stadt niedergebrannt. Dann verlieren wir alles. Wollt Ihr das?«

»Natürlich nicht.«

Sanft schob der Bürgermeister den sich nur halbherzig sträubenden Wirt Richtung Ausgang. Und ehe sich der Bittsteller versah, schloss sich die Tür hinter ihm.

Rupe schlug verzweifelt die Hände vors Gesicht. Doch nach einigen Sekunden hatte er sich wieder in der Gewalt. Irgendwie würde es weitergehen. Es musste einfach.

## 2

*Hattingen, 2. November 1622*

Manchmal empfand Jürgen von Linden die Bürde, die ihm seine beiden älteren Brüder mit der Führung des Familiengeschäftes auferlegt hatten, als zu schwer.

Johann, den ältesten der Brüder, hatte der schreckliche Krieg gefressen, der das Land schon über vier Jahre in Atem hielt. Die Abenteuerlust hatte ihn in das Regiment des Feldherrn Wallenstein geführt. Er ersoff bei dem Versuch, einen Fluss mit zu dünner Eisdecke zu überqueren.

Walter hingegen erfüllte den Wunsch seines Vaters, ging an die Universität in Köln und studierte nach dem Durchlaufen der Artistenfakultät die Jurisprudenz. Seit einigen Jahren arbeitete er wie sein Urgroßvater Hinrick am klevischen Hof als Advokat.

Seit über einhundert Jahren lebte die Familie von Linden in Hattingen, ihr Haus an der Gelinde war weitgehend unverändert geblieben. Am Rand des Kirchhofs von Sankt Georg stand seit einigen Jahren ein zweites Speicherhaus, welches Jürgens Vater Johann erbaut hatte. Nach wie vor fußte das Geschäft der Familie auf zwei Beinen: Zum einen handelte sie mit Stoffen und daraus gefertigten Produkten wie Kleidern oder Decken, zum anderen verfügte sie über mehrere Ochsen- und Pferdekarren, die sie nebst den erforderlichen Knechten an Kaufleute für deren Transporte vermietete.

Das Geschäftsprinzip der Familie war einfach. In Zeiten, in denen die Nachfrage gering und das Angebot groß war, kauften sie günstig ein und verkauften bei hoher Nachfrage und geringem Angebot möglichst teuer.

Bisher hatte dieses Modell gut funktioniert. Sicher, manchmal verpassten sie den idealen Zeitpunkt für einen Kauf oder Verkauf. Es kam vor, dass in den Lagerhäusern der Platz für neue Waren knapp wurde und sie entweder auf ein Geschäft verzichten oder ihr Handelsgut mit geringerem Gewinn als geplant oder gar unter Einkaufspreis veräußerten. Aber im Großen und Ganzen agierten die Mitglieder der Familie Linden in den vergangenen Jahrzehnten als erfolgreiche Kaufleute.

Anders sah es mit dem Transportgeschäft aus. Anfangs vielversprechend gestartet, machte dieser Geschäftszweig Jürgen mehr und mehr Sorgen. Das Risiko, dass Waren, die er transportierte, von Soldaten oder Banden geraubt wurden, war mit Beginn des großen Krieges deutlich gestiegen. Und da die Familie für einen solchen Verlust gegenüber ihren Kunden geradestand, hatte Jürgen die Prämien für diese Fuhren immer weiter erhöht, mit der Folge, dass er nur noch selten Aufträge erhielt, und dann verließen die Ochsenkarren nicht das Gebiet, welches unter der Kontrolle der spanischen Truppen stand. Ferntransporte kamen so gut wie nie vor. So floss immer weniger Geld in die Truhen seiner Familie.

Ein lauter Wortwechsel riss Jürgen aus seinen trüben Gedanken. Er öffnete die Tür des Kontors und betrat den Flur. Das Geschrei kam aus der Stube.

Jürgen seufzte, denn er wusste, wer da schon wieder stritt. Die hohe, etwas keifende Stimme gehörte seiner Schwester Frowe, die mit vierunddreißig nicht ganz zwei Jahre älter als er und immer noch Jungfer war. Er hatte die Hoffnung aufgegeben, sie unter die Haube zu bringen, denn kein Freier war ihr bisher gut genug gewesen.

Die andere war die seiner Frau Gesche, die Jürgen vor mehr als zehn Jahren seinen Sohn Dirk geschenkt hatte, den sie beide abgöttisch liebten. Vielleicht gerade deswegen, weil Dirk ihr einziges Kind war, ständig kränkelte, schwächlich war und in jedem Händel mit Gleichaltrigen unterlag. Dafür aber las der Junge gut, schrieb perfekt, sprach Latein und beherrschte das Rechnen fast besser als sein Vater. Jürgen lächelte unwillkürlich, als er daran dachte, wie stolz Dirk gewesen war, als er seinen Vater zum ersten Mal bei einem Rechenfehler ertappte.

Das Geschrei in der Stube wurde lauter. Leider war Zwist im Haus der von Lindens seit Jahren an der Tagesordnung. Als Gesche nach der Hochzeit eingezogen war, hatte ihre Schwägerin sich zunächst noch zurückgehalten. Später dann führten sie einen Kleinkrieg darüber, wer von ihnen zukünftig dem Haushalt vorstünde. Frowe berief sich darauf, schon immer in dem Haus gewohnt zu haben und die Ältere, Erfahrenere zu sein. Gesche pochte auf ihr Recht als Hausherrin, welches ihr mit der Eheschließung zugefallen sei.

Ihre Auseinandersetzungen entzündeten sich meist an trivialen Dingen: wessen Anweisungen die Mägde als Erstes auszuführen hätten, was mittags auf dem Tisch stehen sollte, wann gewaschen wurde.

Erst als Frowe sich in die Erziehung Dirks einmischte, hatte Jürgen eingegriffen und seine Schwester zur Ordnung gerufen. Dummerweise aber hatte diese Zurechtweisung den gegenteiligen Effekt gehabt. Zwar hatte Frowe Dirks Erziehung seitdem nicht mehr kommentiert, dafür aber ihre Anstrengungen verstärkt, die Oberhoheit im Haus zu gewinnen. So zankten sich die Frauen fast täglich wie die Besenbinder.

Verärgert riss Jürgen die Stubentür auf. »Was zum Teufel ist denn nun schon wieder los?«, blaffte er und brachte so die Kontrahentinnen für einen Moment zum Schweigen.

Aber schon kurz darauf stritten die Frauen weiter.

»Sie hat schon wieder der Magd eine Anweisung erteilt, die meiner widerspricht«, beschwerte sich Gesche.

»Weil deine Anordnung schlicht Unsinn war. Salz gehört nicht in das Wasser der Erbsen, bevor sie weich gekocht sind, sonst bleiben sie hart. Dir fehlt eben die Erfahrung, um einen Haushalt zu führen. Du bist zu jung.«

»So ein Unsinn«, erwiderte Gesche. »Lediglich die Garzeit verlängert sich, das weiß doch jedes Kind. Und außerdem bist du nur vier Jahre älter als ich. Also plustere dich nicht so auf!«

Gesche war blond im Gegensatz zu ihrer Schwägerin Frowe, die wie Jürgen rotbraune Haare hatte. Beide Frauen waren fast gleich groß und standen sich von Angesicht zu Angesicht gegenüber. Gesche wedelte, wie immer, wenn sie sich ärgerte, mit den Händen vor der Nase ihrer Schwägerin herum, während diese mit vor der Brust verschränkten Armen regungslos dastand.

»Willst du damit sagen, ich sei dümmer als ein Kind? Jürgen, hast du gehört, was deine Frau mir an den Kopf geworfen hat? Was sagst du dazu?«

Beide schauten ihn erwartungsvoll an.

Der Kaufmann seufzte tief, hob resignierend die Arme, schüttelte verständnislos den Kopf, drehte sich um und ging. Als er die Tür hinter sich geschlossen hatte, musste er zur Kenntnis nehmen, dass seine Intervention die Auseinandersetzung nicht beendet, sondern nur neu angefacht hatte.

In einem hat Gesche recht, dachte er. Dieses Haus ist zu klein für zwei so temperamentvolle Frauen. Es war lange überfällig, dass Frowe einen Ehemann bekam und auszog. Dumm nur, dass dies in ihrem Alter nicht mehr so einfach war. Und wenn wider Erwarten doch noch ein Freier an die Haustür klopfte, dürfte dieser exorbitante Mitgiftforderungen stellen. Jürgen konnte die Ersparnisse der Familie nicht dem häuslichen Frieden opfern. Er benötigte das Geld, um neue Geschäftsfelder zu erschließen. Aber vielleicht fand sich ja ein Kandidat, der nicht auf die Mitgift schielte, sondern Frowe um ihretwillen ehelichte. Man sollte die Hoffnung bekanntlich nie aufgeben.

## 3

*Haus Kemnade, 2. November 1622*

Es schneite. Mit versteinerter Miene stand Cordt von der Recke, Herr über Kemnade und die Herrlichkeit Stiepel, neben dem glühenden Kohlebecken und schaute durch die Butzenglasscheiben des Südflügels den wirbelnden Flocken zu. Trotz der vom Alter gebeugten Gestalt, den zittrigen Händen und der krächzenden Stimme stand da ein Mann, der sich seiner Macht immer noch gewiss war.

Der Hausherr verzog das Gesicht, als sein Blick auf die Ruinen des Haupthauses fiel. Zwei der Ruhrsteinmauern hielten noch einige verkohlte Teile des Dachstuhls, der aber den Stürmen des Winters wohl nicht standhalten würde. Vom gegenüberliegenden, einst das Schloss beherrschenden Hauptturm waren nur Teile des Fundaments übrig und der Nordflügel bestand lediglich aus einem Haufen Steine. Das schreckliche Feuer vor mehr als dreißig Jahren hatte ganze Arbeit geleistet.

Cordt gestand sich ein, dass Haus Kemnade zu seinen Lebzeiten nicht mehr aussehen würde wie früher. Zu wenig hatte er seit dem Brand wieder aufbauen können, es fehlte das Geld. Jahrelang hatten er und seine Gattin in einer Notwohnung auf dem Gelände gehaust, den Bauern gleich, die ihm abgabepflichtig waren. Erst seinem Sohn Wennemar war es gelungen, den erhalten gebliebenen Rundturm durch einen Trakt mit dem neu aufgebauten Südflügel zu verbinden, in dem die Familie nun ihren Wohnsitz genommen hatte. Zu mehr hatten seine finanziellen Mittel nicht gereicht.

»Hast du bezüglich Ursula eine Entscheidung getroffen?«, erkundigte sich Anna von Quadt, die Frau, mit der Cordt seit Langem verheiratet war. Sie saß auf einem Schemel in der Nähe eines weiteren Kohlebeckens und stickte das Familienwappen in eine Tischdecke. Sie trug wie ihr Mann einen Umhang aus schwerer Wolle, denn in dem kargen Raum, der ihnen als Wohnstube diente, gab es keinen Kamin. Und die Wärme der Kohlen verpuffte nach wenigen Schritten. Außerdem schlossen die Fenster nicht richtig, sodass kalte Luft durch das Zimmer zur Eichentür zog, die in das Treppenhaus führte.

»Ja«, antwortete Cordt.

»Soll ich sie dann hereinbitten?«

»Natürlich. Und Wennemar gleich dazu.«

Seine Frau erhob sich ächzend, um ihre Kinder zu rufen. Cordt ging schweren Schrittes zum Tisch, um sich Wein einzuschenken. Ihn graute vor dem kommenden Gespräch. Aber es führte kein Weg daran vorbei.

Wenig später betraten die achtzehnjährige Ursula und ihr älterer Bruder den Raum. Die junge Frau war schlank und hochgewachsen, im Gegensatz zur untersetzten Gestalt ihres Bruders. Der Hausherr und seine Frau trugen kein Gramm Fett zu viel an ihren Körpern. Das und die unterschiedliche Haarfarbe der Geschwister hatten für allerlei Getuschel auf Kemnade geführt. Auch Cordt hatte in den ersten Jahren seinen Stammhalter mit einem gewissen Zweifel beäugt, seine Frau deshalb aber nie zur Rede gestellt. Jetzt war es dafür ohnehin zu spät. Cordt hatte Wennemar, selbst wenn er ein Kuckuckskind sein sollte, als Sohn anerkannt. Schließlich war ihm kein anderer männlicher Erbe geschenkt worden.

Der Hausherr gab seinen Kindern mit einer Geste zu verstehen, sich zu ihm an den Tisch zu setzen. Dann füllte er ihre

Becher. »Ich habe euch rufen lassen, weil wir etwas zu besprechen haben, was in erster Linie dich angeht, Ursula«, sagte er leise.

Die junge Frau beugte sich gespannt vor, um ihren Vater besser zu hören. Dabei fiel eine Strähne des langen, blonden Haares in ihr Gesicht, die sie mit einer schnellen Handbewegung zurück hinter ihr Ohr klemmte.

»Ursula, du hast sicherlich aus den Gesprächen in der Vergangenheit mitbekommen, dass es um unsere finanzielle Situation nicht besonders gut steht. Die Ernten der Bauern sind in den letzten Jahren immer weiter zurückgegangen. Andauernd fallen fremde Soldaten in Stiepel ein, plündern und fressen uns die Haare vom Kopf. Der Wiederaufbau unseres Hauses verschlingt Unsummen. Deshalb dauert er auch so lange. Du bist jetzt im heiratsfähigen Alter. Es haben bereits einige Freier bei mir vorgesprochen.«

Ursula merkte auf.

»Alles Bewerber von untadeligem Ruf, füge ich hinzu. Ihnen war jedoch eines gemeinsam: Sie forderten eine maßlos hohe Mitgift. Kein Wunder, müssen ihre Familien doch ähnliche Schwierigkeiten wie wir bewältigen. An diesen Forderungen sind die Verhandlungen allesamt gescheitert.«

»Du hättest mich verheiratet, ohne meine Meinung einzuholen?« Ursulas Stimme klang entgeistert. »Verschachert wie ein Stück Vieh, nur mit dem Unterschied, dass der Preis für mich möglichst niedrig sein soll, damit unsere Schatulle nicht über Gebühr belastet wird?« Wieder fiel ihr die Haarsträhne ins Gesicht. Aber dieses Mal pustete Ursula sie wütend mit gespitzten Lippen beiseite.

Cordt von der Recke schlug mit der flachen Hand auf den Tisch. »Sprich nicht in diesem Ton mit mir.«

Ursula wusste, dass sie zu weit gegangen war. Obwohl es in ihr brodelte, unterdrückte sie ihren Zorn. »Entschuldige, Vater.« Gehorsam senkte sie den Kopf.

»Um es kurz zu machen: Ich kann die Mitgiftforderungen für dich nicht aufbringen.«

»Dann warten wir eben noch etwas. Irgendwann wird sicher ein Freier kommen, der mir gefällt, ich ihm und der kompromissbereiter als die anderen Herren ist.«

»Das kommt nicht infrage.« Cordt von der Recke sah seine Tochter bestimmt an. »Es schickt sich nicht für ein Fräulein im heiratsfähigen Alter, im Haus ihrer Eltern zu hocken und zu warten, bis sie alt und grau ist.«

»Das werde ich ganz bestimmt nicht tun.«

»Natürlich nicht. Glaubst du, ich lasse zu, dass die Leute schlecht über unser Haus reden, uns gar verspotten, weil ich unsere Tochter nicht zum Traualtar führe? Du wirst im Kloster Gräfrath leben.«

Ursula sah erschrocken auf. »Ich soll Nonne werden?« Sie schüttelte heftig den Kopf. »Niemals!«

»Nicht Nonne, sondern Stiftsdame. Gräfrath wurde vor einigen Jahren dank einer großzügigen Entscheidung unseres Landesherrn in ein adliges Frauenstift umgewandelt. Das Stift ist reich und verfügt über ausgedehnte Ländereien. Als Kanonissin erhältst du deine Pfründe. Dein Auskommen ist gesichert, du lebst sorgenfrei für den Rest deiner Tage in deinen Gemächern mit eigenem Mobiliar, erhältst von mir einen einmaligen Betrag, über den du frei verfügen kannst. Von dir wird lediglich ein Gelübde der Keuschheit und des Gehorsams gegenüber der Äbtissin verlangt. Außerdem musst du am Stundengebet und der heiligen Messe teilnehmen und deine Mahlzeiten mit den anderen Damen im Refektorium einnehmen.«

Mit vor Entsetzen weit aufgerissenen Augen sah Ursula ihren Vater an. »Aber … Auch der Eintritt in ein Stift kostet Geld … Ich meine …«

»Mach dir darüber keine Gedanken, Kind. Die Äbtissin ist Maria Magdalena von Hochstaden, eine frühere Freundin deiner Mutter. Sie hat mit ihr gesprochen. In deinem Fall wird die Zustiftung deutlich reduziert.«

Ursula war wie gelähmt. »Du kannst mich nicht zwingen dortzubleiben«, stieß sie schließlich hervor.

»Doch, das kann ich. Und ich habe das Recht dazu. Morgen früh wirst du aufbrechen. Dein Bruder wird dich begleiten. Er ist dafür verantwortlich, dass du wohlbehalten im Stift ankommst. Solltest du auf den dummen Gedanken kommen fortzulaufen, ist es ihm gestattet, dich zu züchtigen oder, wenn nötig, in Fesseln zu legen. Also versuche keine Flucht. Sie wird aussichtslos sein. Und nun verabschiede dich von deinen Eltern, wie es sich für eine Tochter gehört. Dann gehst du in deine Kammer und suchst das aus, was du mitnehmen möchtest.«

Cordt von der Recke stand auf und streckte seiner Tochter die rechte Hand entgegen. Widerstrebend kniete Ursula nieder und küsste sie. Dann ließ sie sich von ihrer Mutter umarmen. Aber die junge Frau empfand keine Zuneigung, nur tiefe Verzweiflung.

Auf dem Weg zu ihrer Kammer fragte sie ihren Bruder: »Du wusstest es, nicht wahr?« Als er schwieg, setzte sie fort: »Warum hast du mich nicht gewarnt? Ich dachte, du liebst mich?«

Rote Flecken der Wut zeigten sich auf seinem pausbäckigen Gesicht. »Ich gehorche Vater«, erwiderte Wennemar kalt und öffnete die Tür zu ihrem Refugium. Als Ursula zögerte, ergriff er ihren Arm, zerrte sie hinein und stieß sie auf ihr Bett. Dann verließ er ohne ein weiteres Wort den Raum.

Erschrocken registrierte Ursula, dass ihr Bruder die Tür zu ihrer Kammer verriegelte.

## 4

*Schloss Strünkede, 3. November 1622*

Der Winter war in diesem Jahr früher als sonst gekommen. Der gefrorene Boden knirschte unter den Hufen von Walter von Lindens Reitpferd. Der Advokat war gestern Morgen in Kleve aufgebrochen, hatte mit einer Fähre bei Xanten den Rhein überquert, in einer Weseler Herberge übernachtet und sich dann rechtsrheinisch nach Süden gewandt, bis er Ruhrort erreichte. Nach einer unruhigen Nacht in einem kalten Zimmer, welches er sich mit zwei laut schnarchenden Hamburger Kaufleuten teilte, war er früh weitergereist, um dem Lauf der Emscher nach Osten zu folgen.

Der eisige Wind blies ihm ins Gesicht. Er zog seinen dicht gewebten Umhang aus grobem Linnen höher. Es war kalt, gewiss. Aber der gefrorene Boden verhinderte, dass sein Pferd auf dem sonst morastigen Grund ausrutschte, strauchelte oder gar stürzte.

Die Emscher war noch nicht mit Eis bedeckt. Weiden mit tief hängenden Zweigen säumten ihr Bett. An manchen Stellen fanden sich Lücken im ansonsten dichten Astwerk und ließen den Blick auf die Sümpfe des Bruchwaldes am anderen Ufer zu.

Einmal sah Walter von Linden eine Herde Emscherbrücher. Die kleinen, wild lebenden Pferde ästen die letzten Gräser und Blätter ab. Der Leithengst hob den Kopf und spitzte die Ohren, als Walter sich näherte. Als das Tier erkannte, dass von dem Reiter keine Gefahr drohte, wandte es sich wieder dem Fressen zu.

Einige Stunden später passierte der Advokat die in einer Flussschleife gelegene und mit einer Zugbrücke ausgestattete Wasserburg Crange. Jetzt würde er bald sein Ziel erreichen.

Endlich tauchte die Silhouette Schloss Strünkedes auf. Umgeben von ausgedehnten Parkanlagen, thronte das mächtige Bauwerk auf einer künstlich angelegten Insel. Der Turm, an den sich zwei niedrigere Gebäudeflügel anlehnten, erstrahlte rot im Licht der untergehenden Sonne. Schießscharten an den Außenmauern zeugten von der Wehrhaftigkeit der Anlage. Die Gräfte, die das Schloss schützte, war teilweise zugefroren. Nur in der Mitte der Wasserfläche blieben kleinere Flächen eisfrei. Dort drängten sich nun die Enten.

Walter von Linden näherte sich der Burg von Westen her.

Obwohl es anfing zu dämmern, erkannte er die Zimmerleute, die am Dachstuhl eines neu errichteten Hauses im Norden letzte Hand anlegten. Vermutlich sollte das Dach fertig gedeckt sein, bevor endgültig der Winter Einzug hielt.

Er folgte der Gräfte, stieg dann ab und führte sein Reitpferd über die Brücke zum Südportal. Das Getrappel hatte einen der Wächter aufgeschreckt, denn der Soldat öffnete eine Luke in dem mit Eisenplatten beschlagenen Tor und fragte: »Euer Begehr, Herr?«

»Meldet dem Drosten, dass Advokat Walter von Linden, unterwegs im Auftrag des klevischen Rats, ihn sprechen möchte.«

Der Soldat verschwand und die Luke wurde geschlossen. Kurz darauf schob ein anderer Bediensteter einen der Torflügel auf und ließ den Besucher eintreten.

Der überließ sein Pferd einem wartenden Stallknecht und folgte dem Diener ins Innere des Hauses.

Jobst von Strünkede erwartete seinen Gast im Arbeitszimmer des Hauptflügels. Er war etwa einen Kopf kleiner als von Linden. Obwohl sein Haar schütter war, trug er es nach französischer Sitte links schulterlang und rechts kurz. Da sich auf der einen Seite gekräuselte Locken wanden, auf der anderen jedoch nicht, vermutete von Linden, dass von Strünkede eine Brennschere benutzte. Des Drosten Bart hingegen war sorgsam gestutzt. Da Jobst von Strünkede auch den Gänsebauch, ein fast den ganzen Oberkörper bedeckendes, ausgestopftes Koller, trug, wirkte er unförmig und behäbig. Von Linden hingegen bevorzugte, der aktuellen Mode zum Trotz, eine schlichte Schaube. Beiden Männern allerdings hing eine zwei Handbreit große Kröse um den Hals, die auf groteske Art den Kopf optisch vom Körper trennte. Einigkeit bestand auch in der Farbe der Kleidung: Die Herren trugen Schwarz.

Obwohl nicht von Adel wie der Droste, stand Walter von Linden in der gesellschaftlichen Hierarchie aufgrund seiner Tätigkeit etwa auf derselben Stufe wie sein Gastgeber. Entsprechend formlos fiel ihre Begrüßung aus. Außerdem kannten die Herren sich von vielen Begegnungen und hatten einander in den letzten Jahren schätzen gelernt.

»Ich sehe, Euer Anbau macht Fortschritte«, bemerkte der Advokat. »Das Dach ist ja fast fertig.«

Der Droste nickte zustimmend. »Gott sei Dank. Ich hatte schon befürchtet, wir schaffen es nicht mehr, bevor der Schnee fällt. Es liegt noch viel Arbeit vor uns. Hoffen wir, dass Gott mich die Fertigstellung der Wasserburg noch erleben lässt.«

»Na, na, nun übertreibt mal nicht, werter Droste. Ihr seid doch kaum älter als ich.«

»Ich werde zweiundvierzig.«

»Eben.«

»Mein Baumeister meint, wenn wir in dem bisherigen Tempo weiterbauen, wird es noch gut zwanzig Jahre dauern.«

»Auch das werdet Ihr schaffen.«

Ein Diener brachte heißen Würzwein.

»Ich soll Euch Grüße von Adam von Schwarzenberg ausrichten«, wechselte von Linden das Thema.

»Danke. Kümmert sich der Geheime Rat immer noch um jede Kleinigkeit selbst?«

»Nicht mehr so stark wie früher. Seit sich Kurfürst Georg Wilhelm vor zwei Jahren diese schreckliche Wunde am Unterschenkel zugezogen hat, kann er nicht mehr richtig laufen und muss meistens in einer Sänfte getragen werden. Deshalb hat er Kleve seitdem nicht mehr besucht. Von Schwarzenberg reist stattdessen regelmäßig ins Brandenburgische, um Bericht zu erstatten. Im Grunde vertritt er den Landesherrn in Kleve. Da bleibt nicht mehr viel Zeit für Aufgaben, die leicht delegiert werden können.«

»Verstehe. Aber was genau führt Euch zu mir?«

»Ich habe Euch einen Brief geschrieben. Hat er Euch nicht erreicht?«

Von Strünkede schüttelte den Kopf.

»Dann will ich kurz dessen Inhalt zusammenfassen. Nach dem Tod des letzten Herzogs von Kleve beschlossen Erbprinz Wolfgang Wilhelm von Pfalz-Neuburg und unser Kurfürst Georg Wilhelm in Xanten eine Aufteilung der früher vereinten Herzogtümer, wie Ihr wisst. Nun steht dieses Vorhaben auf tönernen Füßen. Nur das Durcheinander nach dem Prager Fenstersturz vor vier Jahren hat bisher einen Krieg zwischen den beiden Kontrahenten verhindert. Adam von Schwarzenberg ist sich jedoch sicher, dass dieser Konflikt weiterschwelt und irgendwann in einem offenen Flächenbrand münden wird. Die Spanier haben als Unterstützer von Pfalz-Neuburg den Vertrag von Xanten nie umgesetzt und halten immer noch große Teile unseres Landes besetzt. Brandenburg ist weit weg. Wir werden in diesem Konflikt nur bestehen, wenn wir uns einig sind. Eifersüchteleien und das Festhalten an alten Privilegien bringen uns nicht weiter.«

Der Droste wirkte bestürzt. »Spielt Ihr etwa auf mich an?«

Von Linden lachte auf. »Sollte ich das?«

»Ach was.«

»Nein, Euch gilt die Kritik nicht. Aber dem Herrn von Kemnade mit seinen ewigen Beschwerden und Eigenmächtigkeiten. Cordt von der Recke unterläuft unsere Anweisungen oder führt sie nur halbherzig aus. Er zahlt seine Abgaben unregelmäßig ...«

»Er steckt bis zum Hals in der Schuldenfalle«, unterbrach ihn von Strünkede. »Was ich bis zu einem gewissen Grad sogar nachvollziehen kann. Mir geht es schließlich ähnlich.«

»Aber der Bau Eures Schlosses schreitet voran ...«

»Langsam, viel zu langsam.«

»Meinetwegen. Aber immerhin.«

»Ich will von der Recke nicht entschuldigen. Er fällt mir ja selbst ständig in den Rücken. Fast jedes seiner Urteil wird angefochten und landet später auf meinem Tisch. Bochum ist schließlich die Berufungsinstanz für das Hochgericht Stiepel. Und meint Ihr, er hält sich an mein Verdikt, wenn ich anders entscheide als er? Einen Teufel tut er. Dann muss ich mich mit den Betroffenen herumschlagen, die sich bei mir beschweren. Das stärkt nicht gerade mein Ansehen.«

»Das ist genau das, was ich meine. Wir können es uns nicht leisten, dass der untitulierte Adel macht, was er will. Wenn es hart auf hart kommt, müssen wir uns auf jeden in unserem Herrschaftsgebiet verlassen können, egal ob Bauer, Bürger oder Adeliger. Bei Cordt von der Recke hat der Geheime Rat seine Zweifel. Der Herr von Burg Kemnade würde nicht zögern, die Seite zu wechseln, wenn es für ihn von Vorteil wäre.«

»Das kann ich mir vorstellen.«

»Beschäftigt Ihr Euch gerade mit irgendwelchen Berufungsverfahren?«

»Nein. Warum fragt Ihr?«

»Adam von Schwarzenberg denkt darüber nach, den Herrn von Kemnade vor das Reichskammergericht zu zerren, um ihm seine Privilegien streitig zu machen und bestenfalls die Herrlichkeit Stiepel aufzulösen und Bochum zuzuschlagen. Euer Einfluss würde wachsen, werter Droste.«

Man sah, wie es im Kopf von Strünkedes arbeitete. »Dafür braucht Ihr hieb- und stichfeste Beweise.«

»So ist es. Am besten sogar eine offene Auflehnung gegen Euch oder den klevischen Rat. Das überzeugt das Kammergericht und den Kaiser möglicherweise.«

»Aber sicher ist das nicht, oder?«

»Leider nein. Das Verhältnis des Kurfürsten zum Kaiser ist, sagen wir, angespannt. Ohne Weiteres wird das Gericht unserem Anliegen daher nicht folgen. Aber wenn von der Recke offen rebellierte … Darüber könnte der Kaiser nicht hinwegsehen, selbst wenn er wollte.«

»Es geht also darum, den Herrn von Kemnade zu einer solchen Tat zu bewegen?«

»Ich sehe, Ihr tragt den Beinamen ›der Gelehrte‹ nicht ohne Grund.«

Jobst von Strünkede lächelte geschmeichelt.

## 5

*Hattingen, 5. Dezember 1622*

In diesem Moment hasste Jürgen von Linden seinen Schwager voller Inbrunst. Wilhelm, dem die Hattinger den Beinamen ›der Arzt‹ verliehen hatten, war ein stadtbekannter Trunkenbold und Taugenichts. Die Leute ließen sich von ihm nur dann die Zähne ziehen oder Furunkel aufstechen, wenn der Medikus nicht greifbar war oder die Kranken das Honorar des Doktors nicht aufbringen konnten. Und selbst dann überlegten sie lange, ob sie die Künste eines Mannes in Anspruch nehmen sollten, der aus dem Mund stank wie ein Schweinestall und dessen Hände nur dann nicht zitterten, wenn der Inhalt mehrerer Humpen Bier in seinem Bauch gluckerte. Entsprechend selten sprachen Kranke bei Wilhelm vor, sodass seine Frau Trine, Jürgens jüngste Schwester, sich mehrmals im Monat bei ihrem Bruder Geld borgte, um wenigstens das Nötigste zu kaufen.

Vielleicht hätten Wilhelms Einnahmen ausgereicht. Aber da er jeden Albus, den er in seinen Fingern hielt, sofort in die Schenken der Stadt schleppte, blieb der Gedanke, dass sein Schwager seine Familie eines Tags allein versorgen konnte, bloß eine vage Hoffnung Jürgens. Alles gute Zureden war erfolglos geblieben, Wilhelm hatte dem Kaufmann einmal sogar Prügel angedroht, als dieser ihn zur Ordnung rief.

Trine, ein Jahr jünger als Jürgen, war kurz nach der Geburt ihrer Tochter Alke Witwe geworden. Der Schwarze Tod hatte deren Vater geholt. Lange hatte seine Schwester einen neuen Ehemann gesucht. Aber da Jürgen keine weitere Mitgift aufbringen konnte und vor allem Frowe als der älteren der Schwestern Vorrang eingeräumt wurde, hatte Trine über Jahre hinweg im Haus ihres Bruders gelebt. Irgendwann war Wilhelm aufgetaucht und Trine hatte sich ihm aus Angst, niemand sonst würde um ihre Hand bitten, im wahrsten Sinne des Wortes an den Hals geworfen.

Seitdem hausten sie mit zwei weiteren armen Familien in einem halb verfallenen Kotten in der Nähe des Holschentores. Jürgens Angebot, zu den Knechten und Mägden in das Gebäude hinter dem Wohnhaus der Familie zu ziehen, hatte Trine rundweg abgelehnt. Sie nutzten einen Garten außerhalb der Stadtmauern, welcher der Kirche gehörte. Allerdings gelang es ihnen nur selten, die fällige Pacht pünktlich zu zahlen, sodass die drohende Kündigung durch den Pfarrer wie ein Damoklesschwert über ihnen schwebte.

Vorhaltungen ihrer Brüder wies Trine regelmäßig barsch zurück. Jürgen vermutete, dass sie ihnen nicht eingestehen wollte, mit Wilhelm die falsche Wahl getroffen zu haben. Aber jetzt schien sein Schwager zu weit gegangen zu sein.

»Trine hat mir erzählt, du hättest sie geschlagen.«

Wilhelm der Arzt stand mit gesenktem Kopf vor Jürgen in dessen Kontor und knetete seine Finger.

»Stimmt das?«

Langsam sah Wilhelm hoch. Jürgen erkannte die Tränen in den Augen seines Gegenübers. Fast hatte er Mitleid mit seinem Schwager. Aber ein Blick in das vom Branntwein gerötete Gesicht, in dem eine triefende Nase thronte, und auf das strähnige, fettige Haar, welches ungebändigt in die Stirn fiel, ließ Jürgen sein Mitgefühl schnell vergessen.

»Ich hatte getrunken. Nur wenig, das musst du mir glauben. Aber wohl genug. Ich hatte Hunger und es gab nichts zu essen. Trine hat mich beschimpft und da habe ich mich vergessen.«

»So wie du dich häufiger vergisst, oder?«

»Ich habe Trine oder Alke bisher nie geschlagen«, versicherte Wilhelm.

Das stimmte, soweit Jürgen wusste. Zumindest hätte Jürgen es erfahren, falls Wilhelm Alke gezüchtigt hätte, denn sein Sohn Dirk hing an seiner Cousine, als sei sie seine leibliche Schwester. Und Alke erwiderte diese Zuneigung. Sie hätte es

Dirk erzählt, wenn ihr Stiefvater sie geschlagen hätte. Und Dirk hätte sich mit Sicherheit bei seinem Vater darüber beschwert.

»Es tut mir leid.« Wilhelms Zerknirschung schien echt zu sein.

Trotzdem wollte ihn Jürgen nicht mit einer einfachen Entschuldigung davonkommen lassen. »Solltest du dich noch einmal ›vergessen‹, werde ich dich zur Rechenschaft ziehen und in den Kerker werfen lassen. Egal, ob du mein Schwager bist. Und auch wenn Trine noch so bettelt, wirst du dafür büßen. Hast du das verstanden?«

»Ja, Herr.«

»Du brauchst mich nicht Herr zu nennen. Wir sind verwandt.« Leider, setzte Jürgen in Gedanken hinzu. »Hast du über meinen Vorschlag nachgedacht?«

Er hatte Wilhelm angeboten, für ihn zu arbeiten. Er könne einen der Karren lenken und Waren transportieren. Dafür bekomme er genug Geld, um seiner Familie einen einfachen, dennoch angemessenen Lebensstandard zu ermöglichen. Zusätzlich erhielten sie zwei Kammern im Hinterhaus, um darin zu wohnen.

Diese Offerte hatte Jürgen nicht ohne Eigennutz unterbreitet. Stünde Wilhelm in seinen Diensten, könnte er ihn besser kontrollieren. Geld bezahlte er seiner Schwester ohnehin. Außerdem wäre es ihm möglich, einen der Knechte zu entlassen. Unterm Strich würde er sogar sparen.

»Ja, ich habe Trine davon erzählt. Sie ist dagegen und ich will ihr nicht widersprechen. Trotzdem danke.«

Das hatte Jürgen befürchtet. Geld von ihm zu nehmen, war das eine. Quasi eine brüderliche Verpflichtung, weil er ihr keine zweite Mitgift gewährt hatte. Aber dass ihr Mann wie ein Knecht unter Jürgens Kommando arbeitete, ließ Trines Stolz nicht zu.

»Dann eben nicht. Hast du die Werkzeuge noch, die ich dir geschenkt habe?«

Wilhelm nickte.

Vor einigen Jahren hatte Jürgen seinem Schwager die wichtigsten medizinischen Instrumente gekauft, die ein Bader besitzen sollte, nachdem Wilhelm seine eigenen verhökert hatte, um Geld für Bier zu beschaffen.

»Du lügst mich auch nicht an?«

»Nein. Frag Trine.«

»Das werde ich. Sind sie in einem ordentlichen Zustand?«

»Ja.«

»Gut. Reinige dich und putze dir vor allem die Zähne. Ein Bader, der aus dem Mund stärker stinkt als seine Kunden, darf sich nicht wundern, wenn niemand Vertrauen in seine Fähigkeiten hat.«

Wieder nickte Wilhelm.

»Und sage Trine, sie soll deine Hosen waschen.«

»Das geht nicht«, erwiderte Wilhelm.

»Warum nicht?«

»Ich habe nur diese.«

Jürgen seufzte. Der Bader hatte ungefähr seine Statur. »Du bekommst welche von mir.«

Wieder bedankte sich sein Schwager.

»Jetzt gehst du nach Hause. Entschuldige dich bei Trine. Sie ist bei Gesche und Frowe in der Küche, die Frauen behandeln ihr blaues Auge. Und fasse meine Worte nicht als leere Drohung auf, das rate ich dir. Solltest du meine Schwester oder gar Alke jemals wieder schlagen, vergesse ich, dass du mein Schwager bist.«

## 6

*Hattingen, 4. Januar 1623*

Die spanischen Soldaten kamen kurz nach Sonnenaufgang. Zehn Musketiere mit Sturmhauben, Degen und Luntenschlossmusketen und ein Fähnrich, auf dessen Schärpe das Kreuz von Burgund prangte, betraten den

Eickener Hof, der etwa fünfzehn Minuten Fußweg westlich der Hattinger Stadtmauer lag.

Sie überraschten den Pächter Arndt beim Melken der einzigen Kuh, die die Familie besaß. Unter Schlägen mit der flachen Seite ihrer Degen trieben zwei von ihnen Arndt aus dem Stall. Ein dritter stieß mit dem Fuß den halb vollen Milcheimer um und zog die verängstigt muhende Kuh ins Freie.

Durch den Lärm aufgeschreckt, den die Soldaten veranstalteten, stürmte Arndts Knecht Mattes herbei. Ohne zu zögern, stürzte er sich auf die beiden Musketiere, die die Arme des sich heftig wehrenden Bauern festhielten. Mattes war ein Mann wie ein Baum, seine Muskeln gestärkt von der Arbeit auf den Feldern. Den ersten Soldaten schlug er nieder, aber dem zweiten kamen seine Kameraden zu Hilfe. Einer von ihnen hieb Mattes den hölzernen Schaft seiner Muskete auf den Kopf. Mit einem Stöhnen sank der Knecht auf die Knie. Weitere Soldaten griffen in den ungleichen Kampf ein und nach kurzer Zeit lag Mattes auf dem Boden, übel zugerichtet und aus vielen Kopfwunden blutend. Er versuchte, sich stöhnend zu erheben, fiel aber wieder in sich zusammen.

»Das reicht«, befahl der Offizier auf Spanisch. Dann wandte er sich an Arndt. »Du siehst, Widerstand ist zwecklos«, meinte er in holprigem Deutsch. »Wo ist deine Familie?«

Arndt schlotterte vor Angst. »Im Haus.«

»Hol sie.« Der Fähnrich gab seinen Männern zu verstehen, dass sie den Bauern loslassen sollten. »Wenn du in zwei Minuten nicht zurück bist, suchen wir dich. Falls du Waffen in deinem Haus hast, lass sie unberührt, sonst wirst du es bereuen.«

Arndt nickte und lief los. Kurz darauf standen seine Frau und die beiden fünf und sieben Jahre alten Töchter neben ihm in der eisigen Kälte. Die Mädchen drängten sich weinend an ihre Mutter, die schützend einen Arm um jedes gelegt hatte.

Die spanischen Musketiere bauten sich vor der Familie auf

und der Offizier fuhr Arndt mit herrischem Ton an: »Hast du Geld im Haus?«

Der Bauer warf seiner Frau einen schnellen Blick zu. Die schüttelte fast unmerklich den Kopf. »Nein«, antwortete er deshalb mit so fester Stimme, wie es ihm in dieser Situation möglich war.

»›Nein‹?« Der Spanier lächelte. »Ich denke, dass ihr sehr wohl Münzen im Haus versteckt. Alle Bauern haben Geld.«

»Wir nicht«, versicherte Arndt.

Der Fähnrich baute sich vor seinem Gefangenen auf. »Weißt du, was ich jetzt machen werde?«, fragte er gefährlich leise. »Ich werde meinen Männern freien Lauf lassen. Dein Weib ist jung und gut gebaut. Sie werden sicher ihren Spaß haben. Wo hast du das Geld versteckt?«

Als Arndt nicht sofort antwortete, setzte der Spanier fort: »Ich glaube, ich habe eine bessere Idee. Vielleicht gefällt es deiner Frau sogar, wenn meine Männer sie besteigen. Wenn dem so ist, warum solltest du die Wahrheit sagen? Ich denke, wir lassen deinen Knecht den Schwedentrunk schmecken. Und wenn du dann immer noch nicht redest, darfst du dieses edle Getränk ebenfalls probieren.«

»Bitte, Herr, lasst meine Frau in Frieden und tut auch Mattes nichts …«

Ungerührt befahl der Befehlshabende: »Fangt an.«

Mehrere Soldaten rollten den Knecht auf den Rücken, hielten dessen Arme und Beine. Mit Gewalt trieb ihm ein Dritter einen Trichter in den Mund, sodass einige Zähne brachen, und hielt diesen fest. Ein anderer lief in den Stall und kam mit einem Eimer übel riechender Jauche zurück.

Als alles für die Tortur vorbereitet war, nickte der Offizier und der Soldat kippte die stinkende Flüssigkeit langsam in den Trichter. Ein weiterer hielt dem Knecht die Nase zu. Zunächst passierte nichts. Dann aber schluckte Mattes reflexhaft, um den drohenden Erstickungstod zu verhindern. Er bäumte sich erfolglos auf, trank, gurgelte, schluckte wieder, bis sich der Inhalt des Eimers in seinem Magen befand. Damit aber nicht genug. Um seine Qualen zu verstärken, sprangen die Soldaten unter Gejohle immer wieder auf seinen prall gespannten Bauch. Mattes' Schreie hatten nichts Menschliches mehr an sich. Minuten dauerte sein Todeskampf, Jauche und Blut liefen ihm aus Mund und Nase, bis endlich die Magenwand platzte und der Knecht in eine gnädige Ohnmacht sank.

Arndt weinte hemmungslos. Seine Frau hielt den Mädchen die Hände vor die Augen.

»Also?«

»Es liegt in der Truhe. Bitte, Herr, wir brauchen das Geld, um über den Winter zu kommen.«

»Und wir müssen nicht über den Winter kommen?«, spottete der Offizier. »Wir sind zu eurem Schutz hier, damit ihr nicht den Brandenburgern in die Hände fallt, und ihr wollt, dass wir hungern und frieren? Sieht so eure Dankbarkeit für unsere Hilfe aus? Wo steht diese Truhe?«

»Unter dem Bett in unserer Schlafkammer.« Arndt konnte den Blick nicht von Mattes wenden, der fast friedlich in der Mischung aus Blut und Jauche lag.

Die Bäuerin riss entsetzt die Augen auf, schwieg aber.

Der Fähnrich zeigte auf Mattes. »Du kannst ihn spätestens morgen begraben. Nur denk daran, dass du für seinen Tod verantwortlich bist. Hättest du eher geredet … Na ja, das war deine Entscheidung.«

Auf den Befehl ihres Anführers hin gingen zwei Soldaten in das Haus. Wenig später schleppten sie die Truhe hinaus und stellten sie vor dem Offizier auf den Boden. Der öffnete den Deckel, zog einen kleinen Beutel hervor und kippte den Inhalt in seine Handfläche. »Zehn Albus. Das ist alles?«

»Mehr haben wir nicht.«

»Das ist zu wenig. Dann werden wir uns wohl an deinem Vieh schadlos halten.« Der Fähnrich marschierte zum Stall und warf einen Blick hinein. »Die Kuh haben wir schon. Wir nehmen auch noch die zwei Schweine.«

Auf seine Kopfbewegung hin marschierten vier Soldaten

in den Stall. Die Tiere quiekten laut und einer der Spanier fluchte. Dann wurde es still. Geduldig wartete der Offizier. Schon bald kehrte der erste Musketier wieder zurück und wischte sein blutiges Messer an Mattes Kleidung sauber.

»Wir brauchen Stangen«, forderte der Fähnrich.

Der Bauer hatte resigniert. »Hinter dem Haus liegen welche.«

Als die Soldaten die ausgebluteten Schweine auf den Stäben aus dem Stall trugen, liefen erneut Tränen über das Gesicht des Bauern.

»Was regst du dich auf?«, fragte der Offizier, als er Arndts Verzweiflung bemerkte. »Deine Familie lebt, du lebst und ihr habt ein Dach über dem Kopf. Außerdem lassen wir dir die Ziege und die Hühner. Andere Bauern sind schlechter dran. Du kannst dich glücklich schätzen, dass ich zu dir gekommen bin und keiner meiner Kameraden. Sie verspotten mich ständig wegen meines großen Herzens. Also hör auf zu flennen.«

»Aber wovon sollen wir leben?«

»Friss Brot, saufe Wasser. Und schlag Eier in die Pfanne. Was willst du mehr? Deine Familie wird schon nicht verhungern.« Der Offizier drehte sich um, wandte sich aber dann doch noch einmal Arndt zu. Er lächelte ihn an und schlug ihm unvermittelt mit der Faust ins Gesicht, sodass die Lippe des Bauern platzte und Blut herausspritzte. »Du hättest wirklich ein wenig mehr Dankbarkeit zeigen können«, murmelte der Fähnrich und gab seinen Männern den Befehl zum Aufbruch.

## 7

*Kloster Gräfrath, 9. Januar 1623*

Sie lebte seit einigen Wochen in einem Kerker, der sich Frauenstift nannte und noch vor wenigen Jahren ein Kloster gewesen war. Ursula von der Recke hatte schon in den ersten Tagen nach ihrer erzwungenen Ankunft beschlossen zu fliehen, sobald sie die Gelegenheit dazu bekam. Aber das stellte sich als schwierig heraus. Denn nachts verschloss eine mürrische Nonne alle Türen, tagsüber blieben die Kanonissinnen, von wenigen Ausnahmen abgesehen, nur selten allein. Alle Mahlzeiten nahmen die Damen gemeinsam im Refektorium ein, der Tag wurde vom frühen Morgen bis zum Abend durch fünf Stundengebete strukturiert, die genau drei Stunden auseinanderlagen und bis zu zwei Stunden dauerten. Die Stiftsdamen beteten und sangen immer gemeinsam. Viel Zeit blieb da nicht, die Ursula allein in ihrer Kammer verbringen konnte.

Versäumte eine Insassin den Anfang eines der Stundengebete, suchte die immer schlecht gelaunte Schwester Maria die Abwesende und geleitete sie in den Kapitelsaal.

Einige der Stiftsdamen wohnten nicht innerhalb der Klostermauern, sondern kehrten nachts in ihre Wohnungen in der Umgebung zurück. Andere durften dann und wann das Gebäude verlassen. Aber dieses Privileg genossen nur die wenigen, die auf eigenen Wunsch in das Stift gekommen waren.

Um kein Misstrauen zu erregen, fügte sich Ursula allen Regeln, sang und betete, als wollte sie jeden Augenblick in den Himmel auffahren, senkte züchtig den Kopf, wenn sie von der Äbtissin oder einer der Nonnen angesprochen wurde, behandelte ihre Mitbewohnerinnen höflich und zuvorkommend und erwarb sich so schnell den Ruf einer untadeligen jungen Dame, deren höchstes Glück darin zu bestehen schien, in den Gemäuern von Gräfrath begraben zu sein.

Vom Refektorium im Westflügel gelangte man an der Küche vorbei über den Kreuzgang zum Ostflügel. An dessen Anfang lag die Pforte, die in den Klosterhof führte, einige Meter gegenüber der Tür, die sich zum Schlaftrakt öffnete. Ursulas Kammer befand sich kurz dahinter. Nach dem letzten Stundengebet wurde auch dieser Einlass durch Schwester Maria verriegelt.

Ursula zog gerade ihre Schuhe aus, als ein gellender Schrei durch die Nacht hallte.

»Hilfe, schnell, ich brauche Hilfe!«

Sie wusste, wer da schrie. Ihre Zimmernachbarin, deren Zustiftung noch geringer als die ihre gewesen war, lebte mit einem anderen Fräulein gemeinsam in einer Kammer.

»Sie hat sich die Adern aufgeschnitten, schnell!«

Ursula öffnete ihre Tür einen Spalt und lauschte. Der Eingang zum Schlaftrakt wurde entriegelt.

»Was ist passiert?«, erkundigte sich Schwester Maria.

»Es ist alles voller Blut«, stammelte die andere Stiftsdame. »Ihre Kleider, das Bett, einfach alles.«

Ursula hörte, wie Schwester Maria die Kammer nebenan betrat und andere Stiftsdamen neugierig ihre Zimmer verließen. Wenig später kehrte die Nonne auf den Flur zurück und befahl: »Geht in Eure Kammern. Alle! Ich verständige die Äbtissin und den Medikus. Ich komme gleich wieder.«

Die Damen gehorchten. Als die Türen geschlossen wurden, war das Geräusch sich schnell entfernender Schritte neben dem Schluchzen ihrer Nachbarin das Einzige, was Ursula vernahm. Kein Vorschieben des eisernen Riegels, kein Drehen des Schlüssels im Schloss der Zwischentür. Sie stand offen! Ursula überlegte nicht lange, schlüpfte in ihre Schuhe, versicherte sich, dass ihr Geldbeutel in der Tasche steckte, und warf ihren Umhang über. Dann lief sie auf Zehenspitzen in den Flur und zur Pforte. Mit klopfendem Herzen zog sie an der schweren Eichentür, die leise in den Scharnieren quietschte.

Erschrocken schaute Ursula sich um. Sie sah niemanden. Schnell zog sie die Pforte auf und schlüpfte hindurch.

Vor Aufregung und Angst schwer atmend, stand sie im Klosterhof. Es war stockdunkel. Nur eine einsame Fackel neben dem Tor, das in die Freiheit führte, warf einen schwachen Schein.

Ursula wusste, dass sie sich beeilen musste. Bis zum Wohnhaus der Äbtissin im Dorf war es nicht weit, der Weg dauerte nicht länger als einige Minuten. Und da das letzte Stundengebet erst kurze Zeit zurücklag, war sicher auch die Äbtissin noch nicht vollständig entkleidet. Umso schneller wäre sie im Stift. Aber alle Gedankenspiele blieben ohne Wert, wenn Schwester Maria die äußere Tür verriegelt und nicht wie die anderen zu schließen vergessen hatte.

Schnell lief Ursula zum Tor. Zu ihrer Erleichterung stand es offen. Hastig huschte sie hindurch. Keinen Moment zu früh, denn vom Dorf her erklangen aufgeregte Stimmen und Fackelschein erhellte die Nacht.

Ursula raffte ihren Rock und rannte los. Nur weg von hier! Fort von dem verfluchten Kloster. Und auch fort von ihren Eltern, die sie hier eingesperrt hatten.

Sie sah kaum die Hand vor Augen, da dichte Wolken den Mond verdeckten. Mehrmals rutschte sie aus, schlug hin, Zweige peitschten ihr ins Gesicht. Sie wusste nicht, wie lange sie gerannt war, als sie heftige Stiche in der Leiste verspürte. Nach Luft japsend, blieb sie stehen.

Höchstwahrscheinlich würde ihre Flucht erst morgen früh entdeckt werden. Bis dahin musste sie so viel Abstand wie möglich zwischen sich und das Kloster gebracht haben, denn die Äbtissin würde mit Sicherheit nach ihr suchen. Das war sie ihrer früheren Freundin Anna von Quadt schuldig. Und wenn Ursula gefunden würde ... Daran mochte sie nicht denken.

Endlich riss die Wolkendecke auf und sie vermochte sich zu orientieren. Unter ihr schimmerte matt ein Fluss. Das musste die Wupper sein, von der Wennemar auf ihrer Reise gesprochen hatte. Jetzt im Winter dürften ihre Ufer vereist und begehbar sein. Wenn Ursula dem Fluss nach Norden folgte, würde sie irgendwann Elberfeld erreichen. Von dort war es nicht mehr weit bis Sprockhövel. Da kannte sie sich wenigstens etwas aus. Der Süden hingegen war ihr fremd. In dem kleinen Ort angekommen, würde sie ihr weiteres Vorgehen planen.

Ursula durchquerte eine Senke, hinter der das Gelände etwas abfiel, passierte einen kleinen Felsvorsprung und blieb wie angewurzelt stehen. Vielleicht zwanzig Schritte vor ihr erhellte ein flackerndes Licht das Dunkel. Vorsichtig schlich sie näher. Sie hörte die Klänge einer Laute und leisen Gesang. Ein junger Mann hockte an einem Feuer und spielte. Niemand sonst war zu sehen.

»Wer immer im Dunkeln herumschleicht: Kommt ins Licht und zeigt Euch.« Der Unbekannte legte sein Musikinstrument beiseite, ergriff einen Degen und erhob sich langsam. Dann klopfte er demonstrativ auf seine Waffe. »Glaubt mir, ich vermag damit umzugehen. Solltet Ihr Böses im Schilde führen, verschwindet besser. Wenn nicht, kommt näher, wärmt Euch an meinem Feuer, trinkt ein wenig Wein und leistet mir Gesellschaft. Also?« Der Mann schaute in Ursulas Richtung. Und obwohl sie wusste, dass er sie nicht sah, schien es, als blickte er direkt in ihre Augen.

Die junge Frau gab sich einen Ruck, holte tief Luft und trat in den Lichtschein des Feuers.

»Ah, eine hochwohlgeborene Dame, Eurer Kleidung nach zu urteilen.« Der Fremde legte den Degen beiseite, zog seinen Hut und verbeugte sich schwungvoll. Einzelne Strähnen seiner schwarzen Haare fielen ihm in die Stirn. »Clemens Nagel, wenn's beliebt.«

Ursula wollte die Höflichkeit erwidern, biss sich dann aber auf die Lippen. War es klug, einem völlig Fremden ihren Namen zu nennen?

Clemens Nagel bemerkte ihr Zögern. »Ihr müsst mir nicht

sagen, wie Ihr heißt. Sichert mir nur zu, dass Ihr Eure eigenen Kleider tragt und sie nicht irgendwo gestohlen habt. Ich möchte ungern als Mittäter in den Kerker wandern, sollten unverhofft irgendwelche Schergen auftauchen, die hinter Euch her sind.«

»Ich bin keine Diebin«, versicherte sie und kam langsam näher. »Ich habe auch nichts Unrechtes getan. Nennt mich Ursula.«

»Gut, dann setzt Euch zu mir.«

Der junge Mann schien Mitte Zwanzig und damit nur wenige Jahre älter als sie zu sein. Verstohlen musterte Ursula ihn, als er sich umdrehte und zum Feuer zurückging. Er war modisch gekleidet, sein Wams mit Goldbrokat bestickt. Seine Stiefel schienen aus feinstem Leder gefertigt, sein Umhang wie der ihre aus dicker Wolle gewebt. Ein Vollbart umrahmte sein spitzes Kinn.

Clemens Nagel schob einen Ast weiter ins Feuer. Die Glut loderte auf und Flammen schlugen hoch. Dann wandte er sich wieder Ursula zu und zeigte auf den Platz direkt unter einem Steinvorsprung. »Setzt Euch dorthin. Der Fels schützt vor dem Wind. Außerdem habe ich Reisig ausgebreitet und eine Decke darübergelegt. Das hält die Feuchtigkeit zurück.«

Ein Pferd schnaubte leise. Ursula schaute sich erschrocken um.

»Ihr müsst Euch nicht fürchten. Das ist nur mein Wallach. Ihr könnt ihn von hier aus nicht sehen. Ich habe ihn einige Meter entfernt angebunden. Dort wächst unter den Tannen etwas Moos. Ein karges Futter zwar, aber immerhin. Seine Unruhe hat mich vor Euch gewarnt.«

Ursula nickte und setzte sich. Tatsächlich war der Lagerplatz gut ausgesucht. Das Feuer wärmte, die kleine Ausbuchtung in der Felswand vermittelte eine gewisse Behaglichkeit und bot, wenn man sich eng an den Stein drückte, sogar Schutz vor Regen. Außerdem schirmte sie den Lichtschein ab, sodass man das Lager, zumindest aus der Richtung, aus der Ursula gekommen war, erst spät ausmachte.

Clemens Nagel reichte ihr einen Holzbecher und griff zu einem ledernen Schlauch. »Leider habe ich nur einen Becher. Wir müssen ihn uns also teilen. Dafür ist der Wein gut. Mehr kann ich Euch nicht anbieten. Es sei denn, Ihr mögt Moos wie mein Pferd. Was mich überraschen würde.« Er lachte.

»Habt Ihr etwas Wasser?«, bat Ursula. »Ich möchten meinen Durst nicht mit Wein löschen.«

Nagel stand auf, ergriff einen zweiten Schlauch und kippte Wasser in den Becher. Ursula trank hastig. Nachdem er ihr dreimal nachgeschenkt hatte, streckte Nagel ihr erneut fragend den Schlauch entgegen. »Danke. Aber jetzt nehme ich einen Schluck Wein, wenn es Euch recht ist.«

»Natürlich.«

Als Ursula am Roten nippte, hockte sich Nagel zwei Schritte von ihr entfernt auf den gefrorenen Boden. »Ist Euch nicht kalt?«, erkundigte sie sich mitfühlend.

»Mehr Reisig habe ich leider nicht. Auf Besuch war ich nicht eingestellt. Und in stockfinsterer Nacht geistere ich nur ungern durch den Wald und sammele Holz.«

Ursula rückte ein Stück zur Seite. »Dann setzt Euch zu mir. Hier ist Platz für uns beide.«

Der junge Mann ließ sich neben ihr nieder, griff zur Laute und spielte leise. Dazu sang er mit einer tiefen, melodischen Stimme.

Gebannt hörte Ursula zu. Dann fragte sie: »Ihr musiziert herrlich, wer hat Euch das beigebracht?«

»Meine Mutter.«

»Sie muss begabt sein.«

»Ja, das war sie.«

»Es tut mir leid.«

»Schon gut. Sie starb, als ich noch ein Kind war.«

»Woher stammt Ihr?«

»Der Sitz meiner Familie ist Haus Itlingen. Es liegt in Herbern bei Ascheberg. Habt Ihr schon einmal davon gehört?«

»Nein.«

»Ursprünglich diente unsere Familie dem Grafen von Ravensburg.«

»Und was macht ein Edelmann von Haus Itlingen in einem Wald bei Gräfrath?«

»Das ist eine lange Geschichte.«

»Erzählt sie mir«, bat Ursula. »Ich liebe Geschichten.«

»Gut, unter einer Bedingung.«

»Die wäre?«

»Im Gegenzug will ich wissen, was eine edle Dame wie Ihr ohne Begleitung in stockfinsterer Nacht in einem Wald bei Gräfrath macht.«

Ursula lachte auf. »Einverstanden«, antwortete sie, ohne nachzudenken, und schalt sich unmittelbar darauf eine Närrin.

## 8

*Kleve, 10. Januar 1623*

Durch die Butzenglasscheiben im Kanzleigebäude der Schwanenburg bot sich ein weiter Blick über die Stadt. Die frühere Stammburg der Herzöge von Kleve diente nach dem Tod des letzten Herzogs jetzt dem brandenburgischen Kurfürsten Georg Wilhelm als weitere Residenz und seinen niederrheinischen Räten als Dienstsitz.

Im Kontor des Geheimen Rats Adam von Schwarzenberg verbreitete ein Kaminfeuer behagliche Wärme. Der Raum war mit einigen Regalen, in denen Akten lagerten, und einem schweren Eichentisch, um den herum ein gutes Dutzend Stühle standen, nur spärlich möbliert.

Von Schwarzenberg saß an der Stirnseite des Tisches, zu seiner Rechten beugte sich Walter von Linden über ein Schriftstück. Vor den Herren stapelten sich Dokumente und Akten aller Art. Ein Diener stand neben der Tür bereit, um jederzeit warmen Würzwein nachzuschenken.

Der Geheime Rat hatte blondes, langes Haar, welches onduliert auf seine Schultern fiel. Sein Spitzbart reichte ihm bis zur Brust. Mit knapp vierzig war er fünf Jahre älter als sein Gesprächspartner.

»Der Vertrag von Xanten ist eindeutig und einfach. Unser Kurfürst erhält das Herzogtum Kleve und die Grafschaften Mark und Ravensberg, der Herzog von Pfalz-Neuburg die Herzogtümer Jülich und Berg.« Walter von Linden senkte das Schriftstück. »Damit sollten die Unklarheiten des Dort munder Rezesses von 1609 beseitigt werden. Eine gemeinsame Regierung für alle Territorien konnte ja nicht gut gehen. Deshalb gab es die Übereinkunft von Xanten.« Er schmunzelte. »Nachdem unser Herr bei den Verhandlungen in Düsseldorf dem Erbprinzen von Pfalz-Neuburg eine Ohrfeige versetzt hat, war das Tischtuch zwischen den beiden endgültig zerschnitten und eine Regelung notwendig.«

»Trotzdem wüten die Spanier in Gebieten, die uns gehören. Unter anderem auch in Eurer Heimatstadt, wenn ich richtig informiert bin.«

»Das seid Ihr. Die Soldaten pressen Hattingen aus, wo sie nur können. Die Spanier haben dem Rat gegen die Zahlung einer beachtlichen Summe Schutz versprochen. Der besteht im Wesentlichen darin, dass sie den Bürgern nicht die Häuser über dem Kopf anzünden und ihre Rechnungen in den Schenken begleichen, solange sie ihren Sold regelmäßig erhalten. Ganz anders geht es im Umland Hattingens zu. Da plündern und rauben die Soldaten die Bauern aus, die sich glücklich schätzen können, wenn sie nicht ihr Leben verlieren.«

»Das ist schlimm. Nur geht es den Spaniern meines Erachtens nicht allein um das Herzogtum Kleve. Ich habe im Xantener Vertrag nachgelesen: Das Dokument sichert den Lutheranern, den Katholiken und den Calvinisten Religionsfreiheit zu. Das ist den spanischen Besatzern ein Dorn im Auge. Und natürlich wollen sie auch die Nachschub- und Handelsrouten der Niederländer treffen und deren Außenposten in Westfalen bekämpfen. Schließlich liegen sie mit denen schon seit Jahrzehnten im Streit. Auch deshalb sind die Spanier im Rheinland einmarschiert. Der Erbschaftsstreit ist nur ein Grund unter vielen.«

»War nicht unser verstorbener Herzog ein Freund Spaniens?«, wollte Walter von Linden wissen.

»Sicher. Und sowohl der Neuburger als auch der brandenburgische Kurfürst waren Lutheraner. Ein weiterer Grund für Spanien, in dem Erbschaftsstreit zu intervenieren.«

»›Waren‹?«

»Unser gnädiger Herr ist zum Calvinismus übergetreten, der Kurpfälzer hat die katholische Schwester des bayerischen Herzogs geheiratet und ist zu deren Glauben konvertiert. Jetzt hat er denselben wie die Spanier und fühlt sich ihnen plötzlich verbunden. Lutheraner ist keiner der beiden Herren mehr.«

»Was für ein Tohuwabohu.«

Adam von Schwarzenberg lachte. »Das könnt Ihr laut sagen. Als dann auch noch auf Bitten des protestantischen Adels die Franzosen, die Erbfeinde Spaniens, in Jülich einmarschierten, um die Stadt von den Katholiken zu befreien, gab es für die spanischen Truppen kein Halten mehr. Auch wenn die Franzosen wieder fort sind: Die Spanier sind geblieben und machen uns seit Jahren das Leben schwer.«

»Und der Kaiser schweigt.«

»Was soll er schon sagen? Er ist Katholik.«

»Wäre es nicht seine Pflicht, den Vertrag von Xanten durchzusetzen?«

Von Schwarzenberg nickte. »Eigentlich schon. Schließlich ist er auf seine Intervention hin überhaupt zustande gekommen. Aber der Kaiser tut es nicht. Ich habe bereits eine Klage beim Reichskammergericht gegen Pfalz-Neuburg erwogen. Ich kenne den Gerichtspräsidenten recht gut, er ist mir gewogen. Trotzdem habe ich mich dagegen entschieden, obwohl der Kurpfälzer den Vertrag von Xanten ständig verletzt.« Er lachte. »Denn dummerweise handelt unser gnädiger Herr ähnlich.«

»Ihr befürchtet also, unterliegen zu können? Schließlich

steht der Kaiser Pfalz-Neuburg näher als dem brandenburgischen Kurfürsten.«

»Und die nicht an dem Erbfolgestreit beteiligten Reichsfürsten warten ab. Sie stellen allerdings die Mehrheit der Assessoren am Reichskammergericht, sind also bestenfalls neutral. Sicher auf unserer Seite sind nicht mehr als eine Handvoll der vierundzwanzig dort beschäftigten Juristen. Ja, wir würden verlieren. Und dann könnte der Kurpfälzer sich sogar auf diese Entscheidung berufen. Stimmt Ihr mir zu?«

»Ja.«

»Das freut mich. Ich habe auf Euren Rat immer große Stücke gehalten. Außerdem ist zu bedenken, dass die Spanier, selbst wenn wir gewinnen sollten, sich um ein solches Urteil einen Teufel scheren würden. Dann drohte Krieg. Wir müssen uns deshalb auf unseren Landadel verlassen können. Störenfriede wie dieser Herr von Kemnade mit seiner sogenannten Herrlichkeit Stiepel stehen uns nur im Weg.« Von Schwarzenberg rief einen Diener zu sich und orderte etwas zu essen. Dann setzte er das Gespräch mit von Linden fort. »Ihr habt mit dem Bochumer Drosten gesprochen?«

»Selbstverständlich. Er hat schnell verstanden, dass eine Zusammenarbeit nur von Vorteil für ihn ist.«

»Gut. Aber er soll keinen Kleinkrieg mit dem Herrn von Kemnade anfangen, sondern abwarten, bis dieser offen unsere Autorität anzweifelt. Der Kaiser betrachtet zwar unseren Kurfürsten als Gegner, aber er wird nicht dulden, dass sich ein Angehöriger des niederen Adels offensichtlich gegen die göttliche Ordnung stellt.«

»Das habe ich Jobst von Strünkede eingeschärft.«

»Dann hoffen wir, dass er sich daran hält. Wir brauchen Ruhe im Land. Und Einigkeit.«

# 9

*Hattingen, 10. Januar 1623*

Die Luft im *Goldenen Schwan* war zum Schneiden. Die Körpergerüche einiger Dutzend Gäste mischten sich mit den Ausdünstungen der Speisen, die in den großen Kesseln über dem Kamin blubberten. Die Fackeln an den Wänden qualmten ebenso stark wie die Talgkerzen auf den Tischen. Auch die Holzkohle in den eisernen Schalen, die in der Nähe der Fenster und der Tür für Wärme in dem Raum sorgte, schwelte vor sich hin. Dann und wann öffneten die Mägde alle Fenster, aber die frische Luft war verbraucht, kaum dass sie den letzten Winkel der Schenke erreichte.

Jürgen von Linden hatte sich mit einigen anderen Bürgern der Stadt in dem Gasthaus getroffen. Sie saßen um einen Tisch herum, der möglichst weit entfernt von den Spaniern stand, die an langen Tafeln hockten, literweise Wein und Bier kippten und die Mägde antatschten, die sie bedienten.

Steffen Hülsbeck, der einzige Goldschmied der Stadt, schaute dem Treiben missbilligend zu. »Die Kerle verwandeln jeden Gasthof in ein Hurenhaus«, murmelte er leise.

»Nun übertreibt mal nicht«, erwiderte Jürgen. »Das sind überwiegend junge Männer. Habt Ihr früher nicht über die Stränge geschlagen?«

»So nicht«, erwiderte Hülsbeck. »Mein Vater hätte mich totgeprügelt, wenn er davon Kenntnis gehabt hätte. Außerdem laufen im spanischen Tross Dutzende Huren mit. Sollen sie sich doch mit denen vergnügen.«

»Die müssen sie bezahlen«, meinte Fritz Trepmann grinsend. »Da ist der Wein im *Schwan* günstiger. Was mich darauf bringt, dass unser Krug schon wieder leer ist.« Der Fleischhauer, der seinen Laden im Krämersdorf betrieb, hob den Arm, um eine der Dienstmägde heranzuwinken.

Utz Stams, der Vierte im Bunde, zog einen Lederbeutel aus der Tasche. »Bestimmt habt Ihr schon von Tabak gehört, oder?«

»Ist das nicht das Kraut, das Kolumbus aus der Neuen Welt mitgebracht hat?«, fragte Hülsbeck.

»So ist es.« Stams zog eine Tonpfeife aus seiner Tasche und stopfte sie umständlich. »Ich verkaufe Tabak seit Kurzem in meiner Apotheke. Er ist nicht gerade billig, hilft aber gegen vielerlei Beschwerden, heißt es. Anfangs wird einem etwas schwindelig davon, das gibt sich aber mit der Zeit.« Er griff nach einem Span, entzündete ihn an einer Kerze und hielt das brennende Stückchen Holz an den Pfeifenkopf. Kurz darauf quollen dichte Qualmwolken aus Stams Mund und Nase. Der sog tief die Luft ein. »Ah, welch ein Genuss.« Er hielt Jürgen die Pfeife hin. »Versucht es auch. Ihr werdet begeistert sein vom Rauchtrinken.«

»›Rauchtrinken‹?«, spottete Hülsbeck. »Wie kann man Rauch trinken?«

»Manche nennen es auch Tabaktrinken. Wie wollt Ihr es sonst bezeichnen?«

»Einatmen vielleicht?«

Stams lachte. »Das Ding hier könnt Ihr schlecht einatmen, oder?« Er hielt Jürgen immer noch die Tonpfeife hin.

»Wollt Ihr mich als neuen Kunden ködern?«, erwiderte dieser, griff aber trotzdem zu.

»Ziehen und gleichzeitig Luft holen«, erklärte der Apotheker. »Am Anfang nur nicht zu tief.«

Jürgen zog wie Stams ein paarmal, bis ihn ein heftiger Husten überfiel. Er gab die Pfeife zurück und schüttelte den Kopf. »Das ist nichts für mich. Das macht doch nicht gesund, sondern krank.«

»Hat Euch Eure Mutter oder Frau nicht schon einmal heiße Kamillendämpfe einatmen lassen?«

»Sicher. Auch Tees haben sie mir bereitet.«

»Und beim Einatmen hattet Ihr anfangs Schwierigkeiten?«

»Natürlich. Der Dampf ist ja heiß.«

»Habt Ihr gehustet?«

»Manchmal.«

»Seht Ihr, so ist das auch mit dem Tabakrauch. Es dauert eine Weile, dann hat sich der Körper daran gewöhnt und das Husten hört auf.« Er hielt Jürgen erneut die Pfeife hin. »Probiert es abermals. Ihr werdet sehen, es ist schon nicht mehr schlimm.«

Der Kaufmann tat ihm den Gefallen. Er atmete dieses Mal nicht so ungestüm ein und tatsächlich hielt sich der Husten in Grenzen. Außerdem schwindelte es Jürgen leicht. Dieses Gefühl empfand er jedoch als angenehm.

»Als ob die Luft nicht schon schlecht genug wäre«, maulte Hülsbeck. »Und das soll gesund sein? Ich weiß nicht …«

Die Magd brachte den Wein und Trepmann schenkte ein. »Ihr seid eingeladen.«

»So großzügig in diesen Zeiten?«, wunderte sich Jürgen. »Euer Laden scheint gut zu laufen.«

»Die Spanier zahlen zwar nicht besonders viel, aber je größer der Umsatz ist, desto mehr bleibt hängen.«

»Ihr macht Geschäfte mit den Kerlen?«, kritisierte ihn der Goldschmied. »Die plündern Bauern und Bürger aus.«

»Wo werdet Ihr denn ausgeplündert?«, wollte Jürgen wissen. »Euer Laden steht noch und ausgeraubt worden seid Ihr bisher auch nicht.«

»Das ist richtig. Aber der Rat erhöht ständig die Steuern. Brot, Wein«, er schaute zu Trepmann hinüber, »Fleisch – alles wird teurer.«

»Dann kauft doch bei den Bauern, wenn Euch Trepmanns Preise zu hoch sind«, warf Stams ein.

»Da werdet Ihr nur wenig Glück haben.« Der Fleischhauer schaute in die Runde. »Wie Ihr eben richtig bemerktet, plündern die Spanier das Umland. Das führt dazu, dass einige der Bauern ihr Schlachtvieh an mich veräußern, bevor die Soldaten es ihnen stehlen.«

»Was wiederum Euer Geschäft ankurbelt«, stellte der Apotheker wütend fest.

Trepmann zuckte nur mit den Schultern.

»Wir sollten dieses unerfreuliche Thema ruhen lassen«, schlug Jürgen vor. »Es bringt doch nichts, uns gegenseitig unser Verhalten vorzuwerfen.« Er hob seinen Becher. »Lasst uns auf das Wohl des Spenders trinken. Die Spanier sind nun mal hier und wir müssen das Beste aus der Situation machen. Hauptsache, es ergeht uns nicht wie dem armen Knecht des Bauern von Eicken.«

»Der Mord an Mattes ist immer noch ungesühnt«, stellte Stams fest.

»Der Bürgermeister hat bei General Don Gonzalo Fernández de Córdoba gegen die Ermordung protestiert.«

»Ha! Dass ich nicht lache«, empörte sich Stams. »Und was hat dieser Protest bewirkt?«

»Nichts«, räumte Jürgen ein. »Aber er hat es zumindest versucht. Was hättet Ihr denn an seiner Stelle unternommen? Die Stadtsoldaten oder die Bürgerwehr anrücken und die Täter festnehmen lassen? Wäret Ihr mitgegangen? Soweit ich weiß, gehört Ihr doch zur Bürgerwehr, nicht wahr? Wie viele Soldaten haben wir in Hattingen unter Waffen? Vielleicht ein Dutzend. Und etwa fünfzig Mann der Bürgerwehr. Unausgebildete Leute, von denen die meisten noch nie im Leben eine Muskete in der Hand gehalten, geschweige denn an Kämpfen teilgenommen haben. General Don Gonzalo Fernández de Córdoba hat in unseren Mauern sein Winterquartier bezogen, er wohnt in diesem Haus. Da vorne zechen seine Offiziere, an der langen Tafel sitzen einige spanische Soldaten. Vor unseren Toren lagern hunderte bestens ausgebildete Truppen.« Jürgen machte eine Kopfbewegung zu den feiernden Landsknechten. »Geht doch einfach hinüber und beschwert Euch, werter Herr Stams.«

»Ist das meine Aufgabe?«, empörte sich der. »Ich bin noch nicht einmal Ratsmitglied.«

»Aber über den Bürgermeister herziehen könnt Ihr.«

»Das ist doch ...« Der Apotheker machte Anstalten aufzustehen.

»Nun beruhigt Euch wieder. Beide«, bat Hülsbeck. »Wir sind alle angespannt ob der Lage, in der sich die Stadt befindet. Bisher ist es dem Rat und den Bürgermeistern jedenfalls gelungen, Schlimmeres abzuwenden. Hoffen wir, dass es dabei bleibt.«

»Ihr habt recht«, lenkte Jürgen ein. »Ich wollte Euch nicht beleidigen, Herr Stams.«

Der nickte nur.

»Habt Ihr eigentlich gehört, dass in Niederwenigern hinter der Ruhrschleife der Bauer Eickhof einen dieser Pütts aufgetan hat?«, versuchte der Goldschmied, das Gespräch in eine andere Richtung zu lenken.

Jürgen, der Gewissensbisse wegen seines Angriffs auf den Apotheker verspürte, nahm das Angebot dankbar auf. »Hat jemand von Euch schon diesen neuen Brennstoff ausprobiert?«

»Steinkohle nennt man ihn«, erläuterte Stams, der sich ebenfalls wieder beruhigt zu haben schien.

»Ja, ich habe die Steinkohle für meinen Ofen benutzt, indem ich das Metall einschmelze«, erwiderte Hülsbeck.

»Und?«, wollte Jürgen wissen.

»Sie brennt länger als Holzkohle. Und die Glut ist heißer. Ich kenne einige Schmiede, die den neuen Brennstoff einsetzen. Sie sind zufrieden damit, hört man. Allerdings ist diese Steinkohle recht schwer. Man schleppt ein arges Gewicht.«

»Ich bin mir nicht sicher, ob sich dieser Brennstoff durchsetzen wird«, meinte Trepmann. »Ich jedenfalls heize weiter mit Holz.«

»Wie steckt man es an?«, erkundigte sich Stams.

»Wie Holzkohle auch. Etwas trockenes Gras oder Stroh, darauf Reisig und ein, zwei Stücke Kohle. Allerdings habe ich den Eindruck, dass Holzkohle leichter brennt.«

»Und der Preis?«, fragte Jürgen.

»Billiger als Holzkohle. Aber das ist kein Wunder, es gibt ja in unserer Gegend kaum noch Köhler. Daher muss die Holzkohle aus dem Bergischen und dem Sauerland herangeschafft werden. Bei uns wurden die meisten Wälder gerodet.«

»Wie viel Kohle ist denn in so einem ›Pütt‹?« Jürgen sah Hülsbeck neugierig an.

»Keine Ahnung.«

»Mehr, als in einem Kohlenmeiler erzeugt werden kann?«

Der Goldschmied schüttelte den Kopf. »Das kann ich mir nicht vorstellen.«

»Ich sage ja, das setzt sich nicht durch«, meinte Trepmann.

Jürgen von Linden war sich da nicht so sicher.

## 10

*Haus Kemnade, 11. Januar 1623*

Der Bote aus Gräfrath erreichte Haus Kemnade zur Mittagszeit. Die Familie nahm ihre Speisen wie immer im Südflügel ein. Der Raum war trotz der Holzkohle, die in den eisernen Becken schwelte, eiskalt. Die Atemluft kondensierte vor den Mündern der Essenden. Die Diener hielten die Schüsseln, in denen die Speisen warteten, notdürftig mit heißen Steinen warm.

»Was ist so wichtig, dass du uns beim Essen störst?«, knurrte Cordt von der Recke den Diener an, der die Ankunft des Boten melden wollte.

»Ein Reiter brachte eilige Nachricht von Kloster Gräfrath, Herr.«

Von der Recke machte eine unwirsche Geste. »Meinetwegen. Der Kerl soll eintreten.«

Der Bote verbeugte sich, als er den Raum betrat, und wartete, bis ihn der Hausherr zum Sprechen aufforderte. Dann meldete er: »Ich habe Euch ein dringendes Schreiben von Äbtissin Maria Magdalena von Hochstaden zu übergeben.« Mit diesen Worten trat er vor und reichte von der Recke einen versiegelten Brief.

»Danke.« Als der Bote den Raum nicht sofort verließ, fragte von der Recke ungehalten: »Was ist denn noch?«

»Ich soll auf Antwort warten.«

»Das kannst du in der Küche tun. Dort bekommst du auch etwas zu essen und zu trinken. Und nun verschwinde.«

Der Bote gehorchte.

Von der Recke zerriss das Siegel und las. Dabei legte sich zunächst seine Stirn in Falten, dann nahm sein Gesicht eine feuerrote Farbe an. Schließlich knallte er das Schreiben wutentbrannt auf den Tisch, griff zum Weinglas und trank es in einem Zug aus. Mit einer Handbewegung orderte er Nachschub.

»Was ist passiert?« Anna von Quadt schaute ihren Gatten besorgt an.

»Ursula ist aus dem Stift entlaufen.«

»Was?«

»Vor zwei Tagen.« Er griff wieder zum Weinglas. »Dabei hatte ich diese Äbtissin instruiert, auf Ursula aufzupassen. Ich hätte mich für ein anderes, strengeres Stift entscheiden sollen. Aber du und deine Freundin habt mich ja zu Kloster Gräfrath überredet.«

»Ach, bin ich jetzt etwa schuld, dass deine Tochter ihres Vaters Wort nicht befolgt?«, giftete die Hausherrin zurück.

»Sie ist auch deine Tochter.«

»Sicher. Aber habe ich darauf bestanden, sie in einem Damenstift wegzusperren, um die Mitgift zu sparen, oder warst das du?«

Von der Recke hob beschwichtigend beide Hände. »Ist ja gut, entschuldige.«

Etwas besänftigt fragte seine Frau: »Wie ist Ursula geflohen?«

»Anscheinend hat sie die Aufregung über einen Todesfall im Kloster ausgenutzt. Jemand hat vergessen, die Türen hinter sich zu verriegeln.«

Anna von Quadt schüttelte entgeistert den Kopf. »Und nun?«

»Jetzt schreibe ich der Äbtissin, dass sie nach Ursula suchen lassen soll. Und wenn unsere Tochter gefunden ist, sperre ich sie in ein Kloster. Wenn es sein muss, in Ketten. Niemand fordert mich heraus. Erst recht nicht mein eigenes Kind.«

»Zahlt die Äbtissin die Suche nach Ursula?«, schaltete sich Wennemar in das Gespräch ein.

»Wie?«, fragte Cordt irritiert, dachte einen Moment nach und meinte dann: »Du hast recht. Suchtrupps kosten viel Geld. Die Männer wollen verpflegt sein, müssen in Herbergen übernachten und fordern natürlich Sold. Ich werde Frau von Hochstaden schreiben, dass sie die Kosten tragen muss. Schließlich war sie verantwortlich für Ursula.«

»Ich kenne Maria Magdalena, das wird sie niemals akzeptieren«, warf Anna von Quadt ein.

»Dann lässt sie es eben bleiben«, polterte von der Recke zum wiederholten Mal. »Irgendwann wird unsere missratene Tochter Hunger bekommen und jemanden um Hilfe bitten. Es ist kalt. Ohne warme Kleidung und ein Dach über dem Kopf kommt Ursula nicht durch den Winter. Sie wird schon wieder auftauchen. Und dann Gnade ihr Gott.« Er befahl dem Diener, ihm Papier, Tinte und Feder zu bringen. »Trotzdem bitte ich die Äbtissin, nach unserer Tochter suchen zu lassen. Vielleicht ist sie ja nicht so geizig, wie du unterstellst.«

Anna von Quadt verzog das Gesicht, sprach ihren Gedanken aber nicht aus.

»Und jetzt lasst uns weiteressen, bevor alles eiskalt geworden ist.« Von der Recke ergriff eine Hähnchenkeule, biss herzhaft hinein, spuckte aus und warf den Bollen angewidert auf den Holzboden. »Zu zäh. Und zu kalt. Bring neues Fleisch.«

Eine Stunde später saß von der Recke mit seinem Sohn in einer Kammer, die als Kontor diente. Der Raum war deutlich kleiner als die Stube, in der sie Gäste empfingen und ihre Mahlzeiten einnahmen. Auch das einzige Fenster an der Stirnseite war von geringen Ausmaßen. Deshalb gelang es den Dienern, diesen Raum einigermaßen warm zu halten, obwohl es auch hier zog. Die beiden Männer hockten an dem Tisch, auf dem sich Dokumente stapelten.

»Erst kommt der Brandenburger und erhöht die Steuern auf den Verbrauch von Roggen, dann hebt der Pfalzgraf die Weinakzise an. Der eine will dem anderen in nichts nachstehen. Die Herren sollten sich endlich einigen, wer von ihnen in der Mark das Sagen hat.«

»Über welchen Betrag reden wir?«

»Fünfzehn vom Hundert.«

Wennemar pfiff durch die Zähne. »Das belastet uns erheblich.«

»Wir bleiben die Abgabe schuldig.«

»Das geht nicht, Vater. Die Landesherren werden das Geld notfalls mit Gewalt eintreiben.«

»Dann nehmen wir es von den Bauern.«

Sein Sohn schüttelte den Kopf. »Bei denen ist kaum noch etwas zu holen. Die Spanier plündern sie aus, wir fordern den Zehnten ... Die Ersten sind bereits abgewandert.«

»Wohin?«

»Was weiß ich? Süddeutschland vielleicht.«

»Und sie lassen ihre Höfe einfach zurück? Wer bestellt dann die Felder?«

»Niemand. Das ist ja das Problem. Je mehr aufgeben, desto weniger Einnahmen bleiben uns. An den Bauern jedenfalls können wir uns nicht mehr schadlos halten.«

Cordt stützte den Kopf in die Hände. »Was dann?«

»Wir müssen etwas von unserem Besitz veräußern.«

Von der Recke sprang auf. »Niemals!«

»Es wird uns nichts anderes übrig bleiben, Vater. Höfe und Felder scheiden aus. Dafür zahlt niemand mehr, da alle Angst vor den Plünderungen haben. Nein, es muss etwas sein, an dem die Spanier kein Interesse haben. Nur dafür finden wir einen Käufer, zur Not auch einen Pächter, der uns regelmäßige Einnahmen sichert.«

»Und an was hast du gedacht?«

»Du erinnerst dich sicherlich an den Acker nördlich von Stiepel? Auf der Anhöhe über Bochum? Er gehört uns, obwohl er außerhalb unserer Gerichtsbarkeit liegt.«

»Der in der Nähe von Haus Brenschede? Nennen die Stiepeler das Feld nicht Alte Missgunst?«

»Wir haben dort einem Bauern gestattet, nach Steinkohle zu graben.«

»Hatte er Erfolg?«

»Ja. Er hat an uns den Zehnten für insgesamt fünfzig Reichstaler Einkünfte als Pacht abgeführt.«

»Viel Geld. Das entspricht dem Jahreseinkommen des Organisten der Stiepeler Kirche, wenn ich mich nicht irre. Das hätte ich nicht gedacht.«

»Ich habe mit dem Bauern gesprochen. Bisher hat er die Kohle einfach auf dem Feld ausgegraben. Aber das wird zukünftig nicht mehr möglich sein. Er muss tiefer in die Erde, eine Art Brunnen anlegen. Dessen Wände müssen gestützt, wenn nicht sogar ausgemauert werden. Das nötige Geld hat er nicht. Er fragte, ob wir ihm ein Darlehn gewähren können.«

»Ha!«

»Natürlich habe ich das verweigert.«

»Wir haben das Geld auch nicht.«

»Nein. Aber möglicherweise ein anderer. Wir verkaufen oder verpachten jemandem die Rechte an dem Pütt, der bringt die Mittel für den Brunnen auf und wir behalten das Grundstück.«

Von der Recke kratzte sich am Kinn. »Haben wir mit dem Bauern nicht einen Pachtvertrag geschlossen?«

»Ja.«

»Ist er bereit, diesen zu lösen?«

»Ich habe noch nicht mit ihm gesprochen.«

»Stoß ihn nicht vor den Kopf. Wenn er sich stur stellt, müssen wir den Vertrag erfüllen. Er untersteht der Gerichtsbarkeit des Bochumer Drosten. Der wird uns niemals den Gefallen tun, den Pachtvertrag aufzulösen.«

»Ich werde deinen Rat befolgen, Vater.«

»An wen willst du verkaufen?«

»Das weiß ich noch nicht. Aber ich werde bestimmt einen Interessenten finden. Darf ich mich darum kümmern?«

Der Hausherr klopfte seinem Sohn anerkennend auf die Schulter. »Ein guter Plan. Natürlich darfst du. Du sollst sogar!«

## 11

*Kettwig, 2. Februar 1623*

Ursula fühlte sich so frei wie noch nie in ihrem Leben. Frei, dahin zu gehen, wohin sie wollte. Frei zu reden, zu lachen, zu weinen, wann sie wollte. Und frei zu lieben, wen sie wollte.

Die Gaststube, in der sie saß, strahlte wohlige Gemütlichkeit aus. Das lag nicht zuletzt an dem kunstvoll mit Fliesen verkleideten Ofen, der gegenüber dem einzigen Fenster stand und in dem ein großes Feuer brannte. Die Decke der Stube schmückte eine helle Holzvertäfelung, an den Wänden hingen dunklere Paneele und auf dem Boden lagen grobe, fast schwarze Holzdielen, die von dem Schuhwerk der Gäste glatt geschliffen waren. So wirkte der Raum höher, als er eigentlich war. Die Möblierung bestand aus gerade einmal fünf Tischen mit langen Bänken, die jeweils etwa zehn Personen Platz boten.

Zur Küche führte eine Wandöffnung, in der Clemens Nagel mit dem Wirt der *Rostigen Kanone* über die Konditionen des für den Abend geplanten Auftritts verhandelte.

Clemens lebte seit über einem Jahr auf der Straße. Nach dem Tod seines Vaters war der Nachlass unter den vier Brüdern aufgeteilt worden. Der älteste hatte Haus und Titel geerbt, der zweitälteste einen ertragreichen Hof, der dritte Sohn wurde mit Feldern und Wald abgefunden. Für Clemens blieb ein halb verfallener Kotten an einem Bach, in dem eine sechsköpfige Familie ihr Leben fristete, deren Oberhaupt sich und die Seinen mit Gelegenheitsarbeiten auf den Äckern reicherer Bauern über Wasser hielt. Wenn der arme Kerl überhaupt Pacht zahlen konnte, war es zum Leben zu wenig und zum

Sterben zu viel. Clemens jedenfalls verkaufte die Rechte an diesem Grund ohne Bedauern an den Haupterben für einhundert Taler.

Von diesem Geld hatte er bisher kaum etwas verbraucht, denn er besaß seine Laute, hatte eine schöne Stimme und kannte Dutzende von Liedern, die er gegen Entgelt in Gasthäusern oder bei gutem Wetter auf den Marktplätzen der Städte darbot. Er trank nur wenig, mied jegliche Händel, legte sich nur selten zu den Huren, und so blieben die Karten als sein einziges Laster. Besonders gern spielte er Mauscheln, ein Spiel, bei dem es nicht nur auf Glück ankam, sondern auch darauf, sich genau an die bereits gespielten Karten zu erinnern. Dabei kam Clemens sein gutes Gedächtnis zu Hilfe sowie der Umstand, dass er dem Wein in nur geringem Maß zusprach. Denn wer betrunken ist, vergisst. Und wer vergisst, macht Fehler. Deshalb gewann Clemens häufiger als seine Mitspieler. Seine Spielleidenschaft war der Grund dafür, dass er sich nie länger als eine Woche an einem Ort aufhielt. Denn nach einigen Tagen fanden sich keine Gegner mehr, die sich mit ihm beim Mauscheln messen wollten.

Fast vier Wochen war Ursula nun mit ihm unterwegs. Nachdem sie sich in der Nacht ihres Kennenlernens ihre Lebensgeschichten erzählt hatten, war sie einfach bei ihm geblieben. Er hatte das ohne Nachfragen akzeptiert und sie von der ersten Minute an als gleichwertige Partnerin betrachtet. Clemens spielte und sang, manchmal tanzte sie in den Wirtshäusern dazu und forderte die anderen Gäste auf, es ihr gleichzutun. So stieg die Stimmung und damit der Umsatz des Wirts. Nach ihrer Vorstellung ging Ursula mit dem Hut in der Hand herum und animierte die Zuhörer, mehr als nur einen Albus hineinzuwerfen. Der Erlös wurde zwischen ihnen geteilt, wie auch die Kosten für Logis und Speisen, denn nicht immer ließen die Wirte sie umsonst wohnen.

Sie teilten nicht nur die Kammer, sondern auch das Bett. Aber von einigen unbeabsichtigten Berührungen abgesehen, hatte Clemens sie niemals unsittlich bedrängt, ein Umstand, der Ursula zunächst mit Dankbarkeit erfüllt hatte, zunehmend aber bedrückte. Denn sie hatte sich in diesen Clemens Nagel verliebt, der nicht nur ein Hallodri, sondern in ihren Augen auch ein Ritter war.

»Wir können drei Tage hierbleiben«, erzählte Clemens, als er an ihren Tisch zurückkehrte. »Der Wirt berechnet uns keinen Albus. Dafür treten wir jeden Abend auf. Er hat auch nichts dagegen, wenn wir seine Gäste um Gage angehen, dürfen sie aber nicht drängen oder gar nötigen.«

Ursula nickte zustimmend.

»Der Wallach kann im Stall bleiben. Auch dafür zahlen wir nichts.« Er griff zu ihrem Becher. »Darf ich?«

»Natürlich.«

Er nahm einen kleinen Schluck Wein und stellte das Gefäß dann zurück auf den Tisch. »Ich wollte mit dir über etwas reden«, sagte Clemens bedeutungsschwanger.

Ihr Herz machte einen Sprung und sie schaute ihn erwartungsvoll an.

»Du hast mir erzählt, dass du über siebzig Taler hast, ich über neunzig. Wir geben kaum etwas davon aus. Wäre es nicht gut, wenn wir auch für dich ein Pferd kaufen würden?«

Ursula bemühte sich, ihre Enttäuschung zu verbergen. Sie hatte etwas anderes erhofft. Ein Zeichen der Zuneigung vielleicht, mochte es auch noch so unbedeutend sein. Aber nun das! Obwohl Clemens nicht unrecht hatte. Nur selten hatten sie zu zweit auf dem Rücken des Wallachs gesessen. Meistens lief einer von ihnen neben dem Pferd her, während der andere ritt. Auf diese Weise kamen sie nur langsam voran.

»Es sind unruhige Zeiten. Erst kürzlich ist eine Kompanie Spanier durch Kettwig gezogen, hat mir der Wirt erzählt. Sie sollen bei Werden zwei Reisende ausgeraubt haben. Zu Fuß können wir solchen Landsknechten nicht entkommen, zu Pferde vielleicht. Ich möchte nicht, dass dir etwas zustößt.« Er schaute sie aus seinen braunen Augen an. Und Ursulas Herz zerfloss.

»Was müssten wir dafür ausgeben?«

»Fünfzehn Taler, vielleicht zwanzig.«

»Ein stolzer Preis.«

»Stimmt. Überleg es dir. Wir teilen uns den Kaufpreis.«

»Und was, wenn ich meiner eigenen Wege gehen will? Schneiden wir das Pferd dann in der Mitte durch?« Ursula freute sein bestürzter Gesichtsausdruck. Ganz gleichgültig schien sie ihm doch nicht zu sein. »Das war nur ein Scherz.«

»Aber ein schlechter.«

»Warum?«

Clemens rückte näher und ergriff ihre Hand. »Weil ich nicht möchte, dass du mich verlässt.«

In dieser Nacht teilten sie wieder das Bett. Aber dieses Mal wie ein Paar.

## 12

*Hattingen, 14. April 1623*

Lautes Trommeln vermischte sich mit dem Glockengeläut Sankt Georgs, das die Hattinger Bürger zum Karfreitagsgottesdienst rief. Ein gutes Dutzend spanischer Musketiere marschierte, die Waffen schussbereit in den Armbeugen tragend, vom Weiltor zum Weinhaus. Dort verteilten sie sich auf ein Kommando ihres Offiziers hin so, dass sie den Markt vollständig unter Kontrolle hatten.

Ihnen folgten Soldaten mit Trommeln, die minutenlange, gleichartige Wirbel schlugen. Kaum hatten sie geendet, erklang getragene Marschmusik, gespielt von einer Soldatenkapelle, die sich hinter den Trommlern ihrem Ziel näherte. Sobald die Kapelle ihr Spiel unterbrach, stimmten in die entstandene Stille hinein andere Landsknechte melancholisch klingende Lieder an.

Von dem Spektakel und dem Lärm angelockt, war auch Jürgen von Linden vor seine Tür getreten und schaute dem Aufzug mit großen Augen und offenem Mund zu.

Einer der Offiziere bellte einen Befehl. Schlagartig trat Ruhe ein. Auf ein Zeichen hin setzte sich der Tross langsam in Bewegung und die Musiker nahmen ihr Spiel wieder auf.

Den wenigen Hattingern, die sich nicht, verängstigt von diesem seltsamen Aufmarsch, in den Schutz ihrer Häuser zurückgezogen hatten, bot sich ein gespenstischer Anblick.

Hinter den Musikanten und Sängern erschien eine Gruppe von zehn Männern, die eine Art Tisch auf ihren Schultern trugen. Darauf stand ein meterhohes Kreuz, an dem ein geschnitzter Jesus hing. Hinter dieser Monstranz liefen mit bloßen Füßen ein gutes Dutzend Gestalten, die lange blau gefärbte Umhänge trugen. Ihre Köpfe schmückten hohe, spitz zulaufende Hüte, von denen eine Art Schleier herabfiel, der das Gesicht der so maskierten vollständig bedeckte. Schmale Sehschlitze sorgten dafür, dass die Vermummten trotzdem etwas erkannten. In den Händen trugen sie brennende Kerzen.

Dahinter wiederum liefen zwei Handvoll fast nackter Männer, die sich mit Peitschen selbst geißelten und dabei herzerweichende Klagelaute ausstießen. Über ihre Rücken floss Blut, welches zu Boden tropfte und diesen rot färbte. Aber den Männern schien der Schmerz nichts auszumachen, im Gegenteil: Auf ihren Gesichtern lag ein Ausdruck höchster Verzückung.

An diese erste Gruppe schloss sich eine zweite an, die eine Marienfigur auf ihren Schultern schleppte. Auch die Mutter Gottes schmückten bunte Bändchen und einige Frühlingsblumen.

Mit jedem Meter schwankten die Statuen hin und her, sodass es den Anschein hatte, die Figuren stürzten jeden Moment auf die Straße. Aber die Träger hielten ihre Last fest im Griff. Die Prozession umrundete den Kirchhof und marschierte dann zum Weinhaus. Dort angekommen, drehte sie um und legte den Weg ein zweites Mal zurück.

»Die mit den Spitzhauben nennen wir Nazarenos.«

Jürgen schaute überrascht zur Seite. Er hatte den Spanier bei dem Lärm nicht kommen hören.

»Peter de Brügg.« Der Offizier deutete eine Verbeugung an. »Ihr seid Jürgen von Linden, nehme ich an?«

»Ihr vermutet richtig.«

De Brück zeigte auf die Vermummten. »Die Büßer tragen diese Hauben und die langen Umhänge, damit sie anonym bleiben wie der Beichtende im Beichtstuhl. Die Heiligenfiguren auf den Pasos werden von den Costaleros getragen. Die Sänger hingegen stimmen Klagelieder der Muttergottes über den Leidensweg ihres Sohnes Christus an. Und da unser Land über Jahrhunderte von den Mauren besetzt war, hören sich unsere traurigen Lieder immer ein wenig arabisch an.«

»Woher kennt Ihr mich?«, erkundigte sich Jürgen.

»Ihr seid einer der erfolgreichsten Kaufleute der Stadt.« Der Offizier lächelte. »Aber ich habe Euch nicht angesprochen, um über unsere Tradition der Karfreitagsprozession zu plaudern. Ich soll Euch eine Einladung unseres Generals überbringen. Don Gonzalo Fernández de Córdoba möchte Euch kennenlernen. Wäre es Euch in einer Woche recht?«

»Ich weiß nicht … Was will er von mir?«

»Das wird er Euch selbst sagen. Also, nehmt Ihr seine Einladung an?«

»Ich bin mir wirklich nicht sicher.«

»Herr von Linden, ich bedauere, wenn ich mich missverständlich ausgedrückt habe. Ihr solltet diese Bitte nicht abschlagen.«

»Und was, wenn doch?«

»Dann werdet Ihr feststellen, dass der General es nicht gewohnt ist, dass ihm ein höflich vorgetragener Wunsch verweigert wird. Nun?«

»Ich verstehe. Wann?«

»Gegen Mittag.«

»Im *Goldenen Schwan?*«

»Nein. Er wird Euch in seinem Zelt in unserem Lager an der Ruhr empfangen.«

»Ich werde kommen.«

»Eine weise Entscheidung, Herr von Linden.«

## 13

*Hattingen, 19. April 1623*

Selbst seine Frau Trine wusste nicht, dass er beinahe ein richtiger Medikus geworden wäre. Wilhelm Mattheissen stammte aus einer Düsseldorfer Bürgerfamilie, hatte in jungen Jahren die Artistenfakultät in Köln absolviert und dann an der dortigen Universität zwei Semester Medizin studiert, bis er für alle Zeiten vom Studium ausgeschlossen worden war. Das lag, wie bei fast allen Widrigkeiten seines Lebens, an seinem aufbrausenden Wesen. Er kontrollierte sein Handeln nicht mehr, wenn er zu tief ins Glas geschaut hatte. So hatte es eines Tages wegen einer Banalität Streit unter den Kommilitonen gegeben und Wilhelm schlug einen Mitstudenten in rasender Wut fast tot. Da er bereits mehrfach wegen ähnlicher Gewaltausbrüche formell gerügt worden war, blieb dem Rektor nichts anderes übrig, als ihn von der Universität zu weisen.

Seinen Eltern hatte Wilhelm diese Blamage aus Scham verschwiegen. Stattdessen war er ohne ein Wort der Erklärung aus ihrem Leben verschwunden. Anfangs hatte er noch gehofft, sein Studium an einer anderen Universität fortzusetzen, um dann als promovierter Medikus mit allen Ehren nach Düsseldorf zurückzukehren. Aber mittellos wie er war, fehlte ihm das Geld für die Studiengebühren, von der Sicherung seines Lebensunterhalts ganz zu schweigen. Also hatte er sich bei einem Bader im Bergischen in die Lehre begeben, in der Hoffnung, wenigstens einen Teil der erworbenen Kenntnisse anzuwenden und seinen Meister eines Tages zu beerben. Aber er war ein schlechter Bader. Und als sein Ausbilder früher als erwartet starb, verjagten ihn die Bürger aus Solingen.

Von da an hielt Wilhelm sich mit allen möglichen Gelegenheitsarbeiten über Wasser und versuchte sich auch immer wieder als Bader, bis er schließlich nach Hattingen kam und die verwitwete Trine kennenlernte. Diese suchte händeringend einen Vater für ihre Tochter, er erhoffte sich von der Heirat Zugang zum Vermögen der Familie von Linden. Das wurde jedoch nichts, zum einen, weil Trine zu stolz war, Almosen anzunehmen, zum anderen, weil Jürgen von Linden wie eine Henne auf dem Ei auf der Geldtruhe der Familie hockte.

Aber wie Wilhelm es auch drehte und wendete, nicht sein Schwager war für seine Situation verantwortlich, sondern sein verfluchter Hang zu Bier und Branntwein, das musste er sich eingestehen.

»Bring mir noch einen Krug«, rief er der Magd im *Goldenen Schwan* zu. Die zeigte mit einem Nicken, dass sie verstanden hatte, und verschwand in der Küche. Kurz darauf trat der Wirt Tigges Rupe an Wilhelms Tisch.

»Hast du überhaupt Geld für einen weiteren Humpen?«

Wütend knallte der Bader seine letzten Albus auf den Tisch. »Reicht das?«

Der Wirt strich die Münze ein. »Ja. Aber nur für einen halben Krug.«

»Bring ihn mir.«

Wortlos entfernte sich Rupe.

Wenig später schenkte sich Wilhelm von dem frischen Bier ein und trank den Becher in einem Zug leer. Er rülpste vernehmlich, wischte sich mit dem Handrücken den Schaum vom Mund und schenkte erneut nach.

Wieder rief er nach der Magd, um Nachschub zu ordern.

»Tut mir leid«, erwiderte diese. »Herr Rupe hat mir befohlen, Euch kein Bier mehr zu bringen.«

»Was bildet dieser Kerl sich ein?« Wilhelm sprang so heftig auf, dass sein Stuhl umfiel. Die Gäste an den anderen Tischen sahen erstaunt zu ihm herüber. »Was glotzt ihr so dämlich?«, brüllte Wilhelm. »Kümmert euch um euren eigenen Kram!«

»Setz dich wieder und halt die Klappe oder verschwinde«, blaffte ein Mann am Nebentisch zurück, der mit einigen Freunden Karten spielte. »Wir wollen in Ruhe unser Bier trinken und nicht von einem Schreihals und Säufer wie dir gestört werden.«

Wilhelm sprang an den Nachbartisch und baute sich drohend vor dem Zwischenrufer auf. »Was hast du gesagt?«

Der Angesprochene sah zu ihm auf. »Dass du deinen Mund halten sollst oder gehen, das habe ich gesagt.«

»Du erteilst mir keine Befehle. Ich bleibe, solange ich will. Ob es dir Arschloch passt oder nicht.«

Nun erhob sich auch der andere. »Niemand nennt mich Arschloch. Und du erst recht nicht. Verschwinde endlich, bevor ich dich Manieren lehre.« Er drehte sich grinsend zu seinen Kameraden um. »Was für ein Hampelmann!«, meinte er und lachte lauthals.

Mit einem wütenden Aufschrei griff Wilhelm nach dem Tonkrug, der zwischen den Spielern auf dem Tisch stand, und hieb ihn mit voller Wucht auf den Kopf seines Kontrahenten. Der Krug zersplitterte. Bier mischte sich mit Blut. Stöhnend fiel Wilhelms Gegner wie ein gefällter Baum nach hinten, prallte auf den Nachbartisch, riss auch diesen um und schlug dann auf die Holzdielen.

Wilhelm hieb den abgebrochenen Henkel des Kruges, den er noch immer in der Hand hielt, einem völlig Unbeteiligten zwischen die Zähne, sodass einige brachen. Ein weiterer vermochte sich gerade noch zu ducken, sonst hätte auch ihn ein Schlag des Tobenden getroffen.

Erst drei Männern gelang es, Wilhelm zu überwältigen und ihn auf dem Boden festzuhalten, bis endlich die herbeigerufene Stadtwache den Wüterich in Eisen legte und mit vorgehaltenen Waffen in eine Zelle im Rathaus schaffte, wo er angekettet seinen Rausch ausschlafen und auf seine Strafe warten sollte.

Noch am Abend erschien Trine beim Bürgermeister, bat und bettelte, versprach bei allen Heiligen, dass Wilhelm sich bessern würde, und erlangte so seine Freilassung. Allerdings schärfte Bürgermeister Pelser ihr ein, dass ihr Mann, käme es noch einmal zu einem solchen Ausbruch, der Stadt verwiesen werde.

## 14

*Hattingen, 21. April 1623*

Jürgen von Linden hatte sich entschieden, den als Bitte maskierten Befehl des spanischen Generals zu befolgen. Einerseits befürchtete er, dass Peter de Brügg keine leere Drohung ausgestoßen hatte, andererseits war er schlicht neugierig, was Don Gonzalo Fernández de Córdoba von ihm wollte.

Die acht spanischen Kompanien mit nicht ganz zweitausend Landsknechten lagerten in den Ruhrauen östlich des Wegs nach Linden. Der Platz war gut gewählt. Im Norden schützte die Ruhr, im Süden die Stadt Hattingen die Truppe. Wasser schöpften die Soldaten aus dem Fluss, den Trampelpfad an seinem südlichen Ufer bauten sie zu einem Patrouillenweg aus. An der Straße zur Brücke waren mannshohe Palisaden errichtet worden, am gegenüberliegenden Ende des Lagers sicherte ein mit Ruhrwasser gespeister Graben den Standort.

Westlich der Straße bot sich ein chaotisches Bild. Hier hauste in hastig zusammengezimmerten Hütten aus Ästen und trockenem Laub der Tross – die Sudler und Huren, die Gaukler und Wahrsager, allesamt Parasiten des Krieges. Und natürlich die Marketender, Feldschere und Schmiede, Bäcker und Fleischhauer. Nur vereinzelt konnte Jürgen in dem Durcheinander ein halbwegs stabiles Zelt entdecken.

Es stank, als sich der Kaufmann dem Lagereingang näherte, den vier Musketiere und ein Offizier bewachten. Der widerliche Geruch der weiter östlich liegenden Abfallgruben und Scheißplätze wurde vom Wind herübergetragen. Jürgen nannte sein Anliegen und wurde von einem der Soldaten zum Zelt des Generals eskortiert.

Zwei im Kreuz angelegte Hauptwege durchzogen das Winterquartier. Von ihnen gingen kleinere Gassen ab, in denen die Zelte der einfachen Soldaten dicht an dicht standen. Im Vorbeigehen warf Jürgen einen Blick in das Innere eines von ihnen: Auf einer Fläche von vielleicht zwei mal zwei Metern sah er vier Schlafstätten aus Stroh und Reisig, die auf dem blanken Boden ausgebreitet waren. Zwischen diesen Unterkünften befanden sich die Unterstände der Pferde, was den üblen Geruch verstärkte.

Je weiter Jürgen sich dem Zentrum der Anlage näherte, desto größer wurden die Zelte. Sie verfügten über Kuppeldächer und senkrechte Wände, sodass die Offiziere, die sie bewohnten, weil sie kein Quartier in Hattingen gefunden hatten, darin aufrecht stehen konnten.

Genau in der Mitte des Lagers fand sich zu Jürgens Überraschung eine weitere, im Quadrat angelegte Palisade. Zwar war sie nicht so hoch wie die, die das Lager umgab, aber trotzdem nur schwer zu überwinden. Landsknechte bewachten ein provisorisches Tor.

Jürgen wurde einem Offizier übergeben und folgte diesem in das Innere des Gevierts. Dort stand ein einzelnes Zelt, größer als die anderen. Der Soldat, der Jürgen eskortierte, gab ihm mit einem Zeichen zu verstehen, dass er einige Schritte von dieser Unterkunft entfernt warten solle. Dann schob er die Stoffbahnen, die den Eingang bildeten, beiseite und verschwand im Inneren. Kurz darauf tauchte er wieder auf und signalisierte Jürgen einzutreten.

Im Zelt war es angenehm. Ein gusseiserner Ofen strahlte behagliche Wärme aus, Holzbretter bedeckten den Boden. In der Mitte der geräumigen Unterkunft stand ein großer Tisch mit mehreren Stühlen. Auf einem von ihnen saß der General.

Als Jürgen sich ihm näherte, stand Don Gonzalo Fernández de Córdoba auf und streckte dem Besucher seine

Rechte zur Begrüßung entgegen. »Herr von Linden«, sagte er in überraschend gutem Deutsch. »Es freut mich, dass Ihr meiner Einladung gefolgt seid. Bitte setzt Euch. Es unterhält sich leichter in einem bequemen Stuhl.«

Tatsächlich lagen auf den Sitzflächen dicke Kissen. Und auch die Rückenlehnen waren weich gepolstert.

Der General, nicht viel älter als dreißig, war von fülliger Gestalt, die durch die Pluderhosen und das dicke Koller noch unterstrichen wurde. Anstelle einer Kröse trug er einen gestickten Halsbesatz.

»Möchtet Ihr etwas spanischen Wein? Ich habe mehrere Fässer von zu Hause mitnehmen lassen. Obwohl Euer Wein aus den südlichen Gegenden auch nicht schlecht sein soll, habe ich gehört. Ich selbst habe ihn noch nicht probiert. Das sollte ich nachholen.« Er hob den vor ihm stehenden Krug und goss Jürgen und sich ein. »Aber der Mensch hängt an Vertrautem. Also bleibe ich beim spanischen Roten.«

Sie prosteten sich zu.

Jürgen schmeckte den Wein. Er war schwer und seine Aromen erinnerten an frische Johannisbeeren. »Wirklich gut«, sagte er anerkennend und nahm einen weiteren Schluck.

»Ihr seid ein Kenner. Das freut mich.«

Jürgen hob abwehrend beide Hände.

»Doch, doch«, bekräftigte der General. »Ich habe es an Eurem Gesichtsausdruck erkannt, als der Wein über Eure Zunge in die Kehle gelaufen ist. Erst neugierig, dann freudig überrascht, schließlich glücklich.« Er hob wieder das Glas. »Auf Spaniens Sonne, die dieses edle Getränk geschaffen hat.«

Als sie getrunken hatten, fragte Jürgen: »Warum habt Ihr mich rufen lassen?«

»Ich dachte eigentlich, wir unterhalten uns erst noch ein wenig. Aber gut, kommen wir zum Geschäftlichen. Mir wurde gesagt, Ihr besitzt einige Karren, mit denen Ihr Waren transportiert?«

»Das ist richtig.«

»Wie viele sind es?«

»Sieben.«

»Und die Zugtiere habt Ihr auch?«

»Ja. Pferde, zur Not zwei Ochsen.«

»Wie sind die Karren ausgestattet?«

»Drei sind einfache Leiterwagen. Die anderen vier verfügen über ein Dach und massive Seitenwände zum Schutz gegen Regen und Wind.«

Der General nickte. »Solche Transportwagen haben meine Kompanien nicht.«

»Ihr verfügt über keine Karren?«, fragte Jürgen erstaunt. »Ich meinte, welche im Lager gesehen zu haben.«

»Leiterwagen, ja. Aber keine gedeckten Wagen. Wie Ihr sicher wisst, beziehen wir einen Teil unserer Verpflegung aus dem Umland.«

Durch plündern, wollte Jürgen einwerfen, besann sich aber eines Besseren.

»Das reicht jedoch nicht.« Der General zeigte auf den Weinkrug. »Nicht nur, weil in Eurer Gegend manche Produkte nicht in der gewünschten Qualität vorhanden sind, sondern weil schlicht nicht genug davon da ist. Habt Ihr eine Vorstellung, was ein solcher Haufen wie meiner täglich an Nahrung benötigt?«

»Ich kann es mir denken.«

»Allein einhundertzwanzig Scheffel Bier. Pro Tag! Und etwa sechstausend Pfund Brot. Dazu Käse und Fleisch. Das sind Unmengen. Und alles muss transportiert werden.«

Aha, dachte Jürgen, darauf will er hinaus.

»Natürlich haben wir die Marketender, aber die decken nur einen kleinen Teil des Bedarfs. Ebenso wie die Hattinger Händler und die des Umlands. Also müssen meine Soldaten Nahrung heranschaffen. Damit ist es jedoch nicht getan. Immer wieder gehen Waffen und Geräte kaputt, die ersetzt werden müssen. Und bei den Schießübungen wird Pulver verbraucht.« Er machte eine Pause. Von draußen hörte Jürgen leise Rufe, konnte deren Ursache aber nicht ergründen, da der General weitersprach: »Angeliefert werden die Waren häufig über den Rhein zu unserer Garnison in Düsseldorf. Oder nach Ruhrort. Von da transportiert man sie über den Landweg zu uns. Waffen zum Beispiel werden in Nürnberg gefertigt und über Main und Rhein verschifft. Vor einer Woche, Ihr erinnert Euch sicher, hatten wir tagelang Regen.«

Jürgen nickte.

»Drei unserer Wagen kamen wegen des miesen Wetters nicht mehr weiter. Die Straße war zu aufgeweicht und die Räder der voll beladenen Karren versanken im Dreck. Die Fahrer und die sie begleitenden Soldaten suchten eine andere, bessere Strecke und fragten einen Bauern, der des Weges kam. Entweder verstanden sie ihn nicht richtig, was ich nicht glaube, oder er hat sie belogen – auf jeden Fall führte der von ihm vorgeschlagene Weg in noch schlechteres Gelände. Zwei Wagen kippten um und tausend Liter Bier versickerten im Boden. Das Pulver auf dem dritten Wagen war zwar mit Planen gegen den Regen gesichert, durch den starken Wind hatte sich dieser Schutz jedoch unbemerkt gelöst. Das Pulver ist nass geworden und damit unbrauchbar.«

»Wenn ich Euch recht verstehe, erwartet Ihr von mir, dass ich Euch bei den Transporten helfe?«

»So ist es. Ihr kennt Euch in der Gegend besser aus als jeder meiner Soldaten. Ihr wisst, welche Straße bei welchem Wetter mit welcher Last befahrbar ist und welche man besser meiden sollte. Helft mir, es soll Euer Schaden nicht sein.«

»Und wenn ich mich weigere?«

Schlagartig verfinsterte sich die bisher so freundliche Miene des Generals. »Ich kann Eure Wagen auch beschlagnahmen. Und die Fahrer dazu.«

»Sicher. Aber meine Angestellten werden in der ersten Nacht das Weite suchen. Und wenn nicht: Wer gibt Euch die Gewissheit, dass sie Euch nicht ebenfalls belügen wie dieser Bauer, von dem Ihr gerade gesprochen habt? Was wäre Euch mit einer Beschlagnahmung geholfen?«

Jürgen wusste, dass er sich auf dünnem Eis bewegte. Aber so einfach wollte er nicht klein beigeben. Nicht gegenüber einem Mann, dessen Soldaten Hattingen und sein Umland knechteten.

»Stolze Worte, Herr von Linden.«

»Wahre Worte, Herr General.«

»Ihr wollt mir also meinen Wunsch nicht erfüllen?«

»Das habe ich nicht gesagt.« Jürgen war bewusst, dass ihm im Grunde keine Wahl blieb. Verweigerte er sich, beschlagnahmten die Spanier seine Wagen. Und ob die Fahrer mit Drohungen verbundene Geldangebote ablehnten, blieb fraglich. »Das hängt von den Konditionen ab, die wir vereinbaren.«

Die Miene des Spaniers hellte sich auf. »Solche Männer sind mir recht. Ihr macht Euer Wort und habt keine Angst vor großen Namen. So soll es sein.« Er erhob seinen Becher und trank. »Einen Taler pro Fuhre.«

Jürgen lachte auf. »Das zahlen mir die Hattinger Kaufleute für Fahrten nach Bochum«, log er. »Zwei Albus pro gefahrener Meile.«

»Überspannt den Bogen nicht. Mein Großmut ist nicht grenzenlos.«

»Meiner ebenfalls nicht«, versicherte Jürgen so gelassen wie möglich, während ihm das Herz bis zum Hals schlug.

»Einen Albus. Das ist mein letztes Wort.«

»Und Eure Zusicherung, dass mein Besitz von Euren Soldaten verschont bleibt.«

»Die habt Ihr hiermit.« Don Gonzalo Fernández de Córdoba streckte seine Hand aus, um den Vertrag zu besiegeln. »Schlagt ein. Anschließend wollen wir unsere Vereinbarung begießen. Peter de Brügg wird die Details mit Euch klären. Er wartet bereits draußen.« Der General schenkte Wein nach.

Und Jürgen von Linden besiegelte mit einem kräftigen Schluck die Zusammenarbeit mit dem Mann, der seine Heimat besetzt hielt.

Tatsächlich nahm Peter de Brügg den Hattinger vor dem Zelt in Empfang. Schweigend ging der Hauptmann vor ihm her, nahm allerdings eine andere Route als der Musketier, der

Jürgen zum General geführt hatte. Sie näherten sich dem Exerzierplatz, der unweit des westlichen Lagerrands lag. Jürgen fiel auf, dass die Wege, auf denen eben noch Dutzende Soldaten herumgelungert hatten, menschenleer waren. Stattdessen erklangen Gegröle, Missfallensrufe oder Jubel umso lauter, je näher sie dem Übungsgelände kamen.

Auf einen fragenden Blick Jürgens erklärte sein Begleiter: »Gänsereiten. Kennt Ihr das?«

»Nein.«

»Dann will ich es Euch zeigen.«

Sie bogen in einen schmalen Weg, der direkt zum Exerzierplatz führte. Der Lärm wurde noch lauter. Schließlich standen sie vor einer Mauer aus Menschen. Barsch bahnte sich de Brügg mit Jürgen im Schlepptau einen Weg durch das Gewimmel, ohne sich um das Murren der Soldaten zu scheren, die er beiseitestieß.

Auf dem Platz waren zwei Pfähle von gut vier Schritt Länge fest im Boden verankert und an ihrer Spitze durch einen Querpfosten verbunden. Sie standen etwa zehn Schritte auseinander. An dem Querpfosten flatterte eine kopfüber angebundene Gans um ihr Leben.

De Brügg zeigte nach rechts, wo sich Reiter sammelten. »Das sind die Gänsereiter. Sie müssen versuchen, dem Tier den Kopf abzureißen. Das ist aber nicht so einfach, denn sie dürfen weder anhalten noch ihren Ritt verlangsamen. Außerdem bewegt sich die Gans und will davonfliegen, wie Ihr seht. Und schließlich sind die Federn feucht und rutschig. Selbst wenn ein Reiter den Kopf zu packen bekommt, ist es keinesfalls sicher, dass er ihn auch abreißen kann.« Ein Trommelwirbel ertönte. »Seht, jetzt geht es in die zweite Runde.«

Ein recht kleiner Reiter war der Erste, der sich im vollen Galopp der Gans näherte. Er stellte sich in die Steigbügel, würde das arme Tier aber trotzdem nicht erreichen können. Als er dies erkannte, versuchte er, auf den Pferderücken zu klettern, was ihm unter lautem Beifall der Menge auch gelang. Allerdings konnte er, zu voller Größe aufgerichtet, das Gleichgewicht nur schlecht halten. Als er einen Arm ausstreckte, um den Vogel zu packen, schwankte er, stürzte kopfüber vom Pferd und blieb regungslos im Dreck liegen. Seine Kameraden schleppten ihn zur Seite.

Die Zuschauer rasten vor Begeisterung.

Dem nächsten Reiter gelang es zwar, den Kopf der Gans zu fassen, aber schnell rutschte er ihm wieder aus der Hand.

Jürgen, zwar nicht zimperlich, wenn es darum ging, Tiere zu schlachten und zu verzehren, war dieses Schauspiel zuwider. »Ich denke, ich habe genug gesehen«, meinte er zu de Brügg. Der wirkte enttäuscht, sodass der Händler fortfuhr: »Ich finde meinen Weg allein, wenn Ihr weiter zuschauen möchtet.«

»Das wäre schön, denn der übernächste Reiter ist mein Favorit. Ich habe Geld auf ihn gesetzt.«

Jürgen nickte bloß.

## 15

*Hattingen, 2. Mai 1623*

Gesche und Frowe hockten ausnahmsweise einträchtig nebeneinander in der Stube und unterhielten sich über den neuesten Tratsch, der die Hattinger Bürger umtrieb.

Jürgen, der danebensaß, hing seinen Gedanken nach. Ihn beschäftigten die Zukunftsaussichten seines Unternehmens. Der Tuchhandel warf immer weniger ab. Ginge das so weiter, müsste er sich davon trennen. Das Geschäft mit den Spaniern hingegen entwickelte sich erfreulich. Allein in den letzten zwei Wochen hatte er fast zwanzig Taler eingenommen. Und de Brügg hatte angedeutet, dass weitere Aufträge warteten. Allerdings, so meinte der Offizier, blieben die Spanier nur noch bis zum Sommer. Vielleicht kämen sie im nächsten Winter zurück.

Jürgens Zusammenarbeit mit den Besatzungstruppen stieß in Hattingen auf breite Ablehnung, obwohl andere Bürger ebenfalls vom Handel mit den Soldaten profitierten. Die von Lindens aber, so der Vorwurf der Kritiker, transportierten eben diejenigen Waren, die die Spanier bei den Bauern im Umland geplündert hatten. Obwohl diese Behauptungen samt und sonders erfunden waren, besaßen sie doch einen wahren Kern, wie Jürgen insgeheim einräumte. Denn würden die Spanier auf seine Transportmöglichkeiten verzichten, blieben ihnen weniger eigene Lastkarren, um die gestohlenen Güter von den Höfen der Bauern fortzuschaffen. Vielleicht wäre der eine oder andere von den Plünderungen verschont geblieben.

Jürgen störte sich trotzdem nicht sonderlich am Gerede der Leute. Bisher hatte ihn noch niemand direkt auf seine Zusammenarbeit mit den Spaniern angesprochen. Das dumme Gequatsche würde spätestens mit dem Abzug der Truppen de Córdobas aufhören.

Ihn trieb aber etwas anderes um. Ihm war zu Ohren gekommen, dass die Herren von Kemnade für eine Kohlezeche einen Teilhaber suchten. War das möglicherweise etwas für ihn? Nur verstand er nichts von diesem Geschäft, kannte weder Kosten noch Gewinnmöglichkeit und konnte auch nicht einschätzen, wie viel Kohle zukünftig eigentlich zur Verfügung stünde. Ohne dieses Wissen aber würde er den Kaufpreis nicht beurteilen können, den Herr von der Recke verlangte.

Die Magd trat in die Stube. »Herr, Euer Bruder ist angekommen.«

Die beiden Frauen schauten auf.

»Wusstest du, dass Walter uns besuchen wollte?«, fragte Gesche verdutzt.

»Nein, aber ich freue mich. Wir haben ihn lange nicht mehr gesehen.«

Walter von Linden trat durch die geöffnete Tür. Er strahlte über das ganze Gesicht. »Schön, hier zu sein«, meinte er und drückte jeden seiner Verwandten ausgiebig. Dann setzte er sich an den Tisch.

»Was für eine Überraschung«, meinte Frowe und ergriff die Hand ihres Bruders. »Ich habe dich vermisst.«

»Ich euch auch«, antwortete Walter. Und ergänzte, an Jürgen gewandt: »Kann sich der Knecht um mein Pferd kümmern? Ich habe es im Hof angebunden.«

»Selbstverständlich«, antwortete sein Bruder. »Was ist mit deiner Begleitung?«

»Ich bin allein geritten.«

»Du kommst ohne Eskorte den weiten Weg von Kleve her?«, wunderte sich Jürgen. »Das ist gefährlich.«

»Sicher. Aber mehr als zwei Soldaten hätte der Geheime Rat Schwarzenberg nicht zu meinem Schutz abgestellt. Und was nützen zwei Bewaffnete gegen eine Rotte oder gar eine Kompanie feindlicher Soldaten? Nur wenig. Räuber sind meistens zu Fuß unterwegs. Da vertraue ich auf die Schnelligkeit meines Gauls, der mich hoffentlich sicher durch alle Gefahrenzonen trägt.«

»Du hat dieses Risiko doch nicht ohne Grund auf dich genommen.«

»Nein, ich will tatsächlich etwas mit dir besprechen«, antwortete Walter ernst.

»Das klingt ja förmlich«, lästerte Jürgen. »So kenne ich dich gar nicht.«

»Mach keine Scherze, ich warne dich.« Walter schaute zu den beiden Frauen hinüber.

»Sie gehören wie du zur Familie. Ich habe keine Geheimnisse vor ihnen.«

»Wie du meinst. Mir ist zu Ohren gekommen, dass du Geschäfte mit den Spaniern machst?«

»Ja, und?«

»Kleve und damit die Mark ist brandenburgisch.«

»Das ist mir nicht neu. Aber die Spanier liegen vor unseren Toren, nicht vor euren. Sie plündern unser Land, nicht Kleve. Wenn Hattingen brandenburgisch ist, wo sind dann die Truppen des Kurfürsten?«

»Sie stellen sich gegen die Katholische Liga.«

»Und was habe ich damit zu tun?«

»Du bist ein Untertan des Kurfürsten.«

»Der sich aber nicht um uns kümmert. Wie ich gerade schon erwähnte.«

»Es wird in Kleve nicht gern gesehen, wenn eine der angesehensten Familie Hattingens mit den Spaniern paktiert.«

»Das hört sich ja fast wie eine Drohung an!«

»Herrgott noch mal, ich gebe dir einen Ratschlag!«, rief Walter. »Aber du legst jedes Wort auf die Goldwaage.«

Jürgen zwang sich zur Ruhe. »Dann erkläre mir bitte, wovor genau du mich warnst.«

Sein Bruder seufzte. »In Mettmann wurde ein Schmied tot aufgefunden. Es heißt, er habe ebenfalls mit den Spaniern gehandelt.«

»Wie kam er ums Leben?«

»Er wurde erschlagen. Vermutlich von brandenburgischen Soldaten. Aus Rache, Habgier, was weiß ich.«

»Ermordet von den Truppen unseres Landesfürsten?«, fragte Jürgen entgeistert.

»Ich sagte ›vermutlich‹.«

»Aber hier sind keine Brandenburger.«

»Noch nicht. Neider hast du bestimmt. Und die werden sich an dein aktuelles Handeln erinnern und es zu gegebener Zeit an der richtigen Stelle zur Sprache bringen.«

In Jürgen arbeitete es. Er erinnerte sich an das Getuschel der Leute wegen seiner Fahrten für die Spanier, an die hinter vorgehaltener Hand vorgebrachten Vorwürfe.

Walter beobachtete ihn genau. »Ich sehe dir an, dass du weißt, wovon ich rede.«

»Aber ich weiß es nicht«, schaltete sich Gesche ein. »Und ich will es wissen!«

»Walter hat recht. Man missgönnt mir das Geld, das ich durch die Spanier verdiene.«

»Wer tut das?«

»Hattinger eben«, brach es aus Jürgen heraus. »Obwohl viele von ihnen Wasser predigen und Wein saufen.«

»Wie meinst du das?« Seine Frau schaute ihn besorgt an.

»Sie schielen alle auf die Geldbeutel der fremden Soldaten. Vielleicht sind sie nur geschickter im Umgang mit ihnen. Meine Transportkarren lassen sich nicht so gut verstecken wie ein goldener Armreif«, ereiferte er sich.

»Versprich mir, dass dir nichts passiert«, bat Gesche.

Jürgen nahm sie in den Arm. »Versprochen.«

»Lassen wir es dabei bewenden«, schlug Walter vor. »Nur sei bitte vorsichtig.«

»Das bin ich. Gibt es noch weitere Gründe für deinen Besuch?«

»Ich will den Prozess gegen diesen Totengräber verfolgen. Schließlich kommt es nicht alle Tage vor, dass ein so alter Mann eines Verbrechens beschuldigt wird.«

Wingert Schubbe zählte über achtzig Jahre, war für sein hohes Alter noch erstaunlich rüstig und arbeitete seit mehr als drei Jahrzehnten als Hattinger Totengräber. Für jeden Leichnam, den er unter die Erde brachte, erhielt er einen feststehenden Betrag, Seuchenopfer wie Pesttote zählten doppelt. So kam er in guten Jahren mit vielen Sterbefällen auf bis zu achtzig Taler, wurde weniger gestorben, sank sein Verdienst. Dumm war nur, dass er, trotz aller Erfahrungswerte, nie wusste, wie viel Geld ihm im nächsten Monat zur Verfügung stand. Und da er bei seinem Verdienst nicht regelmäßig sparen konnte, folgte manchmal auf einen Monat mit ausreichender Nahrung einer, in dem Schmalhans Küchenmeister war.

Nach dem Tod seiner Frau lebte Schubbe allein in einer Kammer in der obersten Etage eines Speicherhauses in der Nähe Sankt Georgs. Dieser Raum war schlecht beheizbar, Holz knapp und teuer. Deshalb suchte Schubbe ständig nach Möglichkeiten, etwas dazuzuverdienen. Aber das war einfacher gesagt als getan. Totengräber standen in der städtischen Hierarchie auf einer Stufe mit dem Scharfrichter und den Abdeckern, also ganz unten. Irgendwann vergriff er sich an der Armenkasse der Stadt, die aus der Kollekte der Gläubigen gespeist und in Sankt Georg aufbewahrt wurde. Als sich die Fehlbeträge häuften, hatten sich Pfarrer, Bürgermeister und zwei Soldaten nachts auf die Lauer gelegt und Schubbe auf frischer Tat ertappt.

»Einfach schrecklich«, warf Gesche ein. »Das Verfahren findet morgen statt und seit Tagen sprechen die Leute über nichts anderes. Die Verhandlung soll im Rathaus über der Fleischhalle abgehalten werden. Und die einzige Befürchtung der Hattinger ist, ob dort genug Platz für alle ist. Als ob sie sich daran ergötzen wollen, dass ein armer Hund wie dieser Schubbe vor seinem Richter steht.«

»Na ja, er hat dreimal den Opferstock ausgeraubt«, gab Walter zu bedenken. »Unschuldig ist er jedenfalls nicht.«

»Woher weißt du das?«, erkundigte sich Jürgen. »Ich habe zwar auch gehört, dass er auf frischer Tat ertappt worden sei, aber Zeugen können irren.«

»Der Richter hat uns die Prozessakten zur Einsicht überlassen. Darin finden sich nicht nur die Aussagen der Beteiligten, sondern auch das Geständnis des Angeklagten. Um einem möglichen Einwand zuvorzukommen: Er wurde keiner peinlichen Befragung unterzogen.«

»Wie kann es Prozessakten geben?«, wunderte sich Jürgen. »Ich denke, die Verhandlung ist erst morgen?«

»Das Verfahren hat der Richter bereits geführt. Er hat die Zeugen vernommen, den Totengräber angehört und das Urteil gefällt. Morgen ist der Endliche Rechtstag. Da wird die Entscheidung des Richters öffentlich verkündet und der Stab gebrochen. Anschließend wird das Urteil vollstreckt.«

»Kennst du es?«

»Sicher, ich habe die Akten gelesen.«

»Und?«

»Er wird enthauptet.«

Gesche schlug die Hände vor den Mund.

»Das ist der andere Grund meines Besuchs. Ich würde gerne Dirk die Hintergründe des Prozederes schildern und ihn zur Hinrichtung mitnehmen.«

»Was?« Gesche richtete sich mit empörtem Gesicht auf. »Der Junge ist erst zwölf.«

»Alt genug, um zu verstehen, dass man anderer Leute Eigentum nicht stehlen darf.«

»Dann erkläre ihm auch gleich, warum Schubbe seinen Kopf verliert, die spanischen Soldaten, die ebenfalls stehlen und sogar morden, aber ungeschoren davonkommen.«

»Genau das hatte ich vor, Schwägerin.«

»Du tust das doch nicht ohne Hintergedanken, Bruder. Oder irre ich mich?«

»Nein. Vielleicht findet der Junge ja Interesse an der Jurisprudenz.«

»Er soll Advokat werden?«

»Warum nicht?«

»Weil ich einen Nachfolger für unser Geschäft brauche«, grummelte Jürgen.

Walter warf Gesche einen schnellen Blick zu. »Ihr könnt noch weitere Kinder bekommen.«

»Aber bis jetzt haben wir nur Dirk.«

»Meinst du nicht, es wäre besser, er entschiede später selbst über seine Zukunft?«

»Sagt der Advokat, der mir das Geschäft unseres Vaters überlassen hat. Ich hätte mir auch etwas anderes vorstellen können, als Kaufmann zu werden.«

»Siehst du.«

»Aber anders als du, lieber Bruder, habe ich mich der Verantwortung im Dienst unserer Familie gestellt. Du hingegen hast studiert, bist in den Dienst der klevischen Räte getreten und hast mich mit meinen Sorgen alleingelassen«, empörte sich Jürgen.

»Ich habe dir meinen Rat immer angeboten«, erwiderte Walter.

»Deinen Rat schon. Deine Hilfe allerdings nicht.« Der Kaufmann stand auf, drehte den Anwesenden den Rücken zu und sprach mit erhobener Stimme weiter. »Ich schlafe schlecht, weil ich mich ständig frage, wie ich zukünftig meine

Familie, die im Übrigen auch die deine ist, ernähren soll und ob es nicht ein Fehler war, sich mit den Spaniern einzulassen. Und was machst du stattdessen? Liest Akten im fernen Kleve.«

»Hast du eigentlich schon einmal einen Blick in die Familienchronik geworfen?« Als Jürgen nicht sofort antwortete, setzte Walter hinzu: »Das solltest du. Denn darin kannst du nachlesen, was passiert, wenn ein Vater sich über die Wünsche seines Sohnes hinwegsetzt.«

Jürgen wusste, worauf sein Bruder anspielte. Einer seiner Ahnen hatte sich gegen die Bedürfnisse seines Sohnes gestellt, woraufhin dieser weggelaufen und nur knapp mit dem Leben davongekommen war. Das alles stand in den in schwarzes Leder gebundenen Tagebüchern, die seine Familie seit über hundert Jahren führte. Sieben dicke Bände mit eng beschriebenen Seiten lagerten in der Truhe, die seit den Anfängen in Hattingen den von Lindens gehörte. Jürgen kannte jedes Wort der Tagebücher. Er schrieb ja selbst in eine solche Kladde, die Tradition seiner Familie fortsetzend. Insgeheim wusste er, dass Walter nicht unrecht hatte.

»Du kennst Dirks Wünsche nicht«, entgegnete er. »Aber gut, gehen wir mit ihm zu dieser verfluchten Hinrichtung. So lernt er sicher, welche Folgen es hat, Unrecht zu begehen.«

»Das könnt ihr nicht machen!« Frowe, die bisher geschwiegen hatte, schaltete sich nun in das Gespräch ein. »Man nimmt kein Kind mit zur Richtstätte.«

»Ach, was für ein seltenes Schauspiel. Die beiden Damen des Hauses sind ausnahmsweise einer Meinung«, spottete Jürgen. »Dirk kommt mit und damit Schluss. Aber Advokat wird er deshalb noch lange nicht.«

Walter grinste. »Einverstanden, Bruder. Und jetzt lasst uns aufhören zu streiten. Gibt es in diesem Haus keinen Wein mehr für die Gäste?«

»Natürlich.« Gesche sprang auf.

Jürgen kam noch einmal auf das vorherige Thema zu sprechen. »Möglicherweise hast du recht mit deinen Bedenken bezüglich meiner Zusammenarbeit mit den Spaniern. Aber ich brauche das Geld, bis ich einen anderen Geschäftszweig für unsere Firma aufgetan habe. Der Tuchhandel läuft nur noch schleppend.«

»Das leuchtet mir ein.«

»Du hast doch sicher schon etwas von dieser Steinkohle gehört?«

»Natürlich. Es gibt einige Gruben hier an der Ruhr.«

»Ich weiß. Ich denke darüber nach, mich dort ebenfalls zu engagieren. Nur verstehe ich nichts von diesem Geschäft.«

»Hast du etwas Bestimmtes im Blick?«

»Ja. Es heißt, die Herren von der Recke wollen eine Grube oberhalb Stiepels verkaufen. Sie liegt auf einem Feld namens Alte Missgunst.«

»Aha.«

»Kennst du jemanden, der mich in dieser Angelegenheit beraten könnte?«

»Sicher, Bergvogt Cronenberg.«

»Und wo finde ich den?«

»Er ist viel unterwegs. Sein Sitz ist in Bochum. Nur ...«

»Ja?«

»Die Herren von der Recke liegen in Dauerfehde mit dem Bochumer Drosten und dem Rat in Kleve. Mit ihnen ist nicht gut Kirschen essen.«

»Das habe ich gehört.«

»Also sieh dich vor.«

Wie erwartet, platzte der Ratssaal aus allen Nähten. Walter, der sich als Advokat in klevischen Diensten auswies, erhielt einen Ehrenplatz in Nähe des Richtertisches, Jürgen und sein Sohn Dirk drückten sich weiter hinten an eine Wand. Obwohl erst Anfang Mai, war es warm in dem Raum. Die Zuhörer drängten sich dicht an dicht und schon bald lief bei Jürgen der Schweiß in Strömen.

Unruhe kam auf, als der Angeklagte die Steige in den ersten Stock hinaufgeführt wurde. Zwei Stadtsoldaten flankierten Wingert Schubbe. Der Totengräber musste eher getragen werden, als dass er lief. Mehrmals versagten seine Beine und nur dem beherzten Zugreifen der Soldaten war es zu verdanken, dass er nicht stürzte.

In angemessenem Abstand folgte Richter Johan Wilstach, der dieses Amt schon fast zwei Jahrzehnte innehatte. Er trug Schwarz, seinen weiten Umhang schmückten zwei aufgestickte Lilien, Symbole für den Gerichtsfrieden. Nach ihm erklommen zwei Beisitzer und der Gerichtsschreiber die steile Treppe.

Richter Wilstach bahnte sich seinen Weg durch die Menge und setzte sich auf den ihm zustehenden Platz. Vor ihm lagen eine Bibel und mehrere Dokumente, die das Siegel des Gerichts zu Hattingen trugen.

Der Richter schaute sich um, nickte Walter von Linden grüßend zu und unterhielt sich dann leise mit den Gerichtsdienern. Nach einigen Minuten gab er dem Schreiber ein Zeichen, worauf sich dieser erhob und um Ruhe bat. Es bedurfte mehrere Ermahnungen, bis endlich Stille im Saal einkehrte.

Erst jetzt stand auch Richter Wilstach auf und eröffnete den Prozess. Dann rollte er theatralisch eines der Dokumente aus und trug vor: »Dem Totengräber Wingert Schubbe, der jetzt sechsundachtzig Jahre alt ist und in Hattingen lebt, wird vorgeworfen, die heilige Armenkasse unserer Stadt, die in der Kirche Sankt Georg aufbewahrt wird, bestohlen und insgesamt einhundertfünfzig Taler entwendet zu haben. Beim letzten Mal wurde er auf frischer Tat von den ehrenwerten Herren Bürgermeister Pelser und Pastor Märcker sowie zwei Stadtsoldaten gestellt und verhaftet. Bei sich trug der Beschuldigte fünfzig Taler, die aus der Armenkasse stammten. Das Zeugnis der genannten wurde in meinem Beisein auf die Heilige Schrift beeidet und ist hier festgehalten.« Der Richter hob das Dokument in die Höhe. »Wie es die Prozessordnung befiehlt, frage ich die anwesenden Zeugen erneut, ob es sich so zugetragen hat, wie ich eben berichtet habe?«

Pelser und die anderen traten einen Schritt nach vorn. Sie bekräftigten ihre früheren Einlassungen.

»Obwohl die Aussagen von zwei Zeugen für eine Verurteilung ausreichend sind, habe ich natürlich auch den Beschuldigten zu seiner schändlichen Tat angehört. Ohne ihn einer peinlichen Befragung zu unterziehen, hat er seine Schuld zugegeben. Ich frage auch dich, Wingert Schubbe, ob du die Tat gestehst.«

Der Angeklagte hielt sich kaum auf den Beinen. Mit schwacher Stimme antwortete er: »Ja. Und ich bitte um Vergebung.«

»Ihr habt es gehört«, wandte sich der Richter an die Öffentlichkeit. »Der Beschuldigte hat die Tat gestanden.« Dann sprach er wieder Schubbe an. »Hast du noch etwas zu deiner Verteidigung vorzubringen?«

Vor Angst schlotternd, schüttelte der Totengräber den Kopf.

»Dann komme ich zur Urteilsverkündung.«

Der alte Mann sackte in sich zusammen und wurde von den Stadtsoldaten hochgezogen, um sein Urteil entgegenzunehmen. Die Zuhörer hielten den Atem an. Nur die kratzende Feder des Gerichtsschreibers, die über das Papier flitzte, war zu vernehmen.

»Mein Urteil erfolgt nach Paragraf 173 der peinlichen Gerichtsordnung, erlassen von unserem früheren Kaiser Karl dem Fünften. Darin heißt es: *Wer den Opferstock, in der das heilige Almosen gesammelt wird, aufbricht und arglistig daraus stiehlt, ist mit dem Tod zu bestrafen.* Es besteht kein Zweifel an der Schuld Wingert Schubbes. Sie ist durch Zeugenaussagen und sein Geständnis bewiesen.« Richter Wilstach näherte sich dem Angeklagten und hielt ihm ein Stöckchen vor das Gesicht. »Wingert Schubbe, kraft der mir von unserem gnädigen Herrn, dem Kurfürsten, verliehenen Macht verurteile ich dich hiermit zum Tode. Dir wird mit einem Beil der Kopf abgeschlagen. Das Urteil wird sofort vollstreckt. Dein Leichnam wird nicht in geweihter Erde begraben, sondern dem Filler übergeben werden. Möge er damit machen, was er will. Dein gesamter Besitz wird eingezogen. Daraus werden, soweit möglich, die Kosten für das Verfahren beglichen.« Mit diesen Worten zerbrach er das Stöckchen über dem Angeklagten.

Die Menge stöhnte auf und Schubbe fiel auf die Knie. »Gnade«, stammelte er. »Gnade.«

Ungerührt sah Richter Wilstach einen Moment auf den von Weinkrämpfen geschüttelten Greis hinunter. Dann wandte er sich ab und befahl: »Schafft ihn fort.«

Die Hinrichtungsstätte lag auf der nördlichen Ruhrseite am Rabenstein im Hagenbuck. Der unglückliche Schubbe wurde gefesselt auf einen Leiterwagen verfrachtet und durch die Stadt gekarrt. Vereinzelt warfen Bürger zum Zeichen seiner Schande fauliges Obst nach ihm, verfehlten ihn aber zumeist.

Viele Hattinger folgten dem Karren, um sich dieses Schauspiel nicht entgehen zu lassen. Auch die von Lindens machten sich auf den Weg. Walter sprach mit Dirk über den Prozess und die Ereignisse an den Tagen davor und fragte den Jungen schließlich: »Hast du verstanden, was ich dir erklärt habe?«

Sein Neffe nickte.

»Und hast du irgendwelche Fragen?«

Dirk schüttelte nur den Kopf.

Auf der Richtstätte war ein provisorisches hölzernes Podest aufgebaut worden, das bedenklich wackelte, als die Stadtsoldaten den Todeskandidaten hinaufzogen. Dort wartete bereits der Scharfrichter, ein Mann mit kräftigen Oberarmen, der aus Essen stammte und für das Enthaupten fünf Taler aus der Stadtkasse erhielt.

Grob zerrten die Soldaten Schubbe zum Richtblock, der im Grunde nichts anderes als ein Baumstumpf war. Sie zwangen ihn, niederzuknien und seinen Hals auf das Holzstück zu legen. Der Scharfrichter trat hinzu, wartete einen Moment und hob dann das Beil weit über den Kopf.

Mit einem Nicken bekräftigte der Richter sein Urteil.

Dirk drängte sich eng an seinen Vater, wendete aber seine Augen nicht vom Geschehen ab.

Der Henker schlug zu. Als Schubbes Kopf in einen bereitgestellten Weidenkorb plumpste, entlud sich die Anspannung der Zuschauer in einem einzigen, lang gestreckten »Aaah«.

Dirk umklammerte seinen Vater noch fester und sah zu ihm hoch. »Eines verspreche ich«, sagte er leise. »Ich werde niemals ein Advokat.«

Lächelnd strich Jürgen seinem Sohn über das Haar und warf seinem Bruder einen triumphierenden Blick zu, den dieser nur mit einem Schulterzucken quittierte.

## 16

*Haus Kemnade, 11. Mai 1623*

Drei Ochsenkarren, beladen mit Ruhrsandstein aus den Herdecker Steinbrüchen, rumpelten auf den Hof des Hauses Kemnade. So ein Transport verschlang Unsummen. Der Versuch der Herren von der Recke, die Steine mit einem Floß über die Ruhr zu verschiffen, war kläglich gescheitert, denn es gab niemanden mehr, der wusste, wo die unzähligen Kiesbänke und Klippen verborgen lagen. Der Flößer, den die Herren von der Recke im fernen Bayern unter Vertrag genommen hatten, steuerte das beladene Floß bereits beim ersten Versuch in eine der Untiefen. Es brach auseinander und die Steine begruben den Mann unter sich, der jämmerlich ersoff. Daraufhin war kein weitere Versuch mehr unternommen worden, den Ruhrsandstein auf dem Wasserweg zu transportieren.

Unkompliziert, weil näher gelegen, wäre die Verwendung von Steinen der Burgruine Blankenstein. Aber der zuständige Droste von Dellwig zu Dellwig hatte alle Eingaben und persönlichen Vorsprachen der Herren von Stiepel abschlägig beschieden. So wurden die Steine mühevoll in Herdecke gebrochen und mittels Karren nach Kemnade transportiert. Die Fahrt dauerte, sofern sich nichts Ungewöhnliches ereignete, fast einen Tag. In Kemnade angekommen, hoben Tagelöhner die Steine von den Wagen, luden sie auf hölzerne Tragen und schafften sie zum Steinmetz an der Baustelle, der sie an Ort und Stelle in Form schlug und sofort verarbeitete.

Mehr als drei Karren nebst Fahrern und sechs Ochsen konnte Cordt von der Recke nicht unterhalten. Deshalb erreichten Haus Kemnade nicht mehr als fünfzehn Steine täglich und auch das nur bei gutem Wetter. Waren die Wege aufgeweicht, musste die Last deutlich geringer ausfallen, damit die Ochsen sie zu ziehen vermochten. Das und der chronische Geldmangel der Familie verzögerte den Wiederaufbau des abgebrannten Hauses somit erheblich.

Es regnete. Die Feuchtigkeit ließ die schweren Steine trotz ihrer rauen Oberfläche rutschig werden. Beim Abladen packte einer der Arbeiter nicht richtig zu, der Stein glitt aus seinen Händen und fiel so unglücklich vom Karren, dass er in drei Teile zerbrach.

»Pass doch auf, du Bauerntrampel«, fluchte Wennemar von der Recke und versetzte dem Mann eine schallende Ohrfeige. »Der Stein ist durch dein Ungeschick unbrauchbar geworden. Ich ziehe dir die Kosten vom Lohn ab, du Hundsfott.« Er schaute den Unglücksraben streng an. Es handelte sich um den Pächter des Feldes Alte Missgunst, den er nach den Weisungen seines Vaters auf ihre Seite ziehen sollte. Deshalb reagierte er sofort. »Ach, du bist es.« Obwohl ihm fast die Worte im Mund stecken blieben, setzte er fort: »Entschuldige, mit mir sind die Gäule durchgegangen. So ein Missgeschick passiert immer wieder. Natürlich werde ich dir nichts dafür berechnen.«

Dem Bauer klappte vor Überraschung der Unterkiefer herunter.

Von der Recke packte den Mann an der Schulter. »Komm, wir haben etwas zu besprechen.« Er zog den verblüfften Tagelöhner mit sich Richtung Südflügel. »Du bist doch der Pächter der Alten Missgunst?«

Der Bauer bestätigte.

»Wie läuft das Geschäft mit der Kohlegrube?«

»Leider nicht mehr so gut. Wir sprachen ja schon darüber. Um an weitere Kohle zu gelangen, müssten wir tiefer graben. Aber mir fehlt das Geld dafür.«

Obwohl ihm jede Einzelheit dieses Gespräch im Gedächtnis geblieben war, meinte von der Recke jovial: »Stimmt, ich erinnere mich. Du hast um ein Darlehn gebeten.«

»Ja, aber nun brauche ich das Geld nicht mehr.«

»Warum das?«

»Kürzlich kam Christian Brügmann aus Hörde vorbei. Er betreibt eine Grube im Amt Wetter und hat davon gehört, dass Ihr verkaufen wollt. Er hat die Alte Missgunst begutachtet, weil er sich mit dem Gedanken trug, sie zu erwerben.«

Ein erster Interessent. Das klang wirklich vielversprechend. »Und?«

»Er hat sie sich gründlich angesehen und meinte, dass sie ausgekohlt sei und es dort nichts mehr zu holen gäbe. Für einen solchen Pütt würde er kein Geld ausgeben.«

Wennemar von der Reckes Gesicht wurde fahl. Wenn das stimmte, bliebe sein schöner Plan Makulatur. Andere Felder, auf die sie verzichten konnten, besaßen sie nicht. Was nun?

»Außerdem bitte ich untertänigst darum, dass der Pachtvertrag für die Alte Missgunst zwischen uns aufgelöst wird. Ich kann das Geld so oder so nicht mehr aufbringen. Einen Schaden hättet Ihr dadurch also nicht, Herr.«

Von der Reckes Gedanken rasten. Dass die Grube mittlerweile wertlos war, wussten nur der Grubenbesitzer aus Hörde, der Bauer und er. Der Hörder war weit. Es galt also, den Bauern zum Schweigen zu bewegen. Dann konnte er die Grube vielleicht doch verkaufen.

»Hast du mit jemandem über die Bedenken des Herrn Brügmann gesprochen?«, fragte Wennemar deshalb.

»Nein, Herr.« Der Bauer schaute ihn erwartungsvoll an.

»Dann belass es auch dabei.« Er klopfte dem Mann auf die Schulter. »Natürlich lösen wir den Pachtvertrag. Das erledigen wir gleich heute, wenn dir dann wohler ist.«

»Sehr viel wohler, Herr.« Der Mann strahlte ihn dankbar an. »Das Problem lag mir wie ein Mühlstein auf der Brust.«

»Ich erwarte aber, dass du dein Hab und Gut noch heute aus der Grube entfernst. Und kein Wort über dieses Gespräch oder das mit Christian Brügmann verlierst. Es geht niemanden etwas an, was mit meinem Besitz passiert.«

»Das verstehe ich. Aber, Herr …«

»Was denn noch?«

»Ich kann heute nicht mehr zur Alten Missgunst. Ich muss ja weiter für Euch arbeiten.«

Wennemar von der Recke dachte nicht lange nach. »Ich gebe dir selbstverständlich frei. Und Lohn bekommst du für den ganzen Tag ausgezahlt.«

## 17

*Bochum, 16. Mai 1623*

Auf dem Weg zum Bergvogt in Bochum ritt Jürgen von Linden an Haus Kemnade vorbei Richtung Stiepel, um sich von dort nach Norden zu wenden. Er hatte in Erfahrung gebracht, wo genau die Kohlegrube Alte Missgunst lag, und wollte sich den Pütt ansehen.

Jürgen nahm den Weg hinüber ins Lottental, folgte dem Bach und nahm dann die Straße, die hinauf Richtung Bochum führte. Als er die Anhöhe erreichte, hielt er Ausschau nach einer alten Eiche, die am Rand des Ackers stehen sollte. Er fand den Baum schnell.

Der Kaufmann stieg ab und band seinen Hengst an einem Busch fest. Bis vor Kurzem hatte es heftig geregnet. Entsprechend weich war der Untergrund. Der schwere Lehmboden klebte beim Gehen an seinen Stiefeln. Trotzdem stapfte Jürgen auf das Feld, welches zum Tal hin leicht abfiel, und schaute sich um.

Erst auf den zweiten Blick fiel ihm eine kleine Vertiefung

in der Mitte des Feldes auf, um die herum einige Holzscheite lagen, der einzige Anhaltspunkt dafür, dass es sich bei dem Acker nicht um ein einfaches Weizenfeld handelte. Jetzt, da Jürgen wusste, wohin er zu gehen hatte, fielen ihm auch die vom Regen schon fast fortgespülten Fußspuren auf, die zu der Senke führten.

Die Mulde maß etwa fünf Schritt im Durchmesser und war vielleicht zwei Schritt tief. Auf ihrem Grund stand Wasser. Trotzdem erkannte Jürgen deutlich die Spuren, die Hacke und Spaten beim Graben hinterlassen hatten. Kleine Kohlestücke, die verstreut um die Grube herumlagen, wiesen den Pütt klar aus. Allerdings wirkte es nicht, als wolle hier zukünftig noch jemand Kohle aus dem Boden holen. Es schien, als sei der Pütt aufgegeben worden.

Nachdenklich kehrte Jürgen zu seinem Pferd zurück. War er einer Falschmeldung aufgesessen? Hofften die Herren von der Recke tatsächlich, einen unbestellten Acker, auf dem irgendwann einmal nach ein wenig Kohle gegraben worden war, zu verpachten? Der Bergvogt würde es ihm sagen können.

Schon von Weitem erkannte er den Turm der Bochumer Propsteikirche Sankt Peter und Paul, die mangels eines anderen Gotteshauses von beiden Konfessionen benutzt wurde.

Der Beamte residierte im Rathaus am Markt, nicht weit von der Kirche entfernt. Cronenberg erwartete Jürgen bereits. In seinem Amtszimmer fehlte jeglicher Protz. Ein Tisch, mehrere Stühle und Regale an jedem freien Wandmeter bildeten das gesamte Mobiliar. Der Vogt, ein vom Alter gebeugter Mann, bot Jürgen einen Platz an.

»Ich bin Euch wirklich dankbar, dass Ihr mir Eure wertvolle Zeit opfert.«

»Keine Ursache. Als Euer Bruder in Eurem Namen um diese Zusammenkunft bat, habe ich sofort eingewilligt. Ich bin Walter zu Dank verpflichtet. Er hat mir in den letzten Jahren häufiger mit Rat und Tat zur Seite gestanden. Er erzählte, dass Ihr Euch mit dem Gedanken tragt, Kohle zu fördern?«

»Ja.«

»Und eine Grube habt Ihr auch schon?«

»Das nicht. Ich bin mir auch nicht mehr sicher, ob meine Überlegungen zu Ende gedacht sind.«

»Warum?«

»Zum einen verstehe ich nichts vom Bergbau.«

»Dafür lässt sich eine Lösung finden.«

»Zum anderen habe ich mir auf dem Weg zu Euch den infrage kommenden Pütt angesehen. Er machte einen aufgegebenen Eindruck.«

»Welcher hat denn Euer Interesse geweckt?«

»Er heißt Alte Missgunst.«

Cronenberg stand auf, um ein Dokument aus einem der Regale zu holen. Er breitete die Urkunde vor Jürgen aus. »Die Alte Missgunst gehört den Herren von der Recke. Sie haben ihren Besitz an einen Bauern aus Wattenscheid verpachtet. Der Vertrag wurde erst kürzlich aufgelöst.«

»Wisst Ihr, warum?«

Der Bergvogt zuckte mit den Schultern. »Vermutlich, weil dem Bauern das Geld für die weitere Erschließung der Lagerstätte fehlte und die Herren von Stiepel diesen Aufwand ebenfalls nicht tragen wollten.«

»Dann gibt es dort keine Kohle mehr?«, fragte Jürgen enttäuscht.

Der Beamte lachte auf. »Wie kommt Ihr denn auf diesen Gedanken?«

»Es arbeitete niemand auf dem Feld und die Grube stand unter Wasser.«

Cronenberg nickte. »Genau das ist das Problem. Bei starkem Regen saufen Pütts, die diesen Namen eigentlich nicht verdienen, ab, weil sie lediglich an der Erdoberfläche kratzen. Ein Brunnen ist notwendig, um tiefer zu kommen. Aber das kostet Geld. Der Brunnen muss, das wisst Ihr ja selbst, unter Umständen ausgemauert werden, damit er bei weichem Untergrund nicht in sich zusammenstürzt. Dann benötigt Ihr eine Haspel …«

»Was ist das?«

»Eine Seilwinde. Ihr braucht sie, um die Kohle nach oben und die Eimer und das Werkzeug nach unten zu transportieren. All das kostet Geld. Aber Kohle ist in der Alten Missgunst noch jede Menge, nur eben nicht an der Oberfläche. Die Kohleflöze liegen tiefer.«

»Woher wisst Ihr das? Ihr könnt doch auch nicht durch Lehm und Steine schauen.«

Wieder lachte Cronenberg. »Nein, das nicht. Aber wir verfügen über mannigfaltige Erfahrungen, nicht nur aus dem Kohle-, sondern auch aus dem Erzbergbau. Glaubt mir, der Pütt ist noch nicht ausgekohlt.«

»Und wie viel ist noch zu holen?«

»Das ist schwer zu sagen. Es gibt Pütts, die fördern sicher einige Tausend Ringel im Jahr.«

»›Ringel‹?«

»Entschuldigung, wieder so ein Begriff aus der Bergmannssprache. Ein Ringel sind etwa neunzig Pfund.«

Jürgen pfiff durch die Zähne. »Und welchen Erlös erziele ich damit?«

»Ein Ringel kostet rund zwei Albus, manchmal mehr, manchmal weniger. Also würdet Ihr sicher einige Hundert Taler im Jahr erwirtschaften. Das hängt von der Lagerstätte und dem Fleiß der Bergleute ab.«

Jürgen rechnete. Wenn er am Tag etwa zwanzig Ringel, das waren rund vierzig große Eimer, aus der Grube holte, bedeutete das bei dreihundert Arbeitstagen sechstausend Ringel im Jahr und einen Erlös von etwa einhundertfünfzig Talern. Das war eine Menge Geld.

»Und wie viele Jahre kann man fördern?«

»Vor der Hacke ist es duster, sagt der Bergmann. Auch das kann ich nicht mit Gewissheit sagen. Zehn, zwanzig Jahre vielleicht. Es gab auch Fälle, wo schon nach einigen Monaten Schluss war. Kohle zu finden, ist immer Glückssache.«

»Ohne Risiko kein Gewinn.«

»Da habt Ihr recht.«

»Trotzdem weiß ich nicht, wie ich einen solchen Brunnen bauen muss.«

»Stellt jemanden ein, der es weiß.«

»Das ist leichter gesagt als getan.«

Der Bergvogt dachte einen Augenblick nach. Dann meinte er: »Ich habe einen Mann in meinen Diensten, der eigentlich als mein Wagenmeister fungieren soll. Aber ich benötige momentan niemanden in einer solchen Position. Trotz seiner jungen Jahre ist Mathias von Honnichen ein erfahrener Bergmann. Wenn Ihr wollt, frage ich ihn, ob er Interesse an einer Tätigkeit bei Euch hat. Allerdings müsst Ihr Euch bereit erklären, ihn aus Euren Diensten zu entlassen, sobald ich von Honnichen benötige. Ein, zwei Tagelöhner braucht Ihr zusätzlich.«

»Natürlich bin ich interessiert. Nur: Wer führt die Grube, wenn von Honnichen schon nach kurzer Zeit wieder für Euch arbeitet?«

»Keine Angst, das wird in den nächsten zwei, drei Jahren nicht passieren, sofern ich überhaupt noch so lange im Amt bin. Die Glieder reißen, das Gehen fällt mir schwer – das Alter fordert eben seinen Tribut.«

Jürgen wollte aus Höflichkeit widersprechen, aber Cronenberg brachte ihn mit einer schnellen Handbewegung zum Schweigen: »Doch, doch, das ist leider die Wahrheit.«

»Kann ich mir einen solchen Fachmann überhaupt leisten?«

»Wenn Eure Grube genug Kohle abwirft, auf jeden Fall.«

»Das weiß ich ja vorher nicht. Wie drehen uns im Kreis.«

»Wenn es trocken ist, werde ich mir Euer Feld in den nächsten Tagen ansehen und Euch meine Einschätzung durch Mathias von Honnichen mitteilen lassen. So lernt Ihr ihn gleich kennen. Die Entscheidung allerdings, ob Ihr in dieses Geschäft einsteigt oder nicht, kann ich Euch nicht abnehmen. Wie Ihr richtig festgestellt habt, kann ich nicht durch Steine gucken. Und ein Wahrsager bin ich auch nicht.«

»Wie sagtet Ihr eben: Vor der Hacke ist es duster?«

»Genau.«

## 18

*Köln, 6. Juni 1623*

In Köln hatte sich die Reformation nicht durchsetzen können. Die Stadt blieb mehrheitlich katholisch und verdiente prächtig am Krieg, der an ihren Mauern bisher vorbeigezogen war.

Genau deshalb zog es Ursula von der Recke und Clemens Nagel in die freie Reichsstadt: Hier wimmelte es von Händlern aus aller Herren Länder, zu deren Unterhaltung es Dutzende von Schenken gab, in denen die beiden sich Auftritte und damit Geld erhofften.

Ursula schaute zu dem halb fertigen Dom, der schon seit Jahrzehnten keinen Handwerker mehr gesehen hatte.

Clemens, der ihre Neugier bemerkte, meinte: »Eine schöne Kirche, nicht wahr? Schade, dass sie keiner zu Ende gebaut hat. Das Geld der Gläubigen floss in den Petersdom nach Rom.« Er drehte sich um und zog Ursula mit sich. »Komm, lass uns gehen. Es ist heiß. Bald ist unser Auftritt und ich möchte meine Stimme noch mit einem kühlen Bier ölen.«

Ursula aber blieb stehen. »Einen Moment. Ich muss mit dir reden«, sagte sie mit belegter Stimme.

Er sah sie erstaunt an. »Warum so ernst?«

»Ich befürchte, ich bekomme ein Kind.«

Für einen Moment war Clemens wie erstarrt. Dann aber sprang er auf Ursula zu, griff ihre Hände und drehte sich mit ihr im Kreis.

Als wäre ihm plötzlich aufgefallen, dass er mit einer Schwangeren tanzte, hörte er abrupt auf, nahm sie in den Arm und küsste sie in aller Öffentlichkeit. »Entschuldige. Habe ich dir und dem Kind geschadet?«

Ursula lachte. »Ich habe zwar keine Erfahrung im Kinderkriegen, aber soweit ich weiß, schadet Tanzen nicht.«

Clemens schien ehrlich begeistert zu sein. »Ich bekomme einen Sohn«, rief er den Umstehenden zu. »Einen Sohn!«

»Eigentlich bekomme ich das Kind«, korrigierte ihn Ursula. »Auch wenn ich einräumen muss, dass du daran nicht unbeteiligt warst. Und ob es ein Knabe wird, wissen wir erst, wenn es auf der Welt ist.«

Clemens ließ ihren berechtigten Einwand nicht gelten. »Ach was, ein Vater spürt so etwas.«

Ursula verkniff sich ihr Grinsen nicht. »Wenn das so ist. Also ein Sohn, meinetwegen.«

»Wie wollen wir ihn nennen? Ich denke, Bertram ist ein guter Name.«

»Warum Bertram?«

»Mein Vater hieß so.« Clemens interpretierte ihren zweifelnden Blick falsch. »Oder sollen wir ihn nach deinem Vater Cordt nennen?«

Jetzt schaute Ursula ihn völlig entgeistert an. »Das ist nicht dein Ernst. Um keinen Preis der Welt wird mein Kind diesen Namen tragen. Und auch nicht Wennemar. Es gibt noch ein anderes Problem.«

»Welches denn?«

»Mein Kind soll ehrlich geboren werden.«

»Du sprichst von Heirat?«

»Du nicht?« Sie klang enttäuscht.

»Doch, natürlich. Ich freue mich von ganzem Herzen.« Wieder tanzte Clemens um sie herum und scherte sich einen Dreck um den belustigten Ausdruck auf den Mienen der Passanten. »Was für ein Tag. Am Morgen bin ich als Musikus aufgewacht und gehe am Abend als Vater und Ehemann ins Bett.«

»Du willst heute noch heiraten? Ich befürchte, daraus wird nichts.«

»Warum nicht?«

»Das Aufgebot muss nach den Regeln an drei aufeinanderfolgenden Sonntagen sowohl in deiner als auch in meiner Kirchengemeinde verkündet werden.«

Clemens blieb überrascht stehen. »Du möchtest zurück nach Stiepel? Dein Vater wird nicht erfreut sein, dich zu sehen.«

»Natürlich nicht. Aber wir könnten uns doch, zumindest für einige Zeit, hier in Köln niederlassen. Dann wohnen wir beide in dieser Stadt und bestellen das Aufgebot hier.«

Clemens' Miene war skeptisch. »Ich weiß nicht …«

»Was stört dich daran?«, fragte Ursula.

»Wir haben keine Stadtrechte. Möglicherweise könnten wir uns einkaufen, aber das verschlingt einen Batzen Geld.«

Ursula dachte nach. »Ich befürchte, du hast recht. Was machen wir dann?«

»Die Pfaffen sind alle gleich: immer nur auf anderer Leute Taler aus. Ich klappere die Kirchen der Stadt ab. Sicher finde ich einen, der uns auch ohne Aufgebot traut. Welche Religion hast du?«

»Ich bin katholisch.«

»Ich auch.«

»Es ist mir aber völlig egal, ob uns ein katholischer oder ein protestantischer Pfarrer traut.«

»Mir ebenfalls. Aber ich frage trotzdem zuerst bei den Katholen nach.«

»Warum?«

»Keine Ahnung. Ich habe das Gefühl, dass die besonders hinter dem Geld her sind.«

Sie liefen zurück zu der Schenke, in der sie Quartier gefunden hatten. Auf ihrer Kammer meinte Clemens: »Es ist noch lang hin bis zu unserem Auftritt. Ich denke, ich versuche schon jetzt, einen Pfarrer zu finden. Du bleibst hier und ruhst dich aus. Eine werdende Mutter darf sich nicht überanstrengen, heißt es.«

»Du solltest nicht jeden Unsinn glauben, den dir die Mägde in den Gasthäusern ins Ohr flüstern. Aber müde bin ich trotzdem. Weck mich rechtzeitig.«

Eine Stunde später hauchte Clemens ihr einen Kuss auf die Nasenspitze. Schlaftrunken richtete Ursula sich auf. »Was ist?«

»Zieh deine besten Sachen an und komm. Wir heiraten.«

»Wann?«, fragte sie entgeistert.

»Sobald du angezogen bist.«

Auf dem Weg zur Kirche erzählte Clemens der völlig perplexen Ursula, dass einer der Pastoren von Sankt Severin, ein jüngerer Geistlicher, sich bereit erklärt hatte, sie zu trauen. Clemens hatte ihm eine hanebüchene Geschichte aufgetischt, die der Pastor ihm aber abgenommen hatte, vermutlich gerade, weil sie so unglaubwürdig war. Ursulas Mutter, so hatte Clemens geflunkert, sei sterbenskrank, habe vermutlich nur noch wenige Tage zu leben und sei auf Wallfahrt in Köln. Ihr einziger und größter Wunsch sei es, der Trauung ihrer Tochter beiwohnen zu können. Ob der Herr Pastor wohl eine Ausnahme von den strengen Regeln der Aufgebotserstellung machen würde?

»Aber meine Mutter erfreut sich bester Gesundheit und ist in Stiepel«, hatte Ursula eingeworfen.

»Jetzt nicht mehr. Sie und dein Vater warten vor Sankt Severin.«

Ursula wurde blass.

Clemens lachte lauthals auf. »Deine Mutter ist die ältliche Magd, die unten in der Küche aushilft, dein Vater ein Hausierer, den ich auf der Straße angesprochen habe. Beiden habe ich einen Taler in die Tasche gesteckt, damit sie mitspielen. Der Pastor hat zwar etwas ungläubig geguckt, als die beiden in ihrer abgerissenen Kleidung vor ihm standen, aber zehn Taler in seine private Schatulle haben diese Bedenken vertrieben. Hauptsache, wir haben nach der Trauung das Heiratsdokument nebst Stempel und Unterschrift in der Tasche. Und nun beeil dich. Deine Mutter muss zurück an ihre Arbeitsstelle.« Clemens grinste breit.

Ursula, die sich ihre Hochzeit eigentlich etwas anders vorgestellt hatte, spielte um des ungeborenen Kindes willen bei dieser Posse mit.

Eine Stunde später waren sie vor Gott und der nicht immer so heiligen Kirche Mann und Frau.

## 19

*Hattingen, 7. Juni 1623*

Endlich war Wilhelm Mattheissen das Glück hold gewesen. Er hatte für fast zwei Wochen Arbeit bei einem Bauern gefunden, die ordentlich bezahlt wurde. Heute nun war sein letzter Tag und in seinen Taschen steckte fast ein Taler, ein kleines Vermögen für ihn.

Einen kurzen Moment hatte er tatsächlich daran gedacht, seinen Lohn nach Hause zu tragen und Trine zu geben – aber dieser Anfall von Rechtschaffenheit verschwand so schnell, wie er gekommen war. Stattdessen fand Wilhelm sich im *Goldenen Schwan* vor einem Humpen Bier wieder, den er gierig in seinen durstigen Schlund kippte. Der ersten Maß folgte eine zweite, dann eine dritte und schließlich noch eine Flasche Branntwein. Wenig später fläzte sich Wilhelm der Arzt sturzbetrunken an seinem Tisch. Sein Geld versoffen, die geleisteten Schwüre gegenüber Trine gebrochen und immer noch durstig – Wilhelms Laune verschlechterte sich von Minute zu Minute.

Und wer trug die Schuld an seinem Ungemach? Eigentlich alle: der Bauer, der ihm nicht ausreichend Lohn für einen weiteren Humpen gezahlt hatte, sein Schwager, der Trine ihre Mitgift vorenthielt, der Wirt, der ihm keinen Kredit gewährte, und der städtische Rat und der Bürgermeister, die ihn mit hohen Steuern quälten.

Der Wirt Tigges Rupe war der Erste, der Wilhelms Zorn zu spüren bekam. Nur war er nüchtern, wich dem plumpen Schlag mit Leichtigkeit aus und ließ den Betrunkenen von seinen Knechten ins Freie befördern. Wilhelm landete zwischen Unrat und Dreck im stinkenden Morast der Straße und torkelte wütend zum Markt.

Bürgermeister Pelser, der mit dem Drosten von Dellwig von

einer Besprechung im Hause Kielmann kam und auf dem Weg zurück zu seinem Haus war, bemerkte den laut vor sich hin brabbelnden Wilhelm schon von Weitem.

»Der Kerl hat ordentlich einen gezwitschert«, meinte der Droste. »Gerade laufen kann er jedenfalls nicht mehr.«

»Das ist Wilhelm Mattheissen, der Schwager Jürgen von Lindens.« Pelser schüttelte den Kopf. »Man kann sich seine Verwandten eben nicht aussuchen.«

»Aber er hat doch der Vermählung mit seiner Schwester zugestimmt, oder?«

»Wohl nicht freiwillig. Trine hat ihren Bruder vor vollendete Tatsachen gestellt.«

Der Droste nickte verständnisvoll.

Mittlerweile hatte auch Wilhelm die Herren bemerkt. So schnell es der schwankende Untergrund ermöglichte, näherte er sich den beiden Amtsträgern. »Scheißkerle, wegen Euch gibt mir der Wirt kein Bier mehr«, behauptete er lallend.

»Du kannst entweder nicht bezahlen oder Rupe hat erkannt, dass du genug getrunken hast. Gehe nach Hause und schlaf deinen Rausch aus«, antwortete Pelser ungehalten.

»Was soll ich machen?«, brüllte Wilhelm unvermittelt. »Du schickst mich fort? Dass ich nicht lache.« Er baute sich vor Pelser auf, der seinen Kopf angesichts des Gestanks, der von dem Bader ausging, angewidert wegdrehte. »Was ist denn das?«, rief Wilhelm und zupfte am Bart des Bürgermeisters. »Das soll ein gut geschnittener Bart sein? Scheiße ist das! Aber die Herren sind ja zu fein, um sich ihre Bärte von mir schneiden zu lassen. Tragen ihr Geld lieber zu solchen Dilettanten wie dem, der diese Bärte malträtiert hat. Fickt euch doch!« Wilhelm bildete mit Daumen und Finger einen Kreis, in den er den Zeigefinger seiner anderen Hand steckte und vor- und zurückschob. Dabei spuckte er aus und rollte mit den Augen.

Pelser wusste nicht, ob er lachen oder weinen sollte. Er gab seinem Gast mit einer Kopfbewegung zu verstehen, dass sie ihren Weg fortsetzen sollten.

Aber Wilhelm ließ sich nicht abschütteln. Endlich hatte er ein Ventil für seinen Missmut gefunden. Er folgte den beiden auf dem Fuß, beschimpfte sie fast ununterbrochen als üble Arschlöcher und Blutsauger und versuchte sogar, ihnen in Pelsers Haus zu folgen, welches hinter dem Kirchhof südlich von Sankt Georg lag.

Das konnte der Bürgermeister nicht zulassen. Als er Wilhelm mit sanfter Gewalt wegschob, holte dieser aus und versetzte dem älteren Mann einen heftigen Faustschlag gegen die Stirn. Sofort platzte Pelsers Augenbraue und Blut floss auf seine schneeweiße Kröse.

»Jetzt reicht es endgültig«, stieß der Bürgermeister hervor, versetzte Wilhelm einen kräftigen Stoß, sodass dieser nach hinten stolperte und sich auf den Hosenboden setzte.

Verblüfft versuchte der Trunkenbold, wieder auf die Beine zu kommen. Aber das gestaltete sich in seinem Zustand alles andere als einfach. Pelser jedenfalls blieb genug Zeit, die Tür zu verriegeln.

Er wies die herbeieilende Magd an, durch den Garten zum Rathaus zu laufen und die Stadtsoldaten zu seinem Haus zu beordern. Währenddessen trommelte Wilhelm wie von Sinnen auf das Eingangstor ein. Der Klang seiner Schläge hallte durchs Gemäuer.

Auch die Soldaten hatten Mühe, den Tobenden zu bändigen. Er schlug, biss, trat und spuckte, bis es den drei Männern endlich gelang, den Randalierer zu fesseln und zum Narrenhäuslein zu schleifen, wo er in Ketten gelegt wurde.

Zwei Tage später stand Trine, in Tränen aufgelöst, vor ihrem Bruder. »Der Rat hat beschlossen, uns binnen vierzehn Tagen aus der Stadt zu weisen, und uns verboten, jemals wieder nach Hattingen zurückzukehren. Gehen wir nicht, wird Wilhelm in den Kerker geworfen.«

»Er ist selbst schuld«, brummte Jürgen, ungehalten ob des unweigerlich folgenden Gesprächs.

»Dürfen sie das so einfach?«

»Die Herren haben es sich nicht leicht gemacht. Wie du weißt, hat Wilhelm als Eingeschlichener keine Stadtrechte. Sie haben ihn nur toleriert, weil er dich geheiratet hat.«

»Aber ich bin hier geboren und habe welche.«

»Das weiß der Rat, denn ich habe die Herren darauf hingewiesen. Zieh mit Alke bei uns ein. Das habe ich dir schon des Öfteren angeboten.«

Trine weinte. »Und Wilhelm muss für immer die Stadt verlassen?«

»Ja.«

»Warum hast du nichts dagegen unternommen?«

»Das habe ich.«

»Du hast dich vielleicht für mich und deine Nichte eingesetzt, aber nicht für Wilhelm, oder?«

»Das konnte ich nicht.« Jürgen sah seine Schwester mit festem Blick an. »Doch selbst wenn ich gekonnt hätte …«

Trine unterbrach ihn. »Sprich nicht weiter. Ich habe dich verstanden.« Sie wischte sich mit dem Ärmel die Tränen ab. »Das kommt dir gerade recht, nicht wahr?«, warf sie ihm vor. »So wird man eine ungeliebte Schwester und einen verhassten Schwager los.« Ihre Stimme zitterte. Trines sonst so friedlich wirkende Züge waren vor Zorn verzerrt.

»Du bist ungerecht.«

»Bin ich das? Warum hast du dann nicht auch für Wilhelm deine Stimme erhoben?«

Wütend sprang Jürgen auf. »Weil es nicht ging, verdammt noch mal. Er kann sich glücklich schätzen, nicht im Kerker gelandet zu sein. Er hat einen Bürgermeister tätlich angegriffen und einen Amtmann bedroht. Da kommt er mit einem Verweis aus der Stadt noch mit einem blauen Auge davon.«

»Ich bleibe nicht ohne ihn hier!«, schrie Trine. Ihre weiße Haube war verrutscht und gab den Blick auf ihre rotbraunen, akkurat in der Mitte gescheitelten Haare frei.

»Trine, sei vernünftig.«

»Alke braucht einen Vater.«

»Sicher.« Jetzt erhob auch Jürgen seine Stimme. »Nur ist

Wilhelm nicht ihr Vater. Und selbst wenn er es wäre, fungiert er nicht als das Vorbild, welches ein ehrbares Mädchen benötigt.«

Trine richtete ihren schmächtigen Körper auf und stemmte wütend beide Hände in die Hüften. »Und wer entscheidet das? Du?«

»Ja«, gab Jürgen zurück. »Ich bin das Oberhaupt der Familie.«

Sie nickte. »So kenne ich dich, selbstgerecht und überheblich. Gib mir Geld, damit wir nicht verhungern.«

Jürgen kramte in seinem Beutel und knallte zehn Taler auf den Tisch.

»Das ist alles?«

»Mehr habe ich im Moment nicht.«

»Wir sind mittellos und sitzen auf der Straße!«

»Das muss nicht sein, wenn du meinem Ratschlag folgst. Außerdem könnt ihr euren Hausstand mitnehmen.«

Trine lachte auf. »Sicher. Und wie? Schenkst du mir einen Ochsenkarren für den Transport?«

»Nein.«

»Dann werde ich meinen Schrank und die Betten wohl auf dem Rücken tragen.« Sie wandte sich abrupt ab. »Mutter und Vater würden sich im Grabe umdrehen.«

Jürgen unternahm einen weiteren Versuch, seine Schwester zu besänftigen. »Ich wiederhole mich: Du kannst mit Alke bleiben.«

Trine blieb stehen und drehte sich langsam um. Dann spuckte sie ihrem Bruder vor die Füße. »Verflucht sollst du sein.« Mit diesen Worten verschwand sie.

Jürgen holte tief Luft und goss sich mit zitternder Hand einen Becher Rotwein ein, den er mit großen Schlucken trank.

Unvermittelt betrat Dirk die Stube und schaute seinen Vater aus weit aufgerissenen Augen an. »Euer Geschrei hat man im ganzen Haus gehört. Ich konnte jedes Wort verstehen. Du hast zugelassen, dass Alke fortmuss.« Er weinte. »Vater, warum hast du das getan?«

Jürgen nahm seinen Sohn in die Arme. »Dirk, versteh doch …«

»Nein, das kann ich nicht.« Der Junge riss sich los und lief, laut schluchzend, aus der Stube.

## 20

*Hattingen, 1. Juli 1623*

Anna-Maria kannte ihren Nachnamen nicht, genauso wenig wie das Jahr ihrer Geburt. Aber viel älter als dreißig war sie nicht, denn ihr Körper zeigte nicht die geringsten Spuren des Alters. Gewiss, der eine oder andere Zahn faulte, aber dieses Problem hatten auch Menschen, die gerade zwanzig Lenze zählten.

Anna-Maria erinnerte sich nicht an ihren Vater, wohl aber an ihre Mutter, die in einem Hurenhaus in Kettwig gearbeitet hatte. Als diese starb, wurde Anna-Maria in ein Waisenhaus gesteckt, das die katholische Kirche unterhielt. Ihr Leben dort bestand aus wenig Essen, viel Arbeit und noch mehr Schlägen. Irgendwann war sie fortgelaufen. Um nicht zu verhungern, hatte sie sich auf der Straße wie ihre Mutter den Männern angeboten.

Dann kam sie nach Hattingen, mietete eine winzige Kammer in Paul Wevers Haus und ging ihrem Gewerbe als freie Hure nach. Natürlich kannten nach einigen Monaten alle Honoratioren der Stadt ihren Lebenswandel. Hurerei außerhalb der dafür vorgesehenen Frauenhäuser war eigentlich verboten. Offiziell gab es in Hattingen kein solches Haus. Aber da sich die Liebesdienerin nur selten in der Öffentlichkeit zeigte und regelmäßig während des Gottesdienstes an der Kirchenmauer betete, da ihr der Zugang zum Gotteshaus verwehrt blieb, drückten Bürgermeister und Ratsherren ein Auge zu. Allerdings, so lästerten vereinzelte Bürger, rührte diese Großzügigkeit auch daher, dass einige der städtischen Würdenträger dann und wann selbst die Dienste Anna-Marias in Anspruch nahmen.

Ihre Kammer lag in der ersten Etage eines baufälligen Anbaus. Ein schmaler Weg am eigentlichen Wohnhaus vorbei führte dorthin. Im Erdgeschoss lagerte der Hausherr die Holzscheite, die im Winter im Kamin brannten. Die aus groben Brettern gehauene Tür hatte sich im Laufe der Jahre verzogen und schloss nicht richtig. Da sich aber außer Anna-Maria niemand in dem Anbau aufhielt und sich auch nichts von Wert darin befand, hielt Wever es nicht für nötig, die Pforte zu erneuen.

In den ersten Stock führte eine schmale Steige, deren Stufen bedenklich knarrten, wenn man sie beschritt. Schon mehrmals hatte Anna-Maria vergeblich darum gebeten, die am stärksten beschädigten Bretter zu ersetzen. Ihr Vermieter verspürte jedoch nicht das geringste Interesse daran. Er betrat die oberste Etage nicht und ob Anna-Maria oder einer ihrer Freier auf der Treppe stürzte und sich den Hals brach, interessierte ihn herzlich wenig. Solange die Hure regelmäßig ihre Miete ablieferte, war ihm das Schicksal der Frau egal.

Spät in der Nacht drückte ein junger spanischer Soldat, der sich vorher im *Goldenen Schwan* Mut angetrunken hatte, die Eingangstür auf und stiefelte schweren Schrittes die Steige hoch. Dann klopfte er an Anna-Marias Tür. Als die Hübschlerin nicht öffnete, rief er mehrmals ihren Namen. Schließlich stellte er fest, dass auch die Tür zu ihrer Kammer nur angelehnt war. Er schob sie auf, streckte zunächst seinen Kopf hindurch, konnte aber in der Dunkelheit nichts erkennen. Also betrat er das Zimmer.

Er stolperte über einen Eimer, der auf dem Boden lag. Leise fluchend, fragte er in die Dunkelheit: »Anna-Maria?«

Er erhielt keine Antwort. Also tastete er sich weiter in den Raum hinein, umkurvte den Tisch und einen Stuhl, erreichte schließlich das Fenster neben dem Bett und stieß den Laden auf, damit wenigstens das Mondlicht den Raum erhellte. Dann wandte er sich dem Bett zu.

Als Erstes fiel dem Soldaten der rote Fleck auf, in dem er stand. Dann bemerkte er den blanken Arm, der unter der verdreckten Decke hervorlugte. Er tippte ihn an. Nichts. Schließlich gab sich der jungen Spanier einen Ruck und zog die Decke beiseite. Darunter lag Anna-Maria mit aufgeschlitzter Kehle. Ihre aufgerissenen Augen starrten kalt gen Himmel.

Entsetzt fuhr der Soldat zurück, blieb einen Moment erstarrt stehen, drehte sich dann um und rannte kopflos aus der Kammer. Polternd fiel der im Weg stehende Stuhl zu Boden. Der Fuß traf erneut den Eimer, der unter lautem Geklapper die Treppe hinunterrollte. Der Soldat polterte hinterher, stürzte und fiel schreiend kopfüber in die Tiefe. Beim Versuch sich aufzurichten, suchte er Halt an den an der Wand aufgestapelten Holzscheiten, die natürlich nachgaben und sich über ihn ergossen. Laut schimpfend, befreite sich der Spanier und stürmte ins Freie, wo er beinahe mit Paul Wever zusammengestoßen wäre, der, angelockt vom Lärm, mit einer Kerze in der einen und einer Axt in der anderen Hand im Nachthemd nach dem Rechten sehen wollte.

Der verhinderte Freier rannte wie der Teufel an ihm vorbei und verschwand in der dunklen Nacht.

Der Hauseigentümer jedoch stieg nun zum ersten Mal seit Jahren die Treppe zu Anna-Marias Kammer hinauf, um dort festzustellen, dass die Hure nie mehr auch nur einen Albus Miete zahlen würde.

Die herbeigerufene Stadtwache fand das Messer, mit dem der Hübschlerin die tödlichen Verletzungen zugefügt worden waren, vor dem Bett. Ob es einer der Freier gewesen war, der sie umgebracht hatte, oder sie sich selbst entleibt hatte, ließ sich nicht feststellen.

Der Richter verspürte außerdem wenig Interesse, den Mord an einer Hure aufzuklären. Anna-Maria war tot und konnte keine Klage mehr erheben, ihr Vermieter, dem möglicherweise ein Schadenserstattungsanspruch gegen den Mörder wegen entgangener Miete hätte zustehen können, wollte ebenfalls kein Verfahren beantragen und nach dem Grundsatz ›Wo kein Kläger, da kein Richter‹ wurde die Akte geschlossen.

Der Richter ordnete an, dass sich der Filler um Anna-Marias Leichnam kümmern solle. Und so schleppte der die Leiche am nächsten Morgen in den Hof, band sie an sein Pferd, schleifte den Körper zur Ruhr und warf ihn unweit des Leprosenhauses am nördlichen Ufer in den Fluss.

Am folgenden Tag kamen in der Stadt, trotz der anderslautenden Aussage des einzigen Zeugen, erste Gerüchte auf, Jürgen von Linden habe die Hure auf dem Gewissen.

## 21

*Hattingen, 4. Juli 1623*

»Das ist doch völliger Blödsinn!« Erregt sprang Jürgen von Linden auf und lief in seinem Kontor herum.

»Keiner von uns hegt den geringsten Zweifel an Eurer Unschuld.« Bürgermeister Pelser sah zu seinem Gastgeber hoch. »Aber Ihr solltet die Anschuldigungen nicht auf die leichte Schulter nehmen. Wir haben Paul Wever ausgiebig befragt, nachdem uns die Vorwürfe gegen Euch zu Ohren gekommen sind. Er hat uns versichert, dass der Verdächtige, den er in der Nacht gesehen hat, kleiner als Ihr gewesen sei. Außerdem habe er schwarzes, nicht rotbraunes Haar gehabt. Allerdings darf nicht vergessen werden, dass Dunkelheit herrschte.«

»Wenn Ihr das alles wisst, was wollt Ihr dann von mir?«

Pelser straffte sich. »Ich möchte Euch warnen. Die Unterstellung, Ihr hättet etwas mit dem Mord an dieser Hure zu tun, ist sicher abwegig. Aber die Gerüchte haben sich wie ein Lauffeuer in der Stadt verbreitet. Man traut Euch eben alles zu.«

»Warum?«

Der Bürgermeister stand auf und näherte sich Jürgen. »Das

sollte Ihr eigentlich selbst wissen. Eure geschäftlichen Beziehungen zu den Spaniern stoßen vielen in der Stadt übel auf. Sie versuchen deshalb, Euch zu schaden. Es hat vorher schon andere wüste Anschuldigungen gegen Eure Familie gegeben, so wurde zum Beispiel behauptet, Eure Schwester Frowe sei eine Hexe.«

Jürgen wurde blass.

»Keine Angst, niemand hat diesen Verleumdungen Glauben geschenkt. Aber sie sind ein Hinweis darauf, dass Ihr momentan nicht wohlgelitten in Hattingen seid. Das gilt natürlich nicht für den Rat und mich, muss ich betonen. Wenngleich …« Er unterbrach seine Rede, als sei ihm erst gerade klar geworden, dass er besser den Mund halten sollte.

»Nun sprecht schon«, forderte Jürgen ihn auf.

»Gut. Auch mir behagt der Gedanke nicht besonders, dass einer der Unseren mit den Besatzern paktiert.«

»Ich paktiere nicht, sondern transportiere Waren für die Spanier.«

»Ist das nicht dasselbe?«

»Herrgott noch mal, bin ich etwa der Einzige, der mit ihnen Handel treibt? Steffen Hülsbeck verkauft den Besatzern goldenes Geschmeide, Utz Stams Tabak. Fritz Trepmann profitiert von den hohen Fleischpreisen. Und trotz der Einquartierungen macht auch der Wirt des *Goldenen Schwans* gute Geschäfte. Um nur einige zu nennen. Ich hingegen mache keine großen Gewinne an den Spaniern. Die erzielten Erlöse gleichen die Verluste, die ich erleide, weil der Fernhandel durch den Krieg fast vollständig zusammengebrochen ist, nicht aus.«

»Das ist alles richtig. Nur ist der Nutzen der anderen Kaufleute nicht so auffällig wie der Eure. Eure Karren fahren, für jedermann sichtbar, täglich in das Lager der Spanier. Das sorgt für böses Blut.«

»Es tut mir leid, dass ich meine Wagen nicht kleiner zaubern kann. Vielleicht bitte ich meine Schwester Frowe darum, sie in Nebel zu tauchen.«

»Herr von Linden, treibt keine Späße mit der Hexerei. Das kann übel enden.«

Jürgen wusste, dass er zu weit gegangen war. »Entschuldigt, aber solche haltlosen Vorwürfe regen mich auf. Habt Ihr eigentlich auch mit den Herren, die ich eben erwähnte, ein solches Gespräch geführt?«

»Nein«, räumte der Bürgermeister ein.

»Warum dann mit mir?«

»Weil sich die Anschuldigungen und Drohungen, die gegen Euch ausgestoßen werden, häufen. Ich möchte keine Zwietracht unter Hattingens Bürgern.«

»Und das sagt Ihr mir?«, empörte sich Jürgen. »Ich beschuldige niemanden, zahle pünktlich meine Steuern, bringe keine falschen Gerüchte in Umlauf. Das Einzige, was Ihr mir vorwerfen könnt, ist die Sichtbarkeit meiner Ochsenkarren.«

»Wenn Ihr das so einschätzt, ist vorläufig alles gesagt.« Pelser erhob sich. »Trotzdem solltet Ihr auf der Hut sein.«

»Wie, wenn ich meine Gegner nicht einmal kenne?« Jürgens Stimme klang verzweifelt.

»Geht davon aus, dass Ihr viele Feinde habt.«

»Euch eingeschlossen?«

»Nein.« Pelser streckte dem Kaufmann die Hand entgegen.

Jürgen ergriff sie. »Auch wenn ich nicht in jedem Fall Eurer Meinung bin, danke ich für die Warnung.«

Am Nachmittag traf Mathias von Honnichen ein. Jürgen, immer noch aufgewühlt vom Gespräch mit dem Bürgermeister, zwang sich zur Ruhe und begrüßte den Bergmann in der Stube.

Von Honnichen war ungewöhnlich klein. Er maß sicher zwei Kopf weniger als Jürgen, schien sich aber in besserer körperlicher Verfassung zu befinden. Sein Gang war federnd, sein Händedruck fest. Anscheinend trug er kein Gramm Fett zu viel am Körper. Jürgen schätzte sein Alter auf Mitte zwanzig.

»Ihr wollt Euch also einen Pütt zulegen?« Von Honnichens Stimme war tief und melodisch.

»Ich trage mich mit dem Gedanken.«
»Die Alte Missgunst, sagte der Bergvogt.«
»Ja.«
»Herr Cronenberg und ich haben uns das Feld angesehen. Wir glauben, dass dort ein Flöz ausbeißt. Die Kohle reicht bis zur Tagesoberfläche, das Flöz setzt sich aber nach unten fort.«
»Also gibt es noch mehr Kohle?«
»Vermutlich.«
»Und wie viel?«
Von Honnichen lächelte. »Ich verstehe, dass Euch die Antwort auf diese Frage wichtig ist. Aber das kann keiner mit Bestimmtheit sagen. Andere Pütts im Wittener oder Essener Raum sind sehr ergiebig. Wir glauben, dass das auch bei der Alten Missgunst der Fall ist.«
»Welche Kosten kommen auf mich zu?«
»Das Abteufen, also das Graben eines Schachtes, hängt von vielen Faktoren ab. Da wäre zum einen die Tiefe, in die man vordringt. Dann die Bodenbeschaffenheit. Schließlich das Grundwasser. Ist es wenig, reicht es möglicherweise, es mit Eimern aus der Grube zu schaffen. Ist es viel, muss ein Entwässerungsstollen gegraben werden. Das wäre bei dem Feld, für das Ihr Euch interessiert, auch möglich. Ich schätze, dass Ihr etwa dreißig Taler dafür aufbringen müsstet.«
»Bergvogt Cronenberg erzählte mir, dass Ihr unter Umständen bereit wäret, für mich zu arbeiten. Welchen Lohn erhofft Ihr Euch?«
»Siebzig Taler im Jahr, zuzüglich zehn vom Hundert des Erlöses, den Ihr aus dem Verkauf der Kohle erzielt.«
Jürgen schluckte. Das war mehr, als er erwartet hatte.
»Ihr haltet meine Forderung für unangemessen?«
»Das will ich nicht sagen. Nur bin ich in meiner Kalkulation von anderen Zahlen ausgegangen.«
»Wollt Ihr den Pütt kaufen oder pachten?«
Darüber hatte Jürgen noch nicht nachgedacht. Er kratzte sich am Kopf.

»Habt Ihr eine andere Verwendung für den Acker, falls wir auf dem Feld keine Kohle finden?«

Jürgen verneinte.

»Dann pachtet. Versucht, einen kurzen Vertragszeitraum zu erreichen, vielleicht zunächst ein Jahr, jedoch mit der Möglichkeit, ihn zu verlängern.«

»Und wie hoch sollte die Pacht sein?«

»Nicht mehr als zwanzig Taler im Jahr.«

Jürgen rechnete die Beträge zusammen. Das waren allein im ersten Jahr Ausgaben von über hundert Talern. Diese Zahl nannte er von Honnichen.

»Richtig. Ihr müsst auch noch die Kosten für die Tagelöhner hinzurechnen. Vielleicht zehn Taler im Jahr.«

»Das kann ich nicht aufbringen. Die Einnahmen werden von den Ausgaben fast vollständig aufgezehrt.«

»Wie hoch ist der Erlös Eurer Meinung nach?«

»Etwa einhundertfünfzig Taler.«

Wieder lächelte von Honnichen. »Finden wir ausreichend Kohle, ist er deutlich höher. Wenn nicht – Pech gehabt. Als Kosten bleiben Euch in einem solchen Fall die für das Abteufen, die Pacht für ein Jahr, mein Lohn und der der Tagelöhner bis zur Aufgabe des Pütts.«

»Was ratet Ihr mir?«

»Geht das Risiko ein«, antwortete der Bergmann mit fester Stimme.

»Warum macht Ihr das Geschäft nicht allein, wenn Ihr Euch so sicher seid?«

»Eine berechtigte Frage. Die Antwort ist einfach: Weil mir das Geld fehlt.«

Jürgen dachte nach. Dann meinte er: »Ich glaube, ich wage es. Ja, ich werde mich darauf einlassen.«

# 22

*Haus Kemnade, 20. Juli 1623*

Cordt von der Recke und sein Sohn Wennemar hockten auf groben Schemeln im einzigen Kellergewölbe, welches den Brand der Wasserburg überstanden hatte, und tranken vom Bier, das sie hier neben anderen empfindlichen Speisen lagerten.

Es war angenehm kühl in dem Raum. Im Freien war die Hitze in den letzten Tagen immer unerträglicher geworden. Wer konnte, blieb im Haus.

Alle warteten auf den großen Regen, der endlich Abkühlung bringen sollte. Zwar ballten sich vor allem in den Nachmittagsstunden immer wieder Gewitterwolken über den Ruhrhöhen, aber schnell vertrieb der Wind die Wolken und die Sonne setzte sich erneut durch. Schon seit Wochen war kein Tropfen vom Himmel gefallen. Das Getreide auf den Feldern drohte zu vertrocknen. Die Brunnen der Bauern spendeten nur noch spärlich Wasser. Wohl dem, der einen Fluss in der Nähe hatte, an dem er sein Vieh tränken konnte.

»Wann kommt dieser Jürgen von Linden?«, erkundigte sich der Herr von Stiepel bei seinem Sohn.

»Bei Sonnenuntergang wird er hier sein.«

»Hat er ernsthaftes Interesse an dem Acker gezeigt?«

»Ja.«

»Glaubst du, er hat erfahren, dass dort keine Kohle mehr liegt?«

»Wer sollte es ihm gesagt haben? Ich nicht. Unser früherer Pächter ebenfalls nicht. Für den Kerl lege ich meine Hand ins Feuer. Und von Christian Brügmann weiß von Linden sicherlich nichts. Hörde ist weit weg. Es ginge mit dem Teufel zu, wenn die beiden Herren sich zufällig getroffen und dann auch noch über das Feld gesprochen hätten.«

»Ich bin mir immer noch nicht sicher, ob es eine gute Idee ist, unseren Grund zu verkaufen«, gab Cordt von der Recke zu bedenken.

»Das müssen wir auch nicht. Verpachten wir diesem von Linden den Acker. So haben wir regelmäßige Einnahmen.«

»Was schwebt dir vor?«

»Er wird sicher Erkundigungen eingeholt haben, was eine Grube dieser Größenordnung im Jahr abwirft. Gehen wir also davon aus, dass er von den fünfzig Talern weiß, die der Bauer aus Wattenscheid mit der Kohle verdient hat. Er wird die Kosten für den Brunnen hinzurechnen. Wenn wir zehn Taler im Jahr erzielen, ist das ein guter Preis.«

»Das ist nur ein Tropfen auf den heißen Stein. Damit lösen wir unsere Geldprobleme nicht.« Von der Recke seufzte.

»Ich weiß, aber es ist besser als nichts.«

Ächzend erhob sich der Herr von Kemnade. »Also gut. Verpachten wir den verfluchten Acker. Aber du akzeptierst nichts unter acht Talern, hast du verstanden?«

»Ja, Vater.«

»Noch etwas: Hast du Nachricht von den Männern erhalten, die nach deiner Schwester suchen?«

»Ja. Ursula soll in Begleitung irgendeines Kerls in Kettwig gesehen worden sein.«

»Das liederliche Weibsstück«, empörte sich sein Vater.

»Dort verliert sich ihre Spur. Ich habe daraufhin die Suche einstellen lassen.«

»Ohne mich zu fragen?«

»Ich dachte, meine Entscheidung wäre in deinem Sinne.«

Der Alte tätschelte die Hand seines Sohnes. »Recht hast du.«

Wennemar von der Recke empfing Jürgen von Linden in der untersten Etage des Rundturms, den das Feuer ebenfalls verschont hatte. Von den Kellergewölben abgesehen, handelte es sich um den kühlsten Platz im ganzen Haus. Diener hatten einen Tisch mit drei Stühlen hineingeschafft, auf dem Obst, Brot und Wein standen.

Als Jürgen den Turm betrat, erhob sich Wennemar lächelnd.

»Herr von Linden, ich habe schon viel von Euch gehört. Schön, dass wir uns endlich kennenlernen.«

»Die Freude ist ganz auf meiner Seite.«

Von der Recke zeigte auf den dritten Mann, der sich etwas abseits hielt. »Mein Schreiber. Ich habe mir erlaubt, ihn zu unserem Gespräch zu bitten. Sollten die Verhandlungen zur beiderseitigen Zufriedenheit verlaufen, wird er den Vertrag aufsetzen. Wir unterzeichnen und der Droste in Bochum beglaubigt ihn später. Ich hoffe, Ihr seid damit einverstanden?«

»Selbstverständlich.«

In den folgenden Minuten kreiste ihr Gespräch um das Wetter und natürlich die spanischen Soldaten, die ihnen allen das Leben erschwerten.

Dann kam von der Recke zur Sache: »Woher stammt Euer Interesse an unserer Kohlegrube nördlich von Stiepel?«

»Ich suche nach weiteren Geschäftsfeldern. Kaum ein Kaufmann verschickt seine Waren noch über weite Strecken. Die Angst, dass die Transporte überfallen werden, ist zu groß. Der Stoffhandel stagniert. Ähnliches gilt für die Schmiedewaren. Da ist kein Geld zu verdienen, solange fremde Truppen unser Land besetzen.«

»Und deshalb wollt Ihr in das Kohlegeschäft einsteigen?«

»Ja.«

»Eine gute Entscheidung. Wir verpachten Alte Missgunst allerdings nur ungern.«

»Warum tut Ihr es dann?«

Wennemar hielt es für klüger, wenigstens teilweise mit offenen Karten zu spielen. »Ich will ehrlich sein: Uns fehlen die Mittel, um sie weiter auszubeuten.«

»Verstehe. Und warum hat Euer früherer Pächter aufgegeben?«

»Aus demselben Grund.«

»Aha.«

»Wir könnten uns vorstellen, die Alte Missgunst für zwanzig Taler im Jahr zu verpachten.«

Das war genau der Betrag, den von Honnichen für realistisch gehalten hatte. Da von der Recke mit dieser Forderung eingestiegen war, rechnete Jürgen mit einem Abschluss deutlich darunter.

»Unmöglich«, erwiderte er deshalb. »Ihr wisst selbst am besten, welche Mittel aufzubringen sind, um die Grube so weit herzustellen, dass ich überhaupt Kohle finden kann, sollte denn welche vorhanden sein. Fünf Taler im Jahr erscheinen mir angemessen.« Das hier war Jürgens Metier. In Verhandlungen fühlte er sich zu Hause. So leicht zog ihn niemand über den Tisch. Vor allem dann nicht, wenn er über mehr Informationen verfügte als sein Gegenüber.

»Ihr scherzt.« Wennemar von der Recke hielt Jürgen die Obstplatte hin. Als dieser ablehnte, schaute er fragend zum Weinkrug. Der Kaufmann nickte. »Zwölf Taler«, meinte der Gastgeber, während er einschenkte.

»Zehn«, antwortete Jürgen. »Aber nur dann, wenn wir die Pacht zunächst auf ein Jahr begrenzen, ihr mir allerdings das Recht einräumt, jährlich zu verlängern.«

»Für wie lange?«

»Auf unbestimmte Zeit natürlich. Das ist mein letztes Wort.«

Wennemar wirkte befriedigt. Zehn Taler Pacht für ein wertloses Grundstück. Das lag über dem Betrag, den sein Vater als Minimum aufgerufen hatte. Cordt von der Recke würde zufrieden sein. Wennemar streckte Jürgen die Hand entgegen. »Einverstanden.«

Als der Kaufmann Haus Kemnade verließ, fielen die ersten schweren Regentropfen.

## 23

*Hattingen, 27. Juli 1623*

Seit einer Woche hatte es nicht mehr aufgehört zu regnen. Wahre Wassermassen fielen vom Himmel, ließen stille Bäche zu reißenden Flüssen werden und spülten den Unrat von den Straßen der Stadt. In einigen Ställen ertrank das Vieh, Keller liefen voll. Sogar eine frisch errichtete Begrenzungsmauer hielt den Fluten nicht stand und stürzte ein. Viele Straßen wurden unpassierbar, Fuhrwerke blieben im Morast stecken und selbst Pferde kamen auf unbefestigten Wegen nur schwer voran. Jürgens Transporte für die Spanier waren bis auf Weiteres eingestellt.

Missmutig hockte der Kaufmann in seinem Kontor, dachte an die ihm entgehenden Einnahmen und hörte den Regen unaufhörlich auf das Dach prasseln.

Gesche betrat den Raum. »Hast du Zeit für mich?«

»Natürlich. Was gibt es?«

»Es fällt mir schwer, darüber zu reden. In der Stadt erzählt man sich, du seist für den Tod dieser Hure verantwortlich.«

»Blödsinn.«

»Mehr hast du dazu nicht zu sagen?«

»Was soll das?«

»Du hast schon lange nicht mehr das Bett mit mir geteilt. Vielleicht holst du dir ja bei den Hübschlerinnen das, was dir fehlt.«

Jürgen holte tief Luft. Dann zwang er sich zu Ruhe. »Ich komme nicht zu dir, weil du mich abweist, seit Trine Hattingen verlassen hat. Das ist alles.«

»Und bei dieser Hübschlerin warst du nie?«

An Gesches Tonfall hörte Jürgen, dass er sie nicht wirklich überzeugt hatte. Ärger kroch in ihm hoch. Musste er sich eigentlich vor jedem für alles rechtfertigen? »Nein.«

»Gut. Ich glaube dir. Hast du etwas von Trine gehört?«

»Nein.«

»Ich frage mich, ob sie Walter wegen ihrer Ausweisung um Rat gebeten hat. Schließlich ist er Advokat.«

Jürgen lachte auf. »Nie im Leben. Walter hat sie noch heftiger für die Heirat mit Wilhelm kritisiert als ich. Das würde ihr verdammter Stolz nicht zulassen. Trine ist überall, nur nicht in Kleve.«

»Da ist noch etwas anderes. Du musst mit Frowe sprechen«, forderte seine Frau.

Jürgen unterdrückte seinen Unmut. »Weshalb?«

»Sie meint, wir sollten unsere Apfelernte in diesem Jahr vollständig einkochen und nicht wie bisher einen Teil davon einlagern.«

»Die Ernte steht im September an. Wir haben Mitte Juli. Was streitet ihr euch über ungelegte Eier?« Er verdrehte die Augen. »Warum will sie alles einkochen?«

»Sie meint, dass der Keller durch den Regen zu feucht geworden sei. Die Früchte würden deshalb im Winter schneller faulen.«

Jürgen schaute aus dem Fenster. »Mit der Feuchtigkeit hat sie nicht unrecht.«

»Du stellst dich auf ihre Seite?«, empörte sich Gesche.

»Das habe ich nicht gesagt, sondern ihr nur recht gegeben, was den Keller angeht. An einigen Stellen haben sich bereits Pfützen gebildet. Das Grundwasser ist durch den vielen Regen angestiegen und drückt durch die Sohle ins Haus. Vermutlich ist während der vergangenen Hitzeperiode der Lehmboden rissig geworden. Ich habe meine Zweifel, dass alles bis zum Herbst trocknen wird.«

»Ich weiß. Ich habe mir den Keller eben noch angesehen.«

»Und was hast du dann gegen Frowes Vorschlag?«, wunderte sich Jürgen.

»Eigentlich nichts«, erwiderte Gesche mit leiser Stimme, fast so, als sei sie den Tränen nahe. »Aber egal, was ich mache oder sage, sie weiß es immer besser. Es ist nicht an ihr zu entscheiden, was in meinem Haushalt getan wird. Redest du mit ihr?«

Jürgen lag eine ausweichende Antwort auf der Zunge. Er war es leid, als Schiedsrichter zwischen den beiden zu fungieren. Aber als er in die bittenden Augen seiner Frau schaute, wurde ihm klar, dass eine Entscheidung überfällig war. Dieser Streit durfte nicht ewig so weitergehen. In einem Haushalt konnte es nur eine Herrin geben. Und das war nun einmal Gesche. »Das tue ich.«

»Wann?«

»Morgen nach dem Frühstück.«

»Nein, das ist zu spät. Du hast mich zu oft vertröstet. Du sprichst sofort mit ihr. Jetzt gleich«, forderte sie.

Jürgen dachte einen Moment nach und nickte. Dann ging er zu seiner Frau und nahm sie in den Arm.

Sie ließ die Vertraulichkeit widerwillig zu.

»Du hast recht. Wo ist sie?«, fragte Jürgen.

»Vor Kurzem stand sie noch in der Küche bei der Magd.«

Er ging zur Tür. Als Gesche ihm folgte, sagte er: »Bitte warte hier. Ich möchte allein mit Frowe reden. Denn es wird nicht nur um die verdammten Äpfel gehen. Ich will, dass endlich Ruhe im Haus herrscht. Meine Schwester hat sich aus deinen Angelegenheiten herauszuhalten. Und zwar aus allen! Das sage ich ihr besser unter vier Augen.«

Die Magd hantierte in der Küche mit dem schweren Kessel und bereitete das Essen zu. Aber Frowe war nicht mehr da. Sie wollte nach Bochum reiten, erzählte das Mädchen. Dort gebe es seit einigen Monaten einen Handwerker, der sich auf das Glasblasen verstehe. Bei ihm wolle sie neue Einmachgläser ordern.

Ärger stieg in Jürgen auf. Jetzt gab Frowe sogar schon sein Geld aus, ohne ihn zu fragen. »Welches Pferd hat sie genommen?«

Die Magd sah ihn irritiert an. »Das Eure, Herr. Hat sie das nicht erwähnt?«

Jürgen schluckte eine Antwort hinunter. Das ging wirklich

zu weit. Zwar hatte er selbst seiner Schwester das Reiten beigebracht. Aber bisher hatte sie immer gefragt, wenn sie sich den Hengst ausleihen wollte. Außerdem konnte sie den schweren Sattel nicht allein auf den Pferderücken wuchten. »Wer hat ihr beim Satteln geholfen? Der Knecht?«

Die Magd zuckte mit den Schultern. »Das weiß ich nicht.«

»Hat sie gesagt, wann sie zurück sein wollte?«

»Nein.«

Bei dem Mistwetter würde sie mindestens eine Stunde bis nach Bochum benötigen. Das Gespräch mit dem Handwerker nahm weitere Zeit in Anspruch. Zum Abendessen könnte Frowe zurück sein, wenn nichts Unvorhergesehenes passierte. Die Straße nach Bochum befand sich in einem guten Zustand, war über weite Strecken sogar mit flachen Steinen gepflastert. Das Pferd dürfte keine Schwierigkeiten haben, den Weg zu bewältigen. Nur warum, in aller Welt, wollte seine Schwester ausgerechnet bei einem solchen Regen nach Bochum reiten?

Frowe zog ihren völlig durchnässten Umhang fester. Sie musste nur noch die Ruhrhöhe hinunter und über die Brücke reiten, bevor sie ihr Zuhause erreichte.

Natürlich war sie bei diesem Regen nicht nach Bochum geritten, nur um Gläser zu bestellen. Das war nur ein Vorwand gewesen. Sie hatte einen wichtigeren Grund: Ein dortiger Schneider hatte ihr in den letzten Wochen ein traumhaftes Kleid gefertigt, welches sie in einigen Tagen tragen wollte. Denn vor etwa einem Monat hatte ein Brautwerber aus Duisburg im Auftrag eines dort ansässigen Händlers bei ihr vorgesprochen. Eigentlich hatte der Werber sich mit Jürgen treffen wollen. Dieser aber war nicht zu Hause gewesen. Um den weiten Weg nicht umsonst gemacht zu haben, hatte er unüblicherweise um eine Unterredung mit Frowe gebeten.

Sie kannte den Freier flüchtig. Jürgen hatte in der Vergangenheit öfter mit ihm Geschäfte abgewickelt. Der Kaufmann war gut situiert, zwar nicht mehr der Jüngste, aber das war sie ja ebenfalls nicht. Und er sah recht ordentlich aus, zeigte ein nettes und zuvorkommendes Wesen, war früh verwitwet und kinderlos. Alles beste Voraussetzungen für eine späte Ehe.

Der Werber hatte seinen Auftraggeber in den höchsten Tönen gelobt und sich vorsichtig erkundigt, ob Frowe sich eine Heirat vorstellen könne. Nachdem diese bejahte, hatte er gemeint, dass der mögliche Freier am letzten Julisonntag bei Jürgen vorstellig werden würde – übermorgen. Bei dieser Gelegenheit wollte Frowe sich in ihrem neuen Kleid von der besten Seite zeigen.

Natürlich hätte sie das Schmuckstück auch in Hattingen fertigen lassen können. Aber das hätte zu noch mehr Gerede geführt: ›Wir schieben Kohldampf‹, hätten die Leute gelästert, ›und diese von Linden leistet sich vom Geld der Spanier, welches von uns erpresst wurde, ein neues Kleid.‹ Ein solches Getuschel wollte Frowe der Familie ersparen. Und so trug nun Jürgens Hengst ihr neues Kleid, gut verschnürt, hinter dem Sattel auf dem Rücken.

Die Ruhr führte Hochwasser. Schon von Weitem hörte Frowe das Brausen und Rauschen, das die Stromschnellen vor der Brücke verursachten. Als sie näher kam, standen einige Reisende unschlüssig neben dem Wächter, der den Brückenzoll eintrieb.

»Was ist los?«, fragte sie verwundert. »Wollt ihr nicht ans andere Ufer?«

»Herrin«, erwiderte der Soldat. »Das Hochwasser hat vor weniger als einer Stunde einen der Pfeiler beschädigt. Die Brücke schwankt bedrohlich. Die Leute haben Angst, dass sie bei zusätzlichem Gewicht einstürzt.«

»Papperlapapp«, meinte Frowe, stieg ab und legte dem Wächter den Zoll in die Hand. »Diese Brücke steht, seit ich denken kann, und hat schon viele Hochwasser überstanden. Da wird sie nicht gerade heute in den Fluten versinken.« Mit diesen Worten führte sie den Hengst am Zügel auf die Ruhrbrücke.

Schon nach einigen Schritten merkte sie, wie stark das Bauwerk tatsächlich schwankte. Kurz gedachte Frowe umzukehren, gab sich diese Blöße aber doch nicht. Als sie die Flussmitte erreichte, wieherte der Hengst verängstigt und stieg auf die Hinterläufe. Nur mit Mühe gelang es Frowe, ihn zu bändigen.

Endlich erreichte sie das andere Ufer. Der dortige Wachsoldat, ein gutmütiger älterer Mann, den sie von Kindesbeinen an kannte, meinte: »Ich weiß nicht, ob Euer Handeln mutig oder dumm war, Herrin. Auf jeden Fall aber seid Ihr jetzt in Sicherheit.«

Frowe lächelte erleichtert. Auch ihr fiel ein Stein vom Herzen, dass sie wieder festen Boden unter den Füßen hatte. Beim Aufsteigen bemerkte sie das Fehlen ihres Gepäckstücks. Hektisch schaute sie sich um. Dann entdeckte sie das Bündel. Es lag auf der Brücke. Wahrscheinlich war es vom Rücken des Pferdes gerutscht, als dieses scheute.

Sie drückte dem verdutzten Soldaten die Zügel in die Hand und lief zurück auf die Brücke.

»Nein, Herrin, wartet«, rief der entsetzte Brückenwärter ihr hinterher und zeigte flussaufwärts. »Da kommt ein großer Baum geschwommen.«

Aber ob das Brausen des Wassers unter ihr seine Stimme übertönte oder der Gedanke an ihr Kleid sie jede Furcht vergessen ließ – Frowe hörte nicht. Sie bückte sich, griff das Bündel und drückte es fest an ihren Körper.

In diesem Moment schlug der Baumstamm gegen den ohnehin schon instabilen mittleren Brückenpfeiler. Das hölzerne Bauwerk ächzte und legte sich auf die Seite. Taue rissen und erste Brückenplanken zersplitterten. Panisch suchte Frowe Halt am Geländer. Aber diese trügerische Sicherheit währte nicht lange. Wie von einer unsichtbaren Hand angehoben, wurde Frowe erst zur Seite, dann in den tobenden Fluss geworfen.

Die entsetzten Zuschauer schrien auf. Zwei-, dreimal tauchte Frowe für einen Moment aus der Gischt auf. Es schien, als ob sie ihr Bündel noch immer umklammert hielt. Schließlich erhob sich ihr Arm wie zum Gruß aus den Fluten. Dann ward sie nicht mehr gesehen.

## 24

*Hattingen, 28. Juli 1623*

In Begleitung zweier Offiziere und eskortiert von einem Dutzend Musketiere erschien Don Gonzalo Fernández de Córdoba am frühen Nachmittag vor dem Rathaus und verlangte, Bürgermeister Pelser zu sprechen.

Der aber verdaute in seiner Schlafkammer sein Mittagessen. Also dauerte es eine Weile, bis Pelser, nachdem ihn ein Stadtbüttel über den Besuch des Spaniers informiert hatte, im Rathaussaal erschien, wo ein zunehmend ungeduldiger werdender General auf ihn wartete. Der Spanier hatte auf dem Stuhl Platz genommen, der üblicherweise dem Bürgermeister vorbehalten war. Seine Offiziere hockten neben ihm. Deshalb nahm Pelser mit der gegenüberliegenden Seite vorlieb.

Wortreich entschuldigte sich der verunsicherte Bürgermeister bei seinem Gast für die Wartezeit. »Was verschafft mir die Ehre?«, wollte er dann wissen. Ihn plagte die Sorge, dass dem General die bisher von der Stadt aufgebrachten Kontributionszahlungen nicht ausreichten.

Don Gonzalo Fernández de Córdoba kam sofort zur Sache: »Mir ist zu Ohren gekommen, dass vor drei Wochen eine Hure in der Stadt ermordet wurde. Wie es heißt, ist der ehrenwerte Herr von Linden in diese Angelegenheit verwickelt?«

»Das ist nur ein Gerücht, Herr General, verbreitet von böswilligen Zungen.« Worauf wollte der Spanier hinaus?

»Sicher ist es das. Deshalb bin ich ja bei Euch.«

»Wie darf ich das verstehen?«

»Herr von Linden hat mit dieser Tat nichts zu tun. Ich fordere, dass Ihr dies in geeigneter Form bekannt gebt.«

»Es freut mich, dass Ihr meine Auffassung teilt. Allerdings habe ich meine Zweifel, ob das die Gerüchte zum Verstummen bringen wird.«

Der Spanier trommelte ungeduldig auf die Tischplatte. »Das allein wird sicherlich nicht genügen. Aber was wäre, wenn Ihr den wirklichen Täter präsentieren könntet?«

Pelser war gespannte Aufmerksamkeit.

»Einer unserer Soldaten hat die Hübschlerin auf dem Gewissen, so ungern ich das auch einräumen muss. Er ist, im Gegensatz zu vielen anderen in meinem Regiment, nicht nur mein Landsmann, sondern stammt aus Andalusien, genauer: aus der Gegend um Córdoba. Wie Ihr vielleicht wisst, wurde ich dort geboren. Deshalb fällt mir dieses Geständnis nicht leicht.«

Pelser senkte zustimmend den Kopf.

»Einer meiner Offiziere befehligte in der fraglichen Zeit die Lagerwache. Ihm fiel ein Soldat auf, der völlig außer Atem und mit blutbeschmutzter Kleidung in tiefster Nacht zurück ins Lager gelaufen kam. Der Offizier ließ ihn passieren. Als einige Tage später die Nachricht vom Hurenmord zu uns durchdrang, hat er mir über den Vorfall Bericht erstattet. Natürlich haben wir den Kerl verhört. Und nach einigem gutem Zureden hat er die Tat gestanden.«

Pelser schien nicht überzeugt. »Hat er erklärt, wie er es geschafft hat, trotz verschlossener Stadttore Hattingen zu verlassen?«

Für einen Moment war der spanische General sprachlos. Dann lachte er lauthals. Seine Begleiter fielen ein. »Werter Herr Bürgermeister, Eure Stadtmauer in allen Ehren, aber sie ist nicht so unüberwindlich, wie es Euch vielleicht erscheint. Vor allem dann nicht, wenn man Hattingen verlassen will. Überall befinden sich Treppen, die zum Wehrgang auf der Mauerbrüstung führen. Und einen Sprung übersteht ein ausgebildeter Soldat in aller Regel ohne Schaden, selbst wenn er betrunken ist. Schließlich ist Eure Stadtmauer nicht mehr als drei Mann hoch. Das gelänge selbst mir ohne ernsthafte Blessuren.« De Córdoba blickte sich suchend um. »Gibt es keinen Wein mehr für Eure Gäste?«

Der Bürgermeister gab dem Büttel ein Zeichen und der eilte davon, um das Gewünschte zu besorgen.

»Kann ich diesen Soldaten sprechen?«, erkundigte sich Pelser.

»Bedauerlicherweise wird das nicht mehr möglich sein. Ich habe den Mann nach seinem Geständnis zum Tode verurteilt. Am Tag darauf versuchte er zu fliehen und wurde von meinen Wachen erschossen. Seinen Leichnam allerdings könnt Ihr gerne in Augenschein nehmen, wenn Euch daran gelegen ist.«

»Das wird nicht nötig sein.«

»Gut. Dann werden wir den Mörder begraben. Was wollt Ihr nun mit Eurem Wissen anfangen?«

»Ich werde den Rat über Euren Besuch in Kenntnis setzen.« Pelser zögerte. »Allerdings wird sich das eine oder andere Ratsmitglied die Frage stellen, warum Euch so viel daran gelegen ist, diese schändliche Tat aufzuklären.«

Der Don beugte sich vor und fixierte Pelser mit stechendem Blick. »Fragt Ihr Euch das ebenfalls?«

»Wenn ich ehrlich bin, ja.«

»Das dachte ich mir. Nun, wir Spanier sind gottesgläubige Menschen. Die Bibel verbietet Mord, auch wenn er an einer Sünderin begangen wird. Außerdem achten wir das Gesetz.«

»Und deshalb verurteilt Ihr einen der Euren zum Tod, weil er eine Hübschlerin umgebracht hat?«

»Auge um Auge, Zahn um Zahn, heißt es in der Heiligen Schrift. Daran halten wir uns. Außerdem sind uns Verleumdungen, wie sie gegen Herrn von Linden ausgestoßen wurden, zutiefst zuwider.«

»Und Euer ausgeprägter Gerechtigkeitssinn hat nichts damit zu tun, dass zufälligerweise Herr von Linden enge Geschäftsbeziehungen zu Euch unterhält?«

»Was unterstellt Ihr mir?«, fragte de Córdoba in gespielter Empörung. »Glaubt Ihr tatsächlich, ich würde einen meiner

Soldaten zum Tode verurteilen, nur um Herrn von Linden einen Gefallen zu tun?«

»Nein, davon gehe ich in der Tat nicht aus«, erwiderte der Bürgermeister nachdenklich.

Der Büttel brachte den Wein. Pelser schenkte den Soldaten ein.

Der General hob sein Trinkgefäß. »Auf die Wahrheit«, meinte er und trank.

»Auf die Wahrheit«, murmelte Pelser ebenfalls. »Was hat eigentlich der Soldat darüber ausgesagt, wie er die Hure umgebracht hat?«

Don Gonzalo Fernández de Córdoba musterte den Bürgermeister geringschätzig. »Mit einem Stich ins Herz natürlich«, erklärte er mit spöttischem Lächeln. »Die Arme war sofort tot. Aber das muss niemand wissen. Da stimmt Ihr mir doch zu?« Beim Hinausgehen raunte der General seinen Offizieren zu: »Dieser von Linden hat mir geholfen. Jetzt helfe ich ihm. Das bin ich ihm schuldig.«

## 25

*Alte Missgunst, 2. Oktober 1623*

Es war still geworden im Haus an der Gelinde, seit Frowes Tod und Trines Verstoß aus der Stadt.

Als ihn vor mehr als zwei Monaten die Nachricht vom Unglück an der Ruhrbrücke erreichte, hatte Jürgen Trupps losgeschickt, die die Ufer ruhrabwärts nach Frowe absuchen sollten, leider ohne jeden Erfolg. Ihre Leiche blieb verschwunden. Nach langen Verhandlungen gelang es Jürgen, den Pfarrer davon zu überzeugen, wenigstens eine Trauerfeier in Sankt Georg abzuhalten – die Beerdigung eines leeren Sarges hatte der Geistliche standhaft verweigert.

Dirk, der sehr an Alke hing, hatte sich noch mehr zurückgezogen. Ohnehin ein stilles Kind, verließ er das Haus nur noch, wenn es unbedingt erforderlich war, und sprach mit Jürgen selten mehr als zwei, drei Worte.

Auch Gesche trauerte. Nicht nur um Trine, sondern zu Jürgens Überraschung auch um Frowe. Und sie schien wie Dirk ihrem Mann eine Mitschuld an der Ausweisung ihrer Schwägerin zu geben. Auf jeden Fall verweigerte sie sich ihm, sodass Jürgen, trotz schlechten Gewissens, schon mehrmals eines der Frauenhäuser in Bochum aufgesucht hatte.

Vor drei Monaten waren die Spanier aus der Stadt Hattingen zur Erleichterung der meisten Bürger abgezogen. Don Gonzalo Fernández de Córdoba aber hatte seine Rückkehr für den kommenden Winter bereits angekündigt.

Jürgen hatte den Abmarsch der Truppen mit gemischten Gefühlen beobachtet. Zum einen freute er sich, dass die Stadt nicht mehr besetzt war, zum anderen drohte durch den vorläufigen Verlust seines größten Auftraggebers ein erheblicher Gewinneinbruch. Seine Ersparnisse gingen langsam zur Neige. Er musste neue Einnahmequellen erschließen.

Zum Glück lief das Kohlegeschäft recht erfolgversprechend an. Der Pütt war fertig abgeteuft. Kostspielige Sicherungsmaßnahmen waren nicht erforderlich, da dass ihn umgebende Gebirge standfest genug sei, wie von Honnichen Jürgen versichert hatte. Lediglich die Seitenwände des Brunnens ließ der Bergmann mit geflochtenem Reisig befestigen, um ein Herunterfallen kleinerer Steine zu verhindern.

Nach nur zweitägigem Graben stießen die angeheuerten Tagelöhner wieder auf Kohle. Sie folgten dem Flöz und förderten inzwischen aus einer Tiefe von dreißig Fuß rund fünfzig Eimer Steinkohle am Tag. Jürgens Erwartungen schienen sich zu erfüllen.

Von Honnichen hatte die Hängebank, auf der die Haspel stand, mit Brettern ausgelegt und überdacht, damit kein Regen in den Pütt fiel. Gegen das Einsickern von Oberflächen- und Grundwasser jedoch half diese Maßnahme nicht.

Jürgen band seinen Hengst an einen Busch neben der Eiche. Der Acker, auf dem sein Pütt lag, fiel etwa in der Mitte zum

Lottental hin ab, erst sacht geneigt, dann recht steil. An seinem Ende wuchs eine niedrige Buchenhecke, irgendwann gepflanzt zur Abgrenzung des Grundstücks.

Einer von Jürgens Leiterwagen stand, mit Fässern beladen, auf dem Weg, der zum Pütt führte. Von Honnichen hatte ihn mit groben Ästen befestigen lassen, um ein Einsinken der Räder bei Regen zu verhindern.

Der Bergmann begrüßte seinen Auftraggeber mit einem Handschlag und zeigte auf das Fuhrwerk: »Bis jetzt sind es schon vierzig Eimer. Wir werden heute die sechzig erreichen.« Er grinste zufrieden. »Habt Ihr, wie ich geraten habe, Kontakt zu den Büchsenmachern in Essen aufgenommen?«

In den letzten Wochen hatten sie die Kohle nach Bochum und Dortmund geliefert. Der dortige Stadtrat hatte jedoch, um die Pütts zu schützen, die auf seinem Stadtgebiet oder zumindest in der Nähe davon lagen, ein Einfuhrverbot für ortsfremde Kohle ausgesprochen. So fiel dieser Absatzmarkt zukünftig weg. Von Honnichen hatte die Idee gehabt, den Büchsenmachern Steinkohle für ihre Schmelzöfen anzubieten. Holzkohle war knapp und teuer und der Krieg ließ den Bedarf an Musketen stetig wachsen.

Jürgens Gespräche mit den Essener Handwerkern verliefen ausgesprochen zufriedenstellend. Die Büchsenmacher benötigten etwa hundert Eimer Kohle täglich. So viel konnte er nicht liefern. Trotz dieses großen Bedarfs verkaufte er nur einen Teil seiner Produktion nach Essen. Den anderen lieferte Jürgen an Abnehmer in Bochum und natürlich Hattingen. Denn Kriege enden irgendwann. Und er wollte nicht nur von einigen wenigen Kunden abhängig sein, die unter Umständen von jetzt auf gleich keine Waffen mehr produzierten.

»Ja. Mit dreien von ihnen habe ich bereits einen langfristigen Vertrag geschlossen.«

»Ich hoffe, Ihr habt Euch nicht zu lange gebunden?«

»Nein, ich habe Euren Rat befolgt und eine Ausstiegsklausel vereinbart. Gehen die Vorräte zur Neige, beende ich den Vertrag einseitig.«

»Gut.«

Jürgen warf einen Blick zur Haspel, die einer der Tagelöhner bediente, um einen gefüllten Kohleeimer aus dem Pütt zu ziehen. »Hier ist alles in Ordnung?«

»Fast.« Von Honnichen machte ein besorgtes Gesicht. »Das Grundwasser bereitet mir in den letzten Tagen Sorgen. Der Zulauf ist stärker geworden. Auf drei Eimer Kohle kommt mittlerweile ein Eimer Wasser.«

»Was können wir dagegen tun?«

»Schneller Schöpfen. Spaß beiseite, noch haben wir den Wassereinbruch unter Kontrolle. Sollte er aber stärker werden, gibt es zwei Möglichkeiten: Entweder verzichten wir auf diesen Pütt und graben einen neuen oder wir legen einen Entwässerungsstollen an. Ersteres würde ich ungern tun, denn es ist keinesfalls sicher, dass wir wieder auf das Flöz stoßen werden, das wirklich sehr ergiebig ist. Und Grundwasser existiert auch ein Dutzend Schritt entfernt von hier. Wir würden das Problem also nur aufschieben, nicht beheben.«

»Und dieser Stollen? Was ist das?«

Von Honnichen zeigte zur Buchenhecke. »Wir graben uns von dort unter dem Acker Richtung Kohleflöz schräg nach oben. So läuft das Grundwasser ab.«

»Das hört sich teuer an.«

»Mit etwas Glück kostet uns der Entwässerungsstollen weniger als ein neuer Pütt. Ich habe mir das Gelände dort unten angesehen. Da beißt ein Flöz an die Oberfläche. Es sieht aus, als ob es sich um genau das handelt, aus dem wir gerade fördern. In diesem Fall schlagen wir zwei Fliegen mit einer Klappe: Wir holen Kohlen aus der Grube und errichten gleichzeitig einen Entwässerungsstollen, indem wir dem Flöz folgen.«

»Und der Stollen stürzt nicht ein?«

»Ich habe Euch ja bereits gesagt, dass wir ein recht stabiles Deckgebirge haben. Einige Stämme als Stempel und Bretter zum Schutz gegen Steinschlag aus dem Hangenden dürften genügen.«

Jürgen dachte nur kurz nach. »In Gottes Namen, versucht es.«

Er ging zurück zu seinem Pferd und ritt los. Jürgen hatte schon den Weg hinunter ins Lottental eingeschlagen, als ihm ein Gedanke kam. Er ließ den Hengst wenden und wandte sich Richtung Bochum. Was erwartete ihn schon in Hattingen? Ein schweigender Sohn und eine übellaunige Ehefrau, die ihm ohnehin nicht glaubte, noch nie bei Huren gewesen zu sein. Das Frauenhaus versprach andere Vergnügen als Gesche, die ihn aus ihrem Bett verstoßen hatte.

# STREIT UND HADER

Oktober 1624 bis September 1625

# 1

*Bei Aprath, 14. Oktober 1624*

Es war kalt geworden in den letzten Tagen. Ursula und Clemens Nagel hockten eng aneinandergedrückt auf der Sitzbank ihres neuen Fuhrwerks.

Wie so häufig hatte Clemens in einer Düsseldorfer Schenke Karten gespielt. Ein Tischlermeister aus dem nahen Erkrath verzockte alles Geld, was in seinen Taschen steckte. Im letzten Spiel schließlich konnte er nicht mehr auf sein Blatt setzen. Da er jedoch davon überzeugt war, mit seinen Karten den Verlust wieder wettzumachen, bat er darum, statt der erforderlichen Reichstaler seinen Pferdewagen setzen zu dürfen. Clemens, ebenfalls noch im Rennen um den Geldhaufen, der sich in der Tischmitte angehäuft hatte, willigte ein. Der Tischler verlor und der junge Adelige war nicht nur um fünf Reichstaler, sondern auch einen Pferdewagen reicher.

Der kleine Karren verfügte über zwei Achsen und ein Verdeck, welches zwar nicht die Kälte abhielt, aber Wind und Regen trotzte. So reisten sie zwar langsamer, aber komfortabler als auf dem Rücken ihrer Pferde. Mittlerweile hatten sich die Gäule daran gewöhnt, als Zugtiere eingespannt zu werden. Clemens, auf dem elterlichen Gut in Itlingen schon als Kind im Umgang mit Pferdekarren vertraut gemacht, lenkte das Gefährt ohne Schwierigkeiten.

Sie rumpelten am Ufer der Düssel an Burg Aprath vorbei und konnten sich wegen der schlechten Straße kaum auf der Sitzbank halten. Mal rutschten sie nach links, dann nach rechts.

»Wir sollten uns einen Platz für die Nacht suchen«, maulte Clemens, als sie wieder einmal über einen großen Stein rollten und sich festhalten mussten, um nicht vom Wagen zu fallen. »Ich kann kaum noch erkennen, wohin wir fahren. Außerdem tut mir der Arsch weh.«

»Mir auch«, antwortete Ursula. »Aber nicht so sehr wie nach einem Tag, den ich mit einem Kind im Arm auf dem Pferderücken verbringe.«

Clemens lachte. »Da hast du recht. Fahren wir noch ein wenig. Wenn ich mich recht erinnere, kommt in etwa einer Viertelmeile ein Waldstück. Dort finden wir trockenes Reisig und Holz für ein Lagerfeuer. Wir haben noch etwas gesottenes Fleisch, Bier und unsere Decken. Das verspricht eine tolle Nacht zu werden.«

»Ein Bett wäre mir lieber.« Sie schaute nach hinten, wo in einem Korb, gut zugedeckt, ihr Sohn Bertram lag. Dem fast einjährigen Knaben schien die Schaukelei nichts auszumachen, im Gegenteil: Das Kind schlief tief und gab keinen Mucks von sich.

»Morgen vielleicht, dann erreichen wir Elberfeld. Ich kenne dort ein Gasthaus, in dem ich immer willkommen war. Dort können wir sicher musizieren und ...«

Ein heftiger Schlag ließ ihn verstummen. Der Karren rutschte nach rechts ab und neigte sich zur Seite. Clemens ließ die Peitsche knallen. »Verdammte Steine«, fluchte er. Die beiden Pferde stemmten sich mit aller Kraft ins Geschirr, um ein Abstürzen des Fuhrwerks zu verhindern. Nun aber drehte sich der Wagen, bis sich das Heck bedrohlich Richtung Düssel neigte. Die Ladung rutschte. Ein Fass stürzte um, rollte nach hinten, knallte mit Wucht gegen die Ladeklappe, sodass diese aufsprang. Ihr gesamter Besitz fiel aus dem Wagen, rutschte den Abhang hinunter und einiges plumpste in das Wasser des Flusses.

»Das Kind«, schrie Ursula voller Panik und sprang vom Wagen. »Bertram ist herausgefallen.«

»Vorsichtig«, rief Clemens und bemühte sich hektisch, das Fuhrwerk zurück auf den Weg zu bringen. Als das gelungen war, drehte er hastig die Bremskurbel fest und sprang seiner Frau hinterher.

Ursula stürzte, rappelte sich wieder auf und rutschte kopflos das Ufer zum Fluss hinunter. »Bertram!«

Eine Gestalt kam ihr entgegen, einen Korb im Arm. »Ich habe Euer Kind«, sagte der Mann und reichte Ursula ihren Knaben. »Er scheint wohlauf zu sein. Der Korb hat ihn beschützt.«

Freudentränen liefen über das Gesicht der jungen Mutter. »Danke«, stammelte sie und drückte ihren Sohn an sich. »Habt tausendfach Dank.«

Mittlerweile war Clemens zurück zur Absturzstelle gelaufen. Er sah hinunter. Seine Frau stand mit einem Unbekannten am Flussufer. »Ursula? Hast du Bertram?«

»Ja. Er hatte einen Schutzengel. Und der steht gerade vor mir.«

»Wie bitte?«

»Du wirst es gleich verstehen. Komm, hilf mir hinauf.«

Wenig später stand Clemens vor dem Fremden. »Ihr habt meinem Sohn das Leben gerettet.«

»Übertreibt nicht«, erwiderte der andere verlegen. »Er ist in seinem Korb den Abhang hinuntergerutscht, mir geradewegs vor die Füße.«

»Doch, doch. Wäret Ihr nicht gewesen, wäre unser Kind in die Düssel gestürzt und ertrunken.«

Der Fremde schwieg.

Clemens musterte ihn genauer. Der Mann trug abgerissene Kleidung wie jemand, der schon seit Längerem auf der Straße lebte. Die Haut seiner Hände wies kleinere, nur schlecht verheilte Verletzungen auf, seine Haare waren schütter und strähnig, auch ein Zeichen dafür, dass der Unbekannte nur selten ein festes Dach über dem Kopf hatte. Auf seinem Rücken schleppte er ein Bündel Reisig.

»Wie kann ich Euch Eure Hilfe vergelten? Benötigt Ihr Geld?«

Dem Mann war anzusehen, wie es in ihm arbeitete. Schließlich rang er sich zu einer Entscheidung durch und nickte verlegen.

Clemens holte seinen Beutel aus der Tasche und gab dem Retter zwei Taler.

»Danke, aber das ist zu viel«, meinte der, lächelte aus einem zernarbten Gesicht und wollte Clemens einen Taler zurückgeben.

Der aber wehrte ab. »Eigentlich sogar zu wenig für das Leben unseres Kindes.« Er zeigte auf das Reisigbündel. »Ihr habt sicherlich Brennholz gesucht. Habt Ihr Euer Lager in der Nähe aufgeschlagen?«

»Ja, weiter flussaufwärts, etwa dreitausend Schritt entfernt, in einem Waldstück.«

Clemens nickte. »Dort wollten wir auch übernachten. Aber warum sammelt Ihr Holz dann hier am Fluss?«

»Es gibt dort so gut wie kein Brennmaterial mehr. Und eine Axt haben wir nicht. Also musste ich ziemlich weit laufen, um etwas zu finden. Jetzt bin ich auf dem Rückweg. Meine Frau sorgt sich bestimmt bereits um mich.«

»Was Ihr da auf Eurem Rücken schleppt, wird nicht lange reichen. Wenn es Euch recht ist, nehmen wir Euch mit. Eine Axt haben wir auch. Wir schlagen eine junge Tanne, das dürfte für die Nacht reichen. Was meint Ihr?«

Der Fremde nickte erneut.

Wenig später hatten sie ihr Hab und Gut auf dem Wagen verstaut und mit Seilen gesichert.

Ursula kroch zu ihrem Kind auf die Ladefläche, während ihr Helfer sich neben ihrem Mann auf den Bock setzte. »Ich habe mich noch nicht vorgestellt«, meinte der und hielt dem Unbekannten seine Hand hin. »Clemens Nagel.«

»Wilhelm Mattheissen«, bekam er zur Antwort.

## 2

*Hattingen, 14. Oktober 1624*

Einer der Knechte, der von einem Transport nach Bochum zurückgekommen war, betrat das Kontor.

»Alles gut gelaufen?«, erkundigte sich Jürgen.

»Ja, Herr«, meldete er. »Hier ist der abgezeichnete Beleg für die ordnungsgemäße Übergabe der Ware.«

Einer der Hattinger Messerschmiede hatte Jürgen den Auftrag erteilt. Es war leider die einzige Fuhre in letzter Zeit, die er geordert hatte.

»Aber der Eisenbeschlag eines der Räder ist gebrochen. Glücklicherweise erst auf dem Rückweg kurz vor der Stadt. Eine längere Strecke hätte ich nicht mehr fahren können.«

Von Linden folgte dem Knecht in den Hof, um den Schaden zu begutachten.

Schon ein erster Blick zeigte dem Kaufmann, dass der Eisenring nur noch halb auf dem hölzernen Reifen lag. Und auch zwei weitere Speichenräder des Fuhrwerks sahen nicht mehr besonders gut aus.

»Da muss der Schmied ran. Spann das Pferd wieder ein und bring den Wagen zu Meister Marienbaum in der Bruchstraße«, ordnete Jürgen an. »Sag ihm, dass ich später zu ihm komme, um über den Preis für die Erneuerung zu sprechen.«

»Ja, Herr.«

Die beiden Fahrzeuge waren Jürgens ganzer Stolz. Entsprechend sorgfältig ging er mit ihnen um. Kleinere Schäden wurden von den Knechten sofort ausgebessert, bei größeren nahm er die Dienste eines Handwerkers in Anspruch. Die Fuhrwerke waren als Kastenwagen gebaut, sodass sich mit ihnen auch kleinere Waren transportieren ließen, die bei Leiterwagen durch die Öffnungen zwischen den Rungen gerutscht wären. Außerdem konnte über die Seitenwände eine Plane gespannt werden, die nicht nur die Güter, sondern auch die Fahrer vor Regen und Schnee schützten. Jürgen war der Einzige in weitem Umkreis, der solche Fuhrwerke benutzte. Den Bauern und Handwerkern waren sie zu teuer. Allerdings konnte er diese Wagen nur auf befestigten Straßen einsetzen, denn auf anderen Wegen fuhren sie sich aufgrund ihres Gewichts zu schnell fest.

Zwei Stunden später klopfte Jürgen an die Tür des Schmiedes. Der bat ihn in die Stube. Everdt Marienbaum war ein stattlicher Mann mit dicken Oberarmen, den Jürgen eigentlich nur in Arbeitskleidung und langer Lederschürze kannte. Jetzt aber trug der Schmied Feiertagsgewänder.

»Ihr seid so vornehm gekleidet«, stellte Jürgen lachend fest. »Doch nicht etwa wegen mir?«

»Nein«, versicherte Marienbaum. »Heute will mein Freund Johann Anrodt zum Sünsbruch kommen. Er hat mich gebeten, ihn bei seiner Brautwerbung zu unterstützen.«

»Eine große Ehre. Da verstehe ich, dass Ihr Euch so herausgeputzt habt. Wer ist denn die Glückliche?«

»Ich musste Johann versprechen, erst darüber zu reden, wenn der Vertrag verhandelt ist und eine Einigung erzielt wurde. Das wird ein langer Abend. Wenn alles in trockenen Tüchern ist, werden wir sicher ausgiebig feiern.« Er zwinkerte Jürgen verschwörerisch zu. »Deshalb müsst Ihr Euch mit Euren Rädern gedulden. Vor morgen Mittag werde ich nicht mit der Reparatur anfangen. Aber sicher bin ich in zwei Tagen fertig.«

»Und Euer Lohn …«

»Wir werden uns schon einigen, werter Herr von Linden. So wie wir es immer getan haben.« Marienbaum legte eine Pause ein und sagte dann. »Noch etwas. Ich versichere Euch, dass ich keinen Groll gegen Euch hege wie einige andere in der Stadt.«

»Ihr meint wegen meiner Geschäfte mit den Spaniern?«

»Ja. Jeder von uns muss schließlich sehen, wo er bleibt. Ich selbst habe bis zu ihrem Abzug einige Dutzend Hufeisen an die fremden Truppen verkauft und gutes Geld damit verdient. Gerne hätte ich in der Vergangenheit auch noch die Pferde beschlagen, aber dass haben die Spanier selbst erledigt. Und auch andere Hattinger, die jetzt lauthals über Euch herziehen, machten insgeheim Geschäfte mit den Soldaten. Pure Heuchelei! Das wollte ich Euch wissen lassen, es lag mir auf dem Herzen.«

»Danke für Eure Worte. Dann sehen wir uns in zwei Tagen wieder.«

Sie verabschiedeten sich.

Als Jürgen die Stube verließ, stieß er in der offenen Tür fast mit einem weiteren Besucher zusammen.

»Mein Freund Johann Anrodt«, stellte Marienbaum ihn vor. »Es sieht fast so aus, als würdet ihr vom selben Schneider beliefert.«

Tatsächlich trugen die Herren fast identische Wämser. Auch ihrer beider Umhänge waren schwarz. Und die Abneigung gegen die Kröse schienen sie ebenfalls zu teilen, denn um keinen ihrer Hälse hing dieser Stoff gewordene Mühlstein. Jürgen hasste es, nur mit Löffeln und Messern mit extrem langen Stielen essen zu können.

Johann Anrodt legte seinen Umhang ab und klopfte ihn aus. »Heftiger Schneeregen«, erklärte er. »Widerliches Wetter.«

Als Jürgen sich verabschiedete, meinte der Schmied: »Geht durch die Werkstatt, so kürzt Ihr ein gutes Stück ab und müsst nicht lange durch die Nässe laufen. Du hast doch auch diesen Weg genommen, Johann?«

»Ja. Und dabei ausgiebig Euer Fuhrwerk bewundert, Herr von Linden. Ich habe schon davon gehört, aber noch nie einen solchen Kastenwagen gesehen. Wirklich interessant.«

»Hat der Knecht die Stolperfalle beseitigt, so wie ich es ihm aufgetragen habe?«, wollte Marienbaum von seinem Freund wissen.

»Was genau meinst du?«

»Ach, auf dem hinteren Pfad lag ein trockener Ast, in dem man sich leicht verfangen konnte, besonders im Dunkeln.«

»Mehr Sorgen haben mir einige sich betont unauffällig gebende Gestalten gemacht, die in der Nähe herumschlichen«, erwiderte Anrodt. »Sie schienen Fremde zu sein.« Er seufzte. »Es sind unsichere Zeiten.«

»Ich habe gehört, es seien Brandenburger in unserer Gegend«, bemerkte Jürgen von Linden.

»O Gott«, stöhnte der Schmied.

»Schlimmer als die Spanier sind die auch nicht. Und was den Ast angeht: Mir ist nichts aufgefallen.«

»Dann wird mein Gehilfe ihn wohl beseitigt haben. Trotzdem, gebt acht, Herr von Linden. Ich möchte nicht, dass Euch auf meinem Grundstück etwas zustößt.«

»Ich werde vorsichtig sein.«

Als der Kaufmann ins Freie trat, hatten dichte Wolken den Himmel verdunkelt. Der Schneeregen war heftiger geworden. Dicke Flocken bildeten eine weiße Barriere vor seinen Augen. Jürgen zog sein Barett tiefer ins Gesicht. Bei einem solchen Wetter war diese unmodische Kopfbedeckung einfach praktischer als die hohen Hüte mit schmaler Krempe, die jetzt fast alle trugen und die einem schon ein leichter Windhauch vom Kopf pustete. Zögernd setzte er einen Fuß vor den anderen. Obwohl der Boden rutschig geworden war, fand Jürgen von Linden unbeschadet seinen Weg zum hinteren Tor.

»Was meinst du?«, fragte Everdt Marienbaum seinen Freund, als sie allein waren. »Sollen wir uns zur Feier des Tages einen Becher Wein gönnen? Ich habe einen neuen Roten im Keller.« Er leckte sich demonstrativ mit der Zunge über die Lippen. »Ein edles Tröpfchen, das verspreche ich dir.«

»Wer kann da widerstehen?«, antwortete Johann Anrodt.

Marienbaum zog seine Schlüssel aus der Tasche und hielt einen von ihnen in die Höhe. »Wunderbar. Ich hole nur schnell einen Krug herauf. Becher sind im Schrank dort.«

»Du solltest dich ebenfalls auf Brautschau begeben«, lästerte Johann. »Mit einer Frau im Haus müssten deine Gäste den Tisch nicht selbst decken.«

Lachend winkte der Schmied ab und machte sich auf den Weg in den Keller.

Jemand klopfte vernehmlich an die Haustür. »Everdt«, rief Johann. »Noch mehr Besuch.«

Als sein Freund nicht antwortete, ging Johann zur Kellerstiege und rief nach unten: »Es geht hier zu wie in einem Taubenschlag. Jemand steht vor der Tür.«

»Machst du bitte auf?«, hörte er von unten. Dann folgte ein

mehrmaliges dumpfes Klopfen. Holz schlug auf Holz. »Der verdammte Zapfhahn will nicht in das Fass.«

»Ist gut.«

Johann Anrodt ging zur Tür. Kaum hatte er den Riegel entfernt und geöffnet, drängte ein halbes Dutzend Bewaffnete in den Flur. Sie hielten dem überraschten Mann ein Messer an die Kehle und drückten ihn an die Wand. Trotz der Bedrohung schrie Johann laut um Hilfe.

Everdt polterte die Treppe hinauf. Schnell erfasste er die Situation und hieb dem erstbesten Angreifer den Krug auf den Kopf. Der zerplatzte und ein Schwall roten Weins ergoss sich über den Fremden. Der Schmied schwang die Fäuste und attackierte einen zweiten Gegner und drosch ihn mit einem kräftigen Faustschlag zu Boden. Aber gegen die Übermacht der Fremden hatte er keine Chance. Schnell lagen die Freunde gefesselt und geknebelt auf den Dielen.

Ein junger Mann, der sich an dem kurzen Kampf nicht beteiligt hatte, trat zwischen sie. »Du bist vermutlich der Hausherr«, sprach er Everdt in einem fremd klingenden Dialekt an. »Pech für dich. Du hättest den Kerl nicht in dein Haus lassen sollen. Wir werden den Herrn von Linden und dich jetzt mitnehmen. Versucht ihr zu fliehen oder euch des Knebels zu entledigen und Alarm zu schlagen, hat euer letztes Stündlein geschlagen. Verstanden?«

Mit heftigem Augenrollen, Kopfschütteln und Gegrunze versuchte Everdt, den Fremden davon zu überzeugen, dass es nicht Jürgen von Linden war, der gefesselt und vor Angst schlotternd an seiner Seite stand. Aber mit einem Knebel im Mund lässt sich schlecht argumentieren. Auch deshalb fanden sich die beiden Freunde kurz darauf auf der Straße wieder, wo weitere Bewaffnete mit einigen Pferden warteten.

Die Schmiede Marienbaums befand sich außerhalb der Stadtmauer am Kirchweg nach Bonsfeld. Wen nicht dringende Geschäfte dazu zwangen, der hielt sich hier nicht auf – nicht in diesen unsicheren Zeiten, nicht des Nachts. Entsprechend war keine Menschenseele zu sehen, als die unbekannten Angreifer Everdt und Johann hinter je ein Pferd banden und die Truppe Richtung Südwesten aufbrach.

Nach etwa zwei Stunden erreichten sie pfälzisches Territorium kurz vor Langenberg. Hier durften die Gefangenen endlich ausruhen. Feuer wurden entzündet, ein provisorisches Lager aufgebaut. Die Soldaten nahmen ihnen die Knebel ab und lösten die Fesseln. Dann schleppten die Musketiere ihre Gefangenen zu ihrem Anführer.

»Meinen Namen müsst ihr nicht kennen. Ich bin Hauptmann im Dienste des Kurfürsten von Brandenburg. Wisst ihr, wo ihr seid?«

»Nein«, antwortete Everdt.

»Kurz vor Langenberg, auf bergischem Gebiet. Also eigentlich in Feindesland. Aber keiner ihrer Soldaten hat sich in den letzten Tagen in der Gegend blicken lassen. Habt ihr eine Ahnung, warum wir euch gefangen genommen haben?«

Wieder schüttelten beide den Kopf.

Der Hauptmann zeigte auf Johann. »Jürgen von Linden, du hast dich den Spaniern angedient und transportierst Waffen und Nahrung für sie.«

»Ich bin nicht der, den Ihr sucht, Herr«, protestierte Johann und nannte seinen Namen. »Mein Freund Everdt kann das bestätigen.«

Der Schmied nickte heftig.

»Nein?« Die Stimme des Brandenburgers triefte vor Ironie. »Du siehst aus wie er, trägst dieselbe Kleidung wie er, hast an seinem Fuhrwerk gestanden. Ein ungewöhnliches Gefährt, nebenbei. Das einzige seiner Art weit und breit. Kaum zu verwechseln. Meine Männer haben dich verfolgt. Du hast das Haus des Schmieds betreten und bist nicht wieder herausgekommen. Niemand außer euch hat sich darin aufgehalten. Du bist Jürgen von Linden, ohne jeden Zweifel.«

Everdt versuchte eine Richtigstellung. »Es stimmt, Herr von Linden war wegen einer Reparatur seines Fuhrwerks bei mir. Aber er hat mein Haus durch den Hintereingang wieder verlassen. Er sparte dadurch Zeit auf dem Weg zurück in die

Stadt. Und mein Freund Johann hier ist auf ebendiesem Weg zu mir gelangt. Der eine kam durch den Garten herein, der andere ging hinaus. Deshalb habt Ihr von Lindens Aufbruch nicht bemerkt.«

»Tatsächlich?«, spottete der Hauptmann. »Durch den Garten also?«

Johann und Everdt nickten heftig.

»Ihr beleidigt mich. Selten habe ich so eine dämliche Ausrede gehört. Du, Schmied, hast bis morgen Zeit, dir alles noch einmal durch den Kopf gehen zu lassen. Lügst du weiter, wirst du gemeinsam mit dem Büttel der Spanier die gerechte Strafe erhalten. Entscheidest du dich für die Wahrheit, lasse ich dich frei und du bleibst unbehelligt.« Er gab seinen Soldaten ein Zeichen. Zwei von ihnen stopften den Unglücklichen die Knebel zurück in den Mund und schafften sie fort.

## 3

*Bei Aprath, 14. Oktober 1624*

Clemens steuerte das Fuhrwerk zum Waldrand.

»Jetzt rechts«, wies Wilhelm den Weg. »Zwischen den beiden großen Tannen dort hindurch. Nach etwa hundert Schritten erreichen wir die Lichtung.«

Der Lagerplatz war gut gewählt. Dichter Bewuchs machte es unmöglich, ihn von der Straße einzusehen. Ein kleiner Felsen bot Schutz vor Wind und eine von Steinen eingesäumte Feuerstelle ließ erkennen, dass Wilhelm und seine Familie nicht die Ersten waren, die hier ihr Lager aufgeschlagen hatten. Selbst etwas Gras wuchs zwischen den Steinen.

Die Frau und vor allem das Kind sahen noch abgerissener aus als Wilhelm. Sie hockten, eng aneinandergedrückt, an der Steinwand und schauten mit bangen Augen auf die Ankommenden.

»Meine Frau Trine und unsere Tochter Alke«, stellte Mattheissen seine Familie vor.

Clemens tat es ihm gleich und schilderte wortreich, wie Wilhelm ihren Sohn gerettet hatte. Dann meinte er: »Ich spanne erst die Pferde ab und füttere sie. Danach schlage ich eine Tanne für das Feuer.«

Ursula brachte eine Decke und legte sie Trine und Alke über die Schultern. Dann lud sie einige Vorräte aus dem Wagen. Wilhelm bemühte sich derweil erfolglos, den mitgebrachten Reisig zu entzünden.

»Das Holz ist zu nass«, befand Ursula. »Im Wagen liegt trockenes. Das wird reichen, bis Clemens mit der Tanne zurückkehrt.«

Kurz darauf brannte ein kleines Feuer. Alke kroch zu den Flammen und wärmte ihre klammen Finger. Ihre Mutter tat es ihr nach.

Axtschläge klangen aus der Dunkelheit. Dann schleppte Clemens eine mannshohe Tanne zum Lager, befreite sie von den Ästen, schaffte die kleinen in den Wagen, um später daraus ein weiches Lager zu bereiten, und zerschlug den Stamm in handliche Stücke. Einen von ihnen schob er sofort ins Feuer. Gierig leckten die Flammen an der frischen Nahrung. Dichter Rauch stieg auf und es knackte vernehmlich.

»Das kommt vom Harz«, erklärte Clemens. »Außerdem ist das Holz zu jung und nicht abgelagert. Aber es wird wunderbar brennen.«

Trine, die bisher kaum ein Wort gesagt hatte, fragte ängstlich: »Ist es nicht verboten, fremdes Holz zu schlagen? Was, wenn uns jemand erwischt?«

Clemens verzog das Gesicht. »Wenn es nur einer ist, passiert uns nichts, denn wir sind zwei kräftige Männer. Kommen mehrere, versuchen wir es mit Bestechung. Klappt das nicht, haben sie uns am Arsch.« Er lachte, als er Trines bestürztes Gesicht sah. »Im Ernst. Sicher durfte ich die Tanne nicht schlagen. Aber willst du erfrieren? Es ist Nacht. Der Lagerplatz ist nicht einsehbar und das Loch der Feuerstelle tief genug, um den Schein der Flammen zu verbergen, so gut es geht. Wer immer es gegraben hat, bedachte genau das. Es müsste schon jemand in der Nähe durch den Wald spazieren, um uns aufzuspüren. Wer macht das in der Dunkelheit? Und der böige Wind verteilt den Rauch in alle Richtungen. Nein, ich denke, hier sind wir sicher. Wer von diesem Platz nichts weiß, findet uns nicht. Wir sollten nur das Feuer nicht zu groß werden lassen und uns ruhig verhalten.« Er schob einen weiteren Scheit nach. »Hatten wir nicht einen Schlauch Wein im Wagen?«, erkundigte er sich mit breitem Lachen. »Und etwas Brot und Fleisch täte uns allen gut.«

Ursula und Clemens beobachteten amüsiert, wie schnell die Vorräte im Bauch ihrer neuen Bekannten verschwanden. Vermutlich hatten sie schon seit Tagen nichts Vernünftiges mehr gegessen.

Als ob Trine die Gedanken ihrer Gönner erraten hätte, meinte sie entschuldigend: »Vor einer Woche ist uns das Brot ausgegangen. Wir besaßen kein Geld, um neues zu kaufen. Deshalb haben wir uns von halb verfaultem Obst ernährt, das die Bauern unter den Bäumen liegen gelassen haben. Aus einer Rübe, die wohl von einem Wagen gefallen ist, habe ich eine Suppe gekocht. So gut wie eben haben wir lange nicht mehr gegessen.«

»Es ist noch ein Stück Dörrfleisch da«, meinte Ursula und reichte Trine die Tonschüssel.

»Nein«, wehrte diese ab. »Ich bin satt.«

»Was ist mit dir, Alke?«

Das Mädchen schüttelte nur stumm den Kopf und rutschte Schutz suchend näher zu seiner Mutter. Auch Wilhelm lehnte ab.

Nur Clemens, der sich mit dem Essen bisher zurückgehalten hatte, griff zum Fleisch und biss herzhaft zu. »Ein frischer Braten ist mir zwar lieber, aber mit einem Schluck Wein lässt sich selbst dieser trockene Brocken herunterspülen.« Er griff zum Schlauch und reichte ihn an Wilhelm weiter.

Der lehnte wie schon den ganzen Abend über ab. »Ich

bleibe lieber bei Wasser«, erklärte er. »Bier und Wein haben keinen guten Einfluss auf mich.«

»Wie du meinst. Umso mehr bleibt für uns.« Clemens nahm einen großen Schluck aus seinem Becher.

Wenig später war Alke in den Armen ihrer Mutter eingeschlafen. Als der Weinschlauch fast ausgetrunken war, gaben die Erwachsenen zögernd ihre Zurückhaltung auf und vertrauten sich einander an. Sie berichteten von ihren Familien, erzählten, warum sie auf der Straße lebten, und teilten ihre Hoffnungen und Ängste. Trine fürchtete sich vor marodierenden Landsknechten, Ursula vor Krankheiten und Wilhelm vor dem Winter. Nur Clemens behauptete, das Einzige, vor dem er Angst habe, sei das Versagen seiner Stimme während eines Auftritts.

Stunden später löschten sie das Feuer und krochen müde auf das Lager im Inneren des Wagens. Sie ruhten auf den Tannenzweigen nebeneinander, warmgehalten von einigen dicken Decken. In der Mitte schliefen die Kinder, daneben ihre Mütter und außen an den Wänden die Männer. Clemens hatte Degen und Dolch griffbereit an seiner linken Seite deponiert, Wilhelm hielt die Axt im einen, seine Frau im anderen Arm. So schliefen sie dem nächsten Tag entgegen.

## 4

*Nierenhof, 15. Oktober 1624*

Everdt Marienbaum verbrachte eine unruhige Nacht auf dem gefrorenen Boden. Als endlich der Morgen graute, kehrte der Hauptmann zu ihnen zurück.

»Hast du dich entschieden?«, wollte er wissen.

Everdt konnte nur den Kopf schütteln.

»Wie du meinst.«

Mit einem Ruck rissen die Soldaten ihre Gefangenen hoch. Der Schmied vermochte sich kaum auf den Beinen zu halten.

Sie waren vom langen Liegen in der Zwangshaltung steif. Aber irgendwie schaffte er es, nicht umzufallen.

Die Soldaten scheuchten Everdt und seinen Freund zurück auf die Straße nach Hattingen. Warum, in aller Welt, marschierten sie wieder in die Richtung seiner Heimatstadt, wo sie doch erst vor wenigen Stunden von dort aufgebrochen waren?

Zwei Soldaten, die in seiner Nähe gingen, brachten Aufklärung. Sie unterhielten sich darüber, dass ein Spähtrupp der Brandenburger eine Kompanie Spanier ausgemacht hätte, die, von Kettwig kommend, Richtung Osten unterwegs sei. Dieser Übermacht wollten die brandenburgischen Soldaten nicht zu nahe kommen.

Nicht ganz eine Stunde später erreichten sie den Deilbach am alten Rittergut Nierenhof. Der Hauptmann ließ Everdts und Johanns Knebel entfernen und forderte den Schmied auf, endlich die Wahrheit zu sagen. Als dieser bei seiner Behauptung blieb, die Soldaten hätten den falschen Mann in ihrer Gewalt, erteilte der Offizier einen Befehl.

Einer der Musketiere nahm seine Waffe von der Schulter, stopfte Schwarzpulver und eine Kugel in den Lauf und verdichtete alles mit dem Ladestock. Dann schüttete er ein wenig Pulver auf die Zündpfanne, schlug mit einem Feuerstein Funken, sodass die Lunte zu qualmen begann, pustete sie vorsichtig an, bis die Glut gut zu sehen war, richtete die Flinte auf Johann Anrodt und schaute erwartungsvoll zu seinem Befehlshaber. Der nickte.

Der Soldat hielt die Lunte an die Zündpfanne und mit einem lauten Knall entlud sich die Muskete.

Johann schrie auf und fiel nach vorne. Blut spritzte aus seinem Oberschenkel.

Ungerührte schaute der Hauptmann zu, wie sich sein Opfer vor Schmerzen krümmte. Dann sprach er wieder an den Schmied. »Der nächste Schuss trifft dein Bein. Sag die Wahrheit und du kannst gehen.«

Mit vor Angst aufgerissenen Augen sah Everdt, wie der

Musketier in aller Ruhe die Luntenschlossmuskete lud.

»Nun?«, fragte der Brandenburger, während der Musketier mit seiner Waffe nun auf den Schmied zielte.

In Todesangst stieß dieser hervor: »Ja, Ihr vermutet richtig. Der Mann dort ist Jürgen von Linden.«

Der Offizier lächelte befriedigt. »Ich wusste es.« Er hob die Hand und der Soldat, der gerade noch Everdt bedroht hatte, drehte sich in Johanns Richtung.

Der Schmied schloss die Lider. Es knallte ohrenbetäubend. Dann blieb alles still.

Everdt wagte es erst, die Augen zu öffnen, als er spürte, dass jemand seine Fesseln zerschnitt. Johann Anrodt lag ohne Hinterkopf in seinem Blut.

Dem Schmied fehlte die Kraft, um zu schreien. Schuldgefühle übermannten ihn. Aber angesichts des Grauens versiegten alle Tränen.

»Ich lasse dich laufen«, erklärte der Offizier. »Sag den Leuten in Hattingen, sie sollen es sich eine Lehre sein lassen. Wer mit den Spaniern kollaboriert, ist unser Feind und verwirkt sein Leben. Und nun hau endlich ab.«

Das ließ sich Everdt Marienbaum nicht zweimal sagen. So schnell er konnte, rannte er den Hilinciweg zurück nach Hattingen.

## 5

*Bei Aprath, 16. Oktober 1624*

Am Morgen verzichteten sie auf ein Feuer und ihr Frühstück bestand aus etwas Wasser und Brot. Als die Pferde wieder im Geschirr standen, bot Clemens den Mattheissens die Mitfahrt an. Aber Wilhelm lehnte ab.

»Ihr wollt nach Norden Richtung Elberfeld, wir nach Süden.«

»Wohin genau?«

»Das wissen wir noch nicht. Nur fort von hier. Weg von diesem verfluchten Krieg.«

»Den gibt es im Süden auch, habe ich gehört.«

»Nicht jenseits der Alpen.«

»Ihr sprecht von Italien?«

»Vielleicht.«

»Diese Strecke schafft ihr aber nicht mehr bis zum Winter«, gab Clemens zu bedenken.

»Ich weiß. Wir werden es trotzdem versuchen.«

Trine schaltete sich ein. »Solltet ihr einmal nach Hattingen kommen, sucht bitte meinen Bruder und seine Frau auf und erzählt ihnen von unserem Treffen und unseren Plänen.«

»Warum erledigst du das nicht selbst?«

»Weil Wilhelm Hattingen nicht mehr betreten darf und ich mich daher weigere, auch nur einen Fuß in diese Stadt zu setzen.«

»Du könntest deinen Verwandten schreiben.«

»Einen Brief zu versenden, kostet Geld, das wir nicht haben.«

»Wir könnten ihn übergeben.«

»Habt ihr denn Papier, Feder und Tinte?«

Ursula schüttelte den Kopf.

»Dann berichtet meiner Familie. Sagt meinem Bruder, dass ich ihm verziehen habe. Und dankt Gesche in meinem Namen für ihre Hilfe in all den Jahren. Sie weiß, wovon ich spreche. Alke lässt Dirk grüßen. Sie vermisst ihn.« Trine schaute zärtlich zu ihrem Mann hinüber. »Wilhelm jedenfalls war die Vertreibung aus Hattingen eine Lehre fürs Leben. Er hat seitdem keinen Alkohol mehr angerührt und ist ein anderer Mensch geworden.« Sie zeigte auf das Fuhrwerk. »Die Pferde werden unruhig.« Trine umarmte Ursula und nickte Clemens zu. »Danke für das Geld und das Essen.«

Ursula schüttelte den Kopf. »Wir haben Wilhelm zu danken. Ohne ihn würde Bertram nicht mehr leben. Deshalb verspreche ich, dass ich deine Bitte erfüllen werde.«

»Mehr erwarte ich nicht.« Trine ergriff ihr Bündel und ging

zu ihrem Mann und Alke. Noch einmal hob sie grüßend den Arm. Dann verschwanden die drei im dichten Unterholz.

Einen Moment noch hörten Clemens und Ursula das Geräusch knackender Zweige. Danach war es still.

Nach einer Weile meinte Ursula nachdenklich: »Sie tun mir leid. Besonders Trine. Sie vermisst ihre Angehörigen.«

Clemens legte den Arm um sie. »Was ist mit dir?«

»Du und Bertram seid meine Familie«, erwiderte sie lächelnd.

»Schreib deinem Vater trotzdem einen Brief. Er sollte wissen, dass er einen Enkel hat.«

»Das wird ihn nicht erweichen. Er ist ein harter Mann.«

»Einen Versuch ist es wert.«

Ursula sah ihren Mann lange an. »Ich werde darüber nachdenken.«

## 6

*Hattingen, 13. November 1624*

Die Nachricht von der Ermordung Johann Anrodts hatte sich wie ein Lauffeuer verbreitet. Immer wieder erzählte Everdt Marienbaum die Geschichte, verschwieg jedoch klugerweise, dass er seinen Freund verleugnet hatte. Stattdessen behauptete der Schmied, standhaft geblieben zu sein und selbst unter schrecklichster Folter die Identität Anrodts bestätigt zu haben. Dass er keinerlei Folterspuren mit Ausnahme eines blauen Auges und einer geschwollenen Oberlippe aufwies, interessierte die Leute nicht weiter, trauten sie den Besatzern, egal ob sie spanische oder brandenburgische Farben trugen, ohnehin jede nur erdenkliche Schandtat zu. Und so avancierte Everdt Marienbaum in Hattingen zum Helden, dem jeder mit Hochachtung begegnete.

Auch Jürgen von Linden profitierte von dem Mord, denn eigentlich hätte ja er das Opfer sein sollen. Obwohl ihm viele seiner Mitbürger das Geschäft mit den Spaniern neideten und ihm deshalb die Krätze an den Hals wünschten, zählte er doch zu den Ihren, die nicht ohne Weiteres umgebracht werden durften. Wer ihn wegen seiner Geschäfte öffentlich kritisierte, lief von nun an Gefahr, als Nestbeschmutzer gebrandmarkt zu werden. Hinter vorgehaltener Hand allerdings tuschelten einige Leute weiter, was der Reputation des Kaufmanns kaum förderlich war.

Am späten Nachmittag führte die Magd einen vor Aufregung zitternden Stadtbüttel in das Kontor Jürgen von Lindens.

»Herr«, brach es aus diesem heraus, »Ihr müsst sofort kommen.«

»Weshalb?«, wunderte sich Jürgen. »Und wohin?«

»Zum Rathaus. Der Landdroste Dietrich von Syberg will die Bürgermeister verhaften.«

Der Kaufmann erschrak. Der Adelige agierte als Geheimer Rat im Auftrag Herzogs Wolfgang Wilhelm von Pfalz-Neuburg. Seit die mit Pfalz-Neuburg verbündeten Spanier weite Teile der Grafschaft Mark kontrollierten, versuchte von Syberg, die besetzten Städte, die rechtmäßig zum Herzogtum Kleve und damit Brandenburg gehörten, unter seine Kontrolle zu bringen. So weit allerdings war der Landdroste bisher noch nicht gegangen.

Jürgen warf seinen Umhang über und folgte dem Büttel ins Rathaus.

»Da seid Ihr ja.«

Von Syberg saß an der Kopfseite des langen Tisches im Ratssaal und winkte den Kaufmann mit einer generösen Handbewegung zu sich. Neben ihm standen Peter de Brügg und ein weiterer, Jürgen unbekannter Soldat. Auf der Bank an der Wand hockten die unglücklich aussehenden Bürgermeister Arnold Kielmann und Hermann Pfannkuch, die ihr Amt erst vor Kurzem angetreten hatten.

»Herrn de Brügg kennt Ihr ja bereits«, stellte der Landdroste die Herren einander vor. »Der Offizier neben ihm ist mein Adjutant.«

Dietrich von Syberg schien nur wenig älter als Jürgen zu sein. Der spitze Bart ließ sein schmales Gesicht länger erscheinen. Das gewellte, leicht rötlich schimmernde Haar bedeckte seine Ohren. Sein Blick wirkte unstet und die Augen des Adeligen verharrten nie lange auf einem Punkt.

Jürgen senkte ehrerbietig den Kopf.

»Ich habe Euch holen lassen, weil die Herren Bürgermeister darum baten. Ihr sollt für sie das Wort ergreifen.«

»Wie habe ich das zu verstehen?«

»Ihr wisst, dass mein gnädiger Herr Herzog Wolfgang Wilhelm die Herrschaft über die Grafschaft Mark beansprucht?«

»Das ist mir bekannt.«

»Die mit ihm verbündeten Spanier unterstützen seine berechtigten Forderungen. Die Truppen sind zum Schutz vor Überfällen der Brandenburger im Land stationiert.«

So kann man das auch nennen, dachte Jürgen.

»Jeder Angriff gegen die Verbündeten ist eine Attacke gegen unseren Herzog, jede Insubordination gleichbedeutend mit Verrat.« Der Droste lehnte sich im Stuhl zurück. »Ihr selbst wäret beinahe ein Opfer brandenburgischer Gewalt geworden und seid nur wegen eines Zufalls noch am Leben. Das ist doch richtig, oder?«

»Ja.«

»Die Brandenburger, die sich auf Hattinger Stadtgebiet befanden, hätten sich niemals frei bewegen dürfen. Die beiden Bürgermeister haben sich nach meiner Meinung ihres Amtes als unwürdig erwiesen. Aber ich will nicht vorschnell urteilen. Ihr sollt ihr Fürsprecher sein. Von Eurem Wort hängt ab, ob sich die Herren in Düsseldorf vor einem Gericht meines Herrn verantworten werden.«

Jürgens Mund wurde trocken. »Ich bin kein Advokat, Herr.«

»Sicher nicht. Aber es ist denkbar, dass die Brandenburger den Misserfolg nicht auf sich sitzen lassen wollen und einen weiteren Versuch unternehmen werden, Euch nach dem Leben zu trachten. Wer wäre daher berufener als Ihr, das Verhalten Eurer Bürgermeister zu beurteilen? Deshalb bin ich dem Wunsch der Herren nachgekommen, Euch anzuhören. Nun?«

Jürgen schluckte. Er war Kaufmann, kein Richter. Aber er hatte keine Wahl. »Die Schmiede Everdt Marienbaums liegt am Kirchweg nach Bonsfeld, die Stadtmauer ist etwa fünfhundert Schritt entfernt. Es war Nacht und schneite heftig. Man sah kaum die Hand vor den Augen. Kurz bevor der Schmied und Johann Anrodt verschleppt wurden, war ich als Gast in Marienbaums Haus. Ich kehrte kurz vor dem Schließen der Stadttore nach Hattingen zurück. Soweit ich es beurteilen kann, waren alle Posten auf der Mauer mit Soldaten besetzt, so wie es die Vorschrift verlangt. Die Wachen am Tor kontrollierten diejenigen, die Einlass begehrten. Gewiss, es waren Gerüchte im Umlauf, dass sich brandenburgische Truppen in unserer Gegend aufhielten. Aber was hätten die Bürgermeister dagegen unternehmen können? Die Zahl der Stadtsoldaten reicht gerade, um alle Wachposten zu besetzen, nicht aber dafür, in tiefster Nacht und bei schlechtem Wetter auf Patrouille zu gehen. Was hätten die Bürgermeister also veranlassen sollen?«

Kielmann und Pfannkuch schauten dankbar zu Jürgen hinüber.

Nachdenklich kraulte der Landdroste seine Barthaare. »Ihr seid kein Advokat, habt Ihr eben behauptet. Eure Rede jedoch zeugt vom Gegenteil. Ich werde mir die Angelegenheit noch einmal durch den Kopf gehen lassen. Bis dahin bleiben die beiden in Arrest. Das Stadtsiegel wird allerdings beschlagnahmt, damit bis zur endgültigen Klärung des Sachverhalts keinerlei Amtsgeschäfte vorgenommen werden können.«

»Wie lange werdet Ihr benötigen?«, erkundigte sich Jürgen.

»Das kann ich noch nicht sagen. Die Brandenburger haben meinen Amtssitz in Hörde angegriffen und eingenommen, als ich nach Düsseldorf unterwegs war. Morgen brechen meine Soldaten auf, um Hörde zurückzuerobern. Nach meiner Rückkehr werde ich entscheiden.« Der Landdroste stand auf und reichte Jürgen die Hand. »Ich danke Euch für Euer Erscheinen. Ihr habt mir die Meinungsbildung erleichtert.«

## 7

*Elberfeld, 19. November 1624*

Über eine Woche schon logierten Ursula und Clemens im *Schwarzen Bären,* einem Gasthof am Markt der Stadt Elberfeld, die unweit der Ruine der abgebrannten Burg lag. Ihr Geschäft lief glänzend, denn die Menschen sehnten sich nach Aufmunterung. Der Schwarze Tod hatte in der Stadt gewütet und Dutzende Opfer gefordert, die Spanier verlangten hohe Kompensationszahlungen als Schutz vor Plünderungen, was zu Steueranhebungen führte, und zu allem Elend war auch noch die Ernte schlecht ausgefallen. Die Menschen beteten um göttlichen Beistand, der aber nicht im gewünschten Maße eintraf. So blieb ihnen als Ablenkung nur der Gang in den Gasthof, wo sie hofften, bei Bier, Musik und Spiel etwas Zerstreuung zu finden.

Mittlerweile bestritt Ursula den größten Teil ihrer Gesangsdarbietungen, Clemens begleitete sie auf der Laute. Mit glasklarer Stimme trug sie vornehmlich traurige Balladen vor, die von unerfüllter Liebe oder schmerzhaften Trennungen erzählten und den Nerv ihres Publikums trafen. Entsprechend hohe Einnahmen erzielten sie.

Auch der Wirt, ein fülliger Mittvierziger, zeigte sich mehr als zufrieden. Seine Gaststube füllte sich jeden Abend und die Menschen versoffen ihre letzten Albus, als ob es kein Morgen gäbe.

In den vergangenen zwei Tagen jedoch hatte die Nachfrage nach Ursulas Gesang spürbar nachgelassen. Der Wirt meinte, es läge daran, dass den Gästen die Abwechslung fehle. Ursula trüge jede ihrer Balladen an jedem Abend mehrfach vor und wer das zweite oder dritte Mal komme, kenne jedes der

Lieder. Da ihr Repertoire nicht darauf ausgelegt war, ohne Wiederholungen mehrmals am selben Ort aufgeführt zu werden, einigten sie sich gütlich, dass sie heute zum letzten Mal im *Schwarzen Bären* aufträten.

Fast die Hälfte der Tische blieb leer, an den anderen hockten spanische Landsknechte, die nicht gern gesehen wurden, denn sie blieben oft die Zeche schuldig. Das Interesse der Soldaten an Ursulas Darbietung hielt sich in Grenzen, wenn man von den lüsternen Blicken absah, mit der sie ihren Körper beäugten.

Nach etwa einer Stunde hatten die beiden Musikanten genug. Clemens packte seine Laute ein und sie setzten sich an einen der abseits stehenden Tische.

Kaum einer der Anwesenden registrierte, dass sie zu spielen aufgehört hatten, und wenn, schien es ihnen egal zu sein. Zu sehr waren die Gäste damit beschäftigt, ihr Glück mit den Würfeln oder Karten zu suchen.

Seit der Geburt ihres Sohnes spielte Clemens nur selten um Geld. Er gewann meistens und nicht jeder Verlierer akzeptierte klaglos seine Niederlage. Schon häufiger war es zu Streit gekommen, manche Mitspieler hatten offen mit Gewalt gedroht, andere Clemens der Falschspielerei bezichtigt. Um solchem Ärger aus dem Weg zu gehen, hatte Ursula ihn darum gebeten, den Karten fernzubleiben. Und er hielt sein Versprechen.

Ursula registrierte, dass ihr Mann dann und wann sehnsüchtig auf den Nachbartisch schielte, wo drei Landsknechte Mauscheln spielten. Einer der Soldaten bemerkte sein Interesse.

»Laute spielen kannst du«, rief er, feist grinsend. »Aber verstehst du dich auch auf die Karten?«

Clemens schaute Ursula bittend an. Die zögerte, signalisierte dann jedoch resigniert ihr Einverständnis. »Aber nur ein paar Spiele, bitte. Nicht länger als eine Stunde.«

Ihr Mann sprang erleichtert auf, beugte sich zu ihr herunter und gab seiner Frau einen Kuss, den die Landsknechte mit anzüglichen Bemerkungen kommentierten.

Natürlich blieb es nicht bei der Stunde. Aber da sich Clemens auf der Gewinnerstraße befand, schwieg Ursula, obwohl ihr der finstere Blick nicht verborgen blieb, mit dem ein stämmiger Mitspieler mit mächtigem Bart die Glückssträhne ihres Mannes beobachtete. Clemens riskierte viel, wurde jedoch für seinen Wagemut belohnt: Schon bald leerten sich die Geldbeutel der anderen Spieler und vor dem Musikanten türmte sich ein kleines Vermögen auf.

Als der Bärtige seinen letzten Albus an Clemens weiterreichen und deshalb das Spiel beenden musste, sprang er wütend auf. »Das geht doch nicht mit rechten Dingen zu«, rief er empört. »Entweder spielst du falsch oder bist mit dem Teufel im Bunde.«

»Pass auf, was du sagst«, zischte Clemens. »Es waren eure Karten, mit denen wir gespielt haben, nicht meine. Außerdem habe ich auch gewonnen, wenn ihr die Spielkarten ausgeteilt habt. Deine dumme Bemerkung über den Teufel will ich überhört haben, obwohl die einen schnell vor das Inquisitionsgericht bringen kann. Mir haben keine dunklen Mächte geholfen. Du beherrschst das Mauscheln nicht, das ist alles. Übe und miss dich später mit mir.«

Aber so schnell gab sich der Landsknecht nicht geschlagen. Er baute sich vor Clemens auf und legte die rechte Hand an den Knauf seines Messers. »Wir wollen unsere Taler zurück«, knurrte er, »sonst ...«

»Was sonst?«, gab Clemens zurück, erhob sich ebenfalls und zog blitzschnell sein Messer. Er ließ den Dolch zwischen Daumen und Zeigefinger kreisen, ohne sich zu verletzten, und steckte die Waffe schließlich mit einer geschmeidigen Bewegung zurück in die Scheide. »Versuche ruhig, dir das Geld mit Gewalt zu nehmen.«

Eingeschüchtert trat der Soldat einen Schritt zurück, schaute aber Hilfe suchend zu seinen Kameraden, die immer noch auf der Bank hockten.

»Bleibt einfach sitzen«, befahl Ursula, die unbemerkt an den Tisch getreten war und sich hinter den Männern aufgebaut hatte. »Dann geschieht nichts und wir trennen uns im Guten.«

Einer der Kerle lachte höhnisch. »Was kann eine Frau schon gegen zwei Männer ausrichten?«

»Von Angesicht zu Angesicht sicher wenig«, gab Ursula zu. »Von hinten mit einem Messer in jeder Hand ziemlich viel. Willst du ausprobieren, ob du schneller aufstehen kannst, als ich es vermag, dir meinen Dolch in den Hals zu bohren?«

Mittlerweile war auch der Wirt auf den Konflikt aufmerksam geworden und näherte sich mit vier kräftigen Knechten. Jeder von ihnen hielt einen Furcht einflößenden Knüppel in der Hand. »Ich lege für den Lautenspieler meine Hand ins Feuer. Jedenfalls traue ich ihm mehr als euch Galgenvögeln. Ihr habt verloren. Beim nächsten Spiel gewinnt ihr vielleicht. Ich gebe euch einen Krug Bier aus. Wenn ihr den getrunken habt, verschwindet ihr ohne weiteres Aufheben. So kommt keiner zu Schaden. Und der Abend hat für euch außer einem Brummschädel und einigen verlorenen Talern keine Nachwirkungen. Na, was sagt ihr?«

Murrend hockte sich der Stämmige wieder an den Tisch.

Clemens strich seinen Gewinn ein, nickte dem Wirt dankend zu und ging mit Ursula zügig zur Stiege, die zu ihrer Kammer führte. Deshalb hörte er die Drohung nicht mehr, die einer der Landsknechte ausstieß.

## 8

*Haus Kemnade, 5. Dezember 1624*

Cordt von der Recke fröstelte in seinem Lehnstuhl vor dem Kamin. Obwohl die Diener das Feuer ständig schürten, wurde ihm nicht richtig warm. Seine Glieder schmerzten, auch wenn er sich nicht bewegte. Gehen und stehen fiel ihm schwer, er hörte nicht mehr richtig und sein Augenlicht hatte in den letzten Monaten rapide nachgelassen. Ohne seine Brille erkannte er nichts, was kleiner als einer seiner Daumennägel war. Nachts plagten ihn ständiger Husten und Atemnot. Die Brust tat ihm weh und der Bauch grimmte. Der Herr von Stiepel spürte, dass es mit ihm zu Ende ging. Glücklicherweise arbeitete sein Verstand so gut wie früher.

Von der Recke winkte den Diener zu sich. »Hol meinen Sohn«, befahl er mit krächzender Stimme. »Sofort!«

Wenig später betrat Wennemar den Raum. Sein Vater zeigte müde auf den Stuhl neben seinem. Als sein Erstgeborener Platz genommen hatte, wies der Herr von Stiepel den Diener an, den Raum zu verlassen.

»Mir ist zu Ohren gekommen, dass Jürgen von Linden mit dem Acker, den wir ihm auf deinen Rat hin verpachtet haben, recht gute Geschäfte macht?«

Wennemar hörte den unausgesprochenen Vorwurf sehr wohl. »Das stimmt, Vater.«

»Du hast doch gesagt, dass der Pütt ausgekohlt sei und keinen langfristigen Ertrag mehr abwerfen würde.«

»So hat es mir der frühere Pächter berichtet. Das war der Grund, warum er den Vertrag auflösen wollte.«

»Ich habe einen unserer Knechte vor einigen Tagen beauftragt, den Pütt zu beobachten und zu zählen, wie viele Fässer Kohle täglich abtransportiert werden.«

Wennemar sah erstaunt auf. »Davon weiß ich nichts.«

»Kritisierst du mich für meine Entscheidungen?«, fuhr ihn sein Vater mit erstaunlich fester Stimme an.

Wennemar senkte entschuldigend den Kopf. »Natürlich nicht.«

»Dann wäge deine Worte zukünftig sorgfältiger ab. Durchschnittlich fuhren sie jeden Tag zehn Fässer Kohle zu ihren Kunden. Weißt du, was dafür in Bochum oder Hattingen bezahlt wird?«

»Nein.«

»Dann sage ich es dir: Ein Fass Kohle kostet etwa fünf Albus, das heißt, am Tag verdient dieser von Linden etwa einen Taler. Das sind rund dreihundert im Jahr! Und du erzählst mir, dass wir mit einer jährlichen Pacht von zehn Talern ein gutes Geschäft gemacht hätten. Pah!« Er spuckte in den Kamin. »Kündige den Vertrag. Sofort!«

»Das geht nicht, Vater.«

»Warum nicht?«

»Der Vertrag sieht vor, dass der Pächter ihn auf unbestimmte Zeit um jeweils ein Jahr verlängern kann. Du selbst hast die Vereinbarung mitunterzeichnet.«

»Dann brechen wir sie eben.«

»Davon rate ich ab.«

»Ich spreche Recht in Stiepel und sonst niemand«, schnaubte der Alte.

»Der Acker liegt nicht auf unserem Territorium, das Gebiet untersteht dem Drosten in Bochum. Deshalb hat er den Vertrag auch beglaubigt. Brechen wir ihn, stellen wir uns offen gegen den Hof in Kleve. Darauf haben die Brandenburger doch nur gewartet. Sie werden uns vor das Reichsgericht in Speyer zerren.«

»Die Brandenburger haben bald in diesem Teil der Grafschaft Mark nichts mehr zu sagen«, erwiderte Cordt von der Recke.

»Mag sein. Aber die Macht von Pfalz-Neuburg gründet sich vornehmlich auf spanische Musketen. Rechtlich ist der Vertrag von Xanten immer noch bindend. Und demzufolge gehört die Mark zu Brandenburg.«

»Das Reichsgericht untersteht dem Kaiser«, gab Cordt von der Recke zu bedenken, wenn sein Tonfall auch nicht mehr so selbstsicher wie eben klang. »Und der ist wie die Spanier katholisch, unterstützt also den Pfälzer.«

»Auch der Kaiser kann nicht einfach einen Vertrag ignorieren, den die beteiligten Herrscherhäuser geschlossen haben. Er wird sich in dieser Frage nicht offen gegen den Brandenburger stellen. Georg Wilhelm ist immerhin Kurfürst.«

»Aber ein Protestant.«

»Sicher. Trotzdem bleibt Vertrag Vertrag.«

Der Herr von Kemnade dachte lange nach. »Dann finden wir eben einen anderen Weg, das Abkommen mit Herrn von Linden zu lösen.«

»Und welchen?«

»Wir verleiden ihm das Kohlegeschäft, sodass er um die Auflösung bittet.«

»Wie das?«, fragte Wennemar erstaunt.

»Er mag Kohle aus dem Schacht fördern, so viel er will. Geld verdient er nur, wenn er sie auch verkaufen kann. Dazu muss er sie aber transportieren.«

»Ich verstehe immer noch nicht ...«

Cordt von der Recke fixierte seinen Sohn. »Dann erkläre ich es dir: Wir zerstören seine Fuhrwerke.«

»Wie bitte?«

»Du hast mich schon verstanden.«

»Vater, er wird uns verklagen.«

»Das vermag er nur, wenn er weiß, wer ihm schadet. Denkst du, ich will selbst Hand an die Wagen legen?«

»Er wird die Fuhrwerke reparieren. Wir könnten den Verkauf der Kohle bestenfalls einige Tage aufhalten, nicht verhindern.«

»Lässt er einen Wagen instand setzen, beschädigen wir ihn erneut. Mal sehen, wer den längeren Atem hat. Wenn er entnervt aufgibt, kommen wir ihm bei einer Vertragsauflösung generös entgegen.«

»Das wird nicht klappen.«

»Hast du eine bessere Idee?« Als Wennemar schwieg, bestätigte sein Vater: »Also nicht. Hör zu: Unser Knecht hat beobachtet, dass in der Regel drei Männer und der Aufseher auf der Alten Missgunst arbeiten. Die Karren werden grundsätzlich von zwei Bergleuten beladen. Geht die Fuhre Richtung Norden oder Westen, bricht einer von ihnen am frühen Nachmittag auf, damit genug Zeit bleibt, die Kohlen zu den Abnehmern zu schaffen und vor Einbruch der Dunkelheit mit dem leeren Wagen nach Hattingen zurückzukehren. Das im Osten liegende Dortmund verbietet den Verkauf fremder

Kohle in seinen Mauern und der näheren Umgebung. In diese Richtung wird also keine Kohle geschafft. Bleibt nur noch der Süden. Der Wagen, der diesen Weg einschlägt, wird von den verbliebenen zwei Männern gelenkt. Sie fahren mit der Förderung des Nachmittags so zeitig los, dass sie Hattingen ebenfalls vor Tagesende erreichen. Am nächsten Morgen kehren die Arbeiter mit beiden leeren Wagen zum Pütt zurück. Die Fuhren nach Hattingen ignorieren wir. Einer der beiden Begleiter könnte daran denken, den Helden zu spielen, und Widerstand leisten. Ich will aber nicht, dass jemand verletzt wird, nur der Wagen soll unbrauchbar sein. Es genügt, die Speichen eines der Räder zu zerschlagen. Wir werden drei der Knechte schicken und sie gut bezahlen. Der Fahrer wird es sich mehrmals überlegen, sich mit unseren Männern anzulegen. Wir schlagen auf dem Rückweg zu. Von Bochum aus kommend, wird der Fahrer den Hilinciweg nehmen und muss vorher durch das Weitmarer Holz. Dort lauern ihm unsere Männer auf.«

Wennemar schaute skeptisch. »Ich glaube, du machst einen Fehler.«

»Denke, was du willst. Noch habe ich auf Haus Kemnade das Sagen und du gehorchst. Wenn ich nicht mehr lebe, mach, was du für richtig hältst. Nicht früher.«

»Ja, Vater«, erwiderte Wennemar mit gespielter Unterwürfigkeit und biss sich mit nur mühsam unterdrückter Wut auf die Lippen.

»Noch etwas.« Cordt von der Recke erhob sich ächzend, schlurfte zum Schrank und kramte einen Brief hervor, den er seinem Sohn reichte. »Der ist von Ursula. Deine missratene Schwester hat geheiratet und einem Balg das Leben geschenkt.«

Wennemar warf einen schnellen Blick auf das Schreiben. »Es ist fast zwei Monate alt. Warum hast du mir nicht früher etwas davon erzählt?«

»Das war nicht notwendig.« Sein Tonfall ließ erkennen, dass der Herr von Kemnade keine weitere Erklärung geben würde.

»Weiß Mutter davon?«

»Nein.«

»Warum zeigst du mir den Brief jetzt?«

»Weil es an der Zeit ist. Nimm Kontakt zu dem Bochumer Advokaten Nimmrodt auf. Er soll mich beraten. Ich werde Ursula enterben.«

Wennemar schaute überrascht. »Mit welcher Begründung?«

»Es ist seit Alters her praktiziertes Recht, dass eine Tochter, die vor dem fünfundzwanzigsten Lebensjahr ohne Erlaubnis ihrer Eltern heiratet, enterbt werden kann, auch wenn sie sich sonst nichts hat zuschulden kommen lassen.« Die Züge des Alten waren in Stein gemeißelt. »Das werde ich nun tun. Sie soll spüren, was es bedeutet, sich ihrem Vater zu widersetzen.«

»Sie erhält auch kein Pflichtteil?«

»Nicht einen Albus, wenn ich es vermeiden kann.«

Es war Wennemar anzusehen, wie sehr ihn diese Antwort befriedigte.

# 9

*Hattingen, 25. Dezember 1624*

Es war Tradition, dass sich die von Lindens zu Weihnachten im Stammhaus in Hattingen trafen. Auch dieses Jahr feierte die Familie ein trauriges Fest: Eine Schwester war ertrunken, die andere nebst Ehemann und Tochter verschwunden und Jürgen und Gesche hatten ihren schwelenden Streit noch immer nicht beenden können, im Gegenteil. Je häufiger Jürgen bei den Huren Trost suchte, desto angespannter wurde ihr Verhältnis. Ständig kam es wegen Nichtigkeiten zum Streit, der manchmal Tage andauerte. Dirk hatte sich ohne Wenn und Aber auf die Seite seiner Mutter geschlagen und sprach nur das Nötigste mit seinem Vater.

Deshalb hockten nur Jürgen und Walter nach dem Kirchgang in der Stube und schauten dem Feuer im Kamin zu. Auf dessen Sims stand eine blank polierte Menora, daneben lag ein Tanach. Die Gegenstände gehörten seit Generationen der Familie, lagerten in der alten Truhe neben den Tagebüchern und wurden jedes Jahr zu Weihnachten auf diese Weise präsentiert. Jeder von ihnen kannte die Geschichte ihres Urahnen Jorge, den eine enge Freundschaft mit einem gläubigen Juden verbunden hatte. Von ihm hatte er den Tanach erhalten, die Menora wurde später von Jorges Sohn Linhardt gekauft.

Walter brach das Schweigen. »Ich habe gehört, dass vor einigen Wochen ein gewisser Johann Anrodt ums Leben gekommen ist?«

»Ja. Er wurde von Brandenburgern ermordet. Soldaten unseres Landesherrn haben ihn auf dem Gewissen.«

»Das sagte man mir. Ein unschöner Vorfall.«

»›Unschöner Vorfall‹?«, empörte sich Jürgen. »Das ist alles, was du dazu zu sagen hast?«

»Wenn stimmt, was ich gehört habe, galt der Anschlag eigentlich dir.«

Jürgen schwieg.

»Also ist es so?«

»Ja«, gestand der Kaufmann widerstrebend. »Man neidet mir meine Geschäfte mit den Spaniern.«

»Du hast meine Warnungen aus unserem letzten Gespräch also nicht beachtet.«

»Nein.«

Walter trank einen Schluck des schweren Rotweins, den die Brüder bisher kaum angerührt hatten. Dann meinte er: »Sieh dich vor.«

Jürgen lachte bitter. »Das sagt mir einer, der bei helllichtem Tag von Kleve mitten ins besetzte Gebiet reitet.«

»Die Spanier lagern im Raum Düsseldorf. Ich habe um die Stadt einen weiten Bogen geschlagen.«

»Und bist den mit Pfalz-Neuburg verbundenen Truppen

des Obersten Jakob von Bronckhorst-Batenburg geradewegs in die Arme gelaufen.«

Walter schaute sich erschrocken um. »Anholt'sche Soldaten stehen in Hattingen?«

»Ja, seit drei Wochen schon.« Jürgen grinste, als er den Gesichtsausdruck seines Bruders bemerkte. »Aber nicht in unserer Stube. Ich dachte, du wüsstest das.«

»Nein.«

»Die Stadt musste allein in den letzten zwei Wochen über eintausend Reichstaler für ihre Verpflegung aufbringen. Die Besatzung kostet uns ein Vermögen. Erst die Spanier, dann die Anholter ...« Er schüttelte das Haupt. »Wer kommt als Nächstes? Brandenburger? Italiener? Oder vielleicht Holländer? Die Bauern in der Gegend geben ihre Höfe auf, weil ihr Vieh und ihre Ernte ohnehin beschlagnahmt werden. Deshalb gehen uns langsam die Lebensmittel aus. Was noch kommt, wird von weither angeliefert. Das verschlingt Unsummen und ist obendrein gefährlich. Was für ein Tollhaus. Aber wir ändern es nicht«, meinte er resigniert.

»Transportierst denn nicht du diese Waren?«

»Nicht mehr. Das Risiko ist mir zu groß. Überall sind Soldaten unterwegs, mal als geordnete Trupps, mal als marodierende Haufen. Egal, wer die Gegend unsicher macht: Entweder wird die Ladung geraubt oder das Geld.«

»Und wovon lebst du jetzt?«

»Vom Kohleschürfen. Das Geschäft läuft glücklicherweise recht erfreulich.«

»Aber die Kohlen transportierst du selbst?«

»Sicher. Die Soldaten haben daran weniger Interesse als an Nahrungsmitteln. Außerdem fahren meine Wagen nicht weit, die wichtigsten meiner Kunden sind in Bochum und Herne ansässig. Es spricht sich schnell herum, wenn Soldaten in der Nähe sind. Meine Fahrer kennen die Gegend wie ihre Westentasche. Sie meiden die Straßen, auf denen Landsknechte gesichtet wurden. Bis jetzt sind meine Lieferungen jedenfalls ungeschoren geblieben.«

»Hoffen wir, dass es so bleibt.«

»Ja.«

»Ich habe noch eine Frage: Die Bürgermeister sind wieder frei?«

»Seit einem Monat. Die Anschuldigungen gegen sie haben sich als unwahr herausgestellt.«

»Sie waren ohnehin nur ein Vorwand. Von Sybergs Ziel ist es, die Städte im Grenzgebiet des Herzogtums Berg, die von den katholischen Truppen besetzt sind, auch administrativ unter seine Kontrolle zu bringen. Schritt für Schritt werden Bürgermeister ausgetauscht oder wie hier in Hattingen eingeschüchtert.«

»Wieso lässt der Kurfürst sich das gefallen?«

»Was sollen wir tun? Krieg führen?« Walter schüttelte den Kopf. »Wir haben nicht genug Soldaten, um gegen die mit Pfalz-Neuburg verbündeten Truppen vorzugehen. Wir überlegen, vor dem Reichsgericht in Speyer Klage gegen die Pfälzer zu erheben.«

»Ich denke, das Reichsgericht untersteht dem Kaiser? Der steht doch auf der Seite der Katholischen Liga, oder?«

»Genau das ist das Problem. Verlieren wir den Prozess, was durchaus möglich ist, schaffen wir ein Präjudiz für weitere Fälle. Das wäre nicht in unserem Sinne. Also klagen wir nur dann, wenn wir auch sicher sind zu gewinnen.«

»Das seid ihr momentan nicht?«

»Nein.«

»Verstehe.«

»Etwas anderes: Hast du von Trine gehört?«

»Schon lange nicht mehr. Einer meiner Knechte meinte, sie einmal in der Gegend um Düsseldorf gesehen zu haben. Aber er vermochte sie auf der gegenüberliegenden Rheinseite nicht richtig zu erkennen.«

»Wann war das?«

»Vor einigen Wochen.«

Walter schwieg. Dann sagte er: »Du hättest dich für Wilhelm einsetzen müssen.«

»Jetzt fang du nicht auch noch damit an. Gesche redet deswegen kaum mehr mit mir, mein Sohn geht mir aus dem Weg und nun machst du mir ebenfalls Vorwürfe. Was hätte ich denn deiner Meinung nach tun sollen?«

»Einen Prozess gegen den Beschluss des Rates führen.«

»Ach ja? Und wer hätte den dafür erforderlichen Advokaten bezahlt? Du?«

»Nein, ich hätte Wilhelm selbst vertreten.«

»Dummerweise lebst du in Kleve, nicht in Hattingen.«

»Du hättest mich benachrichtigen können. Schließlich war Zeit genug.« Als Jürgen schwieg, setzte Walter fort: »Mir scheint, du wolltest, dass unser Schwager aus der Stadt verschwindet. Habe ich recht?«

Der Kaufmann trank einen großen Schluck. Dann brach es aus ihm heraus: »Er hat unsere Schwester geschlagen, war Alke kein guter Vater, hat gesoffen, sich geprügelt und von der Hand in den Mund gelebt. Er hat mein Angebot, ihm Arbeit und Brot zu geben, abgelehnt, wenn auch auf Trines Intervention hin. Unsere Schwester hat mit Wilhelm die falsche Wahl getroffen. Gerade du hast das damals immer wieder betont, dich deshalb sogar mit Trine bis aufs Messer gestritten.«

»Es scheint, als habe ich mich geirrt. Sie ist ihm immerhin in die Verbannung gefolgt.«

Jürgen sprang auf. »Ja, verdammt noch mal. Damit hatte ich nicht gerechnet. Im Nachhinein ist man immer schlauer.«

»Setz dich wieder«, besänftigte Walter seinen Bruder. »Ich mache dir einen Vorschlag. Ich versuche, den Ratsbeschluss anzufechten. Das wird nicht einfach werden, da ich als Advokat im Dienste Kleves den Landdrosten Dietrich von Syberg, der im Dienste Pfalz-Neuburgs steht, auf meine Seite ziehen muss. Was denkst du darüber?«

Jürgen ging zum Fenster und starrte in die Dunkelheit. Tausend Gedanken schossen durch seinen Kopf. Endlich drehte er sich zu Walter um. »Selbst wenn du Erfolg hast, wissen wir nicht, wo sich Trine aufhält.«

»Richtig. Aber wenn wir es in Erfahrung bringen, könnte sie mit Alke und Wilhelm nach Hattingen zurückkehren.«

»Und alles geht von vorne los.«

Walter schlug mit der Hand auf den Tisch. »Verdammt, was willst du eigentlich? Deinen Willen durchsetzen? Sieh dir doch an, was du mit deinem Starrsinn erreicht hast: Dein Sohn spricht kaum noch mit dir, deine Frau verweigert ihre ehelichen Pflichten ...« Erschrocken hielt er inne, denn das Gesicht seines Bruders wurde weiß wie Kalk. Walter wusste, dass er in seiner Erregung zu weit gegangen war. Er hatte sich verplappert und damit die mit Gesche vereinbarte Vertraulichkeit verletzt. Jetzt war das Kind in den Brunnen gefallen und er konnte es nicht wieder herausholen.

»Das tut sie«, erwiderte Jürgen leise. »Und wenn wir schon bei den Geständnissen sind: Seitdem nehme ich regelmäßig die Dienste der Bochumer Huren in Anspruch. Hat sie dir das etwa auch erzählt?«

»Ja«, gestand Walter.

»Über unser Eheleben hätte Gesche nicht sprechen sollen«, stellte Jürgen enttäuscht fest. »Das geht nur sie und mich etwas an.«

»Da magst du recht haben. Aber ihr redet nicht mehr miteinander.«

»Falsch«, korrigierte ihn Jürgen. »Sie redet nicht mehr mit mir. Das ist ein Unterschied.«

»Wie auch immer. Was gedenkst du, jetzt zu tun?«

»Wenn du Wilhelm meinst, dann führe den Prozess.«

»Und was ist mit Gesche?«

Jürgens Antwort kam ohne Zögern. Mit Bitternis in der Stimme erwiderte er: »Mit Gesche? Nichts.«

## 10

*Bei Werden, 10. Januar 1625*

Sie lagerten in der Nähe der Werdener Stadtmauer. Regen und Schnee hatten die Straßen aufgeweicht. Ihr Fuhrwerk war mehrmals im Morast stecken geblieben und sie hatten es nur mit Mühe befreien können. Das hatte Zeit gekostet und als sie endlich spätabends Werden erreichten, standen sie vor dem verschlossenen Stadttor. Die Wächter ließen sich nicht erweichen, sie einzulassen, auch nicht, als Clemens sie mit einigen Albus zu bestechen versuchte.

Also kehrten sie zu einer Baumgruppe zurück, die am Ufer der Ruhr wuchs. Von ihrem Lagerplatz konnte man im Mondlicht den wuchtigen Westturm von Sankt Lucius erahnen.

Ursula graute vor einer weiteren Nacht im Freien. Zwar hatten sie sich mittlerweile einige Strohsäcke zugelegt, auf denen sie sich einigermaßen bequem ausstrecken konnten. Dennoch blieb der Pferdekarren als Schlafkammer zugig und kalt.

Es war eine frostige und sternklare Nacht. Der Mond zeigte sein volles Gesicht. Lange harrten sie am Feuer aus, um sich zu wärmen. Sie aßen und tranken, Ursula versorgte Bertram und schmiegte sich schließlich eng an ihren Mann. Sie fürchtete sich, denn gestern hatten sie am anderen Ruhrufer mehrmals Soldatentrupps unterschiedlicher Stärke ausmachen können. Die Landsknechte hatten sie teils verspottet, teils wüste Drohungen gegen sie ausgestoßen. Glücklicherweise fanden sie keine Furt, um den Fluss zu überqueren. In das kalte, unbekannte Wasser wagten die Männer sich ohne Pferde nicht. So blieb offen, was sie wirklich vorhatten. Reisende, die sie auf ihrem Weg getroffen hatten, erzählten von marodierenden Soldatenhaufen, die ohne Offiziere im Land unterwegs seien, mordeten, raubten und plünderten.

Clemens hatte den größten Teil ihres Geldes in einem Lederbeutel versteckt und diesen sorgfältig an einer schwer einsehbaren Stelle unter dem Karrenboden festgebunden. Mehrmals prüfte er, ob sich die schmalen Lederriemen nicht lockerten. Trotzdem hielt er jede halbe Meile an und schaute nach, ob ihre Barschaft immer noch sicher im Versteck hing. Auch das hatte Zeit gekostet. Clemens hoffte, dass sie plündernde Soldaten mit den wenigen Talern, die sie in ihren Geldbeuteln am Körper trugen, zufriedenstellen könnten. Vielleicht ließen die Landsknechte sie ungeschoren weiterziehen.

Ursula lag die halbe Nacht wach. Wenn sie kurz einnickte, plagten sie böse Träume. Auch Bertram war unruhig. Mehrmals weinte er und schlief erst wieder ein, wenn Ursula ihn in ihren Armen wiegte. Nur Clemens schienen die Soldaten nicht ernsthaft beunruhigt zu haben, denn sein Schnarchen musste meilenweit zu hören sein.

Der Morgen graute bereits, als Bertram Ursula durch einen heftigen Furz weckte. Dummerweise war es nicht dabei geblieben. Es stank bestialisch. Ursula stöhnte und rappelte sich auf, um ihr Kind mit dem Wasser der nahen Ruhr zu säubern.

Als sie zum Wagen zurückkehrte, entdeckte sie etwa ein halbes Dutzend Soldaten, die aus dem Norden kamen und noch etwa tausend Schritt entfernt waren. Dieses Mal marschierten die Landsknechte auf ihrer Flussseite!

Sie lief zum Wagen und weckte Clemens. Der erfasste schnell die Situation.

»Es bleibt keine Zeit, die Pferde zu satteln oder gar einzuspannen. Und ohne Sattel kannst du mit dem Kind ohnehin nicht schnell reiten. Sie würden dich einholen. Also verstecke dich im Gebüsch, bevor die Soldaten hier sind. Noch können sie deine Flucht nicht beobachten.«

»Vielleicht übersehen sie uns ja?«, hoffte Ursula.

»Nie im Leben. Die Straße nach Werden führt unmittelbar an unserem Lagerplatz vorbei. Und wenn du sie vom Fluss aus gesehen hast, haben sie dich sicher auch bemerkt. Wir können nur hoffen, dass sie aus der Entfernung nicht ausmachen konnten, ob es sich bei der Gestalt am Wasser um einen Mann oder eine Frau gehandelt hat. Gib mir deinen Umhang und nimm meinen. Vielleicht täuschen wir sie so. Nun mach schon. Sie kommen jeden Moment um die Bäume und haben dann ein freies Blickfeld.«

»Ich gehe nicht ohne dich.«

»Unsinn. Wenn sie einen verlassenen Wagen finden, werden sie nach den flüchtigen Besitzern suchen und uns ganz sicher finden.« Clemens drückte ihr und Bertram einen eiligen Kuss auf die Stirn. »Lauf. Lauf so schnell es dir möglich ist.«

Ursula gehorchte. Keinen Moment zu früh erreichte sie das Unterholz und kroch in die Büsche, die Zweige ignorierend, die ihr ins Gesicht schlugen. Leise summte sie Kinderlieder, um sich und den Kleinen zu beruhigen.

Mittlerweile hatten die Soldaten das Fuhrwerk erreicht. Ursula erschrak. Einen der Männer kannte sie. Es war der Landsknecht, der im *Schwarzen Bären* in Elberfeld einen hohen Betrag an Clemens verloren hatte.

»Wen haben wir denn da?«, fragte einer der Soldaten, ohne eine Antwort zu erwarten.

»Ich bin nur ein Musikant, unterwegs nach Werden«, erwiderte Clemens trotzdem.

Der Wind trug jedes Wort zu Ursula herüber.

Der Bärtige aus dem *Schwarzen Bären* drängte sich vor. »Ich kenne dich doch. Natürlich, du bist der verfluchte Hundsfott, der mir meine Taler gestohlen hat.«

»Ich habe das Geld ehrlich beim Spielen gewonnen.«

Der Landsknecht wandte sich an seine Kameraden. »Er hat betrogen und mich und die anderen Spieler übers Ohr gehauen.«

»Das ist nicht wahr, und das weißt du auch.« Clemens schätzte seine Chancen ein. Sie standen schlecht, das wusste er. Sein Degen lag noch auf der Ladefläche des Pferdefuhrwerks, bewaffnet war er nur mit dem Dolch, der in seinem

Stiefel steckte. Ihm standen fünf Landsknechte gegenüber, von denen zwei Musketen auf den Schultern trugen. So einen ungleichen Kampf konnte er nicht gewinnen – selbst dann nicht, wenn es ihm gelänge, seinen Degen zu erreichen.

»Gib mir mein Geld zurück«, forderte der Bärtige. »Auf Heller und Pfennig.«

»Von meinem Gewinn ist nicht mehr viel übrig«, erklärte Clemens, zog seinen Geldbeutel hervor und warf ihn seinem Kontrahenten in der Hoffnung zu, ihn zu besänftigen.

Der zählte die Münzen. »Das sind weniger als vier Taler. Allein fünf hast du mir abgenommen. Wo ist der Rest?«

»Ausgegeben. Der Mensch muss schließlich essen.«

»Das nehme ich dir nicht ab. Niemand verprasst so viel Zaster in wenigen Tagen.«

»Ich schon. Außerdem habe ich mich mit den Dirnen vergnügt. Das kostet.« Als Clemens in das Gesicht des Bärtigen schaute, erkannte er seinen schrecklichen Fehler.

»Was hat denn deine Frau dazu gesagt?«, knurrte der Landsknecht, schob den Geldbeutel in seine Tasche und sah sich um. »Wo steckt sie überhaupt? Trägt sie vielleicht mein Geld spazieren?«

»Meine Begleiterin an dem Abend habe ich erst kurz vorher kennengelernt.« Clemens kicherte gekünstelt. »Ich und verheiratet? Gott bewahre.«

»Eine Zufallsbekanntschaft also?«, bohrte der Bärtige weiter.

»Sicher.«

»Und dann hält sie meinen Kumpanen zwei Messer an die Kehle? Sie bringt sich mir nichts, dir nichts in Gefahr, um dir zu helfen, und lässt sich von dir küssen?«

»Ich war selbst überrascht.«

Der Bärtige sprang vor und packte Clemens beim Kragen. »Willst du mich verarschen?«, brüllte er und wandte sich an seine Begleiter. »Ich gebe euch etwas von dem Geld ab, das der Mistkerl ergaunert hat. Seine Frau hat es. Oder sie haben es im Karren versteckt. Durchsucht das Fuhrwerk. Seht auch darunter nach. Findet ihr das Weib nicht darin, hält sie sich in der Nähe verborgen. Weit kann sie jedenfalls nicht sein. Aber seht euch vor, bestimmt vermag sie mit den Messern, mit denen sie uns bedroht hat, auch umzugehen.«

Clemens wusste, dass er verloren hatte. Die Landsknechte würden das Geld finden, sich aber nicht damit zufriedengeben, sondern hoffen, bei Ursula noch mehr zu ergattern. Unter keinen Umständen durften sie und Bertram den Soldaten in die Hände fallen. »Du hast recht«, gestand er deshalb ein. »Da ist noch etwas Geld.«

»Ich habe es ja gesagt«, triumphierte der Bärtige.

Clemens schüttelte den Griff des Soldaten ab und beugte sich vor. »Es steckt in meinem Stiefel. Ich gebe es dir.«

Mit einer fließenden Bewegung zog er seinen Dolch und stieß ihn dem Bärtigen in die Kehle. Der riss die Augen auf, presste eine Hand auf die klaffende Wunde und wollte etwas sagen. Aber dazu kam es nicht mehr. Er gab lediglich ein gurgelndes Geräusch von sich und sank zu Boden.

Clemens sprang auf den nächsten Landsknecht zu. Der starb sofort nach einem Stich ins Herz. Jetzt allerdings war das Überraschungsmoment dahin und die Überlebenden reagierten. Einer zog ebenfalls einen Dolch, die beiden Musketenträger rissen ihre Waffen von den Schultern und hantierten mit Lunte und Pulver. Der Dolchträger stürmte mit einem Schrei auf Clemens los, der dem Hieb gerade noch auswich, dabei jedoch ins Straucheln geriet. Den zweiten Stich parierte er nicht mehr. Das Messer seines Gegners traf seinen linken Unterarm und riss eine tiefe Fleischwunde, aus der das Blut spritzte. Clemens stöhnte auf, verteidigte sich aber weiter. Er täuschte einen Ausfallschritt nach links vor und als der Soldat auf die Finte hereinfiel, drehte er sich nach rechts. Sein Dolch glitt zwischen die Rippen des anderen Mannes wie durch Butter. Der schrie auf und fiel kampfunfähig auf die Knie.

Clemens schleuderte seine Waffe auf den am nächsten stehenden Musketenträger, traf, verletzte ihn aber nicht tödlich. Sein Angriff bewirkte jedoch, dass der Soldat die glimmende Lunte nebst Muskete verlor. Doch noch ehe Clemens den Dolch des sich vor Schmerzen krümmenden Landsknechts ergreifen konnte, traf ihn ein heftiger Schlag in die Brust. Erst dann hörte er den Knall. Wie von einer Riesenfaust getroffen, wurde er zu Boden geschleudert und blieb bewegungsunfähig auf dem Rücken liegen. Die Kugel des zweiten Schützen hatte seine Wirbelsäule zerschmettert.

In aller Ruhe baute sich der unverletzte Landsknecht breitbeinig über ihm auf und zückte seinen Degen. Einen Moment lang kostete er den Todeskampf des Schwerverletzten aus. Dann stieß er Clemens, breit grinsend, den Stahl ins Herz.

Ursula, die den ungleichen Kampf entsetzt mit ansah, hielt sich die Hand vor den Mund, damit der Mörder ihres Mannes ihren Schrei nicht hörte. Sie hatte ihm nicht helfen können, denn ihre beiden Messer lagen neben Bertrams Körbchen im Pferdekarren, und mit bloßen Händen in den Kampf einzugreifen, hätte nicht nur ihr Leben, sondern auch das ihres Sohnes gefährdet. Also blieb ihr nur die Rolle einer fassungslosen Beobachterin.

Der Landsknecht ignorierte die jammernden Bitten seines Kameraden um Hilfe, sondern durchsuchte in aller Ruhe die Toten und den Pferdekarren, bis er nach einer Weile den daruntergebundenen Lederbeutel fand. Zufrieden zählte er seine Beute und wandte sich dann endlich seinem verletzten Kumpan zu.

»Hast du Schmerzen?«, fragte er mit kalter Stimme.

Der andere Soldat antwortete so leise, dass er nicht zu verstehen war.

»Ich habe das Geld gefunden, ein schöner Batzen. Aber teilen will ich eigentlich nicht.« Er schaute seinen Kameraden an. »Sicher verstehst du, was ich jetzt tun werde. Mach es gut. Wir sehen uns in der Hölle.« Mit diesen Worten schnitt er dem Hilflosen die Kehle durch, durchsuchte dessen Taschen und nahm auch seinen Geldbeutel an sich. Er schaute sich noch einmal suchend um, zuckte schließlich mit den

Schultern, ging zurück zum Wagen und sattelte gemächlich die Pferde. Das kleinere von ihnen, das Ursula gehörte, band er mit einem Seil am Sattelknauf des anderen fest. Dann schwang sich der Landsknecht auf den Rücken des Gauls und ritt davon.

## 11

*Bei Bochum, 24. Januar 1625*

An zwei Tagen der letzten Woche waren Jürgen von Lindens Kohlekarren auf dem Rückweg nach Hattingen überfallen worden. Einmal im Weitmarer Holz zwischen Bochum und Linden und ein anderes Mal in einem Waldgebiet südlich Wattenscheids.

Jürgen war sicher, dass es sich nicht um Wegelagerer gehandelt hatte, denn die Täter waren nur unzureichend bewaffnet gewesen, hatten nur halbherzig nach Geld verlangt und den Fahrer nicht einmal durchsucht. Stattdessen zerschlugen sie die Speichen zweier Räder und verzogen sich ins Unterholz.

Es waren nicht die Reparaturkosten, die Jürgen Sorgen bereiteten, sondern ihm fehlten die Transportkapazitäten während der Instandsetzung. Er hatte mit seinen Kunden verbindliche Liefertermine vereinbart, die er nun nicht einzuhalten vermochte. Auf jeden Fall wollte er wissen, wer ihm so arg mitspielte, um den Übeltäter zur Rechenschaft zu ziehen.

Mit weiteren drei Bewaffneten hatte sich Jürgen unter Abdeckplanen auf der Ladefläche eines der Karren versteckt – zweimal vergeblich. Heute waren sie lange vor dem Fahrer in Bochum angekommen, hatten dort die Zeit in einem Gasthaus totgeschlagen und waren zur vereinbarten Stunde am Treffpunkt in der Nähe des Marktes auf den Wagen geklettert.

Die hölzerne Ladefläche war alles andere als bequem. Die vier Männer spürten jede Bodenunebenheit in ihren Knochen.

Es gab nur wenig Platz zwischen den leeren Fässern, sodass sie mit angezogenen Beinen in unnatürlicher Haltung ausharrten. So rumpelten sie unter leisem Stöhnen und Ächzen Richtung Hattingen und froren erbärmlich.

Es dämmerte bereits, als der Fahrer zischte: »Ich glaube, vor uns hat sich etwas bewegt. Ich kann aber nicht genau erkennen, was es ist.«

»Fahr einfach weiter und verhalte dich ruhig, so wie wir es besprochen haben«, gab Jürgen zurück.

Einige Minuten später hörten sie lautes Rufen und der Karren hielt an.

»Kennst du uns noch vom letzten Mal?«, fragte eine spöttische Stimme und setzte dann fort: »Vermutlich hast du auch heute keine Taler dabei, die du uns geben könntest?«

»Nein«, erwiderte der Knecht.

»Das ist bedauerlich. Dann werden wir wieder die Räder richten. Es sieht so aus, als ob sich die Speichen gelockert haben.«

Als Jürgen den ersten Hieb auf das Fuhrwerk spürte, sprang er unter lautem Gebrüll von der Ladefläche, seine Männer hinter sich. Die drei Gauner erstarrten vor Schreck, als die fünf Männer auf sie losgingen. Jürgen griff den ersten an und hieb ihm den Knauf seines Messers auf den Schädel. Sofort sank der Getroffene zusammen.

Nachdem sie ihren Schock überwunden hatten, suchten die anderen beiden ihr Heil in der Flucht. Jürgens Männer wollten ihnen nachsetzen, aber ihr Herr hielt sie zurück. »Bleibt. Das ist zu gefährlich. Sie sind bewaffnet und können hinter jedem Baum hocken. Ich möchte nicht, dass euch etwas passiert.« Er zeigte auf ihren Gefangenen. »Dieses Pockengesicht kann uns sicher alles sagen, was wir wissen wollen. Bindet ihn und ab mit ihm auf den Wagen. Wir fahren zurück nach Bochum.«

Auf dem Weg erwachte der Gefangene.

Jürgen beugte sich zu ihm hinunter. »Wer bezahlt dich?«, wollte er wissen.

»Niemand«, stieß der Mann hervor. »Wir waren nur aufs Geld aus.«

»Wer's glaubt …«, murmelte einer der Knechte und trat dem Gefesselten kräftig in die Seite, sodass dieser aufschrie.

Jürgen quittierte den Übergriff mit einem ungehaltenen Blick. Dann wandte er sich wieder seinem Gefangenen zu. »Ich bringe dich zum Drosten nach Bochum. Er wird sich mit dir befassen. Du hast zwei Möglichkeiten: Entweder sagst du uns, wer euch beauftragt hat und wer die anderen beiden Kerle waren.«

Der Mann schüttelte heftig den Kopf.

»Wie du meinst. Dann wird der Droste dir allerdings dieselbe Frage stellen. Schweigst du auch vor ihm, wird er keinen Moment zögern und dich einer peinlichen Befragung unterziehen. Da redet jeder. Vielleicht schickt er dich sogar in den Folterkeller, wenn du aussagst. Es könnte ja sein, dass du die Wahrheit verschweigst. Wenn ich aber ein gutes Wort für dich einlege, wäre es möglich, dass der Droste Gnade vor Recht ergehen lässt. Bestraft wirst du in jedem Fall. Möglicherweise bleibt dir aber die Folter erspart. Was sagst du?«

Und der Mann redete wie ein Wasserfall.

In Bochum angekommen, dankte Jürgen seinen Begleitern und drückte ihnen einige Albus in die Hand. »Für ein paar Bier in der Schenke. Aber zecht nicht die ganze Nacht. Und keiner von euch reitet allein zurück nach Hattingen. Ihr begleitet gemeinsam das Fuhrwerk. Vorher aber liefern wir den Kerl hier bei der Stadtwache ab. Dann gehe ich zum Drosten.«

Jürgen hatte Glück. Der Droste hielt sich in seinem Amtssitz im Bochumer Rathaus auf und war bereit, ihn sofort zu empfangen.

Jobst von Strünkede hörte sich mit gespannter Miene an, was Jürgen zu erzählen hatte. »Der Herr von Kemnade wird leugnen, irgendetwas mit diesen Überfällen zu tun zu haben«, gab er zu bedenken, als der Kaufmann geendet hatte.

»Sicher. Aber wir haben die Aussage eines der Täter, die er vor Euch bestimmt wiederholen wird, und vier Zeugen, die meine Worte bestätigen.«

»Das wird auch nötig sein. Was erwartet Ihr von mir?«

»Dass Ihr den Anstifter zur Rechenschaft zieht, was sonst?«

»Die Herrlichkeit Stiepel untersteht nicht mir.«

»Sicher, aber Weitmar sehr wohl. Da ist der Überfall geschehen.«

»Deshalb kann ich die drei Männer auch anklagen. Ihr habt ihre Namen?«

»Ja. Sie stehen alle in den Diensten von der Reckes.«

»Habt Ihr Euren Gefangenen gefragt, wer die Anweisung zu den Überfällen erteilt hat?«

»Ja. Wennemar von der Recke hat seine Knechte instruiert. Auf deren Nachfragen hat er versichert, dass sein Vater der eigentliche Auftraggeber sei.«

»Ich werde nicht gegen die Herren vorgehen können. Sie unterstehen mir nicht, sondern sind von hohem Stand. Ich befürchte, Ihr müsst vor das Reichskammergericht in Speyer ziehen. Ob Ihr dort jedoch Erfolg haben werdet … Auf jeden Fall nehme ich mich des Galgenvogels an, den Ihr den Stadtsoldaten übergeben habt. Und seinen Kumpanen natürlich. Mehr kann ich nicht für Euch tun, Herr von Linden. Sprecht mit Eurem Bruder, er wird Euch sagen können, ob es Sinn macht, vor das Reichsgericht zu ziehen. Meine Unterstützung habt Ihr jedenfalls.«

Jürgen stand auf und verabschiedete sich. Das Gespräch hatte nicht das erhoffte Ergebnis gebracht, aber sicher würde die Inhaftierung eines der Täter und die drohende Festnahme der anderen dafür sorgen, dass die Zerstörung seiner Fuhrwerke aufhörte.

Jürgen suchte die Schenke auf, in der er seine Männer vermutete. Auf seine Frage bestätigte der Wirt, dass sie schon wieder nach Hattingen aufgebrochen waren. Allein wollte Jürgen nicht durch die Nacht reiten. Außerdem dürften die Stadttore bereits verschlossen sein. Also nahm er Quartier in dem Gasthof, speiste, trank ein wenig und ging zeitig zu Bett.

In dieser Nacht verstarb Cordt von der Recke.

## 12

*Hattingen, 6. Februar 1625*

Laute Trommelwirbel und Flötenklänge weckten Dirks Interesse. Der Vierzehnjährige schlüpfte eilig in seine Holschen, warf sich seinen Umhang über und lief ins Freie. Auf dem Marktplatz drängten sich mehrere Dutzend Menschen.

Dirk schlängelte sich durch die Reihen der Neugierigen, bis er den Musikanten direkt gegenüberstand. Mehrere Flötenspieler präsentierten bekannte Volkslieder, während die Trommler den Takt dazu schlugen. Sie alle trugen Schärpen in den Farben der Katholischen Liga. Auch die Standarten der sie begleitenden Soldaten zeigten die blau-weißen Rauten mit der Gottesmutter im Sonnenkranz.

Als die Musik aufhörte, trat ein hochgewachsener Offizier vor. Mit seiner kräftigen Stimme übertönte er das Geraune der Menschenmenge. »Bürger Hattingens, ich bin zu euch gekommen, um Männer für den Dienst in der Armee des glorreichen Generals Tilly zu werben. Jeder, der gesund und kampffähig ist und mindestens zwanzig Lenze zählt, kann Soldat bei uns werden.«

»Auch Protestanten?«, rief jemand aus den hinteren Reihen.

»Natürlich«, erwiderte der Offizier. »Er muss nur wie alle anderen im Fahneneid schwören, den Befehlen seiner Vorgesetzten ohne Widerspruch zu gehorchen. Die Dienstzeit dauert von März bis Oktober. Jeder, der sich in die Musterungsrolle einträgt, erhält sofort ein Handgeld von drei Talern.« Er machte eine Pause und schaute die vorne stehenden jungen Männer an. »Drei Taler! Auf die Hand! Stellt euch vor, was ihr davon alles kaufen könnt. Aber ich warne euch: Wer das Handgeld annimmt und nicht zur Musterung erscheint, ist des Todes. Wir werden einen solchen Wortbrüchigen finden, egal wo er sich versteckt, und ihn seiner gerechten Strafe zuführen. Merkt euch das! Sollte sich bei der späteren Untersuchung herausstellen, dass ein Bewerber nicht gesund genug für den Kriegsdienst ist, muss er kein Soldat werden.«

»Was ist dann mit dem Handgeld?«, rief ein anderer.

»Das darf er in einem solchen Fall natürlich behalten.«

Ein Mann neben Dirk lachte leise. »Da kann ich mir vorstellen, wie diese Musterung vor sich geht. Wenn du nicht mit dem Kopf unter dem Arm vor dem Feldscher stehst, bist du gesund. Wer offensichtliche Gebrechen hat, bekommt mit Sicherheit auch kein Handgeld.«

»Der Sold beträgt für eine Saison fünfundzwanzig Taler, zahlbar zu gleichen Teilen jeden Monat. Plündern ist nach der Eroberung einer Stadt oder Festung erlaubt und sichert euch weitere Einnahmen. Wer allerdings Zivilisten grundlos ermordet, wird mit dem Tode bestraft. Der Tod steht auch auf Fahnenflucht, Verrat und Meuterei. Die Muskete und ein Helm werden euch gestellt. Wenn ihr weitere Waffen tragen möchtet, dürft ihr das, aber ihr müsst sie selbst bezahlen. Selbstverständlich erhaltet Ihr eine gründliche Ausbildung. Solltet ihr im Felde verletzt werden, behandeln euch die Wundärzte kostenlos.«

»Und stehlen vorher alles, was nicht niet- und nagelfest ist«, murmelte der Mann, der sich bereits eben skeptisch geäußert hatte.

»Eure Weiber und Kinder dürfen euch im Tross begleiten. Das ist sogar erwünscht, denn sie können für euch und gegen Entgelt auch für die ledigen Soldaten kochen und waschen. Das bringt ein weiteres schönes Sümmchen ein. Die Einzelheiten eurer Verpflichtung regeln die Artikelbriefe. Darin steht alles, was ihr wissen müsst. Sie sind quasi der Vertrag, den ihr mit der Armee schließt. Ihr seht, nichts ist Willkür oder Ungerechtigkeit. Alles ist geregelt und euch im Voraus bekannt. Denn die Artikelbriefe werden euch vor der Vereidigung vorgelesen und sind bindend für die gesamte Dienstzeit.«

Auf sein Zeichen schlugen die Trommler einen Wirbel. Als sie geendet hatten, hob der Offizier einen prall gefüllten Geldbeutel und ließ die Münzen klimpern. Er zeigte auf eine Tafel hinter sich, die auf zwei Holzböcken lag.

»Der Mann dort ist der Feldschreiber. Er führt die Musterungsrolle. Bei ihm tragt ihr euch ein. Wer nicht schreiben kann, macht einfach sein Zeichen. Nachdem ihr euch für den Dienst verpflichtet habt, erhaltet ihr das Handgeld. Die Musterung findet am Nachmittag im Heerlager an der Ruhr statt.« Wieder folgte ein Trommelwirbel. »Zögert nicht lange. Ist der Beutel, den ich in meiner Hand trage, leer, gibt es für diese Saison in Hattingen keine Anwerbungen mehr. Dann müsst ihr sehen, wie ihr eure Familien ernährt. Nun kommt schon!«

Ein Mann trat vor, blieb aber nach wenigen Schritten unschlüssig stehen.

Der Werbeoffizier griff nach seinem Arm. »Keine Angst, ich beiße nicht«, rief er fröhlich und kramte einige Münzen hervor, die er demonstrativ der Menge zeigte. »Das erste Handgeld heute.« Er drückte die Taler dem verdutzten Mann in die Hand und schob ihn Richtung Feldschreiber. Verunsichert unterschrieb der Hattinger. »Ein neuer Soldat für Tillys Armee«, rief der Werber entzückt. »Kommt, tut es eurem Freund gleich.«

Tatsächlich folgten weitere Männer der Aufforderung. Schließlich hatte ein gutes Dutzend unterschrieben. Zufrieden rieb sich der Werbeoffizier die Hände.

Auch Dirk trat an die Tafel.

»Für einen Landsknecht bist du noch nicht alt genug, mein Junge«, meinte der Feldschreiber.

Der Werbeoffizier korrigierte seinen Untergebenen sofort. »Unsinn. Er kann als Tambour oder Trossbube dienen.« Der Offizier drückte Dirk die Feder in die Hand.

Aber noch bevor der Junge unterzeichnete, packte jemand seinen Umhang und zog ihn so heftig nach hinten, dass Dirk vor Schreck das Schreibgerät fallen ließ.

Jürgen schob sich zwischen den Werber und seinen Sohn. »Einen Teufel wird er tun und in Eurer Armee dienen. Ihr solltet Euch schämen, Kinder zu rekrutieren.«

»Ich bin kein Kind mehr«, wagte Dirk einen Widerspruch.

»Meinetwegen«, knurrte sein Vater zornig. »Auf jeden Fall aber ein großer Kindskopf.« Er griff Dirks Arm und zerrte den Jungen mit sich. Vor der Haustür packte er den Vierzehnjährigen mit beiden Händen bei den Schultern, schüttelte ihn kräftig und fragte: »Hast du eben auch nur einen Moment an deine Mutter gedacht?« Als Dirk schwieg, herrschte ihn sein Vater an: »Rede!«

»Ja, habe ich«, blaffte sein Sohn zurück. »Deshalb wollte ich in die Armee eintreten. Einer muss nach Alke suchen und ich dachte, als Soldat ginge das leichter, weil die überall hinkommen. Du hast nichts unternommen und die drei einfach ziehen lassen.« Mit Tränen in den Augen stürmte er davon.

## 13

*Haus Kemnade, 17. Februar 1625*

Um zu überleben, verkaufte Ursula nach dem Tod ihres Mannes das Fuhrwerk, seine Waffen und fast ihren gesamten Besitz. Nur die Laute war ihr geblieben. Sie brachte es nicht über das Herz, auch sie zu veräußern. Dummerweise vermochte Ursula sie nicht zu spielen und ihr Gesang allein reichte nicht, um die Leute zu unterhalten. Zweimal hatte sie es versucht, war aber von den Gästen des Gasthofs, in dem sie auftrat, verlacht und schließlich vom Wirt an die frische Luft gesetzt worden.

Jetzt, einige Wochen nach dem Überfall der Landsknechte, drohte ihr das Geld auszugehen. Deshalb hatte sie schweren

Herzens den Entschluss gefasst, in ihr Elternhaus zurückzukehren.

Von Werden aus lief sie, ihr Kind auf dem Arm und Laute und Bündel auf dem Rücken, Richtung Osten, hielt sich hinter Hattingen am Südufer der Ruhr, um nicht den beschwerlichen Anstieg nach Blankenstein in Kauf nehmen zu müssen, und erreichte nach einem nicht weniger anstrengenden Marsch durch die feuchten Flussauen endlich ihr ehemaliges Zuhause.

Viel schien nicht geschehen zu sein, seit sie Kemnade verlassen hatte. Die meisten Wohngebäude lagen nach wie vor in Trümmern, sodass der Burghof über die Gräfte hinweg einsehbar war. Lediglich die Brücke, die im Westen auf das Gelände führte, war durch zwei hölzerne Wachtürme und ein massives, mit Eisenplatten beschlagenes Tor gesichert.

Auf einem der Türme stand ein Soldat und hielt Ausschau nach imaginären Feinden. Als er Ursula näher kommen sah, beugte er sich vor und stützte seine Unterarme auf der Brüstung ab. Gelangweilt, aber nicht unfreundlich rief er ihr zu, kaum dass sie die Brücke betreten hatte: »Du brauchst dein Glück nicht zu versuchen, auch wenn du ein Kind auf dem Arm trägst. Hier gibt es keine Unterkunft, keine Arbeit, kein Stück Brot und erst recht kein Geld. Also verschwinde, bevor der Herr die Hunde auf dich hetzen lässt.«

»Ich bin Ursula von der Recke«, erwiderte die Angesprochene mit fester Stimme. »Ich will meinen Vater sprechen.«

»Hier gibt es keine Ursula«, antwortete der Soldat, jetzt schon weniger freundlich. »Und nun scher dich fort.«

Sie stand nun am Fuß des Turms und sah sich den Wachsoldaten genauer an. »Ich kenne dich nicht. Also stehst du noch nicht lange auf meines Vaters Soldliste. Hole jemanden, der meiner Familie schon länger dient, und er wird dir bestätigen, was ich sage.«

Unsicher geworden, verschwand der Soldat ohne ein weiteres Wort. Ursula hörte, wie er die Leiter im Inneren des Turms hinunterkletterte.

Wenig später öffnete sich die kleine Tür im Tor und ein Kopf lugte heraus. Ursula erkannte den Mann sofort: Es war der langjährige Pferdeknecht ihres Vaters. Bestürzt musterte er Ursula. Für einen kurzen Moment hatte sie den Eindruck, als ob er ihr die Tür vor der Nase zuschlagen würde. Dann aber öffnete er, trat beiseite und ließ sie passieren. Der danebenstehende Wachsoldat beobachtete sie neugierig.

Als sie im Burghof stand, meinte der Pferdeknecht: »Euer Vater ist vor drei Wochen gestorben. Er ist eingeschlafen und nicht mehr aufgewacht.«

Diese Nachricht versetzte ihr einen Stich. Obwohl sie ihn nie wirklich geliebt hatte, war er doch ihr Vater gewesen. Außerdem hatte sie gehofft, dass er ihr Kind als seinen legitimen Enkel anerkennen würde.

»Dann hol meinen Bruder.«

»Sofort.«

Ursula fiel auf, dass der Knecht sie nicht ins Innere der Burg bat, sondern sie mit dem Kind auf dem zugigen Hof im leichten Nieselregen stehen ließ. Was hatte das zu bedeuten?

Es dauerte Minuten, bis Wennemar endlich erschien. Gemessenen Schrittes schlenderte er auf sie zu, eine Dokumentenrolle in der Hand, und musterte sie abwertend.

»Wennemar ...«, meinte Ursula, wurde aber von ihrem Bruder barsch unterbrochen.

»Schenke dir die Höflichkeiten. Was willst du?«

»Ich habe eben gehört, dass Vater tot ist. Wo wurde er begraben? An der Stiepeler Kirche?«

»Das geht dich nichts an.«

»Ich bin seine Tochter«, erwiderte sie überrascht. »Da darfst du mir diese Antwort nicht verweigern.«

Wennemar lachte höhnisch. »Und ob. Also, was willst du?«

»Mein Mann Clemens Nagel ist ermordet worden. Mein Sohn Bertram und ich sind völlig mittellos. Deshalb sind wir gekommen.«

»So hieß also dieser Hausierer, dem du dich an den Hals geworfen hast?«

»Er war kein Hausierer«, widersprach Ursula. »Er stammte aus gutem Haus.«

»Sicher«, spottete ihr Bruder. »Deshalb habt ihr ja auch auf der Straße gelebt. War dir sein Schloss etwa nicht prachtvoll genug? Ein wanzenverseuchtes Reisiglager in einem geflickten Zelt ist wohl eher nach deinem Geschmack.«

»Ich verstehe, dass du nicht gut auf mich zu sprechen bist, aber …«

»Wenn du erwartest, dass du dich wieder auf Kemnade einnisten kannst, noch dazu mit einem Balg im Arm, hast du dich gründlich geirrt.«

»Das ist nicht deine alleinige Entscheidung. Ich will mit Mutter reden.«

»Sie ist nicht da.«

»Dann warte ich. Wann kommt sie zurück?«

»Überhaupt nicht. Sie lebt seit dem Tod meines Vaters …«

»Er war auch mein Vater«, unterbrach sie ihn.

»Nicht mehr«, erwiderte Wennemar verächtlich. »Meine«, er betonte das erste Wort des Satzes in übertriebener Weise, »Mutter ist zu Verwandten gezogen. Und bevor du fragst: Sie will dich nicht mehr sehen.«

»Ich habe ein Recht darauf, hier zu sein, ich bin eine von der Recke. Kemnade gehört mir ebenso wie dir.«

Mehrere Bedienstete waren auf die Auseinandersetzung aufmerksam geworden und beobachteten den Streit der Geschwister aus sicherer Entfernung.

Wieder lachte Wennemar und klopfte auf die Urkundenrolle. »Nichts gehört dir. Ich bin der Herr von Kemnade. Du bist lediglich eine heruntergekommene Hure, die um Almosen bettelt.«

Ursulas Augen füllten sich mit Tränen. So gefasst, wie es ihr möglich war, zeigte sie auf die Rolle. »Ist darin Vaters Testament?«, vermutete sie.

»Richtig geraten.« Mit demonstrativer Langsamkeit öffnete Wennemar das Behältnis und zog ein Dokument hervor, das er entrollte und Ursula entgegenstreckte. Als sie danach griff, trat er schnell einen Schritt zurück. »Nicht anfassen! Du beschmutzt es nur mit deinen verdreckten Fingern. Lies es aus einem gewissen Abstand. Und dann verschwinde!«

Ursula las. Bestürzt nahm sie zur Kenntnis, dass ihr Bruder recht hatte. Ihr Vater hatte sie enterbt. »Mir steht ein Pflichtteil zu«, sagte sie leise.

»Nicht jemandem wie dir, der solche Verfehlungen begangen hat.« Wennemar rollte das Testament zusammen. »Hast du sonst noch irgendwelche Fragen?«

»Kann ich nicht wenigstens eine Kammer bei den Dienstboten bekommen? Mein Kind braucht ein festes Dach über dem Kopf.«

»Nein«, erwiderte ihr Bruder, ohne zu zögern. »Du hast jedes Recht verwirkt, dich auf Haus Kemnade aufzuhalten.«

»Und etwas Essen?«

»Bitte darum.«

»Gibst du uns bitte etwas zu essen?«

»Nein.« Grinsend kramte Wennemar in seiner Tasche, zog schließlich einen Albus hervor und warf ihn seiner Schwester vor die Füße. »Kauf dir etwas.«

Ursula erstarrte. Hätte sie Bertram nicht auf dem Arm getragen, würde Wennemar ihr Messer im Bauch spüren. So aber schaute sie nur in sein hasserfülltes Gesicht und spuckte auf den Silberpfennig, der vor ihr im Dreck lag. »Behalte dein Geld. Gott wird dich für deine Hartherzigkeit strafen.«

»Wer gegen das vierte Gebot verstößt, dürfte in der Reihe der zu Strafenden weit vor mir stehen«, gab Wennemar hämisch zurück. Dann rief er den Wachsoldaten herbei. »Schmeiß das Weib hinaus. Solltest du zulassen, dass sie noch einmal einen Fuß auf Haus Kemnade setzt, lasse ich dich auspeitschen.« Er schaute in die Runde. »Das gilt für euch alle.« Mit einem zufriedenen Gesichtsausdruck marschierte er zurück zum Wohnturm.

Der Wachsoldat ergriff Ursulas Arm. Sie schüttelte ihn mit einer herrischen Geste ab. »Wage es nicht!«, zischte sie ihn an und verließ erhobenen Hauptes den Burghof. Auf der

Brücke wandte sie sich noch einmal an den Wächter. »Der Albus, der dort im Schmutz liegt, ist für dich. Als Dank für deine Dienste.« Dann marschierte sie los und ließ den verdutzten Soldaten stehen.

## 14

*Hattingen, 19. Februar 1625*

Seit mehr als dreißig Jahren stand der *Trabacher Hof* als zweites Gasthaus Hattingens in der Nähe des Weiltors. Der dreigeschossige Bau fiel schon von Weitem auf: Das fast schwarze Fachwerk hob sich vom weiß gekälkten Gefach ab, die Auskragung im ersten Stock ruhte auf kunstvoll geschnitzten Stützen und die verglasten Fenster in allen Etagen ließen aufgrund ihrer Größe viel Licht in die Räume fallen. Im Erdgeschoss lagen Schankstube und Küche, im Stockwerk darüber logierten die Gäste in insgesamt sieben geräumigen Kammern. Unter dem Dach wohnte der Betreiber mit seiner Familie. Die Mägde und Knechte fanden Unterkunft in einem kleineren, weitaus weniger schmuckvollen Hinterhaus.

Jürgen besuchte den *Trabacher Hof* nur selten. Der Wirt verlangte für seine Speisen immer einige Albus mehr als der des *Goldenen Schwans*, obwohl das Essen dort nicht schlechter schmeckte. Auch Wein und Bier waren teurer. Trotzdem war die Schänke meistens gut besucht, denn wer dort verkehrte, zeigte, dass er es sich leisten konnte, etwas mehr zu bezahlen. Und Wohlhabende gab es auch in diesen schwierigen Zeiten noch so einige in Hattingen.

Heute jedoch drängten sich auch Bürger in der Wirtsstube, die üblicherweise nicht zu den Gästen zählten. Denn in der Stadt hatte sich in Windeseile die Nachricht verbreitet, dass der oberste Heerführer der Katholischen Liga, Graf Johann T'Serclaes von Tilly, Quartier in dem Gasthaus genommen hatte. Viele wollten einen Blick auf den berühmten General werfen, ihm vielleicht sogar von Angesicht zu Angesicht gegenüberstehen. Aber Tilly tat ihnen den Gefallen nicht. Er hatte mit seiner Entourage alle Gästezimmer beansprucht und blieb in seinen Räumen. Von seiner Anwesenheit zeugten nur die Offiziere, die von Zeit zu Zeit in die Gaststube kamen, um Bestellungen aufzugeben, die die Mägde dann eilfertig nach oben trugen.

Nach einiger Zeit wurden die Gäste unruhig. Manche murrten, andere verließen die Schänke. Jürgen, der mit Bekannten einen Platz an einem Tisch am Fenster ergattert hatte, wollte nur noch seinen Becher leeren und dann ebenfalls gehen. Es dämmerte bereits und er glaubte nicht, dass sich der General heute noch zeigen würde.

Just in dem Moment, als er sich erhob, hörte der Kaufmann eine helle Frauenstimme, die eine bekannte Weise sang. Das Lied schlug ihn in seinen Bann, die Sängerin jedoch konnte Jürgen von seinem Standort aus nicht erkennen, eine Ecke versperrte ihm den Blick.

Der Kaufmann schob sich an den Tischen vorbei Richtung Küche und schaute ums Eck. Nur wenige Schritte entfernt stand eine Frau Anfang zwanzig, die ihr blondes Haar unter einer Haube versteckte. Nur einige Strähnen fielen dann und wann in ihr Gesicht. Die hochgewachsene Sängerin trug ihre Lieder routiniert vor. Jürgen glaubte, dass sie nicht zum ersten Mal vor Publikum auftrat. Ihre Gesten wirkten einstudiert, ihr Lächeln aufgesetzt. Immer wieder schaute sie ihre Zuhörer an und irgendwann traf ihr Blick auch Jürgen. Der versank fast in den unergründlichen schwarzen Augen und las darin Trauer und Verzweiflung.

Sie bot einige weitere Lieder dar, aber das Interesse der Gäste erlahmte schnell. Sie waren wegen Tilly gekommen, nicht um Liedern zu lauschen, die auch ihre Ehefrauen oder Mägde sangen. Entsprechend spärlich spendeten sie Beifall. Trotzdem ging die Sängerin zu jedem Tisch und streckte den Zechern fordernd einen hölzernen Becher entgegen.

Als sie zu Jürgen kam, ließ der einen Albus hineinfallen. Sie nickte dankend und setzte sich, nachdem sie ihre Runde beendet hatte, an ihren Tisch im hinteren Bereich der Gaststube.

Jürgen, der eben noch das Lokal hatte verlassen wollen, nahm nun doch wieder in der Nähe der Sängerin Platz, um sie genauer zu beobachten. Etwas an dieser Frau zog ihn magisch an. Sie war blond wie Gesche, auch ihre Art, sich zu bewegen, erinnerte ihn an seine Frau. Vielleicht rührte seine Faszination daher. Die Kleidung der Unbekannten war schmutzig, an manchen Stellen recht oberflächlich geflickt. Da hatte jemand Hand angelegt, für den der Umgang mit Nadel und Faden nicht zum täglichen Brot gehörte. Die Frau am Nachbartisch war jedenfalls keine Magd, das stand für Jürgen fest.

Wenn der Wirt beabsichtigt hatte, mit dem Auftritt der Sängerin die Gäste in seinem Wirtshaus zu halten, war dieser Plan fehlgeschlagen, denn einer der Offiziere des Generals kam die Treppe herunter, blieb in der Mitte stehen und rief: »General von Tilly wird heute nicht mehr erscheinen. Er hat sich zur Ruhe gelegt. Es wird keine weiteren Gesangs- oder Musikdarbietungen mehr geben, um den General nicht zu stören. Lautes Johlen oder Ähnliches werden meine Männer sofort unterbinden. Selbstverständlich dürft ihr weitertrinken, wenn ihr möchtet, aber gesittet und ohne Radau.« Er drehte sich um und stiefelte die Stiege hinauf.

Die Menge murrte. Schlagartig leerte sich die Gaststube. Der Wirt des *Trabacher Hofs* stand an seiner Theke und zog ein säuerliches Gesicht. Schließlich saßen nur noch vereinzelt Gäste an den Tischen.

Ein Kind weinte. Erst jetzt bemerkte Jürgen den Korb, der neben der Sängerin auf der Bank stand. Sie hob einen Säugling heraus, den sie sanft auf dem Arm schaukelte.

Der Kaufmann fasste sich ein Herz und trat an den Nachbartisch. Er deutete eine Verbeugung an. »Jürgen von Linden. Euer Gesang hat mir gefallen.«

Überrascht sah die Frau hoch. »Von Linden also. Welch ein Zufall. Sagt, habt Ihr eine Schwester, die Trine heißt?« Ihre Stimme hörte sich seltsam tonlos an, im Gegensatz zu ihrem vorherigen Gesang.

Verdutzt antwortete Jürgen: »Ja. Aber ich habe schon lange keinen Kontakt mehr zu ihr.«

»Ich weiß. Ich habe Nachricht von ihr. Morgen wollte ich Euch aufsuchen, um zu berichten.«

»Und Ihr seid?«

»Ursula Nagel. Vermutlich kennt Ihr mich unter dem Namen meiner Familie. Sie heißt von der Recke.«

»Sicher, ich habe von Euch gehört.«

Die junge Frau lachte bitter. »Nur Gutes, nehme ich an.«

Jürgen versuchte ein Lächeln. »Das würde ich nicht sagen. Aber Ihr wart Gegenstand wochenlanger Tratschereien.«

»Das ist mir bewusst. Entschuldigt mich bitte, mein Sohn hat Hunger und ich bin müde.«

»Wartet. Welche Nachrichten habt Ihr für mich?«

»Nicht nur für Euch, auch für Eure Familie. Ich verspüre wenig Lust, alles zweimal zu erzählen. Außerdem stiert der Wirt zu uns herüber. Ich möchte die losen Mäuler nicht mit Futter versorgen. Wann darf ich Euch morgen aufsuchen?«

»Gegen Mittag? Esst mit uns.«

»Danke. Ich werde pünktlich sein.«

Nachdem die Magd die Teller abgeräumt hatte, erzählte Ursula von den Ereignissen, die zum Tod ihres Mannes geführt hatten, und von ihrem Treffen mit Trine und Wilhelm. Je länger sie sprach, desto stiller wurden Gesche und Dirk.

»Trine, Alke und Wilhelm sind also auf dem Weg nach Italien?«, fragte Jürgen später.

»Ja.«

»Das ist eine weite und gefährliche Reise zu Fuß.«

»Sie waren entschlossen, dem Krieg zu entfliehen.«

Dirk schaltete sich in das Gespräch ein: »Jetzt, wo wir wissen, wo sie sind, kannst du sie doch zurückholen, Vater.«

»Wir wissen nicht, wo sie sind, sondern nur, wohin sie wollen. Das ist ein gewaltiger Unterschied. Wir werden sie nicht finden.«

Dirk senkte enttäuscht den Kopf.

Gesche strich ihm über das Haar. »Dein Vater hat recht. Es ist fast ein halbes Jahr her, dass Ursula unsere Verwandten getroffen hat. Wie weit liegt Italien entfernt?«

Jürgen kratzte sich am Kopf. »Mehr als einhundert Meilen bestimmt.«

»Und wie viele Meilen legen Wanderer am Tag zurück?«

Nun antwortete Ursula. »Eine sicherlich, vielleicht sogar zwei.«

»Das bedeutet, sie brauchen höchstens einhundert Tage, um in Italien anzukommen. Unterstellen wir, dass sie insgesamt einen Monat arbeiten, um Geld für Essen zu verdienen, sind sie möglicherweise schon an ihrem Ziel. Wie sollen wir sie finden, Dirk?«

Der Junge nickte. Tränen liefen über sein Gesicht.

»Was habt Ihr vor?«, wandte sich Jürgen an den Gast. »Kehrt Ihr zurück zu Eurer Familie?«

Ursula schüttelte den Kopf. »Mein Bruder hat mir den Zugang zu Haus Kemnade verwehrt. Außerdem hat mein Vater mich enterbt. Selbst das Pflichtteil wurde mir verweigert.«

»Und was wollt Ihr dagegen unternehmen?«

Sie hob resigniert ihre Schultern. »Welche Möglichkeiten habe ich schon? Klagen? Advokaten kosten Geld, das ich nicht habe.«

Jürgen dachte einen Moment nach und berichtete dann von den Überfällen auf seine Fuhrwerke. »Ihr seht, ich habe noch eine Rechnung mit Wennemar offen, auch wenn es seit Wochen keine weiteren Angriffe mehr gegeben hat. Mein Bruder arbeitet als Advokat am klevischen Hof. Ich wollte ihn um Rat fragen, befürchte allerdings, dass in meinem Fall eine Klage nur wenig Aussicht auf Erfolg haben wird. Euer Vater, der wohl den Auftrag zu den Attacken erteilt hat, ist tot. Euer Bruder wird vermutlich jede Schuld von sich weisen. Mir bleibt also nichts anderes übrig, als die Angelegenheit auf sich beruhen zu lassen. Obwohl es mich ungeheuer ärgert, dass sich der Herr von Kemnade ungestraft über Recht und Gesetz stellt. Vielleicht kann wenigstens Euch mein Bruder helfen.«

»Ich habe kein Geld für eine Bezahlung.«

»Das lasst meine Sorge sein.«

»Habt Ihr eine Unterkunft im *Trabacher Hof* gefunden?«, erkundigte sich Gesche.

»Für eine Nacht.« Ursula schaute zu dem Korb, in dem ihr Sohn schlief. »Wir haben entweder zu essen oder ein Dach über dem Kopf. Für beides reicht es nicht.«

»Ihr bleibt bei uns«, entschied Gesche spontan. »Es ist noch eine Kammer frei. Sie ist nicht groß und hat auch keinen Kamin, aber wenigstens ist sie trocken. Geld dafür wollen wir nicht. Ihr habt meiner Familie geholfen, jetzt helfen wir Euch. Nicht wahr, Jürgen?« Sie schaute ihren Mann auffordernd an.

Dem blieb keine Wahl, also nickte er bestätigend.

»Da seht Ihr es. Vielleicht könnt Ihr ja auch für uns arbeiten.« Als Gesche Ursulas irritierten Blick bemerkte, setzte sie schnell hinzu: »Bitte betrachtet dieses Ansinnen nicht als Zumutung, sondern …«

»Nein, nein«, wehrte diese ab. »Im Gegenteil, ich bin Euch sehr dankbar. Nur …«

»Was nur?«, wollte Gesche wissen.

»Ich bin keine gute Köchin. Gewiss, ich könnte putzen. Aber auch dabei bin ich nicht so flink wie jemand, der das schon sein ganzes Leben tut. Ich bin eben keine Magd.« Sie hob entschuldigend die Hände und lächelte verlegen. »Zu singen vermag ich ganz gut.«

Gesche fegte diese Einwände mit einer Handbewegung beiseite. »Es wird uns schon eine sinnvolle Beschäftigung für Euch einfallen.«

Erstaunt verfolgte Jürgen die Unterhaltung der beiden Frauen. Jetzt ergriff er das Wort: »Ihr habt eben erzählt, dass Ihr bis zum Tod Eures Mannes mit einem Fuhrwerk unterwegs wart.«

»Ja.«

»Versteht Ihr Euch auf das Steuern eines solchen Wagens?«

»Sicher. Warum fragt Ihr?«

»Mir ist ein Gedanke gekommen. Ich brauche einen weiteren Fahrer. Ihr kennt Euch doch in der Gegend aus, oder?«

»Meinen Weg habe ich bisher immer gefunden.«

»Eine Frau auf dem Bock?« Gesche schaute ihren Mann entgeistert an. »Wie soll das gehen?«

»Das Beladen der Fuhrwerke übernehmen die Knechte am Pütt. Beim Entladen legen die Kunden eben selbst Hand an. Das regele ich schon.«

»Das meine ich nicht. Es schickt sich nicht für eine Dame von hohem Stand, Kohlen auszuliefern.«

Ursula lachte auf. »Sorgt Euch nicht um meinen Ruf, der ist ohnehin ruiniert.«

»Außerdem habe ich gehört, dass in Dortmund sogar Frauen nach Kohle graben«, ergänzte Jürgen. »Da können sie wohl auch ein Fuhrwerk lenken.« Er sah zu Ursula hinüber. »Was meint Ihr?«

»Einverstanden.«

Jürgen streckte ihr seine rechte Hand entgegen. »Dann schlagt ein.«

## 15

*Weg zum Gotthardpassweg bei Göschenen, 4. März 1625*

Sie hatten für ihren Weg bisher vier Monate benötigt. Wilhelm, Trine und Alke waren zunächst nach Süden gezogen, nachdem sie sich von Ursula und ihrem Mann getrennt hatten. In Köln verdingte sich Wilhelm als Tagelöhner und schleppte Felsbrocken für einen Steinmetz, Trine arbeitete als Küchenmagd in einer der Schänken der Stadt.

Nach vier Wochen hatten sie genug gespart, um ihre weitere Reise trotz des kommenden Winters in Angriff zu nehmen.

Sie waren dem Rhein gefolgt. Es gebe zwar einen kürzeren Weg nach Süden, hatte ihnen ein Händler erzählt, der führe aber durch den Westerwald, sei gefährlicher als die Reise am Fluss entlang und es bestünde das Risiko, sich zu verirren. Am Rhein hingegen sei das ausgeschlossen, sofern sie den Strom nicht aus den Augen verlören. Außerdem seien dort viele Kaufleute unterwegs, denen sie sich anschließen könnten und die einen gewissen Schutz vor Überfällen böten.

Mit klopfendem Herzen hatten sie sich endlich an einem Morgen im späten Oktober auf den Weg gemacht. Sie waren auf der linken Rheinseite geblieben, in Bingen nach Osten abgebogen, hatten Weihnachten in der Gegend von Straßburg verbracht und kamen Anfang Februar in Basel an.

Glücklicherweise waren sie bisher auf keine Gauner oder plündernden Landsknechte gestoßen. Einmal drohte eine Bande mit wildem Geschrei von der anderen Rheinseite, aber die Kerle flößten ihnen keine Furcht ein. Die nächste Furt war weit, ein Kahn nicht in der Nähe und niemand, der nur halbwegs bei klarem Verstand war, würde im Winter durch den Fluss schwimmen.

Ihr Zeitplan war gehörig durcheinandergeraten, da sie gearbeitet hatten, wann immer sich die Gelegenheit bot.

Von Basel waren es noch etwa drei Wochen bis zum Gotthardpass, auf dem sie die mächtigen Alpen passieren wollten.

In einem Dorf unweit der Stadt krochen sie im Stall eines mitleidigen Bauern unter, der sie sogar zu einem kargen Abendessen einlud. Der Landmann hatte entgeistert den Kopf geschüttelt, als sie ihm von ihrem Vorhaben berichteten. Im Winter die Alpen zu überqueren, sei Wahnsinn, hatte er sie gewarnt. Eisige Stürme tobten im Gebirge, meterhohe Schneeverwehungen machten jeden Schritt zur Qual, auf vereisten Stegen drohe Rutschgefahr und damit das Risiko des Absturzes in tiefe Schluchten und schließlich gingen immer wieder

Lawinen nieder, die alles auf ihrem Weg mit sich rissen. Nein, es wäre sicherer, in Basel auf den Frühling zu warten. Sie könnten in seiner Scheune schlafen und bekämen ausreichend zu essen. Nur könne er das leider nicht umsonst tun. Einen halben Taler pro Tag müsse er schon für seine Großzügigkeit bekommen.

Wilhelm musste nicht lange rechnen, um zu wissen, dass sie sich das nicht erlauben konnten. Auf seine Frage, ob Trine und er für Verpflegung und Unterkunft arbeiten könnten, schüttelte ihr Gastgeber bedauernd den Kopf. Es sei Winter, da gebe es auf den Bauernhöfen nichts zu tun, was die Besitzer nicht selbst erledigen könnten. Sie seien schließlich nicht die Einzigen, die nach Arbeit fragten. Auf der Flucht vor dem schrecklichen Krieg seien Hunderte nach Basel und Umgebung gekommen. Alle hungerten. Nein, sie sollten sich keine falschen Hoffnungen machen, Arbeit gebe es nicht.

Deshalb waren sie am nächsten Morgen weitergezogen. Es blieb ihnen keine Wahl. Ihr Geld reichte nicht mehr für längere Aufenthalte. Sie mussten so schnell als möglich die Alpen überwinden und das Meer erreichen.

Das Meer in Italien! Ihr ganzes Denken und Reden fokussierte sich auf dieses Ziel. Dort schien die Sonne, hatten ihnen andere Reisenden vorgeschwärmt, es war warm, sie würden sicher schnell Arbeit und Unterkunft finden und könnten endlich ein neues Leben beginnen. Weit weg vom Krieg, weit weg von hartherzigen Bürgermeistern und ausbeuterischen Bauern und Handwerkern. Sie würden eine Schänke eröffnen, die Trine führen wollte. Wilhelm gedachte, nebenbei als Bader zu arbeiten. Und Alke könnte endlich wieder in einem weichen Bett mit frischem Stroh schlafen, statt sich auf dem eisigen Boden zusammenkauern zu müssen.

In den nächsten zwei Wochen kamen sie gut voran. Das Wetter blieb stabil, von einigen Schneeschauern abgesehen. Da hatten sie schon Schlimmeres erlebt. Zwar wurde es nachts bitterkalt, aber bisher hatten sie immer noch einen Platz gefunden, um einigermaßen geschützt die Nacht zu verbringen. Auch ihre Vorräte waren noch nicht aufgebraucht, sodass sie ihre mühsam ersparten Taler behalten konnten.

Den ganzen Tag schon waren sie der schmalen Straße gefolgt, die am Ufer der Reuss entlangführte. Der Schnee war festgetreten, Spuren zeugten davon, dass regelmäßig von Huftieren gezogene Schlitten auf der Strecke unterwegs waren. Vereinzelt kamen ihnen andere Reisende entgegen. Mit einigen von ihnen konnten sich Wilhelm und Trine verständigen. Sie berichteten, dass der Pass, der den Namen des heiligen Godehard von Hildesheim trug, relativ gut passierbar sei. Es liege mit einem Schritt Höhe ungewöhnlich wenig Schnee und der Frost sei nicht sehr streng. Allerdings befürchteten Einheimische eine Wetteränderung. Die Mattheissens sollten sich deshalb beeilen, um ihn noch ungefährdet passieren zu können.

Am frühen Nachmittag standen die drei Hattinger vor einem windschiefen Wegweiser, der anzeigte, dass das Dorf Göschenen eine Viertelmeile vor ihnen lag. Dort wollten sie sich den Rest des Tages und die Nacht ausruhen, um dann den Weg zum Pass einzuschlagen.

»Ist es noch weit?«, erkundigte sich Alke weinerlich. »Mir tun die Füße weh und ich habe Hunger.«

Wilhelm zeigte auf das Hinweisschild. »In höchstens zwei Stunden sind wir da.«

Ein dumpfes Grollen rollte durch das Tal.

»Ein Gewitter?«, wunderte sich Trine. »Mitten im Winter?«

Wilhelm sah prüfend zum Himmel. Eine schwarze Wolkenwand schob sich drohend über die Gipfel der umliegenden Berge. »Wir sollten sehen, dass wir weiterkommen«, meinte er. »Das könnte die Wetteränderung sein, von der die anderen uns erzählt haben.«

Kaum waren seine Worte verklungen, fegte eine kalte Windbö die Berghänge hinunter.

»Los jetzt«, trieb Wilhelm die Seinen an. »Wir müssen uns beeilen.«

Ein Blitz zuckte aus der tief hängenden Wolkenwand. Unmittelbar darauf ließ sie ein heftiger Donnerschlag erschrocken zusammenzucken. Der Wind frischte weiter auf und es begann zu schneien. Die Flocken torkelten erst langsam, fast bedächtig zu Boden, dann wurden es mehr und mehr, bis der Schneefall schließlich so dicht war, dass sie keine zehn Schritte weit sehen konnten. Wilhelm stapfte vorneweg und versuchte, den Weg nicht aus den Augen zu verlieren.

Der Wind wurde noch heftiger, peitschte ihnen Schnee und Graupel ins Gesicht, die feine Stiche hinterließen. Schnell röteten sich die Wangen der Hattinger, brannten und wurden dann eiskalt.

Es schien, als ob sich der Schlund zur Hölle aufgetan hatte. Der Himmel über ihnen war nun durchgängig schwarz. Dunkle Nacht umhüllte sie, aufgehellt nur durch die immer schneller aufeinanderfolgenden Blitze. Ein Donnerschlag jagte den nächsten.

Von Angst getrieben, hasteten sie weiter durch das Unwetter, stemmten sich gegen den Sturm, der ihnen entgegenblies. Minuten wurden zu Stunden, jeder Schritt zur Qual.

Wilhelm meinte, vor ihnen einen Schein zu sehen. »Kommt, weiter. Gleich sind wir in Sicherheit.«

Sie stolperten mehr, als dass sie liefen, dem Licht entgegen, welches jetzt deutlich zu erkennen war. Im Schneegestöber machten sie einen Verschlag aus, der sich an eine Hütte aus massivem Stein schmiegte. Davor standen mehrere Schlitten ähnlich denen, die sie bei ihrem bisherigen Aufstieg gesehen hatten.

Glücklich erreichten sie die Schutzhütte, die an einen Tannenhain grenzte. Wilhelm versuchte vergeblich, die Tür aufzudrücken. Sie war verriegelt. Er trommelte mit beiden Fäusten dagegen, um den Donner und den heulenden Sturm zu übertönen.

Endlich öffnete jemand. Ungestüm drängte die Familie ins Innere, schüttelte sich den Schnee von den Kleidern und sah sich um.

Im Kamin loderte ein Feuer. Es war angenehm warm in

der Hütte. Ein groß gewachsener, bärtiger Mann mit Händen wie Schaufeln verriegelte die Tür. Er schaute sie aus blauen Augen an und sprach die Hattinger in einem unverständlichen Dialekt an. Als die Familie nicht reagierte, zeigte er auf den Kamin, breitete die Arme aus und schob alle Richtung Feuer. »Ich glaube, er will, dass wir uns aufwärmen«, meinte Wilhelm zu Trine.

»Das seht ihr richtig«, ertönte eine weitere Stimme. Ein Mann mittleren Alters trat aus einer dunklen Ecke in den Lichtschein des Feuers. Er reichte Wilhelm die Hand. »Ich bin Josef Faßbender aus Köln. Kaufmann, wenn's recht ist.« Faßbender zeigte auf den Bärtigen. »Das ist Urs, ein Säumer aus Schattdorf. Und die verwegenen Gesellen am Tisch sind zum einen meine Knechte, die die Waren bewachen, zum anderen Urs' Gehilfen, die mit ihm die Güter über den Pass transportieren. Und wer seid ihr?«

## 16

*Bochum, 5. März 1625*

Bergmeister Cronenberg begrüßte seinen Adlatus Mathias von Honnichen wie einen verlorenen Sohn. Mit ausgebreiteten Armen kam er ihm in seinem Büro entgegen, fasste ihn bei den Schultern und meinte: »Schön, Euch zu sehen. Wie lange ist es her, dass wir …«

»Fast zwölf Wochen.«

»Erst? Die Zeit kam mir viel länger vor.« Der Bergvogt deutete zum Tisch. »Setzen wir uns. Es gibt einiges zu besprechen.«

Von Honnichen war gespannte Aufmerksamkeit. »Um was geht es?«

Cronenberg legte seine Stirn in Falten. »Ihr wisst, dass ich ursprünglich vorgehabt habe, Euch als meinen Nachfolger vorzuschlagen.«

»Natürlich. Aber die klevischen Räte haben sich dagegen ausgesprochen. Hat sich daran etwas geändert?«

Der Bergvogt winkte ab. »Nein, deshalb habe ich Euch ja die Stelle bei Herrn von Linden besorgt. Darüber sollten wir gleich auch noch sprechen. Erinnert mich bitte daran, falls ich es vergesse.«

»Ja.«

»Unser Kurfürst in Brandenburg plant eine vollständige Erneuerung der Behörden in Kleve. Davon ist auch das Amt des Bergvogts betroffen.«

»Weshalb?«

Cronenberg lachte auf. »Das solltet Ihr aber wissen. Ihm ist die Selbstständigkeit des märkischen Adels ein Dorn im Auge. Kaum einer von ihnen führt den Zehnten ab, und wenn, dann nur auf Grundlage niedriggerechneter Erträge. Das gilt im größeren Umfang auch für diejenigen Bürger, die Pütts betreiben und ihre Pacht oder den Zehnten nur an den Grundbesitzer zahlen. Brandenburg geht leer aus.«

»Ihr sprecht von Männern wie von Linden.«

»Genau. Der Kurfürst hat nun vor, die Zuständigkeit für Finanzen dem klevischen Rat zu entreißen und einem Statthalter zu unterstellen, der nur ihm verantwortlich ist. Außerdem wird er die Verpflichtung aufheben, dass Beamte zwingend aus den klevisch-märkischen Landständen stammen müssen. Fachleute werden aus Brandenburg nach Kleve geschickt werden, um dem neuen Statthalter zuzuarbeiten. Diese Herren verspüren keinerlei Verpflichtung dem Herzogtum, sondern ausschließlich ihrem Kurfürsten gegenüber.«

»So erhält er die Kontrolle über die Finanzen«, stellte von Honnichen fest.

»Nicht nur darüber. Denn er wird nach dem Vorbild der alten Bergordnung einen Bergmeister berufen, der viel weiter gehende administrative Befugnisse erhält, als ich sie habe. Er soll nicht nur die Bergordnung überwachen und Strafen verhängen, sondern auch die technische Aufsicht über die Pütts übernehmen. So erfährt er im Detail, wie viel Kohle wo gefördert und verkauft wird. Das heißt, er bestimmt die Abgabenhöhe selbst und ist dabei im Gegensatz zu mir nicht mehr auf die freiwilligen Angaben der Betreiber angewiesen.«

»Dieser Bergmeister seid nicht Ihr, vermute ich.«

»Natürlich nicht. Diese Aufgabe übernimmt Dietrich von Diest. Ein tüchtiger Mann, ohne Zweifel. Er ermittelt derzeit gegen den Rentmeister von Hörde, der ohne Zustimmung des Landesherrn die Genehmigung für neue Pütts erteilt hat.«

»Das tut Ihr doch auch?«

»Sicher, deswegen werde ich ja auch nicht der neue Bergvogt. Von Diest hat dem Hörder Rentmeister nachgewiesen, Einnahmen nicht angezeigt und so den Zehnten gedrückt zu haben. Der wird sich dafür wohl vor dem kurfürstlichen Gericht verantworten müssen. Ich hoffe nicht, dass mir dasselbe passiert. Falls doch, will ich aber vorgesorgt haben.«

Von Honnichen schaute seinen Mentor fragend an. Der lächelte hintersinnig.

»Bei unserem letzten Treffen sprachen wir über die Entwicklung der Salzpreise. Ihr erinnert Euch sicher: Nachdem die Spanier vor einigen Wochen die Rheinmündung gesperrt haben, ist kein Salz mehr aus den Niederlanden in unser Herzogtum geliefert worden. Der Preis hat sich verdoppelt und wird weiter steigen. Unsere Salinen bei Unna, im Hochstift Münster und auch die im kurkölnischen Werl können die Nachfrage kaum decken. Und sie brauchen Kohlen, damit ihre Feuer brennen. Die Salinen konkurrieren heftig um die Steinkohle und sind bereit, fast jeden Preis zu zahlen. Wie wäre es, wenn ich Herrn von Linden die Erlaubnis erteilte, ebenfalls Kohle an die Salinen zu liefern? Könnte er das im erforderlichen Umfang bewerkstelligen? Wir reden nicht über Kinkerlitzchen, sondern erhebliche Mengen.«

Von Honnichen dachte kurz nach. »Wenn von Linden bereit ist, etwas zu investieren, ist das kein Problem. Wir benötigen dann allerdings einen Entwässerungsstollen, um in größere Teufen vorzudringen.«

»Wie fördert ihr derzeit?«

»Im Streb wird die Kohle mit Hacke und Eisen geschlagen, in Eimer gefüllt, zum Stollen getragen, dort umgeladen und zum Schacht transportiert. Mit einer Haspel fördern wir sie nach Übertage.«

»Mit wie viel Leuten?«

»Mich eingeschlossen, sind wir zu fünft.«

»Das wird nicht reichen.«

»Ich weiß. Für den Stollenbau braucht von Linden weitere Tagelöhner. Aber die Lieferungen an die Salinen erhöhen seine Erträge erheblich. Da fallen die Mehrkosten für neue Arbeiter kaum ins Gewicht.« Der Bergmann grinste. »Er hat übrigens mit dem Einstellen bereits angefangen. Eine Frau lenkt eines unserer Fuhrwerke.«

»Eine Frau?«

»Sie steht noch nicht lange in von Lindens Dienst, macht ihre Sache aber gut.«

»Na ja.« Der Bergvogt machte ein skeptisches Gesicht. »Kommen wir zum Pütt zurück. Ihr meint also, eine Ausweitung der Förderung wäre machbar?«

Von Honnichen nickte.

»Seid Ihr meinem Rat gefolgt und habt Euch an den Einnahmen des Pütts beteiligen lassen?«

»Ja.«

»Wie hoch ist Euer Anteil?«

»Zehn vom Hundert des Verkaufserlöses.«

»Gut. Wenn Herr von Linden bereit ist, mir, sagen wir, fünf vom Hundert aus dem Geschäft mit den Salinen zu überlassen, bekommt er die Genehmigung.«

»Das ist er sicher. Unter einer Bedingung.«

»Welcher?«

»Ihr meldet diese Erlöse nicht nach Kleve.«

Wieder lächelte Cronenberg. »Auf welcher Seite steht Ihr eigentlich?«

»Wes Brot ich ess, des Lied ich sing«, erwiderte von Honnichen. »Das habe ich von Euch gelernt.«

»Einverstanden. Unsere Vereinbarung gilt allerdings nur

so lange, wie ich im Amt bin. Was Dietrich von Diest davon hält, kann ich mir lebhaft ausmalen. Daher erwarte ich strengste Verschwiegenheit. Keiner von uns hat ein Interesse daran, sich vor einem kurfürstlichen Gericht zu verantworten.«

»Darauf gebe ich Euch mein Wort.«

»Dann sei es so.«

## 17

*Kleve, 5. März 1625*

Agatha Wettesbach galt mit ihren fünfundzwanzig Jahren schon fast als alte Jungfer, die keinen Mann abbekommen hatte. Aber das lag nicht etwa daran, dass sie nicht hübsch war, im Gegenteil. Auch besaß sie ein einnehmendes Wesen, behandelte jeden, der ihr begegnete, mit ausgesuchter Höflichkeit und wusste sich zu benehmen. Die Höhe ihre Mitgift würde ebenfalls keine Wünsche offenlassen, stand ihr Vater doch wie viele seiner Vorfahren in den Diensten des Herzogtums Kleve. Er arbeitete als Haushofmeister auf der Schwanenburg. Ihm oblag die Umsetzung der Hofordnung und damit gehörte er zu den höchsten Beamten des Herzogtums.

Nein, es war Agathas Eigensinn, der ihren Eltern Sorgen machte. Sie hatte es sich in den Kopf gesetzt, Walter von Linden zu heiraten, während ihr Vater den Kammergerichtsadvokaten des Klever Rats, Doktor Konradus Fabri, als Schwiegersohn bevorzugte.

Im Gegensatz zum achtunddreißigährigen von Linden war Fabri über fünfzig und damit in den Augen Agathas fast ein Greis. Außerdem trug er einen dicken Bauch vor sich her, der trotz der alles verdeckenden Mode nicht zu übersehen war. Kurz: Agatha weigerte sich strikt, mit Fabri auch nur das geringste Wort zu wechseln, was ihre Eltern langsam, aber sicher zur Verzweiflung brachte.

Als ihr Vater sich zu einem Machtwort veranlasst sah, drohte Agatha damit, eher ins Kloster zu gehen, als »diesen alten Fettsack« zu heiraten. Dieter Wettesbach kannte seine Tochter und wusste, dass es sich keinesfalls um eine leere Drohung handelte. Um ihr das Klosterleben zu ersparen, stimmte er schließlich, nicht zuletzt aufgrund einer Intervention seiner Frau, schweren Herzens einer Vermählung mit dem jüngeren Freier zu. Allerdings nur unter der Voraussetzung, dass Walter von Linden zum einen ein standesgemäßes Haus bauen oder kaufen, zum anderen eine Verbesserung seiner gesellschaftlichen Stellung anstreben würde.

Freudig hatte Agatha ihrem Liebsten die frohe Kunde noch am selben Tag überbracht. Der Hausbau stellte für Walter kein großes Problem dar. Im Zweifelsfall würde er seinen Bruder um Kredit bitten.

Der Aufstieg in der Beamtenhierarchie jedoch gestaltete sich ungleich schwieriger. Denn bis auf eine waren alle für Walter infrage kommenden Positionen mit Männern besetzt, von denen keiner auch nur im Entferntesten daran dachte, seinen Stuhl zu räumen. Es blieb nur der Posten eines Prokurators beim Reichskammergericht, für den der Klever Rat ein Vorschlagsrecht besaß. Dummerweise aber war das genau die Funktion, die auch Fabri einzunehmen gedachte. Walter konkurrierte mit ihm also nicht nur um dieselbe Frau, sondern auch um die auf absehbare Zeit einzige Aufstiegsmöglichkeit, wobei das eine ohne das andere nicht zu haben war. Eine verzwickte Situation.

Schließlich rang sich Walter dazu durch, seinen Vorgesetzten um ein persönliches Gespräch zu bitten. Der Geheime Rat Adam von Schwarzenberg empfing Walter ausnahmsweise nicht in seinem Arbeitszimmer im Kanzleigebäude, sondern im Spiegelturm der Burg, der als Archiv diente.

»Ah, da seid Ihr ja«, begrüßte ihn der Vertraute des Kurfürsten. »Ihr könnt mir direkt beim Suchen helfen. Erinnert Ihr Euch an das Dokument, mit dem ich den Fürsten überzeugen konnte, Gut Gimborn zur Unterherrschaft der Grafschaft Mark zu erklären? Ihr habt mich damals bei der Abfassung unterstützt.«

»Sicher.«

Diese Besserstellung seines Wohnsitzes hatte sich als kluger Schachzug von Schwarzenbergs erwiesen. Seitdem war er in seinem Territorium weitgehend unabhängig und musste seine Entscheidungen in der Regel nicht mehr vor dem Landesherrn rechtfertigen. Vor allem aber konnte er die Steuern nach eigenem Gutdünken festlegen, was ihm einerseits viel Ärger, andererseits jedoch auch viel Geld eingebracht hatte.

»Nun plane ich, das gesamte Amt Neustadt, welches zu Gimborn gehört, vollständig aus der Grafschaft auszugliedern und zur freien Reichsherrschaft erklären zu lassen.«

Walter nickte verstehend. Das würde es von Schwarzenberg erlauben, sich der Kontrolle durch den Kurfürsten vollständig zu entziehen. Er wäre dann als Herr über Gimborn nur dem Kaiser verantwortlich. Er plante also genau das, was er dem Herrn von Kemnade vorwarf.

Walter wusste, dass es nicht immer dasselbe war, wenn zwei das Gleiche taten. Und da von Schwarzenberg sein Vorgesetzter war, unterließ er jede kritische Bemerkung. »Ihr sucht die Entwürfe, die uns als Vorlage für das Schreiben an den Kurfürsten dienten?«

»Ja. Ich möchte mich auf meine damaligen Argumente stützen und diese in meiner neuen Bitte möglichst wortgetreu wiedergeben.«

Walter dachte einen Moment nach. »Habt Ihr schon im hinteren Raum nachgesehen? Da lagern alle Dokumente, die zu Eingaben und Ähnlichem benutzt wurden.«

Von Schwarzenberg legte dankbar eine Hand auf Walters Schulter. »Richtig, da muss es sein.«

Wenig später hielt der Geheimrat die Papiere in seinen Händen. Dann fragte er: »Weshalb wolltet Ihr mich sprechen?«

»Ich plane zu heiraten.«

»Das wurde auch Zeit. Wer ist denn die Glückliche?«

»Agatha Wettesbach.«

»Die Tochter unseres Haushofmeisters?«

»Ja.«

»Eine gute Wahl.«

»Es gibt nur ein Problem.« Walter berichtete von den Bedingungen, die Agathas Vater gestellt hatte.

»So gerne ich Euch helfen würde: Ich habe zurzeit keine entsprechende Stelle zur Verfügung.«

»Das ist mir bekannt. Ich hoffte, Ihr könntet mich zum Anwärter für den Posten des Prokurators beim Reichskammergericht erklären. Das würde Herrn Wettesbach sicher befriedigen.«

Der Geheimrat kratzte sich am Kopf. »Eigentlich hatte ich vor, Doktor Fabri mit dieser Funktion zu betrauen. Ihr seid deutlich jünger und er hat die älteren Rechte.«

»Aber ist er auch der bessere Jurist?«, gab Walter zu bedenken. Diese Frage stellte eine Kampfansage an seinen Kontrahenten dar und von Schwarzenberg reagierte sofort.

»Eigentlich steht Euch ein solches Urteil nicht zu.«

Walter sah seine Chancen schwinden.

»Wenn ich es jedoch recht bedenke … Vielleicht seid Ihr tatsächlich die bessere Wahl. Sollte ich mich für Euch entscheiden, erwarte ich jedoch, dass Ihr mir in jeder Hinsicht mit Eurem juristischen Sachverstand zur Seite steht. Und damit meine ich nicht nur die Unterstützung bei der Ausgliederung des Amtes Neustadt, sondern auch Eure Hilfe bei der Abfassung von Verträgen, auch wenn diese nur mich betreffen und nichts mit meiner oder Eurer Tätigkeit für den klevischen Rat zu tun haben.«

Walters Herz schlug heftiger. Sollte das wirklich so einfach gewesen sein? »Verfügt über mich nach Belieben.«

Adam von Schwarzenberg nickte. »Gut, dann sei es so. Ihr könnt Eurem zukünftigen Schwiegervater mitteilen, dass ich bei Euch im Wort stehe, sofern Ihr das Eure ebenfalls haltet. Aber er wie auch Ihr müsst über meine Entscheidung Stillschweigen bewahren. Ich möchte nicht, dass Fabri zu früh davon erfährt. Ich brauche ihn und will nicht riskieren, dass er seine Stellung in Kleve aufgibt und womöglich die Fronten wechselt. Er weiß zu viel. Habt Ihr verstanden?«

Walter senkte dankbar den Kopf und signalisierte sein Einverständnis.

## 18

*Kleve, 6. März 1625*

Bei Sonnenaufgang war Jürgen in Hattingen aufgebrochen, um seinen Bruder in Kleve aufzusuchen. Zunächst war er nach Norden geritten, hatte bei Crange die Emscher überquert, dann den Weg zur Lippe eingeschlagen und in einem Dorstener Gasthof übernachtet. Am nächsten Morgen brachte ihn ein Fährmann über den Fluss und empfahl, nicht auf direktem Weg zum Rhein zu reiten, sondern sich ein gutes Stück östlich des Stroms zu halten. Das Tauwetter habe eingesetzt und die Auen seien mit Sicherheit überflutet und nur schwer zu passieren. Bei Xanten könne Jürgen dann übersetzen. Der Kaufmann hatte den Rat befolgt und mit der Abenddämmerung die Residenzstadt am Rheinarm Kermisdahl erreicht.

Walter erwartete ihn bereits in seinem Haus in der Nähe der Schwanenburg. Das Gebäude war kleiner als die anderen Bauten ringsherum und wirkte etwas verloren zwischen den ausladenden Nachbarn. Die Zimmer waren schmucklos, verwinkelt und, da sich die größten Fenster zur Nordseite des Marktes öffneten, recht dunkel. Aber Walter fühlte sich darin wohl.

»Wie war dein Ritt?«, wollte der Advokat nach der Begrüßung wissen.

»Gut. Nur der Sattel wurde von Stunde zu Stunde härter und ich bin gehörig durchgefroren.« Jürgen rieb sich die klammen Hände und schob seinen Stuhl näher zum Kamin, in dem ein wärmendes Feuer prasselte.

»Die Magd hat einen deftigen Eintopf vorbereitet. Wenn du möchtest, können wir aber auch in das Gasthaus gehen. Es ist nicht weit entfernt und bietet eine größere Auswahl.«

»Gibt es bei dir Wein oder Bier?«

»Beides.«

»Dann bleiben wir hier«, entschied Jürgen. »Ich möchte nicht so schnell wieder hinaus in die Kälte.«

Nach dem Essen hockten sie am großen Tisch, der fast den ganzen Raum einnahm, probierten Walters Wein und unterhielten sich über Gott und die Welt. Der Rote schmeckte Jürgen vorzüglich, bald war der erste Krug ausgetrunken und Walter besorgte Nachschub.

»Bevor wir beide keinen klaren Gedanken mehr fassen können, lass uns über meine Anliegen sprechen, die ich dir ja bereits in meinem Brief mitgeteilt habe«, schlug Jürgen seinem Bruder vor. »Was rätst du mir? Soll ich Kohlen an die Salinen liefern?«

»Reichen die Mengen, die du derzeit aus dem Boden holst, dafür aus?«

»Nein. Ich müsste mehr Bergleute einstellen, um die Förderung erhöhen zu können, und weiteres Geld für den Ausbau der Grube aufwenden.«

»Dein Pütt verfügt aber über ausreichend Kohlevorräte?«

»Wenn ich von Honnichen glauben kann, ja.«

»An welche Salinen willst du liefern?«

»Die im Hochstift Münster erscheinen mir zu weit entfernt. Die Fuhrwerke benötigen für die Hin- und Rückfahrt mindest vier Tage, wahrscheinlich sogar länger. Bleibt nur Königsborn …«

»Das liegt bei Unna.«

»Richtig. Oder Werl.«

Walter zog ein skeptisches Gesicht. »Schlag dir Werl aus dem Kopf. Der Ort gehört zum Erzbistum Köln, das auf der Seite der Katholischen Liga und damit in Gegnerschaft zu unserem Kurfürsten steht. Der Rat in Kleve würde Kohlelieferungen dorthin nicht gern sehen, auch wenn Cronenberg sie dir genehmigt hat. Außerdem kann es sein, dass er nicht mehr lange im Amt ist.«

»Von Honnichen hat mir davon erzählt.«

»Dann weißt du, dass der Bergvogt nicht unumstritten ist.«

»Ja.«

Walter sah seinen Bruder prüfend an. »Wie kommt es eigentlich, dass Cronenberg dir dieses Angebot unterbreitet hat? Zum einen gibt es größere Pütts als deinen, zum anderen liefern andere schon seit Jahren die Kohlen an die Salinen. Warum dann einen neuen Lieferanten ins Boot holen? Das liegt doch nicht nur an der gestiegenen Nachfrage.«

Für einen Moment war Jürgen versucht, Walter von dem Schmiergeld zu erzählen, das Cronenberg von ihm erhielt. Dann entschied er sich dagegen. Walter war zwar sein Bruder, aber ebenfalls Advokat beim klevischen Rat. Und Letzterer brauchte nicht alles wissen.

»Vielleicht, weil ich von Honnichen Arbeit gegeben habe?«

Diese Antwort schien seinen Bruder zu befriedigen. Sie diskutierten noch eine Weile das Für und Wider, bis Walter abschließend erklärte: »Ich würde die Lieferungen begrüßen. Du unterstützt damit märkische Salinen, was dem Klever Rat sicher gefallen wird. Vor allem musst du dann den Warentransport für die Spanier nicht wieder aufnehmen, was den Groll, den einzelne brandenburgische Offiziere gegen dich hegen, bestimmt mindert. Und drittens«, er grinste breit, »mehrst du das Vermögen unserer Familie. Was wiederum mich freut, dann kann ich dich ohne schlechtes Gewissen anpumpen.«

»Brauchst du Geld?«

»Vielleicht.«

»Wofür, wenn ich fragen darf?«

»Für den Bau eines neuen Hauses.«

»Ich dachte, du lebst gerne hier.«

»Ich schon. Aber meinem zukünftigen Schwiegervater gefällt es nicht. Das Haus sei nicht standesgemäß, meint er. Außerdem ist es zu klein für viele Kinder.«

Jürgen sprang auf und klopfte seinem Bruder freudig auf die Schulter. »Wer ist denn die Auserwählte?«

»Ein Fräulein von Stand. Ihr Vater arbeitet ebenfalls am hiesigen Hof. Ich habe seine Tochter auf einem Empfang kennengelernt.«

»Hast du bereits um ihre Hand angehalten?«

»Nicht offiziell. Aber ihr Einverständnis habe ich.«

»Das sind gute Neuigkeiten. Wann ist die Hochzeit?«

Walter lachte. »Immer langsam mit den jungen Pferden. Erst kommt der Antrag, dann das neue Haus, erst dann die Eheschließung. Ich verspreche dir, du wirst es rechtzeitig erfahren.«

»Das will ich meinen. Darauf trinken wir.« Jürgen hob seinen Becher.

Dann wurde Walter wieder ernst. »Ich habe mich mit der Frage eines Prozesses gegen den Hattinger Rat wegen der Ausweisung unseres Schwagers befasst. Die Entscheidung des Rats ist nicht zu beanstanden. Es gibt einen herzoglichen Erlass, der den Räten eine solche Kompetenz zubilligt. Ich fürchte, dass eine Klage deshalb sinnlos ist.«

Jürgen schwieg.

»Und noch eines: Du hast dich in deinem Schreiben nach der Möglichkeit rechtlicher Schritte gegen Wennemar von der Recke erkundigt. Mein Rat dazu: Lass es bei der Verurteilung seiner Helfershelfer bewenden. Er wird leugnen und dann steht sein Wort gegen das der Knechte. Ich muss kein Prophet sein, um zu wissen, wem die Richter glauben werden. So gerne wir in Kleve den Herrn von Stiepel in seine Schranken weisen würden – dein Fall ist dafür leider ungeeignet.«

»Das hatte ich befürchtet.«

»Etwas anders sieht das allerdings in der Erbschaftsangelegenheit seiner Schwester aus. Wir glauben, dass Ursula Nagel einen Anspruch auf ihr Pflichtteil hat.«

»Wer ist wir?«

»Ich und der Geheime Rat Adam von Schwarzenberg sowie weitere Juristen am Hof.«

»Was schlagt ihr vor?«

»Ursula Nagel soll Beschwerde gegen das Testament ihres Vaters bei Jobst von Strünkede einreichen. Der Droste von Bochum ist die Berufsinstanz für die Gerichtsherrlichkeit Stiepel. Ein von der Recke kann schlecht in eigener Sache urteilen. Jobst von Strünkede wird ihren Anspruch anerkennen.«

»Das nimmst du an.«

»Das weiß ich«, erwiderte Walter bestimmt.

»Woher?«

»Weil er Kleve untersteht. Reicht dir das als Erklärung?«

»Natürlich. Soll ich ihr das so ausrichten?«

»Selbstverständlich nicht, du Dummkopf. Sag ihr, sie solle sich an den Drosten wenden. Das genügt. Den Rest erledigen wir. Willst du noch Wein?«

Jürgen nickte. Und wachte am nächsten Morgen mit einem ziemlichen Brummschädel auf.

## 19

*Schloss Strünkede, 8. März 1625*

Die gestrige Weisung, die Jobst von Strünkede durch einen Boten aus Kleve überbracht worden war, hatte keinen Raum für Interpretationen gelassen. Sollte Ursula Nagel Ansprüche gegen ihren Bruder Wennemar von der Recke aus dem Erbe ihres Vaters erheben, seien diese in vollem Umfang zu befriedigen. Lediglich die konkrete Entschädigungshöhe und die Art des Ersatzanspruchs hatten die klevischen Räte nicht entschieden und damit dem Drosten von Bochum wenigstens einen kleinen Handlungsspielraum gelassen.

Vor drei Tagen hatte Ursula Nagel um einen Termin bei ihm nachgesucht. Ihr Fürsprecher war Jürgen von Linden gewesen. Deshalb nur war der Droste ihrer Bitte so schnell gefolgt. Üblicherweise hätte jemand von solch geringer Bedeutung wochenlang auf eine Audienz gewartet, wenn er denn überhaupt vorgelassen worden wäre. Und nun auch noch das Schreiben seiner Vorgesetzten aus Kleve. Damit war Ursula Nagel eine Person, die des Drosten Aufmerksamkeit bedurfte.

Natürlich wusste Jobst von Strünkede, dass es weniger um Ursula als um Wennemar ging. Die klevische Regierung plante, den Herrn von Kemnade, der ebenso widerborstig und stur wie sein Vater war, ein für alle Mal in die Schranken zu weisen. Da kam ihnen die Erbstreitigkeit gerade recht. Entsprechend empfindlich musste die Entschädigung ausfallen, die Wennemar seiner Schwester zu zahlen hatte. Und dem Drosten war nach kurzem Nachdenken etwas eingefallen, was von der Recke vermutlich treffen würde.

Zu den Höfen mit dem höchsten Ertrag, das wusste Jobst von Strünkede aus den Abgaben, die die Herren von Kemnade leisteten, gehörten die Güter Varenholt und Dönhoff, ersteres in Stiepel, letzteres in Heven gelegen. Der Zehnte, den die Hofbesitzer an Wennemar zahlten, betrug insgesamt eintausend Taler im Jahr. Dieser Betrag sollte zukünftig Ursula zufließen. Da aber die Abgaben erst am elften November, dem Martinstag, fällig wurden, plante der Droste, dem Herrn von Kemnade eine Ausgleichszahlung in Höhe von fünfhundert Talern aufzubürden, die sofort zu begleichen war und der Schwester bis Martini ein angemessenes Leben ermöglichen würde.

Ein Diener meldete das Eintreffen Ursula Nagels.

»Herein mit ihr«, ordnete der Droste an und erhob sich, um seinen Gast zu begrüßen.

Die junge Frau trug ihren dunklen Umhang über dem Arm. Sie war nicht wie eine Adelige, sondern wie eine Frau vom Land gekleidet, ähnlich einem Landsknecht. Jobst von Strünkede wunderte das nicht, hatte er doch gehört, dass sie wie ein Mann ein Fuhrwerk lenkte. Zum ersten Mal stand er der Person gegenüber, deren Lebenswandel das halbe Herzogtum beschäftigte.

»Ich hoffe, Euer Weg von Hattingen her war ohne Gefahren?«, meinte der Droste nach ihrer Begrüßung.

»Ja. Herr von Linden war so freundlich, mir ein Pferd zu leihen. Das brachte mich sicher zu Euch.«

Eine Frau, die sich auf das Reiten verstand. Wirklich bemerkenswert, fand der Droste. »Es tut mir leid, dass Euer Vater verstorben ist.«

Ursula nahm die Beileidsbekundung mit unbewegter Miene entgegen. »Danke für Eure Anteilnahme, aber mein Vater war ein harter Mann, geizig und unzugänglich. Auch wenn ich seine Tochter bin: Ich weine ihm keine Träne nach.«

Der Droste nickte verstehend. »Mir wurde zugetragen, dass Euer Bruder Euch das Erbe verweigert?«

»Ja. Er beruft sich auf das Testament meines Vaters. Ich hingegen bin der Auffassung, dass mir zumindest ein Pflichtteil zusteht. Herr von Linden hat mir geraten, Eure Unterstützung zu erbitten.«

»Ein kluger Rat, wenn Euer Fall auch ziemlich verzwickt ist.«

»Wieso?«

»Zwar ist das Bochumer Gericht die Berufungsinstanz für die Herrlichkeit Stiepel, aber der Herr von Kemnade untersteht in eigener Sache nicht dem Urteilsspruch meines Gerichts.«

Ursula zeigte ein enttäuschtes Gesicht.

Schnell setzte der Droste fort: »Andererseits kann der Herr von Stiepel nicht in eigener Sache urteilen. Er wäre dann Angeklagter und Richter zugleich. Deshalb vertritt der Rat in Kleve die Auffassung, dass ich in dieser Angelegenheit entscheide.«

»Und habt Ihr Euch schon eine Meinung gebildet?«

»Sicher. Ich halte Euren Anspruch für gerechtfertigt.«

Die junge Frau atmete hörbar aus.

»Ich werde Euch bis zum Ende Eurer Tage den Zehnten aus den Höfen Varenholt und Dönhoff zusprechen. Das sind rund eintausend Taler jährlich. Das reicht sicher für Euren Unterhalt und den Eures Sohnes.«

»Ich habe meinen Sohn bisher nicht erwähnt«, wunderte sich Ursula.

»Das braucht Ihr auch nicht. Fast jeder zwischen Bochum und Hattingen kennt Euer Schicksal.«

»Der Zehnte wird aber erst in einigen Monaten fällig, oder?«

»Richtig. Deshalb erhaltet Ihr eine Überbrückungszahlung.«

»Wie viel?«

»Fünfhundert Taler.«

»Mein Bruder wird dieses Geld nicht zahlen.«

»Er muss.«

»Beginnt Ihr deswegen einen Krieg?«

Der Droste schwieg. Dann sagte er: »Ich werde die Gutsbesitzer der beiden Höfe bitten, Euch einen Abschlag auf den Zehnten zu gewähren. Der wird zwar geringer als die hälftige Abgabe ausfallen, Euer Überleben aber trotzdem sichern.«

»Danke.«

»Falls Euer Bruder versucht, diese Zahlung zu verhindern, werde ich die Gutsbesitzer autorisieren, gegen seine Beauftragten mit Gewalt vorzugehen. Wennemar von der Recke wird nicht riskieren, dass seine Männer in das Bochumer Gefängnis wandern.«

»Euer Wort in Gottes Ohr.«

»Ihr seid nicht überzeugt?«

»Ich bin nicht sicher, ob sich mein Bruder so leicht geschlagen gibt. Trotzdem danke ich für Eure Entscheidung.«

Nachdem sich Ursula Nagel verabschiedet hatte, setzte der Droste ein Schreiben an die Gutsbesitzer auf, in dem er sie zu einem Gespräch in zwei Tagen bat. Danach verfasste er eine Nachricht an den Grundherrn von Herbede, einen Vetter von der Reckes, auf dessen Gebiet der Hof Dönhoff lag. Ihm teilte er mit, dass der Zehnte zukünftig nicht mehr an Wennemar, sondern an dessen Schwester fließe. Schließlich setzte er noch eine lapidar formulierte Notiz an den Herrn von Stiepel auf, in der er ihn über seine Entscheidung verständigte. Er vergaß nicht den Hinweis, dass sein Urteil auf ausdrücklichen Befehl der Regierung in Kleve erfolgt sei. Das, so hoffte der Droste, würde den zu erwartenden Widerstand des Herrn von Kemnade im Keim ersticken.

Als alle Briefe dem Boten übergeben worden waren, schenkte sich Jobst von Strünkede einen Becher Wein ein. Es war sicher nicht zu seinem Schaden, das Ansinnen seiner vorgesetzten Behörde so schnell und effektiv umzusetzen.

## 20

*Haus Kemnade, 11. März 1625*

Wennemar von der Recke tobte wie ein Berserker. Zinnteller flogen an die Wände, Tonkrüge zerschellten auf den Holzdielen, Obst, Fleischstücke und Eier dienten dem Wütenden als Wurfgeschosse, mit denen er seinen Diener traktierte. Das Gebrüll ihres Herrn hörten die Knechte bis in die Stallungen.

Es war nicht der erste Ausbruch dieser Art in letzter Zeit. Vor zwei Tagen hatte sich der Herr von Stiepel bereits wie von Sinnen aufgeführt, als ihm sein Vetter die Nachricht von der Beschlagnahmung der Höfe – denn im Grunde handelte es sich um nichts anderes – überbrachte.

Der zweite Ausbruch ereignete sich gestern, nachdem der Bote, den Wennemar von der Recke zum Drosten geschickt hatte, ohne Erfolg zurückgekehrt war. Jobst von Strünkede hatte Wennemars Note, in der er förmlichen Protest gegen die Entscheidung des Drosten eingelegt und gleichzeitig jede Zuständigkeit des Bochumer Gerichts in Familienangelegenheiten der von der Reckes bestritten hatte, schlicht ignoriert.

»Was sagt Ihr da?«, ereiferte sich der Herr von Kemnade. »Wie viel Taler verlangt Ihr von mir?«

»Eintausend jetzt, fünfhundert bei Eröffnung des Verfahrens und weitere fünfhundert nach der Urteilsverkündung«, erwiderte Prokurator Doktor Beatus Moses gelassen und hielt seinen Becher fest, damit dieser nicht auch durch den Saal flog.

»Ihr müsst wahnsinnig sein. Das ist mehr als doppelt so viel, wie der Droste für meine vermaledeite Schwester einfordert!«, schnaubte Wennemar.

Er saß mit dem Prokurator im immer noch nicht fertiggestellten Empfangssaal der Wasserburg an der Ruhr. Der Doktor der Rechte lehnte sich entspannt zurück. Er kannte solche Ausbrüche. Darin unterschied sich der Sohn nicht vom verstorbenen Vater. Und er wusste auch, dass Wennemar von der Recke am Ende des Tages die Forderung akzeptieren würde. So war es immer schon gewesen. Erst kam das Gebrüll, dann folgte die Einsicht. Es war nicht der erste Prozess vor dem Reichskammergericht, den Moses für die Herren von Stiepel führte. Die Familie stand ständig wegen irgendwelcher Streitereien mit ihren Nachbarn, vor allem aber mit dem Bochumer Drosten, vor Gericht. Moses hatte einen ansehnlichen Batzen Geld an diesen Händeln verdient und gedachte, auch zukünftig von der Streitlust von der Reckes zu profitieren.

»Im ersten Jahr, das ist richtig. Aber bedenkt: Der von Euch genannte Betrag wird jedes Jahr aufs Neue fällig.«

»Trotzdem seid Ihr zu teuer.«

»Außerdem plant Ihr, meinen Kollegen, den Advokaten Doktor Philippus Hiller, ebenfalls hinzuzuziehen. Wenn ich euch richtig verstanden habe, soll ich dessen Honorar vorstrecken. Dass ich das nicht tue, ohne die dafür erforderlichen Taler von Euch zu verlangen, dürfte unstreitig sein.«

»Ja, ja«, schnaubte von der Recke. »Aber zweitausend Taler sind zu viel.«

Beatus Moses griff zu seinem leeren Weinbecher und schaute bedauernd auf den Boden, wo der rote Wein zwischen den Scherben des Kruges in den Spalten der Bodendielen versickerte. »Hättet Ihr vielleicht noch einen Schluck?«, fragte er und zeigte auf sein Trinkgefäß.

Von der Recke gab dem Diener ein Zeichen. Nur zögernd

wagte der Mann sich aus der Deckung einer Säule, um den Befehl seines Herrn auszuführen.

»Beweg deinen lahmen Arsch«, brüllte Wennemar ihn an. »Sonst mach ich dir Beine.« Suchend schaute er auf dem Tisch herum. Als er nichts entdeckte, was er als Wurfgeschoss hätte einsetzen können, beschränkte er sich auf eine weitere Drohung, die er dem zitternden Diener hinterherschickte.

»Wie soll ich diese Summe aufbringen?«, jammerte von der Recke, als er sicher war, dass ihn keiner seiner Bediensteten hören konnte. »Der Wiederaufbau meines Familiensitzes verschlingt Unsummen, die ständig wechselnden Besatzungssoldaten fordern Schutzgeld, meine Bauern laufen in Scharen davon und das faule Pack meiner Knechte und Mägde macht sich ein schönes Leben, ohne wirklich zu arbeiten. Woher soll ich zweitausend Taler nehmen?«

Der Prokurator zuckte nur mit den Schultern. Er kannte solche Litaneien zu Genüge. Kein Mandant zahlte freudig seine Rechnung, vor allem nicht, wenn ein Prozess verloren wurde. Deshalb arbeitete Moses nur dann, wenn er den größten Teil seines Honorars im Voraus erhielt.

Der Diener kehrte mit Wein zurück. Er schenkte den beiden Herren ein, stellte den Krug jedoch vorsichtshalber auf einem Tisch am Fenster ab, den sein Herr, ohne aufzustehen, nicht zu erreichen vermochte. So schien ihm die Gefahr geringer, dass der Krug bei einem erneuten Wutanfall auf seinem Kopf zerschlagen wurde.

»Was regt Ihr Euch auf? Ihr holt Euch mein Honorar vom Bochumer Drosten zurück.«

»Aber bis dahin fehlt mir das Geld. Und was ist, wenn Ihr Unrecht habt und ich verliere?«

»Dann zahlt Ihr beides: den Unterhalt Eurer Schwester und meine Vergütung«, erwiderte Doktor Moses ungerührt.

Empört sprang Wennemar auf. »Ihr sagt das in einem Tonfall, als wäre es das Selbstverständlichste der Welt.«

»Ich sage das deshalb, weil Prozesse durchaus verloren gehen. Nur glaube ich in Eurem Fall nicht daran.«

»Warum nicht?«

»Weil das Reichskammergericht in Speyer dem Kaiser untersteht. Und der liegt im Zwist mit dem Brandenburger.«

»Ihr meint, ich gewinne in jedem Fall?« Etwas beruhigter, setzte sich Wennemar wieder.

»Das habe ich nicht gesagt. Auch der Kaiser kann sich nicht über das Gesetz stellen. Wir müssen dem Gericht schon gute Argumente liefern, damit es in unserem Sinne entscheidet.«

»Mein Vater sprach von uraltem deutschem Recht, als er meine Schwester enterbte.«

»Richtig. Genau darauf werde ich unsere Argumentation aufbauen. Allerdings …«

»Was?«

»Doktor Hiller und ich krümmen keinen Finger, wenn Ihr unser Honorar nicht bezahlt. Ihr wisst, dass Ihr keine besseren Rechtsvertreter als uns im weiten Umkreis findet. Entscheidet Euch. Jetzt!«

Als Wennemar nicht sofort antwortete, nahm der Prokurator einen großen Schluck aus seinem Becher und stand auf. »Danke für den Wein. Er ist wirklich ausgezeichnet.«

»Wo wollt Ihr hin?«

»Zurück in meine Kanzlei. Ihr stehlt mir meine Zeit. Es sei denn, Ihr akzeptiert meine Forderung.«

Wennemar holte tief Luft, um seiner Wut freien Lauf zu lassen, besann sich dann aber eines Besseren. »Ich akzeptiere.«

Beatus Moses lächelte fein. »Eine weise Entscheidung.« Er griff in seine lederne Umhängetasche und zog Feder, Tinte und ein Schriftstück daraus hervor. »Die Honorarvereinbarung«, erklärte er. »Bitte unterschreibt unten rechts.« Er schob das Dokument zu seinem Auftraggeber hinüber, öffnete das Tintenfässchen, steckte die Feder hinein und reichte sie dann von der Recke.

Der Herr von Kemnade verbarg seinen Missmut kaum, als er nach kurzem Zögern unterzeichnete.

# 21

*Gotthard, 12. März 1625*

Der tobende Sturm hielt sie in der Hütte fest. Glücklicherweise führten Kaufmann Faßbender und seine Männer ausreichend Nahrungsmittel mit sich, die sie bereitwillig teilten. Sonst hätten die Hattinger schon am zweiten Tag ihres Aufenthalts hungern müssen. So aber mussten sie ihre Vorräte nicht antasten und schlugen sich mit den Speisen, die Faßbender im Gepäck hatte, dankbar die Bäuche voll.

Obwohl Kölner von Geburt, lebte der Kaufmann den Großteil des Jahres in Genua. Sein Geschäft sei der Handel, erklärte er. Er importiere Kümmel, Zimt, Pfeffer, Muskatnuss und andere Köstlichkeiten aus Hinterindien, verlade die Gewürze in Genuas Hafen auf Pferdekarren, die seine Waren bis kurz vor den Gotthardpass brachten, von wo sie, auf den Schlitten oder Fuhrwerken der Säumer verstaut, über den Pass gebracht wurden. Dafür erhielten die Säumer ihr Geld. Niemand durfte Waren auf eigene Faust über den Berg bringen. Und besonders im Winter waren ortskundige Führer unerlässlich. Ohne sie bestand die Gefahr, nicht nur die Güter, sondern auch das Leben zu verlieren.

Nördlich des Gotthards standen in Schattdorf andere Fuhrwerke, mit denen die Fahrt nach erneutem Umladen bis zum Rhein fortgesetzt wurde. Von dort transportierten Lastkähne Faßbenders Kostbarkeiten bis ins Rheinland, wo er sie gewinnbringend verkaufte.

Im Gegenzug erwarb er alles, was sich in Genua zu Geld machen ließ, bevorzugt Stoffe, Pelze und Schmiedewaren. Diese Güter schaffte er dann zurück nach Schattdorf, wo wieder die Säumer für den Alpentransfer warteten. Etwa viermal im Jahr unternehme er diese Fahrten, berichtete Faßbender.

Aber noch nie sei er von einem solchen Unwetter überrascht worden.

Am sechsten Tag ihres Aufenthalts flachte der Sturm ab und Faßbender entschied sich, weiterzuziehen. Er fragte Wilhelm und Trine, ob sie sich ihm anschließen wollten. Die Hattinger bejahten erleichtert.

»Es wird aber noch einige Stunden dauern, bis wir loskönnen«, meinte der Händler und warf einen skeptischen Blick auf die Schneemassen, unter denen der Weg nicht zu erkennen war. »Erst müssen die Säumer eine Schneise freiräumen.«

»Wie machen sie das?«, erkundigte sich Wilhelm, dem schleierhaft war, wie sie jemals durch die Schneeberge vor ihnen weiterkommen sollten.

»Die Säumer beschäftigen Schaufelknechte, um hohe Verwehungen zu beseitigen. Der Schnee auf dem Passweg wird durch Ochsen, die große Baumstämme ziehen, festgedrückt. So können später die Schlitten passieren. Urs ist unterwegs, um die Lage zu sondieren.« Faßbender zeigte auf Stangen links und rechts des Weges, die Wilhelm schon vor einigen Tagen aufgefallen waren, über deren Bedeutung er sich aber keine Gedanken gemacht hatte. »Im Sommer schlagen die Säumer Tannen und markieren mit den Stämmen den Weg. Wenn viel Schnee fällt wie in den letzten Tagen, sind hoffentlich die Spitzen der Tannen noch zu erkennen. Solange man zwischen ihnen läuft, kann einem nichts passieren.«

Trine fragte ängstlich: »Aber der Weg ist doch mehrere Schritte breit. Was soll da schon geschehen?«

Es schien, als überlege Faßbender kurz, ob er antworten sollte. Dann meinte er: »Das ist leider nicht überall der Fall. Hinter Göschenen kommt die Schöllenen.«

»Was ist das?«

»Die Reuss-Schlucht. Da ist es enger.«

»Wie eng?« Trines Stimme klang belegt.

»Du wirst schon sehen«, wich Faßbender aus. Der Kaufmann duzte alle und jeden und legte auch bei seinem Gegenüber keinen Wert auf Förmlichkeiten.

Tatsächlich mussten sie bis zum nächsten Morgen warten, bis Urs das Zeichen für den Aufbruch gab. Der Schweizer marschierte mit einigen der Bewaffneten und seinen Gehilfen vorneweg, ihm folgten die von Ochsen gezogenen Schlitten. Auf einen von ihnen hockte Faßbender. Dahinter liefen Wilhelm, Trine und Alke.

Wilhelm konnte sich nicht vorstellen, dass in diesem Gelände irgendwo Räuber für einen Überfall lauern sollten. Rechts von ihnen ragten nach wenigen Metern die Felswände empor, links standen einige Tannen, dahinter fiel das Terrain steil zum Fluss ab. Hier gab es keine Verstecke. Trotzdem beorderte Faßbender drei Waffenträger als Nachhut des Trosses.

Zügig durchquerten sie das kleine Dorf Göschenen. Aber schon kurz dahinter ging es steil bergan. In Serpentinen schlängelte sich der Weg in die Höhe, der Baumbewuchs wurde spärlicher, hörte schließlich ganz auf. Wo kein Schnee lag, machten die Reisenden nackten Fels aus. Und Dutzende Schritt unter ihnen bahnte sich die Reuss tosend ihren Weg ins Tal.

Sie mochten etwa eine Stunde gestiegen sein, als Urs das Zeichen zum Anhalten gab. Der Schweizer kehrte zu Faßbenders Schlitten zurück und sagte etwas in der für Wilhelm unverständlichen Sprache.

Der Kaufmann atmete tief durch und nickte. Dann griff er in eine seiner Taschen, die hinter ihm auf dem Schlitten lagen, und zog ein Tuch hervor, das er Urs reichte. Der band es dem Kaufmann über die Augen und versicherte sich mehrmals, dass es straff saß und nicht verrutschen konnte. Dann begab er sich wieder an den Anfang der Kolonne.

Trine schaute ihren Mann fragend an, aber der zuckte nur mit den Schultern.

Vor ihnen führte der Weg um eine hoch aufragende Felsnase. Erst verschwanden Urs und seine Männer, dann die Schlitten aus Wilhelms Gesichtsfeld. Kurz darauf erreichten auch die Hattinger die Biegung. Nichtsahnend und nur mit sich beschäftigt, stapften sie um die Kurve.

Abrupt blieb Wilhelm stehen. Ihm stockte der Atem. »Herr, steh uns bei«, murmelte er und bekreuzigte sich. Auch Trine und Alke schauten voller Entsetzen auf das, was vor ihnen lag.

Auf einer Strecke von einigen Hundert Schritt gab es keinen Weg mehr, sondern nur noch senkrechten Fels, aus dem nebeneinander waagerechte Eisenstützen hervorragten, deren Tragfähigkeit mit in der Wand befestigten Ketten verstärkt worden war. Auf diesen Stützen lagen dicke Holzbalken, darüber waren Bretter genagelt worden, um eine Art Brücke herzustellen, die so schmal war, dass die Kufen der Schlitten über ihren Rand zu gleiten drohten. Die Männer, die sich bereits daraufgewagt hatten, schienen in der Luft zu hängen wie lose Blätter im Herbst, die der Wind beim geringsten Hauch vom Ast blasen konnte.

»Da gehe ich nicht hinüber«, flüsterte Trine und ihre Finger umkrallten Wilhelms Hand.

»Wir müssen aber«, versuchte er, seiner Frau und Alke Mut zuzusprechen, obwohl ihm selbst das Herz bis zum Hals klopfte.

»Haltet keine Maulaffen feil«, rief einer der Kölner von hinten. »Die Aussicht könnt ihr später bewundern. Wir wollen heute noch über den Pass. Also los! Einer nach dem anderen!«

Wilhelm nickte Trine und Alke erneut aufmunternd zu und wagte den ersten Schritt auf die Holzkonstruktion. Zu seinem Erstaunen schwankte sie nicht. Langsam ging er weiter. Er hörte Schritte hinter sich und hoffte, dass es die von Trine und Alke waren, denn umzudrehen wagte er nicht. Er schaute auch nicht hinunter, sondern stur geradeaus und setzte vorsichtig Schritt vor Schritt. Die Holzplanken waren glatt, teilweise vereist. Wer hier rutschte und stürzte, fiel tief in den tobenden Fluss, denn es gab kein Seil oder gar Geländer, an dem man sich festhalten konnte.

Endlich sah er vor sich eine Brücke, die Urs bereits passiert hatte. Sie führte im rechten Winkel über die Klamm, daran schlossen zwei enge Kurven an. Soweit Wilhelm sehen konnte, verbreiterte sich der Weg dahinter. Jetzt war es nicht mehr weit. Bald waren sie in Sicherheit. Er wagte nun doch einen schnellen Blick über seine Schulter und atmete auf. Seine Frau und ihre Tochter gingen dicht hinter ihm. Trine versuchte ein Lächeln, brachte aber nur eine verzweifelte Grimasse zustande.

Kurz darauf passierten sie erleichtert die Steinbrücke und schlossen zu Faßbender auf, der mit noch immer verbundenen Augen auf dem Schlitten hockte und sich festklammerte. Jetzt verstand Wilhelm, warum der Kaufmann die Binde trug.

»Ho!«, rief einer der Knechte und schlug den Ochsen, der vor Faßbenders Schlitten gespannt war, mit einer Gerte. Das Tier schüttelte unwirsch den mächtigen Schädel, zog aber nach weiteren Hieben den Schlitten ruckartig an. Dabei geriet dessen linke Kufe auf einen am Wegesrand liegenden Felsblock, ruckte und der Ochse stemmte sich kräftig ins Geschirr. Der Schlitten legte sich zur Seite und noch ehe der Knecht auf Faßbenders Angstschrei reagieren konnte, kippte er vollends um.

Der Kaufmann fiel, tastete orientierungslos umher und anstatt sich die Binde vom Kopf zu streifen, kroch er blindlings los, genau auf den nur einen Schritt entfernten Abgrund zu.

»Nein«, brüllte Wilhelm, aber da war es schon zu spät. Der Kaufmann griff ins Bodenlose, wälzte sich in Panik herum, drehte sich dann unbeholfen um die eigene Achse und unversehens strampelten seine Beine ins Leere. Faßbender schrie erneut, als er langsam über die Kante zu rutschen drohte.

Ohne nachzudenken, sprang Wilhelm vor, landete auf dem Bauch und bekam im letzten Moment die Hand des Kaufmanns zu fassen, der sich wie ein Ertrinkender an ihm festklammerte. Nun aber wurde auch Wilhelm vom Gewicht des anderen Mannes über den vereisten Weg Richtung Abgrund gezogen. Er hörte Trines Angstschrei und ihm blieb fast das Herz stehen. Vergeblich versuchte er, sich irgendwo mit den Füßen festzuklammern. Aber er fand keinen Halt.

Glücklicherweise hatte die Nachhut aufgeschlossen. Zwei der Männer erfassten die gefährliche Situation sofort, sprangen herbei und gemeinsam gelang es ihnen, Wilhelm und den Kaufmann zurück auf den sicheren Weg zu ziehen.

Vom Umkippen des Schlittens bis zu ihrer Rettung war nicht mehr als eine Minute vergangen. Schwer atmend, lagen die beiden Männer nebeneinander auf dem kalten Schnee. Faßbender zog erst jetzt die Augenbinde vom Kopf und nahm, nachdem sich beide wieder aufgerappelt hatten, Wilhelm in den Arm. »Du hast mir das Leben gerettet. Das werde ich dir nie vergessen.«

Wilhelm lächelte verlegen. Dann zeigte er auf den Weg hinter ihnen. »Haben Brücke und Steg einen Namen?«, wollte er wissen.

»Auf was für Gedanken kommst du denn?«, fragte der Kaufmann entgeistert. »Rettet mein Leben und das Einzige, was ihn interessiert, ist der Name dieser verdammten Brücke.«

»Ich muss es wissen. Schließlich wären wir beide an diesem Ort fast in den Tod gestürzt.«

»Verstehe«, erwiderte der Kaufmann mit breitem Grinsen. »Der Steg wird Twärrenbrücke genannt. Die Brücke Stiebender Steg oder Teufelsbrücke.«

»Seltsam. Der Steg heißt Brücke und die Brücke auch Steg.« Wilhelm schüttelte irritiert den Kopf. »Aber das ist egal. Hauptsache, wir haben beide hinter uns. Noch einmal werde ich diesen Weg jedenfalls nicht gehen. Man soll Gott nicht herausfordern. Einmal hat er uns gerettet. Wer weiß, ob er das ein zweites Mal für nötig hält?« Erneut schüttelte er den Kopf. »Auf jeden Fall trägt die Teufelsbrücke ihren Namen zu Recht.« Er sah zu Faßbender hin. »Können wir diesen unwirtlichen Ort jetzt verlassen?«

Der Kaufmann schlug Wilhelm erleichtert auf die Schulter. »So schnell es geht.« Mit diesen Worten gab er Urs das Zeichen zum Weitermarsch.

Den Rest des Tages hielt Trine Wilhelms Hand fest umklammert.

## 22

*Königsborn, 2. April 1625*

Jürgen von Linden war bei Sonnenaufgang losgeritten, um die fast sechs Meilen nach Königsborn ohne Anstrengung an einem Tag zu schaffen. Die Saline, die er besuchen wollte, lag auf dem Gebiet der Bauernschaft Brockhausen nördlich der Stadt Unna, nahe der Straße nach Werne. Bergmeister Cronenberg hatte ihm gesagt, dass das Salzwerk Winold von Büren gehöre, einem Kaufmann aus Unna, der als Bürgermeister seiner Stadt amtiere.

Der Tag versprach schön zu werden. An den Bäumen und Büschen zeigte sich das erste zaghafte Grün, auf den Wiesen neben seinem Weg streckten sich Frühlingsblüher nach oben. Von einem wolkenlosen Himmel wärmten Sonnenstrahlen und ein milder Wind aus Südwest zeugte davon, dass der Winter endgültig vorbei war.

Auf dem Ritt nach Königsborn stellte Jürgen fest, dass sich die Wege, über die möglicherweise seine Fuhrwerke rollen würden, in einem ordentlichen Zustand befanden. Es gab kaum tiefe Löcher, die ein Fortkommen bei Regen erschwerten, nur geringe Steigungen, sodass die Pferde ihre Last ohne Schwierigkeiten ziehen konnten, und neben der Strecke auch einige Bauernhöfe, deren Besitzer gegen ein Entgelt sicher bereit waren, den Fahrern und Tieren nachts Unterkunft zu gewähren. Darum wollte der Kaufmann sich auf dem Rückweg kümmern, falls seine Verhandlungen zum Ziel führten.

Am frühen Nachmittag erreichte Jürgen das Salzwerk. Fünf niedrige Häuser mit hohen Kaminen standen auf einem freien Feld, neben ihnen ein weiteres Gebäude, welches einem Wohnhaus ähnelte. Zwei Brunnen lagen einige Hundert Schritt auseinander. Unter einem Verschlag unweit der Häuser stapelten sich Dutzende von Fässern, die denen glichen, die auch Jürgen benutzte – in ihnen wurde ohne jeden Zweifel Kohle aufbewahrt. Weiter hinten beluden Arbeiter ein Fuhrwerk mit prall gefüllten Säcken: Salz!

Jürgen stieg aus dem Sattel, führte sein Reittier am Zügel mit sich und erkundigte sich bei einem vorbeieilenden Arbeiter, wo Winold von Büren zu finden sei. Statt einer Antwort zeigte der Mann nur auf das höhere Gebäude und hastete weiter.

Der Hattinger hatte sich mit einem Brief bei von Büren angekündigt, wusste aber nicht, ob dieser sein Schreiben auch wirklich erhalten hatte. Denn geantwortet hatte der Salinenbesitzer nicht.

Jürgen ging zu dem Haus, band sein Pferd an einen in der Wand eingelassenen Eisenring und hoffte, dass er den weiten Weg nicht umsonst gemacht hatte. Aber seine Befürchtungen waren unbegründet. Die Eingangstür des Hauses öffnete sich und ein Mittvierziger trat ins Freie.

»Ihr müsst Herr von Linden sein«, begrüßte ihn der Mann. »Herzlich willkommen. Ich bin Winold von Büren.« Der Salinenbesitzer reichte Jürgen die Hand. »Wollt Ihr Euch erst bei einem Glas Wein erfrischen? Wir können auch schon über das Geschäftliche sprechen, bevor ich Euch das Salzwerk zeige, wenn es Euch recht ist.«

»Gerne«, erwiderte Jürgen und folgte von Büren in das Innere des Hauses. Wie er erwartet hatte, bestand das Gebäude lediglich aus einer großen Stube, in der mehrere Tische und Bänke sowie zwei Schreibpulte standen. Zwei Schränke beherrschten die eine Stirnwand, ein gemauerter Kamin die andere. Eine Treppe führte in das Obergeschoss.

Von Büren zeigte auf einen Tisch, auf dem bereits ein Krug und zwei Becher standen. Jürgen nahm auf der Bank unter dem Fenster Platz, sein Gastgeber setzte sich ihm gegenüber, schenkte ein und prostete ihm zu.

»Eurem Brief habe ich entnommen, dass Ihr einen Pütt an der Ruhr besitzt?«

»Nördlich davon.«

»Und Ihr wollt mir Kohle liefern?«

»Das hatte ich vor.«

»Ihr wisst, dass die klevische Regierung diesbezüglich strenge Vorschriften erlassen hat? Nicht jeder darf Kohle an mich verkaufen. In erster Linie sind es die Pütts in Hörde, von denen wir unseren Brennstoff beziehen.«

»Das ist mir bekannt.« Jürgen griff in seine Ledertasche, zog die Genehmigung Cronenbergs hervor und reichte sie von Büren. »Der Bergmeister hat mich ausdrücklich aufgefordert, Euch meine Dienste anzubieten.«

Von Büren warf nur einen flüchtigen Blick auf das Schriftstück. »Preisgünstige Lieferanten benötige ich immer. Was soll denn der Ringel bei Euch kosten?«

Mathias von Honnichen hatte Jürgen bei der Vorbereitung dieser Verhandlung darüber informiert, dass die Hörder jetzt, da kein Salz mehr über den Rhein kam, ihre Preise deutlich angehoben hatten. Sie forderten mittlerweile vier, manchmal sogar fünf Albus für den Ringel.

»Ich liefere für vier Albus.«

Von Büren lachte auf. »Ein Fantasiepreis. Mehr als zwei Albus zahle ich nirgendwo.«

»Da habe ich anderes gehört.«

»Dann seid Ihr einem Irrtum erlegen.«

Jetzt fühlte sich Jürgen zu Hause. Verhandeln lag ihm im Blut. »Schade, da hätte ich mir den Weg wohl sparen können.« Er hob so gelassen wie möglich seinen Becher und trank. Nachdem er ihn abgesetzt hatte, fragte er: »Zeigt Ihr mir trotzdem Euer Salzwerk? Ich habe noch nie eins gesehen.«

»Sicher. Zweieinhalb Albus?«

Jürgen schüttelte nur den Kopf.

»Drei?«

»Dreieinhalb«, erwiderte der Hattinger und streckte von Büren seine Rechte entgegen. Der überlegte kurz und meinte dann: »Nur unter einer Bedingung.«

»Welche?«

»Ich benötige mindestens dreitausend Ringel im Jahr. Könnt Ihr das zusagen?«

Jürgen schluckte. Das war mehr als die Hälfte seiner Produktion. Wenn er seine bisherigen Kunden behalten wollte, müsste er deutlich mehr als in der Vergangenheit fördern, so wie es ihm von Honnichen schon vor Wochen geraten hatte. Bisher hatte Jürgen die damit verbundenen Kosten gescheut. Aber dieses Geschäft durfte er sich unter keinen Umständen entgehen lassen. Dreieinhalb Albus pro Ringel! Das war deutlich mehr, als seine anderen Abnehmer zahlten.

»Selbstverständlich«, antwortete er deshalb und hoffte, diese Zusage auch einhalten zu können.

Nun endlich ergriff von Büren Jürgens ausgestreckte Hand. »Auf eine gute Zusammenarbeit.«

Als der Krug leer getrunken war, folgte der Kaufmann seinem Gastgeber ins Freie.

»Über die beiden Brunnen dort holen wir das salzhaltige Wasser aus der Tiefe und füllen es in Lederschläuche, die wir mit Karren zu den Siedehäusern transportieren. Kommt, ich zeige es Euch.« Sie näherten sich den niedrigen Gebäuden. »Das Prinzip der Salzerzeugung ist überall gleich. Es reicht, wenn wir uns eines anschauen«, erklärte von Büren.

Der Salinenbesitzer drückte die Tür des Gebäudes auf. Salzhaltiger Dunst raubte Jürgen fast den Atem. Es war heiß im Inneren. Dampfschwaden waberten ihm entgegen. Sofort bildeten sich Schweißperlen auf seiner Stirn.

Das Siedehaus war etwa zehn Schritte lang und fünf breit. Auf zwei niedrigen Mauern lagerte eine Eisenpfanne, die fast die Hälfte des Raumes einnahm. In einer Grube darunter brannte ein infernalisches Feuer, welches von einem Mann mit nacktem Oberkörper fast ununterbrochen mit Steinkohle gefüttert wurde. Ein zweiter Arbeiter, ebenfalls halb nackt, goss gerade Salzwasser aus einem Lederschlauch in die Pfanne, wo es brodelnd aufkochte. Dann griff der Mann zu einer überdimensionalen Kelle, schöpfte etwas von der Oberfläche des Suds ab und beförderte es in einen bereitstehenden Eimer.

»Wir bringen die Sole zum Kochen«, erklärte von Büren. »Dabei werden Verunreinigungen abgetrennt, die mit dem Berlöffel entfernt werden. Das ist das, was Ihr gerade gesehen habt. Durch das Sieden verdampft das Wasser und irgendwann sinkt das Salz auf den Boden der Pfanne. Dort kratzen wir es mit Pfannhaken ab, schichten es am Rand der Pfanne auf, trocknen es später und füllen es schließlich in Säcke. Das ist das ganze Geheimnis.« Er schaute grinsend auf Jürgen, der sich immer wieder mit dem Ärmel den Schweiß abwischte, der ihm brennend in die Augen lief. »Genug gesehen?«

Der Hattinger nickte. Als sie wieder im Freien standen, meinte er: »Schlimmer kann es in der Hölle nicht sein.«

»Hoffen wir es«, erwiderte von Büren lachend und schlug seinem neuen Geschäftspartner auf die Schulter. »Setzen wir den Vertrag auf.«

## 23

*Kleve, 3. April 1625*

Obwohl es für April zu warm war, brannte im Kamin ein Feuer. Walter von Linden saß seinem Vorgesetzten, dem Geheimen Rat Adam von Schwarzenberg, an dessen Arbeitsplatz gegenüber und wunderte sich nicht zum ersten Mal, dass dessen Kontor weit weniger schmuckvoll ausgestattet war, als es seinem Rang zukam.

Von Schwarzenberg reichte von Linden ein Schriftstück. »Die Advokaten des Herrn von Stiepel haben auf die Beschlagnahmung der Höfe durch den Bochumer Drosten reagiert und das Reichskammergericht in Speyer angerufen. Lest.« Als der Advokat das Schreiben nach der Lektüre beiseitelegte, setzte von Schwarzenberg fort: »Eine brillante Beweisführung, ohne Zweifel. Was haltet Ihr davon?«

»Wirklich beeindruckend. Im ersten Moment fällt mir nur wenig ein, womit wir diese Argumente entkräften können.«

»Das sehe ich auch so. Die Herren Moses und Hiller haben uns bereits in der Vergangenheit das Leben schwer gemacht. Sie sind ausgezeichnete Juristen, das muss ihnen der Neid lassen.«

Walter von Linden dachte nach. Dann meinte er: »Was, wenn wir uns nicht auf die Sachargumentation einlassen, sondern uns auf Formalia zurückziehen?«

»Wie meint Ihr das?«

»Wir vermögen nicht zu entkräften, dass Ursula Nagel aus dem Stift weggelaufen ist. Auch ihre Heirat ohne elterliche Erlaubnis ist nicht wegzudiskutieren. Insofern greift die Argumentation der Gegenseite. Aber was ist, wenn wir die Anwendung des alten Rechts generell in Zweifel ziehen? Schließlich akzeptieren wir heute auch keinen Reinigungseid mehr in unseren Prozessen. Ursula von der Recke war erwachsen und kein unreifes Mädchen, als sie diesen Clemens Nagel geheiratet hat. Und die Übersiedlung ins Frauenstift erfolgte gegen ihren ausdrücklichen Willen. Die Altersgrenze von fünfundzwanzig, die das alte Recht postuliert und auf die sich von der Recke beruft, ist willkürlich. Warum nicht zweiundzwanzig? Oder achtzehn? Und mir kommt ein weiterer Gedanke: In dem Dokument steht nichts davon, dass Cordt von der Recke seiner Tochter mit Enterbung gedroht hat, wenn sie sich nicht seinem Willen beugt. Kann jemand für etwas zur Verantwortung gezogen werden, von dem er keine Kenntnis hatte? Ursula Nagel ist keine Juristin. Wie also sollte sie von den Regularien des alten Rechts wissen?«

Von Schwarzenberg schien nicht überzeugt. »Eine eher hilflose Konstruktion, scheint mir.«

Aber so schnell ließ sich Walter von Linden nicht von seiner Linie abbringen. »Wir könnten auch anführen, dass es sich bei der Entscheidung Jobst von Strünkedes bereits um die der Berufungsinstanz gehandelt hat. Dass Bochum die Urteile des Stiepeler Gerichts anfechten und gegebenenfalls aufheben kann, ist unstreitig. Wennemar von der Recke ist der dortige Gerichtsherr. Wir begründen wie folgt: Cordt von der Recke hat seine Tochter enterbt. Wennemar hat diese Entscheidung auf den Widerspruch seiner Schwester hin bestätigt und somit quasi ein Urteil gegen sie gefällt. Diesen Beschluss wiederum hat der Droste von Bochum überprüft und revidiert. Eine Entscheidung des Kammergerichts ist somit nicht mehr erforderlich, weil es schlicht nicht zuständig ist. Damit entfällt jede Prüfung der tatsächlichen Gegebenheiten.«

Der Geheimrat zeigte ein nachdenkliches Gesicht. »Hm, das ginge. Arbeitet Eure Gedankengänge aus und legt sie mir vor. Aber lasst Euch Zeit. Der Herr von Stiepel kann ruhig ein wenig zappeln.«

»Er vielleicht«, gab Walter von Linden zu bedenken. »Aber was ist mit seiner Schwester? Sie ist mittelos und hat ein Kind.«

»Hat sich nicht Euer Bruder ihrer angenommen?«

»Er hat ihr Arbeit gegeben, wenn Ihr das meint.«

»Dann wird sie nicht gleich verhungern.«

»Aber ein standesgemäßiges Leben erlaubt ihr Lohn nicht.«

Adam von Schwarzenberg beugte sich vor und sah seinem Untergebenen in die Augen. »Bei allen juristischen Spitzfindigkeiten solltet Ihr nicht vergessen, dass sich dieses Fräulein bewusst gegen ihre Familie gestellt hat. Sie verdient Euer Mitgefühl nicht. Und auch nicht das Eures Bruders.«

Walter von Linden reagierte verwirrt. »Ich dachte, Euch rührt ihr Schicksal?«

Von Schwarzenberg lachte auf. »Wie kommt Ihr denn darauf? Dieses Weibsbild ist mir völlig egal. Von mir aus kann sie mit ihrem Balg in der Gosse landen.«

»Aber …«

Der Geheimrat schüttelte den Kopf. »Ich hätte Euch für klüger gehalten. Es geht nicht um Ursula Nagel, sondern ausschließlich um ihren Bruder. Er muss endlich begreifen, dass nicht mehr der verstorbene Herzog von Kleve und Mark, sondern der Kurfürst von Brandenburg sein Landesherr ist. Wie sein Vater spielt Wennemar ein gefährliches Spiel. Mal stellt er sich auf unsere Seite, mal auf die Pfalz-Neuburgs, je nachdem, von wem er sich größere Vorteile verspricht. Wenn es uns schon nicht gelingt, die Herrlichkeit Stiepel von der Landkarte verschwinden zu lassen und vollständig dem Drosten von Bochum zu unterstellen, müssen wir zumindest denjenigen, der sich so großspurig Herr von Kemnade und Stiepel nennt, ein für alle Mal in die Schranken weisen.« Sein Tonfall wurde scharf. »Darum, Herr von Linden, geht es in diesem Verfahren. Um sonst nichts. Und jetzt lasst mich allein. Ich habe zu arbeiten.«

## 24

*Genua, 9. Mai 1625*

Die letzten vierzig Meilen ihrer Reise hatten Wilhelm, Trine und Alke auf einem Fuhrwerk Josef Faßbenders zurückgelegt. Die holprige Fahrt erschien ihnen recht komfortabel im Vergleich zu dem anstrengenden Fußmarsch, den sie hinter sich hatten. Die hohen Seitenwände des Pferdekarrens und eine darübergespannte Plane schützten leidlich vor Wind und Regen.

Heute jedoch schien die Sonne und ein milder Wind blies vom Meer her. Zwei-, dreimal war es ihnen von einer Anhöhe aus gelungen, einen Blick auf das türkisblaue Wasser in der Ferne zu werfen. Bald würden sie am Ziel ihrer Träume ankommen.

Während einer mittäglichen Rast wandte sich Faßbender an sie. »Wisst ihr schon, wo ihr in Genua Quartier nehmen werdet?«

Wilhelm verneinte.

»Ich kann euch eine Kammer in einem Anbau meines Hauses anbieten. Er ist kein Palast, aber trocken, sauber, frei von Wanzen und ihr hättet zwei Betten zu Verfügung. Zahlen müsst ihr selbstverständlich nichts.«

Noch ehe Wilhelm das Angebot annehmen konnte, erwiderte Trine: »Danke, aber wir möchten keine Almosen. Für die ersten Tage wird unser Geld für Unterkunft und Verpflegung reichen. Dann sehen wir weiter.«

Faßbender hob lakonisch die Schultern. »Fragt im Kaufmannsviertel nach mir, wenn ihr es euch anders überlegen solltet. Mich kennt dort fast jeder.« Dann wandte er sich ab und unterhielt sich mit seinen Knechten.

Trines übereilte Reaktion löste einen leise geführten Streit mit Wilhelm aus. Ihr verdammter Stolz würde sie noch ins Unglück stürzen, warf er ihr vor. Aber Trine blieb stur. Man gewöhne sich schnell an solche Zuwendungen, argumentierte sie. Milde Gaben entgegenzunehmen, sei bequemer, als sich Arbeit zu suchen und auf eigenen Füßen zu stehen. So blieben sie womöglich für lange Zeit bloße Bittsteller. Dafür seien sie nicht so weit gereist. Betteln hätten sie auch anderswo gekonnt. Mit diesen Worten war für Trine die Debatte beendet. Schweigend hockte die Familie deshalb die letzten Stunden auf Faßbenders Fuhrwerk und rumpelte Genua entgegen.

Am Nachmittag erreichten sie die auf dem Bergrücken erbaute Stadtmauer, die Genua die Hänge bis zum Meer hinab beschützte. Am höchsten Punkt der Erhebung thronte eine Festung, kleinere Türme darunter säumten den Verlauf der Befestigungsanlage.

Von der Anhöhe sahen Wilhelm und Trine auf die einige Hundert Schritte unter ihnen liegende Stadt hinunter. Die Türme zahlreicher Kirchen und der Paläste reicher Stadtbewohner reckten sich gen Himmel. Das Häusermeer mit den zahllosen Straßen, Plätzen und Gassen glich einem unüberschaubaren Labyrinth. Sie würden sich darin verirren.

Als ob Josef Faßbender ihre Gedanken erraten hatte, meinte er: »Wenn ihr erst einmal einige Tage in der Stadt seid, findet ihr euch gut zurecht. Genua wirkt nur von hier oben so einschüchternd. Ihr werdet sehen, schon bald heißt euch die Stadt willkommen.«

Genua schützten zwei hintereinanderliegende Mauern. Die erste hatten sie gerade passiert. Nun polterte der Karren eine staubige Straße hinunter zur zweiten, nicht ganz so hohen. Auch sie umschloss das Stadtgebiet bis zum Meer und war durch Wachtürme gesichert, von denen Bewaffnete misstrauische Blicke auf ihre Kolonne warfen. Hinter dem zweiten Tor überfiel sie das Gewusel der Stadt.

»In Genua leben mehrere Zehntausend Menschen«, berichtete der Kaufmann. »Der Hafen gibt ihnen Arbeit und Wohlstand.«

Allerdings zog dieser Reichtum auch allerlei Ganoven an, wie die Hattinger schnell erfahren sollten. Immer wieder umringten Gruppen von lärmenden Kindern die Fuhrwerke und versuchten, unbemerkt auf die Karren zu gelangen und unter die Abdeckplanen zu kriechen. Die Knechte verscheuchten sie fluchend mit Schlägen der langen Weidenstöcke, die sie sich vor einigen Tagen geschnitzt hatten. Wilhelm hatte sich damals gewundert, warum sie sich die Arbeit machten. Jetzt kannte er den Grund.

»Die Kinder erledigen nur die Drecksarbeit«, klärte Faßbender sie auf. »Seht ihr die Gestalten, die an den Hauswänden lungern? Sie gehören zu den Auftraggebern. Gelingt es einem der Kinder, irgendetwas von Wert zu ergattern, wirft es seine Beute blitzschnell einem der Männer zu. Sie nennen sich Fänger und reichen das Diebesgut wiederum an die Läufer weiter.«

»Die es dann in Sicherheit bringen?«, vermutete Wilhelm.

»Genau. Hat der Läufer erst etwas in seinem Besitz, ist es so gut wie verloren.«

Dieses Mal behielten die Knechte die Oberhand und kurz darauf rollte die Kolonne in das Hafengebiet. Wilhelm riss erstaunt den Mund auf, als er das ausgedehnte Gelände überblickte. Er kannte die Häfen der großen Städte an Rhein und Ruhr, aber nichts von dem, was er bisher gesehen hatte, kam dem gleich, was sich ihm hier darbot.

Ein gutes Dutzend nebeneinanderliegender Molen, jede

mindestens hundert Schritt lang, ragten in das runde Hafenbecken. An jeder Mole wurden Schiffe unterschiedlicher Größe be- oder entladen. Alke begann, sie laut zu zählen, hörte aber bei fünfzig auf. Die Molen waren durch eine breite, mit Steinen gepflasterte Straße verbunden. Dahinter standen in einem langen Bogen die mindestens viergeschossigen Lagerhäuser.

Vor einem von ihnen ließ Faßbender anhalten und stieg vom Bock. »Unsere Reise endet hier.« Er umarmte Wilhelm zum Abschied und drückte Trine und Alke lange die Hand. »Wollt ihr euch mein Angebot nicht noch einmal überlegen?«, fragte er dann.

Trine schüttelte nur stumm den Kopf.

»Wie ihr meint.« Der Kaufmann hob die Hand und zeigte nach Norden. »Dort wohnen die Handwerker. Bestimmt findet ihr da eine Bleibe. Ich wünsche euch Glück.«

»Danke«, antworteten Trine und Wilhelm.

Tatsächlich fand die Familie schnell eine Unterkunft. Der Verschlag, den ihnen ein Tuchmacher gegen geringes Entgelt anbot, war windschief und zugig, dafür schien das Dach aber dicht zu sein und die Tür mit dem eisernen Schloss würde den meisten Einbruchsversuchen widerstehen. Sie deponierten ihre Siebensachen in dem neuen Zuhause und machten sich auf die Suche nach etwas zu essen.

Am westlichen Ende des Hafens stand abseits ein Gebäude, das einen heruntergekommenen Eindruck machte. *Il Vaticano* stand in verblasster Farbe an der Hauswand.

»Hier ist es sicher nicht teuer«, raunte Wilhelm seiner Frau zu, als sie die Schankstube betraten. Der erste Eindruck, den die blinden Fensterscheiben und die abbröckelnde Farbe an der Fassade von außen gemacht hatte, wurde im Inneren noch verstärkt: Die Tische waren fleckig von den Resten unzähliger Mahlzeiten, der Boden nicht gefegt und ohne frisches Streu auf den Bohlen. Vielen der Tonkrüge, die vor den wenigen Zechern standen, fehlten die Henkel, auch die Holzbecher wirkten schäbig.

Ein gebeugter Greis mit einer speckigen Lederschürze kam herangeschlurft und sprach sie an. Die drei verstanden natürlich kein Wort.

»Hast du eine Ahnung, was er gesagt hat?«, fragte Wilhelm.

»Nein«, antwortete Trine.

Der Alte sah sie einen Moment prüfend an, ließ sie wortlos stehen und kehrte kurz darauf mit einer weißhaarigen Frau zurück.

»Wollt ihr essen?«, fragte diese und zeigte ein zahnloses Grinsen.

»Du verstehst Deutsch?«, wunderte sich Trine.

Die alte Frau tippte mit dem Zeigefinger auf ihre Brust. »Komme aus Tirol. In den Bergen. Weit weg. Schon eine Ewigkeit in Genua. Wollt ihr essen?«

»Ja«, gab Trine zurück.

Die Alte nickte und zeigte erst auf Alke und Wilhelm, dann auf einen freien Tisch in der Nähe. »Setzen.« Dann griff sie Trines Hand. »Komm.« Die Greisin zog sie Richtung Küche.

Der Alte brachte Brot, Wein und Wasser. Nur Trine kehrte nicht zurück. Es dauerte eine halbe Ewigkeit, bis sie wieder erschien, mit Tellern, Löffeln und einem dampfenden Topf in den Händen. Sie stellte alles auf den Tisch und setzte sich dann auch.

»Warum hat das so lange gedauert?«, wollte Wilhelm wissen. »Und warum servierst du unser Mahl und nicht der Wirt?«

Trine antwortete lächelnd: »Elena wollte mir eigentlich nur das Essen präsentieren. Es schmeckt übrigens ausgezeichnet, auch wenn ich nicht verstanden habe, was genau es ist. Irgendwas mit Fisch jedenfalls. Ich habe sie dann einfach gefragt, ob sie wüsste, wo ich als Magd arbeiten könne. Und stell dir vor, was sie geantwortet hat?«

»Woher soll ich das wissen?«, erwiderte Wilhelm und schlürfte mit Genuss die Fischsuppe. »Wirklich gut«, bekräftigte er.

»Sie hat mich gefragt, ob ich kochen kann. Als ich bejahte, hat sie mir eine Stelle als Magd angeboten. Ihre letzte Gehilfin ist vor zwei Wochen mit einem jungen Seemann durchgebrannt. Sie können zwar nicht viel zahlen, aber unter dem Dach ist noch eine Kammer frei. Außerdem bekommen wir alle täglich unser Essen.«

»Hast du zugesagt?«

Sie schob ihre Hände zu Wilhelm, der sie sofort ergriff. »Was für eine Frage. Natürlich. Ich bin ja so erleichtert. Wir sind noch keine vier Stunden in der Stadt und schon habe ich Arbeit. Ich weiß es genau, in Genua werden wir unser Glück machen.«

## 25

*Hattingen, 10. Mai 1625*

Wortlos stellte ihm Gesche sein Frühstück hin, bestehend aus grobem Brot, mit trockenen Früchten vermengtem Getreidebrei, etwas Käse und einem Krug kalten Wassers.

»Bleib«, befahl Jürgen, als sich seine Frau abwandte, um zur Magd in die Küche zu gehen, wo sie gemeinsam mit Dirk ihr Frühstück einnahm.

Gehorsam blieb sie stehen, sah ihn aber nicht an.

Jürgen seufzte. »Wie lange machst du mich eigentlich noch für Trines Verschwinden verantwortlich?«

Gesche schwieg.

Jürgen schlug voller Zorn mit der flachen Hand auf den Tisch, sodass seine Frau zusammenzuckte. »Langsam reicht es mir!«, beschwerte er sich. »Du redest nur das Nötigste mit mir, verweigerst die ehelichen Pflichten …«

»Das kann so schlimm nicht sein«, zischte sie. »Die Huren in Bochum werden deine Lust schon stillen. Oder irre ich mich?«

»Aber nur, weil du mich wegstößt, sobald ich dir zu nahe komme.«

»Ach, jetzt bin ich schuld, dass du armer Mann zu den Huren schleichst?«

»Dreh mir nicht das Wort im Mund um.«

»Stimmt es nicht?«

»Von Schuld will ich nicht sprechen. Aber die Ursache bist du sehr wohl.«

Gesche warf ihr noch offenes Haar in den Nacken, eine Geste, die Jürgen so an ihr liebte. Aber er fand nicht die richtigen Worte, um ihr das zu sagen. Ihr Verhalten brachte ihn zur Weißglut und vermutlich ging es ihr ähnlich. Aber wie sollten sie diesen Teufelskreis aus gegenseitigen Schuldzuweisungen und Kränkungen durchbrechen? Wie sollte er Gesche sagen, dass er sie immer noch liebte? Tat er das überhaupt wirklich, fragte er sich sofort. Waren seine Gefühle für sie in den letzten Monaten nicht erkaltet? Sollte er lügen, um des ehelichen Friedens willen?

»Dann schlepp deine Taler doch zu den Dirnen und hol dir bei ihnen das, was ich dir nicht geben werde«, fauchte sie und stapfte mit vor Zorn gerötetem Gesicht zurück in die Küche.

Verärgert schaufelte Jürgen das Essen in sich hinein. Es schmeckte ihm nicht. Nach wenigen Löffeln schob er angewidert den Holzteller beiseite, trank einen Schluck Wasser und erhob sich dann, um die Verabredung mit Mathias von Honnichen auf Alte Missgunst wahrzunehmen.

Er griff seine Jacke, verließ grußlos das Haus und trat ins Freie. Es stank bestialisch. Seit Tagen hatte es nicht mehr geregnet, sodass der herumliegende Abfall nicht die Straßen hinunter zur Stadtmauer und weiter Richtung Flusswiesen gespült werden konnte, sondern in den Gassen verrottete. Der Geruch menschlicher und tierischer Exkremente vermischte sich mit dem säuerlichen Mief vergorener Speisereste und der süßlichen Ausdünstung verfaulten Obstes.

Der Kaufmann hielt sich ein Tuch vor Nase und Mund, stellte aber schnell fest, dass diese Maßnahme nicht half. Es war an der Zeit, dass die Bürgermeister energisch gegen die

Verschmutzung vorgingen und denen, die ihren Abfall einfach auf die Straßen und nicht in den Fluss warfen oder verbrannten, drastische Strafen androhten. Zwar hatte der Rat der Stadt erst kürzlich ein vor knapp zehn Jahren schon einmal erlassenes entsprechendes Verbot bestätigt, nur hielt sich kaum jemand daran. Selbst der Kirchhof wurde zunehmend als Abladeplatz für Unrat benutzt. Jürgen stank es – im wahrsten Sinne des Wortes.

Verärgert trat er einem Ferkel in die Flanke, das mit dem Rüssel im Müll nach Essbarem suchte. Quietschend ergriff das Schwein die Flucht.

Und dann waren da diese verfluchten Ratten. Überall huschten sie umher. Wenigsten sein Haus litt nicht mehr unter der Plage, anders als noch vor einigen Jahren. Als die Nager überhandnahmen und die Vorräte anknabberten, hatte Jürgen seinen Bruder um Rat gefragt. Der hatte ihm empfohlen, sich Rattler anzuschaffen. Diese Hunde seien nicht nur besonders wachsam, sondern hervorragende Rattenjäger. Das hatte Jürgen getan. Schon kurze Zeit nachdem die zwei Rattler im Stall, in den Häusern und auf dem Grundstück umherstreiften, war die Zahl der Nager merklich kleiner geworden, irgendwann dann hatten sie keinen Rattenbefall mehr festgestellt. Es schien, als ob die bloße Anwesenheit der Hunde reichte, um die Nagetiere zu vertreiben.

Jürgen stiefelte zum Hofeingang, wo der Knecht bereits sein Pferd bereitgestellt und angebunden hatte. Dummerweise achtete der Kaufmann nicht darauf, wohin er trat. So sah er den Kothaufen erst, als sein rechter Schuh tief drinsteckte. Fluchend versuchte er, die Sohle durch Reiben im Sand zu säubern, gab aber auf, als ihm das nur unzureichend glückte.

»Dann eben nicht«, knurrte er und bestieg sein Reittier. Um zu seinem Pütt zu gelangen, passierte er die Ruhrbrücke. Am Flussufer würde er absitzen und seine Schuhe im Wasser säubern.

Schon vor einigen Monaten war die Erneuerung der Brücke, von der seine Schwester Frowe in den Tod gestürzt war, fertiggestellt worden. Ihre Stützpfeiler bestanden nicht mehr aus Stein, sondern aus Holz, da dem Rat die Mittel für eine solidere Bauweise fehlten.

Jürgen entrichtete mürrisch den Brückenzoll und ritt über den Fluss. Tief atmete er die frische Luft ein, die vom Wasser herüberwehte. Der leichte Wind aus Südost vertrieb endlich den Gestank der Schweinescheiße aus seiner Nase.

Der Bergmann wartete bereits auf ihn. Seit zwei Wochen waren der Entwässerungsstollen fertiggestellt und neue Arbeiter angeheuert worden. Seitdem hatte der Kaufmann die Grube nicht befahren.

Von Honnichen zeigte auf Jürgens Kleidung. »Wollt Ihr in diesem Aufzug anfahren? Da wird Eure Frau später viel zu waschen haben.«

Statt einer Antwort klopfte der Kaufmann mit der rechten Hand auf das Bündel, welches der Knecht hinter dem Sattel festgezurrt hatte.

Kurz darauf kletterte Jürgen, frisch umgezogen, die Fahrte hinunter in den Schacht. Das Wasser auf der Schachtsohle stand knöcheltief und lief in seine Schuhe. Nur unter Anstrengungen vermochte er, seinen Fuß aus dem Morast zu heben.

In die Schachtwand hatten die Arbeiter eine kleine Nische geschlagen, gerade groß genug, um einer brennenden Öllampe Platz zu bieten. Ihr schwacher Schein beleuchtete die Umgebung.

Von Honnichen zog eine weitere Lampe aus der Tasche und entzündete sie. Dann erklärte er: »Das ist Oberflächenwasser. Ohne den Stollen würde es mindestens einen Schritt hoch stehen und jede Arbeit unmöglich machen. Schaut nach rechts. Wir sind der Kohle in diese Richtung gefolgt. Wie Ihr seht, fällt das Flöz ab. Also befinden wir uns hier am höchsten Punkt des Kohleflözes. Und nun kommt.«

Er wandte sich nach links, wo Jürgen eine fast mannshohe Öffnung ausmachen konnte, aus der ein schwacher Lichtschein leuchtete. Ein kräftiger Windstrom kam ihm entgegen.

»Das ist der Entwässerungsstollen«, erklärte von Honnichen. »Auch er fällt ab, allerdings in die andere Richtung, zur Ruhr hin.«

Die Sohle des Stollens lag weniger als eine halbe Handbreit über der Schachtsohle. Sofern das Wasser im Schacht weiter anstieg, würde es dorthin abfließen.

Von Honnichen marschierte voraus. Jürgen zog den Kopf ein, um sich nicht am Hangenden zu stoßen. Immer wieder rutschte er auf dem glitschigen Boden aus oder stolperte über einen Stein. Etwa alle fünf Schritte standen zwei mächtige Holzstämme, über die quer ein ebenso großer Balken unter das Hangende geklemmt worden war. »Der Ausbau«, erklärte Jürgens Führer. »Eine Sicherung gegen Steinschlag.«

An einigen Stellen lagen längs über den Querbalken weitere Stämme, die wiederum ein dünnes Geflecht aus Reisig hielten. »Hier ist das Hangende besonders brüchig«, erläuterte von Honnichen. »Auch kleinere Steine rufen üble Verletzungen hervor, deshalb das Reisig. Und die Bretter an den Stollenseiten verhindern, dass Kohle in den Fahrweg fällt und sich daran das Wasser staut.«

Schon nach wenigen Schritten ging rechts ein weiterer Stollen ab. Jürgen hörte lautes Klopfen, gefolgt von einem dumpfen Schlag, und menschliche Stimmen, die er allerdings nicht verstand.

»Das Kohleflöz verläuft nicht gerade, sondern schlängelt sich durch den Berg. Deshalb seht Ihr den Schein der Lampen auch nicht.«

Jürgen näherte sich der dunklen Öffnung, aus der ihm warme, feuchte Luft entgegenschlug, und versuchte vergeblich, in der Dunkelheit etwas zu erkennen. Als er einatmete, legte sich ein feiner Belag auf seine Zunge und trocknete den Mund aus.

»Kohlenstaub«, meinte sein Begleiter. »Seht Ihr die Kette?«

»Ja.«

»Damit wird der mit Kohle beladene Schlitten aus dem Flöz in den Schacht geschleppt. Dort wird sie in Eimer geschaufelt und mit der Haspel nach über Tage befördert. Wollt Ihr Euch den Abbau vor Ort ansehen?«

Jürgen, der sich in der Dunkelheit und der ungewohnten Umgebung nicht wohlfühlte, schüttelte heftig den Kopf.

Von Honnichen bemerkte seine Unsicherheit und lachte. »Keine Angst, Berggeister sind eine Erfindung. Ich jedenfalls habe noch nie einen gesehen. Ihr solltet Euch mehr vor dem Hangenden fürchten. Bricht das herunter, kann uns kein Ausbau der Welt retten.«

Jetzt wurde Jürgen erst recht mulmig. Ängstlich schaute er nach oben. »Ich habe genug gesehen«, erwiderte er schnell, bevor der Bergmann ihn doch noch in das dunkle Loch schleppte.

»Wie Ihr meint.« Von Honnichen grinste über das ganze Gesicht. »Es ist nicht mehr weit.«

Das Licht der Öllampe flackerte heftig. Gerade als der Kaufmann befürchtete, es würde von der Windbö ausgeblasen, passierten sie eine enge Kurve. Direkt dahinter blendete ihn plötzliche Helligkeit. Sie zwängten sich durch eine schmale Öffnung ins Freie. Als sie neben dem Mundloch standen, atmete Jürgen erleichtert aus und erkundigte sich: »Wie lang ist der Entwässerungsstollen?«

»Sehr kurz, keine zwanzig Schritt. Aber er erfüllt seinen Zweck. Wir hatten Glück«, meinte von Honnichen. »Das Hangende steht an dieser Stelle sicher und das Kohleflöz, dem wir gefolgt sind, ermöglichte uns zügiges Graben. Hätten wir uns durch festes Gestein vorarbeiten müssen, wären wir mit dem Stollen niemals so schnell fertig geworden. Außerdem konnten wir die Kohle, die wir beiseiteschaffen mussten, auch noch verkaufen. Eure Ausgaben hielten sich so in Grenzen.«

»Ich weiß. Und ich bin Euch zu Dank verpflichtet. Ohne Euren Rat und Sachverstand hätte ich dieses Vorhaben niemals gewagt. Eine Frage habe ich noch: Bin ich ebenso schwarz im Gesicht wie Ihr?«

Von Honnichen lachte lauthals auf. »Worauf Ihr euch verlassen könnt.« Er warf einen prüfenden Blick auf seinen Auftraggeber. »Gehen wir durch den Berg zurück oder über die Wiese?«

»Über die Wiese. Das ist schneller.«

Wieder grinste der Bergmann. »Wie Ihr meint.«

Zurück am Schacht wies von Honnichen auf den Trog, der neben der Haspel stand. »Wir tränken daraus die Pferde. Aber wir haben das Wasser am Morgen erst aufgefüllt. Es ist frisch und wir können uns damit waschen.«

Eine halbe Stunde später trug Jürgen wieder seine gewohnte Kleidung. Allerdings fühlte er sich nicht wirklich sauber. Er würde sich am Abend im Zuber reinigen.

Ein Pferd wieherte. Eines seiner Fuhrwerke näherte sich. Gelenkt wurde es von Ursula Nagel. Kaum hatte sie die Bremsen angezogen, beluden zwei Arbeiter den Wagen.

Jürgen stellte sich neben seine Bedienstete. »Ihr fahrt nach Bochum?«

»Ja. Ich liefere fünf Fässer Kohle für den Schmied.«

Der Kaufmann schwieg.

»Ich möchte ebenfalls die Route nach Königsborn fahren«, meinte Ursula und schaute Jürgen bittend an.

»Warum?«

»Mir fehlt die Abwechslung. Jeden Morgen breche ich nach Bochum auf und kehre abends zurück nach Hattingen. Und das seit drei Monaten. Ich kenne auf der Strecke jeden Stein.«

»Dabei soll es auch bleiben«, erwiderte Jürgen. »Die Fahrt nach Unna nimmt fast einen Tag in Anspruch. Ihr müsstet in einer Scheune übernachten. Ich kann keine Männer zu Eurem Schutz abstellen.«

»Ich benötige keinen Schutz«, versicherte Ursula.

»Mag sein, dass Ihr das so seht. Aber ich werde Euch nicht nach Unna schicken. Die Fahrt ist schlicht zu gefährlich. Lasst es dabei bewenden. Eine andere Antwort werdet Ihr nicht bekommen.«

Die Arbeiter hoben das letzte Fass auf die Ladefläche. »Alles ist fest verzurrt«, versicherte einer. »Fahr los.«

Ursula kletterte auf den Bock, löste die Bremse und schnalzte mit der Zunge. Langsam setzte sich das Fuhrwerk in Bewegung.

»Wartet«, rief Jürgen, einer plötzlichen Eingebung folgend. »Ich begleite Euch.« Als Ursula angehalten hatte, band er sein Pferd hinten an den Wagen, stieg auf und nahm neben ihr Platz. »Ich wollte ohnehin zum Bergmeister«, schwindelte er. »Da können wir auch zusammen fahren.«

Ursula lächelte. »Vorher solltet Ihr Euch aber noch den Hals waschen«, spottete sie. »Oder plant Ihr, dem hohen Herrn dreckig unter die Augen zu treten?«

Irritiert steckte Jürgen den Zeigefinger in den Mund und strich über seinen Hals. Tatsächlich, die Kuppe färbte sich schwarz. »Wie schlimm ist es?«, fragte er.

»Sehr schlimm. Ihr seht aus, als hättet Ihr in Kohlenstaub gebadet.«

»Aber ich habe mich gewaschen.«

»Wohl nicht gründlich genug.« Erneut schnalzte Ursula mit der Zunge und die Pferde setzten sich wieder in Bewegung. »Nicht weit entfernt verläuft ein kleiner Bach. Ich helfe Euch beim Reinigen.«

Dort angekommen, zog Jürgen sein Wams aus und lockerte seinen Kragen. Dann beugte er sich vor. Ursula tauchte einen Lappen in das Rinnsal, wrang ihn aus und strich damit fast zärtlich mehrmals über Jürgens Hals und Gesicht. Der Kaufmann bekam eine Gänsehaut, allerdings nicht wegen der Kälte des Wassers.

»So, fertig«, meinte Ursula nach kurzer Zeit.

»Wirklich?«

»Ja, ihr seid wieder sauber.«

»Schade.«

Erstaunen lag in ihrem Blick und Jürgen bemerkte ein verhaltenes Lächeln. Schnell meinte Ursula: »Es wird Zeit aufzubrechen. Sonst komme ich zu spät und Ihr könnt Euch die Vorwürfe Eures Kunden anhören.«

Sie stiegen auf den Bock. Langsam rumpelte das Fuhrwerk

seinem Ziel entgegen. Ursula schaute angestrengt auf den Weg und blieb stumm. Jürgen musterte sie verstohlen. Eine schöne Frau saß da an seiner Seite. Wie es wohl wäre, wenn sie und er ... Nein, das schickte sich nicht. Hübschlerinnen waren das eine, aber Ursula Nagel war eine Dame von Stand. Obwohl ...

Das Fuhrwerk geriet mit dem linken Vorderrad in ein Schlagloch und Jürgen, der nicht achtgegeben hatte, wurde an Ursulas Seite geworfen. Er spürte ihren Körper, roch ihr Haar. Sie schauten einander an und für einen Augenblick glaubte er, Einverständnis in ihren Augen zu lesen. Aber dann rückte sie weiter nach links und der magische Moment verflog.

## 26

*Schloss Strünkede, 10. Juni 1625*

Habt Ihr ebenfalls diese Vorladung erhalten?« Erregt wedelte Jobst von Strünkede mit einem Schriftstück.

»In Sachen von der Recke?«, fragte Walter von Linden zurück.

»Ja.«

»Sicher. Natürlich nicht ich persönlich, sondern der Klever Rat.«

Die Herren saßen im Kaminzimmer der Wasserburg. Die Fenster des mit Holz ausgeschlagenen Raums öffneten sich nach Süden, sodass die Sonnenstrahlen das ansonsten dunkel wirkende Zimmer erhellten. Ein kunstvoll gearbeiteter Kerzenleuchter schmückte die Decke mit den Intarsien, in schmalen Wandnischen hingen Gemälde, die Szenen der griechischen Mythologie zeigten. Direkt neben der Tür stand ein gepolsterter Stuhl ähnlich denen, auf dem die beiden Herren am Tisch Platz genommen hatten, daneben eine Kommode mit Schnitzereien auf den Schubladen, die ihr größeres Pendant an der Wand gegenüber fand. Der Kamin selbst war aus roten Ziegeln gemauert und mit gusseisernen Schmuckbeschlägen eingefasst. Ein Diener wartete stumm neben der Tür auf Befehle.

»Sie wurde vom Kammergerichtspronotar Gammann verfasst und mir vor drei Tagen durch den kaiserlichen Boten Nikolaus Wunderlich zugestellt.«

»Ich weiß, er ist weiter nach Kleve geritten.«

»Der Bote hat mir das Original vor die Augen gehalten und aus der Abschrift den Ladungstext vorgelesen, sodass ich prüfen konnte, ob die Abschrift tatsächlich dem Originaldokument entspricht. Anschließend musste ich den Empfang quittieren und durfte die Abschrift behalten.«

»So ist das vorschriftsmäßige Prozedere«, bekräftigte von Linden.

»In dem Dokument steht, dass der Klever Rat und ich für den Schaden, der Wennemar von der Recke entstanden ist, aufzukommen haben. Warum ich? Ich habe doch nur auf Eure Anweisung gehandelt.«

»Nun bleibt ruhig, werter Herr von Strünkede. Bei dem kaiserlichen Schreiben handelt es sich zunächst nur um eine Zitation, die die Klageschrift der Advokaten von der Reckes wiedergibt. Sie stellt noch kein Urteil dar, wie Ihr wisst.«

»Natürlich weiß ich das. Trotzdem bin ich besorgt, dass sich von der Recke, sollte das Kammergericht in seinem Sinne bescheiden, an meinem Vermögen schadlos hält.«

Welches du nur deswegen angehäuft hast, weil du der Droste von Bochum bist. Und kaum taucht ein Problem auf, dass möglicherweise deine Geldbörse betrifft, zitterst du wie Espenlaub, dachte Walter.

»Falls das Gericht unserer Argumentation nicht folgt, werden wir dafür Sorge tragen, dass Euch kein Schaden entsteht.«

»Darauf Euer Wort?«

»Ihr habt es.«

»Trotzdem werde ich sicherheitshalber eine Note an das

Gericht schicken.« Aus einer Schublade der Kommode zog der Droste ein Stück Papier hervor. »Darf ich Euch die wesentlichen Sätze aus dem Entwurf meiner Antwort vortragen?«

»Sicher.«

»Zunächst bestätige ich den Eingang der Vorladung und dass ich ihr selbstverständlich Folge leisten werde.«

»Euch wird auch nichts anderes übrig bleiben«, warf von Linden ein.

»Dann weise ich in gebührender Höflichkeit darauf hin, dass ich in dem Streitfall nichts anderes gewesen bin als ein Befehlsempfänger des klevischen Rats, einem Diener gleich.«

Was bist du doch für ein Feigling, dachte der Advokat.

»Und schließlich mache ich darauf aufmerksam, dass deshalb der Klever Rat die Verantwortung für dieses Handeln trägt.«

»Das ist Euer gutes Recht«, erklärte Walter, nachdem Jobst von Strünkede geendet hatte. Jedoch klang seine Stimme weit weniger konziliant als eben.

»Was unternehmt Ihr nun?«, fragte der Droste.

»Wir werden vortragen, dass wir gezwungen waren einzuschreiten, weil Ursula Nagel und ihr Sohn ansonsten in Schwierigkeiten geraten wären. Ihnen drohte der Hungertod. Und da ihr Bruder unsere Aufforderung, seine Schwester angemessen zu alimentieren, wiederholt ignoriert hatte, blieb uns keine andere Wahl, als zu handeln. Darüber hinaus werden wir ausführen, dass nach unserer Auffassung das Recht, auf das sich von der Recke beruft, nicht anwendbar ist. Einer meiner Kollegen arbeitet bereits an einem entsprechenden Schriftstück. Darin wird auch stehen, dass Ihr auf unsere Anweisung hin gehandelt habt. Sicher dient das Eurer Beruhigung. Abschließend werden wir beantragen, die Klage zurückzuweisen und die Anwalts- und Gerichtskosten Wennemar von der Recke aufzuerlegen.«

»Wie wird das Gericht entscheiden?«

»Vor Gericht und auf hoher See liegt alles in Gottes Hand«, erwiderte der Advokat salomonisch.

# 27

*Hattingen, 17. Juni 1625*

Das letzte Mal war Jürgen von Linden vor mehr als zehn Jahren als junger Mann Gast einer Ratssitzung seiner Heimatstadt gewesen. Damals wollten ihn die Bürgermeister zu einer Mitarbeit in dem Gremium bewegen, aber Jürgen hatte abgelehnt. Ein solches Ehrenamt hätte zu viel Zeit gefressen, die er für die Konsolidierung seines Geschäfts benötigte.

Nun aber standen keine Ratswahlen an, auch die Amtszeit der Bürgermeister lief noch fast zwei Jahre. Was also bezweckten die Herren mit ihrer Einladung?

Als er sich kurz vor der vereinbarten Zeit dem Rathaus näherte, warteten dort schon weitere Honoratioren, einige von ihnen Kaufleute, manche Handwerker, zwei, drei Großbauern. Der Apotheker Stams stand mit dem Goldschmied Hülsbeck ins Gespräch vertieft abseits, während die anderen im Kreis vor dem Eingang warteten und über den Zweck dieser Zusammenkunft spekulierten.

»Ah, Herr von Linden«, begrüßte ihn sein Bekannter, der Fleischhauer Trepmann. »Wisst Ihr mehr als wir?«

»Ich vermute, Ihr alle seid ebenfalls zur Ratssitzung eingeladen?«, erwiderte Jürgen. Als die anderen bejahten, setzte er fort: »Ich bin ebenso ratlos wie Ihr.« Der Kaufmann zog seinen Tabakbeutel hervor, griff zur Pfeife und stopfte sie.

»Hat Euch Stams nun doch überzeugt?«, erkundigte sich Hülsbeck grinsend, der mit dem Apotheker in den Kreis getreten war.

»Vor einigen Wochen. Der Tabak schmeckt mir.«

»Wie kann Rauch schmecken?«, erkundigte sich Trepmann.

»Probiert es aus.«

»Nein danke.« Trepmann verzog angewidert das Gesicht.

»Wenn mein Kamin qualmt, empfinde ich das doch auch nicht als angenehm.«

Der Büttel trat in ihre Mitte und bat, ihm zum Ratssaal im ersten Stock zu folgen. Dort warteten bereits die Bürgermeister und der Rat, dessen Mitglieder allerdings nicht alle anwesend waren, wie Jürgen schnell feststellte.

Bürgermeister Pfannkuch erhob sich zu ihrer Begrüßung. »Danke, dass Ihr der Einladung Folge geleistet habt. Leider haben wir den Zeitplan überzogen, sodass wir nicht sofort auf unser Anliegen zu sprechen kommen, sondern erst noch einen wichtigen Punkt der Tagesordnung erledigen müssen, den wir nicht zurückstellen können, da einige der Ratsmitglieder gleich zu einem Treffen mit dem Bochumer Drosten aufbrechen. Deshalb bitten wir Euch um einige Minuten Geduld. Es dauert sicher nicht lange. Auf keinen Fall jedoch wollten wir Euch vor der verschlossenen Tür warten lassen. Deshalb haben wir Euch bereits jetzt zu uns gebeten.« Er setzte sich wieder.

Bürgermeister Kielmann ergriff das Wort: »Wir haben schon öfter über die Unsitte des unbotmäßigen Trinkens in unserer Stadt gesprochen. Die Pfarrer führen Klage darüber, dass bei Taufen vorher so kräftig mit Branntwein gezecht wird, dass die Mütter ihre Kinder in den Krippen vergessen und allein in die Kirche kommen. Auch sind wiederholt die Taufpaten nicht erschienen, weil sie sich in einem Gasthof besoffen. Jeder Feiertag, jeder Sonntag und jede andere sich bietende Gelegenheit wird genutzt, um dem Alkohol in einem Maße zuzusprechen, das jeder Beschreibung spottet. Manchmal hat man den Eindruck, dass die halbe Stadtbevölkerung betrunken unter dem Tisch liegt. Wir haben deshalb erneut eine Trinkordnung erlassen, ähnlich der, die wir vor einigen Jahren schon einmal beschlossen haben.« Er entrollte ein Dokument und las mit lauter Stimme vor: »Erstens: Wer am Sonntage noch vor dem Kirchgang so heftig trinkt, dass er während der Predigt einschläft oder sonst wie auffällig wird, muss eine Geldstrafe von fünf Talern in die Armenkasse entrichten. Zweitens …«

Jürgen hörte nicht mehr zu. Er kannte das Problem und ahnte, dass dieser Ratsbeschluss nur wenig daran ändern würde. Die Menschen soffen, weil sie so ihren Kummer wenigstens für einige Stunden vergaßen. Und solange ihre Sorgen nicht verschwanden, griffen sie zum Branntweinkrug. So einfach war das.

Einstimmig verabschiedete der Rat den Beschluss.

»In diesem Zusammenhang müssen wir auch über das ausufernde Kartenspiel sprechen«, griff Kielmann ein weiteres Thema auf. »Saufen und Zocken gehen Hand in Hand. Das bestehende Verbot des Glücksspiels wird schlicht ignoriert. Deshalb erinnern wir erneut daran, dass derjenige, der das Kartenspielen in seinem Haus gestattet, mit einer Strafe rechnen muss. Das gilt selbstverständlich auch für die Gasthäuser. Wer Kartenspiele verkauft, wird ebenfalls bestraft. Seid Ihr dafür?«

Alle Herren hoben die Hand.

Noch so ein Beschluss, der das Papier nicht wert war, auf dem er geschrieben wurde, amüsierte sich Jürgen im Stillen. Mit ausnahmslos allen, die gerade das Verbot erneuerten, hatte er selbst schon am Kartentisch gesessen. Und das nicht nur einmal.

»… schließe ich hiermit die heutige Ratssitzung.« Bürgermeister Pfannkuch schlug mit einem Holzhammer dreimal auf die Tischplatte.

Kurz darauf waren die meisten der Ratsmitglieder gegangen und Jürgen und die anderen Honoratioren nahmen an der langen Tafel Platz.

»Meine Herren«, wandte sich Arnold Kielmann an sie, »Euch ist sicher nicht verborgen geblieben, dass die Stadt Hattingen finanziell bis an ihre Grenzen belastet ist. Seit rund zwanzig Jahren lagern immer wieder Besatzungstruppen auf unserem Territorium. Erst waren es die Spanier, dann die Pfalz-Neuburger, später die Truppen des Freiherrn von Anholt und jetzt versorgen wir einen Teil der Kavallerie des Obristen von Buck in unserer Stadt. Diese Soldaten verlangen in einigen Fällen sogar Geld für das Ausstellen von Schutzbriefen, die uns vor Übergriffen verschonen sollen. Wir alle wissen, dass sie nichts anderes als Erpresserschreiben sind, aber was haben wir für eine Wahl? Zahlen wir nicht, plündern und morden die Landsknechte.«

»Das tun sie ohnehin«, warf der Apotheker ein.

»Leider. Aber bisher ist die Stadt selbst nicht gebrandschatzt worden.«

»Ein schwacher Trost für die Bauern, die vor unseren Toren ihr Leben aushauchen.«

Jetzt hob Kielmann theatralisch seine Arme. »Aber was sollen wir machen? Wisst Ihr eine Lösung, werter Herr Stams?«

Der Angesprochene schwieg. Jürgen ahnte das Kommende.

»Die Stadtkasse ist leer, das Steueraufkommen gesunken«, setzte Kielmann fort. »Die Bauern verlassen ihre Höfe und ziehen zu uns hinter die vermeintlich sicheren Mauern. Aber es gibt in Hattingen keine Arbeit für sie. Also fallen sie der Armenkasse anheim, die ebenso leer ist wie die städtischen Truhen. Neue Steuern können wir nicht erheben, die Bürger ächzen schon jetzt unter der finanziellen Last, die wir ihnen aufbürden. Da haben wir an Euch gedacht.«

Es dauerte einen Moment, bis die Anwesenden realisierten, dass es an ihre Geldbeutel gehen sollte. Sofort redeten alle durcheinander.

»Ich höre wohl nicht richtig.«

»Nur über meine Leiche!«

»Wer zahlt denn die meisten Steuern der Stadt?«

»Soll der Brandenburger doch blechen.«

»Oder gleich der aus Pfalz-Neuburg.«

»Genau.«

»Meine Herren«, versuchte Bürgermeister Pfannkuch, sich Gehör zu verschaffen. »Bitte, gebt doch Ruhe.«

Langsam kühlten die erhitzen Gemüter etwas ab.

»Wir planen keine neue Steuer, sondern bitten Euch lediglich um einen Kredit, den wir selbstverständlich verzinsen werden.«

»Und wie wollt Ihr den zurückzahlen, wenn Ihr pleite seid?«

»Das wird uns erst in einigen Jahren gelingen«, räumte Kielmann ein. »Lange können dieser verfluchte Erbfolgestreit und der Krieg nicht mehr dauern. Dann bekommt Ihr Euer Geld zurück. Dazu verpflichtet sich die Stadt in einem sie ewig bindenden Vertrag.«

»›Ewig‹?«, spottete der Apotheker. »So lange kann ich nicht warten.«

Einige der Männer lachten, nur die Bürgermeister zeigten ein zerknittertes Gesicht.

»Ihr sagt uns also«, schaltete sich nun auch Jürgen in die Debatte ein, »dass Ihr nicht wisst, wann der Kredit getilgt werden wird?«

»So ist es«, gestand Pfannkuch.

»Über welchen Betrag reden wir eigentlich?«, fragte Stams.

»Eintausend Taler.«

»Insgesamt?«

»Nein, von jedem von Euch.«

Die Männer schauten sich erschrocken an.

»Und an welche Verzinsung dachtet Ihr?«, erkundigte sich Jürgen.

»Fünf vom Hundert.«

Der Kaufmann schüttelte den Kopf. »Bei dem Risiko? Was, wenn die Stadt zerstört wird? Wer gibt uns dann unser Geld zurück?«

»Wenn Hattingen niedergebrannt wird, stehen auch Eure Häuser und Lager in Flammen und mordende Landsknechte ziehen durch die Straßen«, gab Kielmann zu bedenken. »Da stellt ein geplatzter Kredit Euer geringstes Problem dar.«

»Da hat er recht«, meinte Hülsbeck.

»Wenn ich mich bereit erkläre, Euch Geld zu leihen, erwarte ich bessere Konditionen«, blieb Jürgen hart.

»Woran denkt Ihr?«, wollte Kielmann wissen.

»Fünfzehn vom Hundert.«

Die Bürgermeister schluckten. »Für den ganzen Zeitraum?«, fragte Pfannkuch ohne große Hoffnung.

»Wo denkt Ihr hin? Für jedes Jahr.«

Die beiden Bürgermeister berieten sich erst gar nicht, sondern lehnten diese Forderung sofort rundweg ab. »Das ist Wucher! Das können wir nicht verantworten. Die Stadt wäre auf Jahre verschuldet.«

»Dann lasst es eben«, erwiderte Jürgen knapp.

»Herr von Linden, Hattingen ist auch Eure Heimatstadt. Einigen wir uns nicht, zwingt uns das dazu, die Steuern zu erhöhen oder die Zahlungen an die Besatzer zu verweigern. Ersteres führt zu Aufständen des Volks, Letzteres zu plündernden Soldaten. In jedem Falle aber bleibt in Hattingen kein Stein mehr auf dem anderen. Wollt Ihr das wirklich riskieren?«

Natürlich wollte Jürgen das nicht. Er wusste, dass am Ende des Tages alles auf einen Kompromiss hinausliefe. Aber der Preis dafür sollte so hoch wie möglich sein.

»Das leuchtet ein. Was haltet Ihr von zehn Prozent?«

Pfannkuch und Kielmann steckten die Köpfe zusammen. »Einverstanden«, meinten sie dann.

»Gut«, versicherte Jürgen. »Von mir bekommt Ihr Eure eintausend Taler. Allerdings nur, wenn auch die anderen Herren diesen Beitrag leisten. Also, was ist?«

Zögernd stimmten die Vorgeladenen zu.

In den vorbereiteten Verträgen fehlten nur die jeweilige Kreditsumme und der Zinssatz. Als alle unterzeichnet hatten, löste sich die Runde auf.

Auf dem kurzen Heimweg realisierte Jürgen, dass der Kredit an die Stadt seine Rücklagen weitgehend aufzehren würde. Geld für neue Investitionen fehlte ihm also in nächster Zeit. Entwickelte sich der Kohleabsatz seines Pütts allerdings weiter so zufriedenstellend wie bisher und bliebe sein Transportgeschäft auf dem aktuellen Niveau, könnte er auch zukünftig ausreichend Geld beiseitelegen.

Und noch ein Gedanke trieb ihn um. Was, wenn die von den Bürgermeistern geäußerten Befürchtungen tatsächlich Realität wurden und Soldaten die Stadt plünderten? Er bewahrte seine Taler wie schon sein Vater und dessen Vater in der großen Eichentruhe auf, die in ihrer Schlafkammer stand. Gewiss, sie war mit einem eisernen Schloss gesichert, dessen Schlüssel er immer bei sich trug. Aber würde das die Landsknechte wirklich aufhalten? Sicher nicht. Er benötigte ein Versteck für das restliche Geld und die Schuldverträge. Und er hatte auch schon eins im Sinn. Am hinteren Ende seines Grundstücks verlief die Trennungsmauer zum Nachbarn. Schon lange plante Jürgen, an dieser Stelle einen Apfelbaum zu pflanzen. Das würde er nun in Angriff nehmen. Zwischen dessen Wurzeln fände eine eiserne Geldkassette einen sicheren Platz.

»Herr von Linden.«

Der Kaufmann schreckte hoch. In Gedanken versunken, hatte er nicht bemerkt, dass Ursula vor seiner Haustür stand.

»Eure Frau sagte mir, dass Ihr im Rathaus wäret. Ich war unterwegs, Euch zu suchen. «

Jürgen freute sich, sie zu sehen. Ihr Anblick vertrieb seine trüben Gedanken. »Weshalb?«

»Der Wallach lahmt ein wenig. Der Knecht meint, er müsse neu beschlagen werden.«

»Dann sollten wir ihn zum Schmied bringen.«

»Das wäre auch mein Vorschlag gewesen. Ich erledige das sofort. Schließlich muss ich morgen Kohlen ausliefern. Ohne neue Eisen sollten wir das Pferd nicht einspannen, sonst zieht es sich noch eine ernsthafte Verletzung zu.«

»Einverstanden.«

Ursula nickte und ging in den Hof. Kurz darauf führte sie den Wallach auf die Straße. Erst nach genauem Hinsehen erkannte Jürgen, dass das Pferd tatsächlich den rechten Hinterlauf nachzog. Ein ungeschultes Auge hätte die leichte Verletzung des Tieres nicht bemerkt.

»Ihr versteht etwas von Pferden«, lobte Jürgen.

Ursula lächelte ihn an. »Danke. Ich hoffe, in spätestens zwei Stunden zurück zu sein.«

»Ich werde mit Euch kommen«, meinte der Kaufmann

dann. »Es steht ohnehin ein Gespräch mit dem Schmied an«, log er.

»Dann braucht Ihr mich ja nicht.« Ursula wollte ihm die Zügel übergeben.

»Nein«, wehrte er ab. »Ihr kennt den Wallach besser als ich und könnt genauer beschreiben, was dem Tier fehlt. Möglicherweise liegt es ja nicht nur am Eisen.«

Ursula schaute ihn skeptisch an, schwieg jedoch. Hatte sie seine Unaufrichtigkeit bemerkt?

»Wie fährt sich das neue Fuhrwerk?«, wechselte er deshalb schnell das Thema. Um die zusätzlichen Transporte nach Unna zu bewältigen, hatte Jürgen bei einem Wagenbauer in Duisburg einen neuen Lastkarren fertigen lassen, den der Knecht vor einer Woche abgeholt hatte.

»Gut. Praktisch ist, dass die Plane nicht nur die Ladefläche, sondern auch den Bock überspannt. Sie bietet so Schutz vor Regen und der Sonne. Und die verstärkte Federung gleicht Unebenheiten der Wege besser aus als bei den alten Fuhrwerken.«

Sie gingen die Gelinde hinunter Richtung Bruchtor. Verstohlen musterte Jürgen seine Begleiterin. Er fragte sich, wie Ursula wohl unter der Arbeitskleidung aussah, schalt sich aber sofort für den unzüchtigen Gedanken. Doch je mehr er versuchte, an etwas anderes zu denken, desto weniger gelang es ihm.

Wie zufällig schob er sich näher an Ursula heran. Sie warf ihm einen schnellen Blick zu, hatte die Annäherung also bemerkt. Selbst wenn sie es gewollt hätte, vermochte sie nicht auszuweichen, denn der massige Körper des Pferdes nahm ihr den Platz.

»Vielleicht ist es besser, wenn Ihr den Wallach für einen Moment führt«, sagte Ursula, drückte Jürgen die Zügel in die Hand und ließ sich dann zwei Schritt zurückfallen. »Ich will kurz schauen, ob mit den anderen Läufen alles in Ordnung ist.«

Diese Inspektion dauerte so lange, wie sie für den restlichen

Weg zu Everdt Marienbaum benötigten. Dort angekommen, sprach Ursula kurz mit dem Schmied und wandte sich dann an Jürgen: »Ich warte nicht auf Euch, sondern gehe vor. So könnt Ihr in Ruhe Euer Gespräch führen. Bis morgen.« Sie drehte sich rasch um und ging.

Jürgen schaute missmutig drein.

Marienbaum, der Ursulas Bemerkung ebenfalls gehört hatte, fragte: »Worüber wolltet Ihr mit mir sprechen, Herr von Linden?«

»Über das Geld natürlich, das Ihr von mir fordern werdet«, maulte der Kaufmann und sah enttäuscht Ursula hinterher, die um die Hausecke verschwand.

## 28

*Hattingen, 6. Juli 1625*

Jürgen nahm nur noch sporadisch am Gottesdienst teil, und so hockten an diesem Sonntag Gesche und Dirk allein auf den harten Bänken Sankt Georgs und lauschten der Andacht Pastor Hermann Merkers, der seit mehr als zehn Jahren in Hattingen wirkte.

Merker, ein wortgewaltiger Prediger und fest im lutheranischen Glauben verwurzelt, sprach über den Krieg als Strafe Gottes für die Sünden der Menschen, vermied aber jede Verunglimpfung der Katholiken. Denn in Hattingen bekannte sich zwar die Mehrheit der Bevölkerung zum Protestantismus, eine starke Minderheit jedoch hing noch dem alten Glauben an. Die wollte der Pastor nicht verprellen, sondern überzeugen. Außerdem lagerten mit Pfalz-Neuburg verbündete Truppen in der Stadt. Und da diese zur Katholischen Liga gehörten, war Merkers Zurückhaltung angebracht.

Gesche, die sich ein wenig verspätet hatte, saß in der letzten Reihe in der Nähe des Kircheneingangs. Merkers Predigt kam zu ihrem Ende, als die Kaufmannsfrau ein lautes Knirschen über ihrem Kopf hörte. Auch anderen Kirchgängern in ihrer Nähe fiel dieses Geräusch auf. Da war es wieder. Diesmal nur lauter, sodass es deutlich in der ganzen Kirche zu vernehmen war. Selbst der Pastor hörte es, denn er unterbrach seine Predigt für einen Moment und warf wie seine Gemeindemitglieder einen besorgten Blick zum Kirchengewölbe. Aber dort zeigte sich nichts Auffälliges. Also sprach er weiter.

Doch ein noch lauteres Knacken ließ alle erneut aufmerken. Dann überschlugen sich die Ereignisse: Es polterte laut im Glockenturm und mit einem ohrenbetäubenden Knall krachte etwas auf den Boden. Staub stieg auf.

Nach einem Moment des Schreckens schrien einige der Gläubigen: »Die Kirche stürzt ein! Rettet Euch!«

Alle sprangen auf, drängten, schubsten und schoben sich zum Eingang, fluteten durch ihn hindurch ins Freie und blieben in sicherem Abstand vom Gotteshaus auf dem Kirchplatz stehen. Doch Sankt Georg hielt zum Glück stand.

Pastor Merker trat als Letzter nach draußen. Auch er schaute ungläubig auf seine Kirche und kehrte dann nach einem kurzen Zögern ins Innere zurück. Wenig später erschien er wieder vor seiner Gemeinde, ein Gewicht des Uhrwerks in der Hand. »Es ist gebrochen«, rief er und hielt das Metallstück hoch über den Kopf, sodass es jeder sehen konnte. »Nichts Ernstes. Aber geht trotzdem nach Hause. Wir sehen erst nach, ob nicht weitere Teile absturzgefährdet sind. Wer ein solches Gewicht auf den Kopf bekommt, steht schneller vor unserem Herrn, als er es sich wünscht.« Mit diesen Worten segnete Merker die Gläubigen und marschierte betend in sein Gotteshaus.

Natürlich verbreitete sich die Nachricht von diesem Zwischenfall in Windeseile in der Stadt. Die Katholiken sahen darin einen Fingerzeig des Herrn, dass protestantische Gottesdienste in Sankt Georg nicht in seinem Sinne seien. Und die Protestanten meinten, gerade dass nichts Ernsthaftes geschehen war und Gott sie vor Schlimmerem verschont hatte, zeige, wie nah die Gläubigen in der Kirche ihrem Herrn gewesen seien und mit welchem Wohlgefallen er auf sie geschaut habe.

Da Gott aber auf weitere Zeichen dieser Art verzichtete, konnte die Frage nicht abschließend geklärt werden. Bis auf einige Prügeleien junger Burschen unterschiedlicher Konfession, die sich anders nicht einigen wollten, hielt sich das Zerwürfnis in der Bürgerschaft in Grenzen.

Einen Tag später ritt der Blankensteiner Droste Johann von Dellwig am späten Nachmittag mit einigen Bewaffneten und einem katholischen Geistlichen in die Stadt. Sein Weg führte ihn zum Pfarrhaus nördlich des Kirchhofs, wo Hermann Merker gerade beim Mittagessen saß.

»Die Schlüssel zu Sankt Georg«, fuhr er den Pastor an, nachdem dieser geöffnet hatte.

»Was wollt Ihr damit?«

»Das werdet Ihr schon sehen.« Fordernd streckte der Droste die Hand aus. »Wird's bald?«

Doch so schnell ließ sich Merker nicht einschüchtern. Er fühlte den Beistand seines Gottes und erwiderte: »Ihr habt kein Recht, die Schlüssel zu verlangen. Die Kirche ist nicht Euer, sondern gehört allein unserem Herrn.«

»Gerade dem will ich sie ja wieder zurückgeben«, knurrte von Dellwig und erneuerte seinen Befehl.

Mittlerweile hatten sich einige Zaungäste am Pfarrhaus eingefunden, die Merker kannte. Die Zuschauer hingen allesamt dem katholischen Glauben an und zeigten verschlossene, ja feindselige Gesichter. Konnte das Zufall sein? Merker dachte nicht daran, der Anweisung zu gehorchen.

»Wie Ihr meint.«

Der Droste wandte sich ab und gab seinen Begleitern ein Zeichen. Die marschierten zur Kirche und durchschlugen mit einem kräftigen Axthieb das Schloss, das an einer eisernen Kette den Zugang zu Sankt Georg sicherte.

Der Droste drückte die Tür des Eingangsportals auf. Der katholische Geistliche bekreuzigte sich, betrat das Innere und eilte schnurstracks zum Altar, wo er die mitgebrachte Amtstracht anzog. Ihm folgten die Menschen, die dem Treiben bisher schweigend zugesehen hatten. Der Priester las unverzüglich eine Vesper und schon bald klangen katholische Psalmen nach draußen.

Merker versuchte zu protestieren, wurde aber vom Drosten daran gehindert. »Ab jetzt ist diese Kirche wieder katholisch. Ich werde ein neues Schloss anbringen und rate Euch gut, es unbeschädigt zu lassen, wenn Ihr den Rest Eurer Tage nicht im Kerker auf Burg Blankenstein verbringen möchtet. Außerdem habt Ihr die Wedeme binnen drei Tagen zu räumen. Und jetzt rückt endlich die anderen Kirchenschlüssel heraus, sonst lasse ich meinen Männern freie Hand. Glaubt mir, sie finden sie.« Wieder streckte er die Hand aus.

Eingeschüchtert überreichte Pastor Merker ihm den Schlüsselbund.

Seine Ratlosigkeit dauerte nur wenige Tage. Dann feierten die Protestanten ihre Gottesdienste im Weinhaus und wichen später, als der Droste dagegen vorging, in Privathäuser aus. Mit administrativen Maßnahmen jedenfalls war der Protestantismus in Hattingen nicht mehr aufzuhalten.

Zwischen Gesche und Jürgen allerdings führte dieser Vorfall zu neuem Streit. Jürgen, dem die Auseinandersetzungen zwischen den Glaubensrichtungen eigentlich herzlich egal waren, wollte nicht, dass seine Frau und sein Sohn sich offen zum Protestantismus bekannten und sich damit gegen den Drosten stellten, vergab dieser doch Aufträge und Transportlizenzen. Jürgen war an seinem Wohlwollen gelegen.

Also untersagte er seiner Familie kurzerhand die Teilnahme an den protestantischen Gottesdiensten. Gesche allerdings dachte nicht im Traum daran, sich diesem Verdikt zu beugen. Und so ging der religiöse Riss nicht nur durch die Gemeinde, sondern auch durch die Familie von Linden.

## 29

*Kleve, 20. Juli 1625*

Walter, seine Braut und sein zukünftiger Schwiegervater hielten sich an das Schweigeverdikt des Geheimrats von Schwarzenberg. Kein Wort über die geplante Beförderung kam über ihre Lippen. Aber die Mauern einer kurfürstlichen Verwaltung hatten erstaunlich große Ohren.

So dauerte es nur wenige Monate, bis die Nachricht durchsickerte und irgendwann auch Fabri erreichte. Der war nicht amüsiert und sann auf Vergeltung. Aber das war leichter gedacht als getan, denn Walter bot kaum Angriffsfläche für einen Rachefeldzug. Und deshalb fraß Doktor Konradus Fabri seinen Hass in sich hinein und wartete auf eine günstige Gelegenheit, um Walter bei Adam von Schwarzenberg zu diskreditieren und so vielleicht doch noch Prokurator zu werden.

Walter hatte mittlerweile ein standesgemäßes Haus gefunden. Es lag unterhalb der Burg, nicht weit vom Kanzleigebäude entfernt, verfügte über ausreichende Zimmer für eine Familie und einen kleinen Garten mit einem eigenen Brunnen, der erstaunlich frisches Wasser lieferte. Das Beste daran aber war der Preis: Da die Familie, die es früher bewohnte, vollständig von der Pest ausgelöscht worden war und es keine weiteren Angehörigen und damit Erben gab, war das Gebäude an die Stadt gefallen. Nach Fürsprache von Schwarzenbergs hatte der Rat Walter das Haus für einen Spottpreis veräußert, sodass dieser nicht einmal seinen Bruder um finanzielle Hilfe bitten musste.

Die Hochzeit fand am letzten Sonntag des Monats statt. Agatha zuliebe war der eigentlich protestantische Walter zum katholischen Glauben konvertiert. Nach dem Gottesdienst in der Stifts- und Propsteikirche Sankt Mariä Himmelfahrt lud Dieter Wettesbach die Gäste in einen Gasthof in Kleve ein, da die Räume seines Hauses die Anzahl der Gratulanten nicht fassen konnten. Es waren rund zweihundert Verwandte und Freunde, die dem Brautpaar die Ehre erwiesen, darunter natürlich auch Jürgen und seine Frau Gesche.

Die Hochzeit verschlang Unsummen, denn der Brautvater ließ sich nicht lumpen. Die Tafeln bogen sich unter dem Gewicht der dargebotenen Speisen, Bier und Wein flossen in Strömen und Musikanten und Gaukler unterhielten die Feiernden mit ihren Künsten. Am frühen Abend lagen die meisten Gäste betrunken auf oder unter den Tischen.

Adam von Schwarzenberg, der ebenfalls zu den Eingeladenen gehörte, nahm später den Bräutigam zur Seite. »Ich habe meinen Teil der Abmachung erfüllt. Ihr seid am Ziel Eurer Wünsche.«

»Dafür stehe ich tief in Eurer Schuld«, erwiderte Walter.

»Von der Ihr einen Teil sofort abtragen könnt. Seht Ihr den schwarz gekleideten Herrn dort hinten, dessen Kröse nicht mehr ganz gerade sitzt?«

»Ihr meint den mit dem roten Spitzbart?«

»Ganz recht. Es handelt sich um einen Kaufmann aus Holland. Er macht dann und wann Geschäfte mit dem kurfürstlichen Rat. Euer Schwiegervater hat ihn auf meinen Wunsch hin eingeladen. Der Mann kauft seit einigen Monaten in Köln jede Muskete auf, die er bekommen kann, und lässt sie nach Holland verschiffen. Natürlich nur, um sie später an den Meistbietenden zu veräußern. Bisher haben wir uns seine Schiffsladungen nicht genau angesehen. Aber das kann sich schnell ändern, denn schließlich transportiert er die Waffen durch unser Territorium. Ohne auch nur einen Taler an Steuer zu bezahlen, will ich hinzufügen. Ich möchte, dass Ihr mit ihm sprecht. Wenn er diesen für ihn ausgesprochen vorteilhaften Status beibehalten will, muss er mich gnädig stimmen. Das erreicht er am besten, indem er einen Teil seines Ertrages abführt. Ich dachte da an fünf vom Hundert, die er

Euch zweimal im Jahr übergibt. Ihr leitet das Geld an mich weiter. Schließt einen entsprechenden Vertrag mit ihm ab, damit alles seine Ordnung hat, natürlich ohne Nennung Eures oder meines Namens. Bezeichnet den Geldempfänger einfach als ›Beauftragter des kurfürstlichen Rates‹.«

Walter schluckte. So hatte er sich die durch seinen Vorgesetzten erbetene juristische Hilfe nicht vorgestellt. Aber was blieb ihm übrig? Noch war er kein Prokurator, wollte aber einer werden. Also musste er mit den Wölfen heulen.

»Ich vermute, Ihr werdet bei diesem Geschäft nicht in Erscheinung treten?«, fragte er von Schwarzenberg.

»Da vermutet Ihr richtig. Also, sprecht mit dem Kaufmann. Es soll Euer Schaden nicht sein.«

Natürlich kam Walter dem als Bitte getarnten Befehl nach, dem in den nächsten Wochen weitere folgten. Von Schwarzenberg nutzte seine Stellung schamlos aus, um sich zu bereichern. Dabei achtete er sorgfältig darauf, sich nicht am Eigentum des Landesherrn zu vergreifen, sondern es sogar zu mehren. Er schröpfte hingegen Kaufleute und Handwerker, die um Aufträge der kurfürstlichen Verwaltung buhlten. Wollten sie diese erhalten, mussten sie zahlen.

Die entsprechenden Verhandlungen führte ausnahmslos Walter. Von Schwarzenberg trat nie in Erscheinung. Dem Advokaten war klar, warum. Käme es zu Streit oder wandte sich einer der Erpressten unmittelbar an den Kurfürsten, konnte der Geheime Rat sich gelassen in seinem Stuhl zurücklehnen und auf von Linden als den einzig Verantwortlichen verweisen. Walter diente von nun an als von Schwarzenbergs Mann fürs Grobe, der fest an der Kandare gehalten wurde.

# 30

*Hattingen, 25. Juli 1625*

Missmutig hockte Jürgen mitten in der Nacht in der Stube und ertränkte seinen Kummer im Wein. Schon wieder hatte sich Gesche ihm verweigert. Als er sich das, was er für sein Recht hielt, mit Gewalt nehmen wollte, hatte sie gedroht, so laut um Hilfe zu rufen, dass ihr Geschrei nicht nur das Haus, sondern auch die Nachbarn aufweckte. Als er daraufhin von ihr abließ, hatte sie ihn aus der gemeinsamen Schlafkammer geworfen. Zu allem Elend war der Rote auch noch zu warm und schmeckte nicht besonders. Trotzdem kippte Jürgen Becher um Becher.

Es war schon lange nach Mitternacht, als er sich auf dem Abort im Hof erleichterte. Schwankend stand er da und pisste sich die Seele aus dem Leib. Er verfluchte im Stillen Gesche, Trine, Wilhelm und vor allem sich selbst. Warum, zum Teufel, sprach er nicht mit seiner Frau? Warum nur führte jeder Wortwechsel zwischen ihnen zum Streit? Eigentlich war es so einfach. Er brauchte Gesche doch nur erklären, dass es ein Fehler gewesen war, sich damals nicht für Wilhelm eingesetzt zu haben, ihre Teilnahme am protestantischen Gottesdienst zu akzeptieren und sich bei ihr für die verdammten Besuche in den Bochumer Hurenhäusern zu entschuldigen.

Schon mehrmals hatte Jürgen beschlossen, ihr endlich reinen Wein einzuschenken, dann aber immer wieder gekniffen und sich eingeredet, alles sei nur Gesches Schuld. Warum sollte denn er den ersten Schritt unternehmen? Schließlich könnte doch auch sie auf ihn zugehen, oder? Und so war eine Gelegenheit nach der anderen verstrichen. Bis die gegenseitige Sprachlosigkeit zum Normalfall geworden war.

Jürgen blieb noch einen Moment im Freien. Die frische Luft bekämpfte den Alkoholnebel in seinem Kopf, besiegte ihn aber nicht. Von irgendwoher hörte er Musik. Jemand schlug die Laute und sang leise dazu. War das nicht die Stimme Ursulas? Jürgen näherte sich dem Gebäude, in dem die Mägde und Knechte schliefen. Er wusste, dass Ursulas Kammer unter dem Dach lag. Und tatsächlich stand dort ein Fenster offen, aus dem Gesang erklang. Einige Minuten lauschte er. Dann fasste er einen Entschluss.

Jürgen eilte zurück ins Haus, füllte den Krug mit frischem Wein, schnappte sich zwei Becher und kehrte mit unsicherem Schritt zum Gesindehaus zurück, dessen Tür nicht verschlossen war. Im Dunkeln schlich er die Treppe hinauf, deren Stufen leise knarrten. An einem Balken stieß er sich so heftig den Schädel, dass er fast den Wein fallen gelassen hätte. Er schluckte einen Fluch hinunter und stolperte mit eingezogenem Kopf weiter. Vor Ursulas Kammer blieb er stehen. Ein letztes Mal regten sich Bedenken. Ging er nicht zu weit? Ach was, sagte er sich dann. Ursula war verwitwet. Er setzte also niemandem Hörner auf. Und was Gesche anging: War sie nicht selbst schuld, wenn er das, was sie ihm vorenthielt, an anderer Stelle suchte?

Er atmete tief ein und klopfte. Der Gesang verstummte. Dann näherten sich Schritte.

»Wer ist da?«, hörte er Ursulas Stimme.

»Jürgen von Linden«, antwortete er mit schwerer Zunge. »Bitte macht auf. Ich habe etwas mit Euch zu besprechen.«

»Mitten in der Nacht? Hat das nicht bis morgen Zeit?«

»Nein.«

Ein Riegel wurde bewegt. Als Ursula die Tür einen Spalt öffnete, fiel der Lichtschein einer Kerze auf ihr Gesicht.

Jürgen stockte der Atem. Zum ersten Mal sah er sie mit offenem Haar, welches über ihre Schultern floss. Sie trug noch ihre Arbeitskleidung.

»Darf ich hereinkommen?«

Ursula warf einen verwunderten Blick auf den Weinkrug und die Becher. »Zum Feiern gibt es keinen Anlass, Herr von Linden.«

»Ich weiß, aber es ist wichtig.«

Sie öffnete die Tür und trat beiseite. »Nur einen Augenblick.«

»Sicher.«

Jürgen schaute sich in der Kammer um. Das Bett stand in einer Ecke, daneben eine Krippe, in der Bertram schlief, ein wackeliger Tisch und ein Stuhl vor dem offenen Fenster – das war das gesamte Mobiliar. An einigen in die Wand getriebenen Holzzapfen hing Kleidung.

Ursula zeigte auf die Krippe. »Bitte seid leise. Der Junge schläft«, flüsterte sie. »An meinen Gesang und die Laute hat er sich gewöhnt. Aber eine andere Stimme …«

Jürgen nickte verstehend und goss zwei Becher Wein ein. »Ihr seid eine schöne Frau«, meinte er bewundernd.

»Um mir das zu sagen, stört Ihr meine Nachtruhe?«

»Ihr habt nicht geschlafen.«

Sie ignorierte den Einwand. »Also, was wünscht Ihr?« Widerstrebend ergriff sie den Becher, den ihr der Kaufmann reichte, nippte daran und stellte ihn dann auf dem Tisch ab.

Jürgen trat einen Schritt näher. »Sicher ist Euch nicht verborgen geblieben, dass meine Frau und ich in letzter Zeit, sagen wir, Missverständnisse hatten.«

»Das geht mich nichts an. Und das Gerede der Mägde überhöre ich.«

Jürgen berührte ihre Hand. Ursula entzog sie ihm sofort.

»Ihr seid von Adel. Deshalb versteht Ihr, was ich Euch jetzt vorschlagen möchte, denn in Euren Kreisen ist es doch üblich, eine Mätresse oder einen Geliebten zu haben, oder? Könntet Ihr Euch vorstellen, mit mir eine solche Verbindung einzugehen?« Er drängte sich noch näher an sie. »Es soll Euer Schaden nicht sein.«

Fassungslos drückte Ursula ihn beiseite. »Ihr seid betrunken«, fuhr sie ihn an. »Denn sonst würdet Ihr eine solche Ungeheuerlichkeit nicht an mich herantragen.« Sie schob ihn Richtung Tür. »Ihr habt viel für mich und meinen Sohn getan, das vergesse ich Euch nicht. Deshalb verliere ich über

Eure Schamlosigkeit kein Wort, auch nicht gegenüber Eurer Frau. Solltet Ihr mir allerdings erneut den mir gebührenden Anstand verweigern, werdet Ihr das bereuen. Das schwöre ich. Und nun verschwindet aus meiner Kammer. Sofort!«

Später wusste Jürgen nicht mehr, ob es an Ursulas resolutem Auftritt gelegen oder ein letzter Rest Verstand sich in seinem betrunkenen Schädel durchgesetzt hatte. Auf jeden Fall wurde ihm schlagartig klar, was eben vorgefallen war. Er fühlte sich hundeelend. Was hatte ihn nur getrieben?

Jürgen stammelte eine Entschuldigung und verließ unter demütigen Verbeugungen die Kammer, stolperte die Stiege hinunter und schlug im Freien lang hin. Nur mühsam rappelte er sich wieder auf. Tränen der Scham und des Selbstmitleids liefen über sein Gesicht.

Erst Tage später ergab sich eine Gelegenheit, mit Ursula allein zu sprechen. Sie rieb den Wallach trocken, als Jürgen den Stall betrat und die Tür hinter sich zuzog. Das Knarren ließ Ursula aufschrecken. Sie ließ das Strohbündel fallen und versuchte, an Jürgen vorbei ins Freie zu gelangen. Der aber hielt sie am Arm. »Ihr geht mir in letzter Zeit aus dem Weg.«

»Mit gutem Grund.«

»Und der wäre?«

»Wenn Ihr das nicht selbst wisst, ist Euch wirklich nicht mehr zu helfen.«

»Was meint Ihr?«

Ursula seufzte. »Also gut, dann will ich es Euch erklären. Ich liebe meinen Mann immer noch und Ihr seid verheiratet. Trotzdem bedrängt Ihr mich, mit Euch das Lager zu teilen. Ihr habt mir und meinem Sohn Brot und ein Dach über dem Kopf gegeben und ich bin Euch deshalb verbunden. Das ist alles. Ich weiß, dass viele Frauen nur heiraten, um ein Auskommen und Sicherheit zu haben. Aber ich bin nicht wie diese. Deshalb bitte ich Euch: Lasst ab von Eurem Werben und versucht nicht, mich zu Eurer Hure zu machen. Denn das wäre ich, würde ich Euren Wunsch erfüllen.«

Der Kaufmann senkte betroffen den Kopf. »Ich bitte Euch um Entschuldigung«, erwiderte er mit belegter Stimme. »Ich nahm an, Ihr fühltet wie ich.«

»Das tue ich nicht. Und Ihr solltet nicht mich, sondern Eure Frau um Verzeihung bitten.«

»Weshalb? Ich habe Euch nicht einmal berührt.«

»Das nicht, aber Ihr habt mich in tiefer Nacht mit einem unmoralischen Angebot aufgesucht, mir ständig schöne Augen gemacht und Euch in meiner Gegenwart aufgeplustert wie ein liebestoller Hahn. Das ist Eurer Frau nicht verborgen geblieben, glaubt mir. Und Eure Besuche bei den Bochumer Dirnen sind Stadtgespräch in Hattingen. Alle Welt tratscht und lästert über Euch. Böse Stimmen vergleichen Euch mit den Straßenkötern, die mit heraushängender Zunge läufigen Hündinnen hinterherhecheln. All das erträgt Eure Frau. Und noch eines: Ihr habt die Ausweisung Eures Schwagers ignoriert und nichts dagegen unternommen.«

»Selbst wenn ich gewollt hätte, wäre eine Intervention für Wilhelm erfolglos geblieben.«

»Aber Ihr wolltet nicht«, stellte Ursula fest.

»Nein.«

»Weshalb?«

»Mein Schwager ist ein Trinker und Raufbold. Er hätte Trine und Alke nur Unglück gebracht.«

»Das sagt Ihr. Clemens und ich haben Euren Schwager als liebenswerten Menschen kennengelernt, der sich seiner Schuld sehr wohl bewusst war und seine Frau liebte. Alke war er ein fürsorgender Vater. Er hat seine Lektion gelernt.«

»Dann war die Ausweisung doch genau richtig.«

Ursulas Augen blitzten. »Ihr seid ein Holzkopf. Woher wisst Ihr, dass sich Wilhelm nicht auch geändert hätte, wenn er in Hattingen geblieben wäre?«

»Natürlich weiß ich das nicht«, räumte Jürgen ein. »Aber der Beschluss des Rates war unabänderlich.«

»Mag sein. Ihr habt jedoch noch nicht einmal versucht, dagegen anzugehen. Das ist es, was Trine und Eure Frau Euch zu

Recht vorwerfen. Es war in Eurem Interesse, dass Wilhelm die Stadt verlässt. Da kam Euch der Ratsbeschluss gerade recht. So konntet Ihr Eure Hände in Unschuld waschen und andere die Drecksarbeit erledigen lassen.«

Jürgen wusste, dass Ursulas Anschuldigung stimmte. Aber zugeben konnte er das nicht. »Denkt doch, was Ihr wollt.«

»Das tue ich ohnehin. Ich hoffte nur, Euch die Augen zu öffnen.«

»Wie bitte?« Jürgen spürte Ärger über die Zurückweisung und die Vorwürfe in sich hochsteigen. »Nun macht auch Ihr mir Vorhaltungen? Habt Ihr vergessen, dass ich Euch und Euer Kind vor der Gosse bewahrt habe?«

»Nein, und das sagte ich bereits.«

»Dann solltet Ihr Eure Zunge hüten, Weib.«

Enttäuscht schüttelte Ursula den Kopf und verließ den Stall.

Jürgen, dem erst jetzt klar wurde, dass er wieder zu weit gegangen war, tat einen zaghaften Schritt, um ihr nachzulaufen, öffnete den Mund für eine gestammelte Entschuldigung, beließ es aber bei dem Versuch.

Er blieb stehen, schaute verzweifelt hinter Ursula her und biss sich auf die Lippen. Was war er doch für ein verdammter Idiot!

## 31

*Genua, 28. Juli 1625*

Die Sonne brannte schon am Morgen von einem wolkenlosen Himmel. Genua stank nach Fisch und Abfällen. Wenigstens vertrieb eine kühlende Meerbrise dann und wann den Geruch aus der Hafenstadt. Das Wasser der Brunnen schmeckte brackig und salziger als üblich. Die reichen Bürger zogen sich schon nach dem Frühstück in die schattige Kühle ihrer Gärten zurück und mieden jeden Aufenthalt im Freien.

Wilhelm verließ ihr neues Zuhause und ging langsam in östliche Richtung. Er hatte Trine vorgeschwindelt, bei einem Kupferschmied nach einem größeren Topf zu schauen. Er musste nicht befürchten, die Orientierung zu verlieren. Schon von Weitem sah er die Basilica di Santa Maria Assunta. Sie thronte im Zentrum der Stadt auf dem Hügel von Carignano, umgeben von Klöstern und kleinen Kapellen. Darunter befand sich ein wahres Labyrinth aus Wegen und Gassen, an dessen Ende die Häuser der Kaufleute lagen, die zwar vermögend waren, sich aber keine Paläste auf den Prachtstraßen und Plätzen im unmittelbaren Stadtzentrum leisten konnten.

Wilhelm fand nach einigem Suchen das Viertel, in dem Josef Faßbender wohnte. Er sprach einen Passanten an und versuchte, ihm radebrechend und wild gestikulierend klarzumachen, dass er das Haus Faßbenders suche. Glücklicherweise verstand ihn der Mann und wies ihm den Weg.

Wenig später hatte Wilhelm sein Ziel erreicht. Das Haus ihres Bekannten zeugte von Wohlstand, schien aber nicht ganz so groß wie die Nachbargebäude zu sein und verblasste gegenüber den Palästen, die sich die Bankiers erbauen ließen. Wilhelm war trotzdem beeindruckt. Was hätte er darum gegeben, in einem solchen Schloss zu leben?

Die schwere Eingangstür zierte ein Türklopfer in Form eines Segelschiffes. Der Hattinger ließ den Schlägel gegen die Eichentür fallen. Dumpf hallte der Klang durch das Haus.

Es dauerte etwas, bis Wilhelm Schritte vernahm und sich jemand innen am Schloss zu schaffen machte. Dann öffnete sich die Tür. Zum Glück war es Faßbender selbst, der im Rahmen stand. Das ersparte Wilhelm umständliche Erklärungen in einer Sprache, die er nicht beherrschte.

»Wilhelm.« Der Kaufmann breitete die Arme aus und empfing seinen Retter mit einem Lächeln. »Schön, dich zu sehen.« Er ließ ihn eintreten. »Komm mit in den Garten. Da ist es angenehm kühl.«

An einem runden, mit Natursteinen eingefassten Teich stand ein Tisch, darum mehrere Stühle. Kleinere Bäume spendeten

Schatten, die Mauern des Wohnhauses umschlossen das Geviert und sperrten den Lärm der Stadt aus. Eine Magd eilte herbei und Faßbender bot seinem Gast Wasser und Wein an. Dann fragte er: »Wie lange ist es her, dass wir uns das letzte Mal gesehen haben?« Er gab sich selbst die Antwort. »Mehr als zwei Monate. Wie ist es euch ergangen und was führt dich zu mir?«

»Wir hatten Glück«, erklärte Wilhelm. »Trine fand schon am ersten Tag Arbeit in einer Taverne am Hafen.«

»In welcher?«

»*Il Vaticano* heißt sie.«

»Ah, ich glaube, ich kenne sie. Ganz am Ende des Hafens gelegen, oder?«

»Ja.«

»Sie hat keinen besonders guten Ruf.«

»Ich weiß. Aber Trine arbeitet hart, um das zu ändern. Die Taverne gehört einem alten Ehepaar, beide weit jenseits der siebzig. Sie haben keine Kinder, die das Geschäft übernehmen könnten. Und nun haben sie Trine und mir angeboten, die Taverne zu kaufen.«

»Ist das der Grund, warum du bei mir bist?«

»Ja. Uns fehlt das Geld, um sie zu erwerben.«

»Was soll sie kosten?«

»Eintausend Taler, lebenslanges Wohnrecht für die alten Wirtsleute und Versorgung eingeschlossen. Und die Garantie, dass der bisherige Name beibehalten wird.« Als Faßbender ein fragendes Gesicht machte, erklärte Wilhelm. »Sie sind strenge Katholiken und gehen jeden Tag in die Kirche.«

»Ach so. Eintausend Taler sind nicht sehr viel.«

»Für uns schon.«

Der Kaufmann zögerte nicht lange. »Ich gebe euch das Geld. Das bin ich dir schuldig.«

»Das würde Trine niemals akzeptieren. Ihr Stolz lässt es nicht zu. Sie weiß auch nicht, dass ich dich besuche.«

»Dann erhaltet ihr Kredit.«

»Den wir nicht zurückzahlen können, solange ich keine

Arbeit gefunden habe. Genau das ist mein Anliegen. Hast du eine Beschäftigung für mich oder kennst du einen Händler oder Handwerker, der jemanden wie mich benötigt?«

»Was kannst du?«

»Ich bin Bader.«

»Irgendwelche handwerklichen Fähigkeiten?«

Wilhelm verneinte.

Faßbender dachte nach. »Und was ist mit deinen Italienischkenntnissen?«

Wilhelm schüttelte den Kopf. »Ich tue mich schwer mit der Sprache. Außer einigen Brocken verstehe ich nichts.«

»Das ist schlecht. Ohne Italienisch zu sprechen, wird dich wohl niemand anstellen.«

»Auch du nicht?«, erwiderte der Bader enttäuscht. »Ich dachte ...«

»Wie hoch wäre denn der Betrag, den ihr zurückzahlen könntet?«

»Zwei-, dreihundert Taler vielleicht. Im Monat etwa fünf. Aber keine Tausend. Wir möchten nicht unser restliches Leben einen Kredit abstottern. Warum fragst du?«

»Mir kommt da eine Idee. Ich werde mit den jetzigen Besitzern sprechen. Möglicherweise lässt sich am Kaufpreis noch etwas machen.«

»Das glaube ich nicht. Du sagtest doch selbst, der Prei sei günstig.«

Der Kaufmann lächelte hintergründig. »Wie sieht es eigentlich mit deinem Stolz aus?«

Wilhelm ahnte, worauf Faßbender hinauswollte. »Er ist sicherlich nicht so ausgeprägt wie Trines.«

»Das ist gut.«

Bereits am nächsten Morgen passte Faßbender die Wirtsleute bei ihrem Kirchgang ab. Da sie immer zur selben Zeit in der Basilika der heiligen Maria beteten und Wilhelm sie genau beschrieben hatte, identifizierte der Kaufmann die beiden sofort und stellte sich vor.

Dann kam er auf sein Anliegen zu sprechen. Schnell wurden

sie sich einig. Ein schwerer Beutel mit achthundert Goldtalern wechselte den Besitzer.

Am Nachmittag kam Trine aufgewühlt aus der Küche zu Wilhelm gelaufen, der sich mehr schlecht als recht bemühte, das gebrochene Holzbein eines der Stühle zu ersetzen. »Elena hat mich zur Seite genommen«, berichtete sie aufgeregt. »Sie haben noch einmal über den Kaufpreis nachgedacht, nachdem ich ihr gesagt hatte, das er für uns unerschwinglich sei. Jetzt bieten sie uns die Taverne für nur zweihundert Taler zum Kauf an. Stell dir das vor!«

»Wir haben aber auch das Geld nicht«, gab Wilhelm zurück.

»Ich weiß. Aber Josef Faßbender hat angeboten, uns zu helfen. Vielleicht leiht er uns den Kaufpreis.«

Wilhelm unterdrückte ein Grinsen. »Möglicherweise. Ich kann mit ihm sprechen.«

Trine fiel ihm um den Hals. »Ja, tue das. Aber es wird ein regulärer Kreditvertrag gemacht. Und er erhält die üblichen Zinsen. Du weißt …«

»Sicher«, unterbrach er sie. »Du willst keine Almosen.«

## 32

*Hattingen, 4. September 1625*

Überraschend war Walter von Linden im Haus der Familie erschienen. Ohne auf Gesche zu warten, marschierte er direkt in das Kontor seines Bruders, nachdem die Magd ihm geöffnet hatte.

»Walter, was für eine Freude«, begrüßte ihn Jürgen.

»Ich weiß nicht, ob mein Besuch wirklich Anlass dafür bietet«, erwiderte der Advokat.

Jürgen sah ihn erstaunt an.

»Deshalb wollte ich zunächst mit dir sprechen. Das Reichskammergericht in Speyer hat im Erbstreit von der Recke entschieden. Das Testament ist rechtens. Die Entscheidung Jobst von Strünkedes wird aufgehoben und Ursula zu Schadensersatz verurteilt. Das Gericht ist unserer Argumentation leider nicht gefolgt.«

»Schadensersatz? Aber sie hat doch noch keinen Albus von dem gesehen, was der Droste ihr zugesprochen hat.«

»Von der Recke war ebenfalls anwaltlich vertreten. Das Honorar dieser Advokaten beträgt insgesamt zweitausend Taler. Hinzu kommen die Gerichtskosten in Höhe von weiteren fünfhundert Talern.«

Jürgen atmete tief ein. »Das ist fast doppelt so viel Geld, wie ich besitze. Diese Summe wird sie niemals aufbringen können.«

»Das hat das Gericht berücksichtigt und Jobst von Strünkede und uns dazu verurteilt, den Schadensersatz zu übernehmen. Der Droste hat daraufhin mit einem Schreiben gewedelt, in welchem der klevische Rat ihn aufgefordert hat, im Sinne Ursula Nagels zu entscheiden. Daraufhin hat das Gericht seinen Beschluss dahingehend geändert, dass nur noch Kleve zahlt. Wer kann es dem Drosten verdenken, dass er sich aus der Verantwortung stiehlt, die er ohnehin niemals hatte?«

Jürgen schüttelte entgeistert den Kopf. »Und nun?«

»Was meinst du?«

»Gibt es eine Möglichkeit, das Urteil anzufechten?«

»Nein. Es ist endgültig.«

»Dann stehen Ursula und ihr Kind völlig mittellos da?«

»So ist es.«

»Was soll aus ihr werden?«

»Sie fährt doch eines deiner Fuhrwerke. Das kann sie weiterhin tun. Oder sie zieht fort und sucht sich eine andere Arbeit.«

»Sieh dich in Hattingens Straßen um«, erwiderte Jürgen verbittert. »Sie sind voll mit den Verzweifelten und Entwurzelten, die von ihren Höfen vertrieben oder geflohen sind.

Das ist in anderen Städten genauso. Wie soll sie da als Frau Arbeit finden?«

»Das klingt, als wolltest du sie nicht weiterbeschäftigen.«

Jürgen schluckte eine Erwiderung herunter, denn ganz falsch lag Walter mit seiner Vermutung nicht. Immer, wenn er Ursula über den Weg lief, kam die Erinnerung an jene Nacht vor einigen Wochen angekrochen, für die er sich ein Leben lang schämen würde. Er konnte ihr nicht in die Augen sehen. Sein Haus war seitdem zu klein für sie beide geworden.

Aber sollte er sie deshalb auf die Straße setzen? In ihrer Situation? So etwas hatte er bei Wilhelm zugelassen. Dieser Fehler, so lautete sein geheimer Schwur, passierte ihm kein zweites Mal. Deshalb hatte Jürgen vielleicht sogar ebenso stark wie Ursula gehofft, dass der Prozess zu ihren Gunsten entschieden würden. Sie hätte von den zugesprochenen Hoferträgen ein standesgemäßes Leben führen können und wäre nicht auf das wenige Geld angewiesen, welches er ihr zahlte.

»Willst du es ihr sagen oder soll ich das tun?«, fragte Walter.

»Es ist mir lieber, wenn du das erledigst.«

»Gut. Dann lass sie holen.«

»Kann Gesche auch dazukommen?«

»Natürlich.«

Ursula nahm den Bericht Walters mit versteinerter Miene zur Kenntnis. Auch als Gesche ihr den Arm auf die Schulter legte, um sie zu trösten, fixierte sie einen imaginären Fleck an der Wand. Allerdings wurden ihre Augen feucht.

Jürgen nahm seine ganze Kraft zusammen und sprach sie an. »Selbstverständlich könnt Ihr weiter bei uns wohnen und das Fuhrwerk lenken. Solltet Ihr das nicht wollen, helfen wir Euch, so gut wir nur können. Das schwöre ich bei Gott.«

Ursula antwortete nicht. Gesche hingegen warf Jürgen einen dankbaren Blick zu, den dieser sehr wohl registrierte.

Mit einer sanften Bewegung schob Ursula Gesches Arm beiseite, nickte Walter dankend zu und verließ das Kontor.

Gesche wollte ihr folgen, aber Jürgen hielt sie zurück. »Bitte lass sie in Ruhe. Ich glaube, das ist besser so.«

An nächsten Morgen saß Jürgen mit seiner Familie kurz nach Sonnenaufgang beim Frühstück, als eine der Mägde, ohne anzuklopfen, in die Stube stürmte, einen Weidenkorb unter dem Arm. Darin lag Bertram. Sie stellte ihre Last vorsichtig auf die Bank unter das Fenster. »Ich glaube, Ursula ist weg«, stieß sie hervor.

»Wie kommst du darauf?«, fragte Jürgen völlig perplex.

Die Magd errötete.

»Nun sprich schon!«

»Normalerweise treffe ich Ursula jeden Tag am Brunnen, wo wir uns waschen. Heute Morgen war sie nicht da.«

»Na und?«

»Aber der Korb mit dem Kleinen stand vor meiner Tür. Und ein Brief lag darin.« Sie reichte ihn Jürgen.

»Er ist an uns beide gerichtet«, sagte der zu seiner Frau. »Vielleicht wollte sie etwas erledigen und ist deshalb früher aufgestanden.«

Die Magd begann zu weinen. »Das glaube ich nicht.«

»Warum nicht?«, fragte nun Gesche.

»Gestern Abend war der Knecht Hans bei mir. Er blieb … etwas länger.«

»Er hat mit dir das Lager geteilt«, vermutete Jürgen.

Die Magd nickte verlegen. »Er verließ mich kurz nach Mitternacht. Ich habe ihn zur Tür begleitet. Da stand der Korb noch nicht da.«

»Woher weißt du das?«

»Hans hat sich bemüht, besonders leise zu sein, und auch keine Kerze entzündet. Es muss ja nicht jeder wissen, dass wir uns lieb haben. Er wäre im Dunkeln sicher über den Korb gestolpert. Ich bin wieder zu Bett gegangen, konnte aber nicht einschlafen. Da habe ich das Quietschen einer Tür, Schritte vor der meinen und leises Flüstern gehört. Kurz darauf knarrten die Treppenstufen, als ob jemand hinunterging. Ich habe mich zwar gewundert, wer um diese nachtschlafende Zeit auf der Stiege unterwegs ist, aber nicht nachgesehen. Ich war zu müde. Vor wenigen Minuten habe ich den Kleinen gefunden.«

»Danke«, sagte Gesche mit belegter Stimme. »Du kannst gehen. Nimm Bertram und Dirk mit. Und schließe die Tür hinter dir. Sag den anderen, dass wir nicht gestört werden wollen.«

»Ja, Herrin.«

Jürgen riss den Brief auf und las laut vor:

*Wenn Ihr dieses Schreiben erhaltet, bin ich schon aus Hattingen fort. Ich bitte Euch, mir nicht zu folgen. Ich habe diesen Entschluss bereits vor Wochen gefasst, für den Fall, dass das Gericht meine Ansprüche nicht anerkennt. Glaubt mir, ich habe ihn mir gründlich überlegt. Es bricht mir das Herz, mein Kind Euch zu überlassen, aber ich weiß nicht, wovon ich Bertram ernähren soll. Das wenige Geld, über das ich verfüge, reicht gerade für einige Tage. Dann würde der kleine Wurm hungern. Ich könnte es nicht ertragen, ihn in meinen Armen sterben zu sehen. Deshalb bitte ich Euch als Christenmenschen: Kümmert Euch um mein Kind, egal, was Ihr von mir oder meiner Entscheidung haltet. Das ist die Hilfe, die ich von Euch, Jürgen von Linden, einfordere und die Ihr mir bei Gott versprochen habt. Ihr wisst, dass es mir unmöglich ist zu bleiben. Denn dann würdet Ihr nie Euren Frieden mit Eurer Frau und Euch selbst machen. Das könnte ich mir nicht verzeihen, denn Ihr ward wirklich gut zu mir. Gott möge Euch und Euer Haus schützen.*
*Ursula Nagel*

Gesche liefen die Tränen über das Gesicht. »Was immer du auch denken magst, das Kind bleibt bei uns«, bestimmte sie.

Jürgen nickte stumm.

»Was will sie dir mit den letzten Sätzen sagen?«

Der Kaufmann stützte den Kopf in beide Hände und stierte lange in seinen Becher. Endlich sah er seine Frau aus feuchten Augen an und sagte leise: »Ich habe einen großen Fehler begangen. Ich bitte dich um Verzeihung.« Mit stockenden Worten beichtete er alles, was ihm wie Blei auf der Seele lag.

# KRIEGSWIRREN

## September 1632 bis März 1634

# 1

*Hattingen, 3. September 1632*

Jürgen von Linden legte die Schreibfeder beiseite und klappte das Buch zu. Fast zärtlich strich er über den rissigen Lederumschlag. Im achten Band der Familienchronik fand sich kein Platz mehr. Er würde ein neues Buch benötigen, wie die anderen viele Seiten stark und in Schweinsleder gebunden. Noch heute wollte er nach Bochum reiten, um dem Drucker den Auftrag zu erteilen.

Schon häufig hatte er einen der älteren Bände zur Hand genommen und darin geblättert. Man merkte, ob die jeweiligen Chronisten lediglich eine lästige Pflicht erfüllten oder nicht. Jahrelang waren manche Ereignisse nur mit knappen Worten berichtet worden, unterkühlt und ohne Empathie. An anderen Stellen fanden sich Passagen, die so lebendig erzählt wurden, dass der Leser den Eindruck hatte, der Verfasser sei kein Kaufmann, sondern Dichter gewesen. Doch keiner der von Lindens der vergangenen hundert Jahre hatte diese Tradition unterbrochen und darauf war Jürgen stolz.

Sieben Jahre waren vergangen, seit Ursula Nagel sein Haus verlassen hatte. Bertram war zu einem aufgeweckten Knaben herangewachsen, ohne Erinnerung an seine leibliche Mutter. Und Gesche überschüttete den Kleinen mit Liebe.

Von Ursula hatten sie nie wieder etwas gehört. Einmal sprach ein Reisender im *Goldenen Schwan* beim Wein von einer Lautenspielerin mit blonden Haaren, die im Süden umherreiste und zur Klampfe sang, wusste aber nicht mehr zu berichten. Der Kaufmann hatte diese Begegnung seiner Familie verschwiegen, um keine falschen Hoffnungen zu wecken.

Nachdem Jürgen sich mit seiner Frau ausgesprochen hatte, normalisierte sich ihr Verhältnis schnell. Schon bald verstanden sie sich wieder wie früher, teilten ihr Lager und hatten keine Geheimnisse mehr voreinander. Nur ein zweites Kind war ihnen nicht vergönnt. Vermutlich liebte Gesche Bertram deshalb mit einer solchen Intensität.

Dirk war inzwischen einundzwanzig und Kaufmann wie sein Vater. Er entlastete Jürgen in vielen Dingen, war tüchtig und vor allem besonnen. Er hatte sich mit seinem Vater ausgesöhnt, allerdings erst, nachdem sie eine Nachricht Trines erreichte. Es grenzte an ein Wunder, dass dieser Brief überhaupt den Weg in die Grafschaft Mark gefunden hatte – mitten durch die umkämpften deutschen Fürstentümer. Glücklicherweise war er nicht verloren gegangen wie so viele andere Schreiben und schließlich durch einen Boten der kaiserlichen Reichspost zugestellt worden, Monate nach seiner Absendung.

Seine Schwester lebte seit Jahren mit ihrer Familie in einer italienischen Hafenstadt namens Genua, wo sie ein Gasthaus betrieben. Gesche schrieb, sie wie auch Wilhelm hegten gegenüber Jürgen keinen Groll mehr. Wilhelm rühre nach wie vor weder Branntwein, Bier noch Wein an und arbeite, wenn es seine Zeit zuließe, als Bader. Er genieße einen guten Ruf und seine Kunden kämen von weit her, um sich in seine Hände zu begeben. Sie wären zwar nicht reich, hätten aber ein gutes Auskommen. Alke sei eine Schönheit und werde von jungen Burschen umschwärmt wie das Licht von den Motten, weise jedoch jeden Freier ab. Ihr Herz gehöre Dirk, das habe sie mehrfach versichert. Wollte ihr Cousin sie nicht besuchen kommen?

Natürlich bat Dirk um die Erlaubnis, sofort nach Genua zu reisen. Jürgen hatte zugestimmt, seine Zusage aber an die Bedingung geknüpft, dass erst der Krieg, der schon seit fast sechzehn Jahren Deutschland verwüstete, beendet sein müsse. Andernfalls sei eine so weite Fahrt schlicht zu gefährlich. Dirk hatte diese Entscheidung seines Vaters nicht nur respektiert, sondern ihn zum Dank sogar in die Arme genommen. Seitdem gab es zwischen ihnen keinen Zwist mehr.

Das Geschäft der Familie lief trotz des mörderischen Krieges, der ganze Landstriche entvölkerte, ausgesprochen gut. Die Schmiede und Waffenbauer der Region verdienten sich eine goldene Nase an den Aufträgen der einzelnen Parteien. Ihre Schmelzöfen brannten quasi ununterbrochen. Und sie schrien nach Kohle, die ihnen die Püttbesitzer lieferten. Auch die Nachfrage nach Salz war immer noch hoch, wenn auch nicht mehr so groß wie in den ersten Kriegsjahren – trotzdem war es unverzichtbar, um vor allem Fleisch haltbar zu machen. Und ein Bauer, der auf seinem Hof verblieben war, tat gut daran, geschlachtetes Vieh so schnell als möglich einzusalzen und zu verkaufen. Denn Goldtaler ließen sich vor den Soldaten einfacher verstecken als Kühe. Da die Spanier immer noch den Rhein blockierten, produzierten die heimischen Salinen ohne Unterlass.

Eine weitere Einkommensquelle Jürgens stellten die Hattinger Tuchmacher und Schneider dar. Die Handwerker hatten schnell erkannt, dass Soldaten wärmende Decken und Umhänge brauchten und die Regimenter Fahnen. Eine schlichte Standarte schlug mit vierzig Reichstalern zu Buche, ein kunstvoll mit Goldbrokat besticktes Banner kostete sogar sechzig. Und Paniere wurden bei jeder Schlacht zu Dutzenden erobert, verbrannt, durch Kugeln zerfetzt. Sie mussten ersetzt werden. Jürgens Fuhrwerke transportierten die Stoffe und der Kaufmann machte gute Geschäfte.

Für die Mehrheit der Menschen jedoch bedeutete der Krieg vor allem Hunger und Elend. Daran änderten auch die gut laufenden Unternehmungen einiger Hattinger Handwerker nichts. Geringere Steueraufkommen ließen die Stadt zunehmend verarmen. Und die ständige Stationierung von Besatzungstruppen verschlang Unsummen.

Jürgen belieferte beide Seiten, egal ob Katholiken oder Protestanten. Wer am höchsten zahlte, erhielt die Waren, eine übliche Praxis in diesen Tagen. Seine Männer führten von den Kriegsparteien ausgestellte Schutzbriefe mit sich, die eine gewisse Sicherheit bedeuteten und von den Soldaten, die in festen Heeresverbänden unter ihren Offizieren kämpften, akzeptiert wurden.

Ein Risiko stellten die undisziplinierten Haufen versprengter Landsknechte dar, die durch die Region zogen. Diese Soldaten hatten kein Geld, dafür aber Hunger. Ihnen waren Schutzbriefe relativ egal.

Trotzdem hatte Jürgen in den vergangenen Jahren erst die Ladung dreier Fuhrwerke eingebüßt. Bedauerlicherweise bezahlte einer der Fahrer den Mut, seine Fracht zu verteidigen, mit dem Leben. Aber es bestand kein Zweifel: Jürgen von Linden gehörte zu den Profiteuren des Krieges.

Er stieg die Treppe hinauf zur Schlafkammer und legte die Chronik zu den anderen in die Truhe. Dann begab er sich auf den Weg nach Bochum.

Es herrschte erstaunlich viel Betrieb auf den Straßen. Dutzende Menschen drängten Richtung Hattingen. Seltsam, dachte Jürgen. Heute ist doch kein Markttag?

Vom wolkenlosen Himmel schien die Sonne und auf den wenigen noch bewirtschafteten Feldern hingen goldene Ähren schwer an den Getreidehalmen. Ein ideales Erntewetter. Tatsächlich nutzten rund um Hattingen die Bauern diese Chance.

Aber die Äcker nahe Linden waren verwaist. Das wunderte Jürgen. Kein Landmann ließ sich normalerweise einen solchen Tag entgehen, konnte das Wetter doch schon morgen wieder umschlagen. Was sicher in der Scheuer lag, vermochte vom Wind und Regen nicht auf die Krummen gedrückt zu werden und zu verfaulen. Aber niemand schwang die Sense, keine Knechte droschen den Flegel.

Bald darauf näherte sich Jürgen den Mauern Bochums. Schon von fern sah er die Menschentraube, die sich vor einem der Tore ballte, das zu seiner Verwunderung verschlossen war. Am hellen Tag!

Der Kaufmann blieb im Sattel und ritt langsam durch die Reihen. Oben auf dem Wachturm stand ein Offizier, den Jürgen von seinen zahlreichen Besuchen in der Nachbarstadt kannte und mit dem er schon den einen oder anderen Becher

Wein geleert hatte. Der Hattinger rief: »Lasst mich ein. Ich habe geschäftlich in Bochum zu tun.«

»Tut mir leid, Herr von Linden, das darf ich nicht. Der Rat hat beschlossen, in den nächsten Tagen nur Bochumer Bürger einzulassen.«

»Wieso?«, wunderte sich Jürgen.

»Habt Ihr denn nicht gehört, dass auf einem Hof in Linden der Schwarze Tod umgeht? Zwei Bauern sind schon gestorben, die anderen auf der Flucht.«

Es dauerte einen Moment, bis Jürgen die Tragweite dessen begriff, was der Offizier ihm zugerufen hatte. Dann aber wendete er eilig den Hengst, ohne auf die wütenden Proteste der Menschen zu achten, die von dem massigen Pferdekörper schlicht beiseitegedrückt wurden, und gab dem Tier die Sporen.

Im vollen Galopp benötigte er keine Stunde bis zu seiner Heimatstadt. Hier standen die Tore offen. Anscheinend hatte sich die Nachricht vom erneuten Pestausbruch noch nicht bis zur Stadtwache oder dem Rat herumgesprochen. Jürgen trieb sein Reittier rücksichtslos durch die Menge. Einige der Leute stürzten beim Versuch, sich vor den Hufen des Pferdes in Sicherheit zu bringen. Er ignorierte die Flüche und geballten Fäuste.

Noch im Sattel schrie er, als er sich dem Haus der Stadtwache näherte: »Den diensthabenden Offizier! Sofort!« Sein herrisches Auftreten unterband jede Nachfrage. Als der Soldat vor ihm stand, stieß Jürgen hervor: »In Linden sind Pestfälle aufgetreten. Schließt das Tor. Schnell!«

»Aber der Rat …«

»Scheiß was auf den Rat. Lasst alle Zugänge verriegeln und stellt dann Eure Fragen!«

Der Offizier gehorchte.

Üblicherweise wurden Pferde innerhalb der Stadtmauern am Zügel geführt. Aber jetzt scherte sich Jürgen nicht um solche Vorschriften. Er schwang sich wieder in den Sattel, ritt nach Hause und trommelte dort seine Familie, die Knechte und Mägde zusammen.

»Ist jemand von uns noch auf den Straßen unterwegs?«, fragte er und schaute sich suchend um.

»Nein«, erwiderte Gesche. Ihr Gesicht drückte Unverständnis aus

»Was ist mit den Kindern?«

»Wir sind hier«, rief Dirk aus der Küche. »Aber ich bin kein Kind mehr.«

»War einer von euch heute in der Gegend von Linden unterwegs?«, fragte Jürgen die Fuhrwerkfahrer.

Einer hob die Hand. »Ja, ich.«

»Hast du dort angehalten?«

»Nein.«

»Oder mit jemandem gesprochen?«

Der Knecht schüttelte den Kopf.

»In Ordnung. Verbarrikadiert alle Eingänge. Schließt die Fensterläden. Vor jeder Tür hält rund um die Uhr ein Knecht Wache. Niemand kommt ins Haus, keiner verlässt es, mich eingeschlossen. Unter keinen Umständen. Habt Ihr das verstanden? Das gilt auch für dich, Gesche. Und für Dirk.«

Alle nickten.

»Haben wir genug Lebensmittel im Haus?«

»Für drei, vier Wochen wird es reichen, wenn wir uns einschränken«, erwiderte seine Frau. »Aber was ...«

»Gleich. Ist das Gemüse im Garten eingerechnet? Und das Vieh im Stall?«

»Nein.«

»Dann halten wir damit also noch etwas länger aus?«

»Wenn wir ernten und selbst schlachten, weitere zwei Wochen vielleicht. Aber willst du uns nicht endlich sagen, was los ist?«

Jürgen holte tief Luft. »Die Pest ist ausgebrochen. In Linden. Und seit Stunden schon strömen Flüchtende in unsere Stadt.«

Gesche schlug die Hand vor den Mund. Fast alle Versammelten bekreuzigten sich oder sprachen ein schnelles Gebet.

## 2

*Kleve, 15. September 1632*

Die Beamten trafen sich im Dienstzimmer von Schwarzenbergs. Neben dem Geheimen Rat stand ein dunkel gekleideter Mittvierziger, der alle Anwesenden um Haupteslänge überragte.

»Dietrich von Diest«, stellte der Rat ihn den anderen Herren vor. »Sicher ist Euch sein untadeliger Ruf bekannt. Er hat sich durch sein energisches Handeln in den letzten Jahren das Vertrauen unseres Kurfürsten erworben. Das ist der Grund für unsere Zusammenkunft.« Er gab Walter von Linden mit einer Handbewegung zu verstehen, ihm die vorbereiteten Dokumente zu reichen. »Ihr, Herr Cronenberg, werdet mit sofortiger Wirkung aus dem Dienst entlassen. Eure Vergütung erhaltet Ihr noch weitere drei Monate, dann ist Schluss.«

»Das ist zu wenig. Üblich sind …«

»Schweigt!«, befahl von Schwarzenberg. »Das weiß ich selbst. Seid froh, dass der Kurfürst Euch nicht unter Anklage stellt. Oder habt Ihr nicht wie viele der Rentmeister Eures Verantwortungsbereichs die Hand aufgehalten, anstatt von den Bergbaubetreibern den Zehnten zu fordern, wie es Eure Pflicht gewesen wäre?«

Cronenberg schwieg zu den Vorwürfen. Jeder Verteidigungsversuch würde seine Position nur weiter schwächen. Und insgeheim hatte er sich ohnehin gewundert, warum seine Ablösung so lange auf sich warten ließ.

»Diese Urkunde ist für Euch«, setzte der Geheime Rat fort. »Der Kurfürst dankt Euch darin für die geleistete Arbeit, wünscht Euch alles Gute und so weiter und so fort. Was man eben so von sich gibt, wenn man jemanden entlässt, anstatt ihn einen Kopf kürzer zu machen.«

Cronenberg zuckte zusammen.

»Ich sehe, Euch schreckt der Gedanke. Das ist nachvollziehbar. Euer gesegnetes Alter mag der Grund gewesen sein, warum der Kurfürst Milde walten ließ.« Er drückte dem scheidenden Bergvogt das Dokument in die Hand. »Und nun verlasst uns. Alles Weitere geht Euch nichts mehr an.«

Von Schwarzenberg ignorierte die zum Gruß ausgestreckte Hand Cronenbergs und sah demonstrativ zur Seite. Als der alte Mann aus dem Raum geschlurft war, wandte er sich an von Diest.

»Und nun zu Euch.« Er ließ sich das zweite Dokument geben. »Der Kurfürst ernennt Euch hiermit zum Bergvogt und Bergmeister für die gesamte Grafschaft Mark. Er verleiht Euch das Recht, als Bergmeister die Bergwerke in unserem Territorium zu beaufsichtigen und die Einhaltung aller technischen Vorschriften sicherzustellen. Als Bergvogt hingegen habt Ihr die Befolgung der klevischen Bergordnung von 1541 sicherzustellen, die der Kurfürst per Dekret demnächst wieder in Kraft setzen wird. Insbesondere habt Ihr darauf zu achten, dass die Betreiber das kurfürstliche Bergregal befolgen, sich neue Pütts genehmigen lassen und den Zehnten, wie vorgeschrieben, abliefern. Ihr dürft jede Strafe verhängen, die Euch angemessen erscheint. Wahrlich viel Macht in einer Hand, scheint mir.« Er überreichte dem neuen Bergvogt die Urkunde.

»Danke.« Von Diest senkte kurz den Kopf. Dann meinte er: »Das ist eine Macht, die ich allerdings erst durchsetzen muss. Wie Ihr wisst, sperren sich die märkischen Adelshäuser schon seit Jahren gegen die Anwendung des Regals. Ich benötige eine schlagkräftige Bergbehörde, wie sie zum Beispiel in Sachsen üblich ist. Wo hat unsere ihren Sitz?«

»Ihr seid die Bergbehörde«, gab von Schwarzenberg zurück.

Der neue Bergvogt schluckte. »Und wie viele Mitarbeiter werden mir zugewiesen und welche Qualifikation besitzen sie?«

»Ich fürchte, Ihr werdet weitgehend auf Euch allein gestellt sein. Der Kurfürst hat mir in einem Begleitschreiben mitgeteilt, dass Ihr anfangs lediglich einen Berggeschworenen und einen Bergschreiber zur Unterstützung erhaltet. Später kommt unter Umständen noch ein zweiter Geschworener hinzu.«

Der Bergvogt sah den Geheimen Rat entgeistert an. »Unmöglich. So kann ich meine Aufgabe nicht erfüllen.«

»Wollt Ihr damit andeuten, dass Ihr die kurfürstliche Ernennung ablehnt?«, fragte von Schwarzenberg scharf. »Das wird unseren Herrn nicht erfreuen, denke ich.«

»Das habe ich nicht gesagt«, ruderte von Diest zurück. »Aber bedenkt doch, wie groß die Grafschaft ist.«

»Dann werdet Ihr eben viel reisen.«

»Und mich an kämpfenden Landsknechten vorbeistehlen?«

»Sicher.« Der Geheime Rat kratzte sich am Kopf. »Lehnt Ihr nun ab oder nicht?«

»Natürlich nicht.«

»Das höre ich gerne. Ihr müsst verstehen«, fuhr von Schwarzenberg in einem jovialeren Tonfall fort, »dass der Kurfürst im Kriege gegen die Katholische Liga steht. Er braucht jeden Goldtaler zur Ausrüstung seines Heeres. Da wirft er nicht Unsummen für Beamte im fernen Kleve aus dem Fenster. Ich denke …«

»Ist das die Auffassung des Kurfürsten oder Eure?«, unterbrach ihn der Bergvogt.

»Meine«, räumte der Geheimrat ein.

Von Diest machte gute Miene zum bösen Spiel. »Stellt Ihr mir wenigstens tageweise einen Advokaten zur Seite? Die Adelsstände werden mich mit Protestnoten und Klageschriften überziehen. Da benötige ich juristischen Rat.«

Von Schwarzenberg dachte einen Moment nach. »Meinetwegen. Einer meiner Juristen kann Euch helfen. An wen dachtet Ihr?«

Von Diest warf einen schnellen Blick zu Walter hinüber. »Herr von Linden erscheint mir eine gute Wahl.«

Der Geheimrat wandte sich an den Advokaten. »Was sagt Ihr dazu?«

»Eine reizvolle Aufgabe, denke ich«, erwiderte von Linden ohne Zögern.

»Dann soll es so sein.«

## 3

*Hattingen, 23. Oktober 1632*

Ihre Nahrungsvorräte waren fast aufgebraucht. Nur Wasser mussten sie nicht rationieren. Dank des Brunnens im Hof gab es für alle genug zu trinken. Sogar waschen konnten sie sich. Wenn allerdings der Schwarze Tod nicht bald Hattingen verließ, würde jemand die Sicherheit des Hauses verlassen müssen, um Lebensmittel zu besorgen. Jürgen wusste, dass diese Aufgabe ihm oblag. Wo er aber nach Nahrung suchen sollte, war ihm schleierhaft. Wann immer er in den letzten Wochen durch die Ritzen der Fensterläden nach draußen gelugt hatte, war nur selten jemand auf der Straße zu sehen gewesen. Die wenigen Bürger, die sich ins Freie wagten, hielten sich Kräuterbündel vor Mund und Nase, um sich vor den Miasmen zu schützen, und hasteten mit gesenktem Kopf ihrem Ziel entgegen.

Manchmal schoben Pestdoktoren, häufig Bader oder Gefangene, denen für diese Arbeit die Freiheit versprochen worden war, Karren voller Leichen aus der Stadt. Ihre langen schwarzen Mäntel wurden mit Ölen oder Fetten gewachst, um die Träger vor Ansteckung zu schützen. Die Schnabelmaske mit Augenöffnungen aus Glas waren gefüllt mit Kräutern und verliehen den Pestdoktoren ein vogelähnliches Aussehen. Ihre Kopfbedeckung bestand aus einem flachen Hut mit schmaler Krempe. Sie trugen Handschuhe und einen langen Stock, um Erkrankte fernzuhalten. Obwohl sie außergewöhnlich gut von den Städten bezahlt wurden, fanden sich kaum Hattinger zu der gefährlichen Arbeit bereit, starben doch die meisten von ihnen wie ihre Patienten.

Es war nicht die erste Pestwelle, die Hattingen heimsuchte. Deshalb wusste Jürgen, dass vor den Stadttoren einfache Holzhäuser errichtet worden waren, in denen die Erkrankten untergebracht wurden. Es war ihnen streng untersagt, diese Gebäude zu verlassen. Jürgen fragte sich, warum sie sich an dieses Verbot hielten. Welche Strafe konnte sie noch schrecken?

Es gab jedoch immer wieder Kranke, die sich in ihren Häusern versteckten. Starben sie, waren es die Pestdoktoren, die die Leichen einsammelten.

Von seinem Fenster aus beobachtete Jürgen jeden Tag einen der Wege, die zu Sankt Georg führten. In der ersten Woche nach Ausbruch der Seuche brachten die Pestärzte noch Leichname zum Kirchhof, um sie in geweihter Erde begraben zu lassen. Das hatte mittlerweile aufgehört. Der Kaufmann vermutete, dass auf dem Friedhof kein Platz mehr für all die Toten war. Bisher war niemand der Familie oder der Bediensteten erkrankt. Und Jürgen hoffte inständigst, dass sich daran nichts änderte.

Glücklicherweise hatte sich Jürgen rechtzeitig bei dem Apotheker mit Tabak eingedeckt. Er griff zu seiner Tonpfeife, stopfte sie sorgfältig mit dem Kraut aus dem Beutel und ging dann zum Kamin, um sie mit einem Holzsplint anzustecken. Tief sog er den Rauch ein. Das Tabaktrinken beruhigte ihn.

Gesche betrat die Stube. »Dirk fühlt sich nicht gut«, sagte sie mit sorgenvollem Gesicht.

»Was?« Jürgen schreckte auf.

»Keine Angst, es sind nur Blähungen. Er verträgt den gestreckten Hirsebrei nicht.«

Das verstand Jürgen. Auch er furzte und rülpste andauernd von dem wässrigen Brei, der auch mit etwas Honig und einigen gehackten Kräutern kaum schmackhafter wurde.

»Haben wir denn überhaupt kein Fleisch mehr?«

»Nein.«

»Was ist mit Gemüse?«

»Die Rüben reichen noch für zwei Tage.«

»Und sonst?«

Gesche schüttelte nur den Kopf. Jürgen wusste, was das bedeutete. Sieben Wochen hockten sie nun in ihrer selbst gewählten Quarantäne und es war keinesfalls nur der quälende Hunger, der ihnen das Leben schwer machte. Die Spannungen unter ihnen nahmen täglich zu. Es genügte ein falsches Wort und die Knechte gingen einander an die Kehle. Auch die Mägde stritten sich wegen jeder Kleinigkeit wie die Besenbinder. Ständig schlichteten Jürgen und Gesche irgendwelche Konflikte und das, obwohl auch ihre Nerven zum Zerreißen gespannt waren.

Jürgen linste wieder durch den Fensterladen und inhalierte den Rauch. »Man könnte meinen, es sind alle tot und nur wir leben noch.«

»Weshalb?«

»Ich habe schon lange niemanden mehr auf der Straße gesehen. Keinen Soldaten, keinen Pestdoktor, einfach niemanden.«

»Vielleicht verstecken sie sich wie wir in ihren Häusern?«

»Mag sein. Trotzdem finde ich es eigenartig. Irgendwer muss doch da draußen herumlaufen?« Seine Pfeife war niedergebrannt. Jürgen erhob sich langsam von der Bank und sagte zu seiner Frau: »Entweder holt uns die Pest oder wir verhungern. Fragt sich nur, welcher Tod angenehmer ist.«

»Sag nicht so etwas«, bat Gesche. »Du versündigst dich.«

»Ach was.« Jürgen hob verzweifelt beide Arme. »Gott scheint ebenso tot zu sein wie wir.«

»Jürgen!«

»Ist doch wahr.« Der Kaufmann schlurfte zu Tür. »Ich bin müde und gehe in unsere Kammer. Wenn ich schon sterbe, kann ich das ebenso gut im Liegen tun.«

Er drehte sich um. Deshalb sah er nicht die Tränen, die über Gesches Gesicht liefen.

Das Glockengeläut Sankt Georgs riss ihn aus einem unruhigen Schlaf. Schritte polterten im Haus umher, aufgeregte

Stimmen und Lachen erklangen. Auch auf der Straße herrschte Unruhe.

Eilig lief Jürgen die Stiege hinunter. Unten im Flur sah er in die erleichterten Gesichter seiner Bediensteten, die auf ihn zu warten schienen. Gesche kam ihm mit einem strahlenden Lächeln entgegen, Dirk an ihrer Seite und Bertram an der Hand.

»Es ist vorbei«, schluchzte sie vor Freude. »Hör doch nur.«

Sie zog ihn in die Stube, wo ein Laden halb geöffnet war. Schnell schloss Jürgen das Fenster und sah durch die Butzenglasscheiben Menschen auf den Straßen tanzen.

»Gerade hat ein Ratsmitglied an unsere Tür geklopft«, erzählte Gesche. »Selbstverständlich haben wir nicht geöffnet. Er rief uns zu, dass es seit zwei Wochen keine Neuerkrankung mehr in der Stadt gegeben habe.« Sie strahlte ihn an. »Jürgen, wir haben es geschafft.«

Skeptisch musterte der Kaufmann das Treiben auf der Straße. Es schien, als sei die halbe Stadt auf den Beinen. »Wo kommen nur die ganzen Menschen her?«, wunderte er sich. Er schüttelte ungläubig den Kopf. »Auf einmal sind sie wieder da.«

Sie gingen zurück in den Flur, wo sich mittlerweile alle voller Erwartung eingefunden hatten und auf ihn warteten.

Jürgen holte tief Luft. »Öffnet die Tür«, befahl er dann. »Die Pest ist vorbei.«

## 4

*Castrop, 9. Dezember 1632*

Die Bergbaubetreiber trafen sich auf Einladung des Herrn von Schell im Festsaal des Hauses *Goldschmieding* in Castrop.

Auf der ein Dutzend Schritte langen Eichentafel inmitten des Raums, um die herum Stühle für die Gäste gestellt worden waren, standen Wein und frisches Wasser, dazu silberne Platten, auf denen sich geröstete Fleischstücke türmten, Brot, Gemüse und Früchte aller Art.

Jürgen von Linden floss das Wasser im Mund zusammen, als er diese Köstlichkeiten sah. Er hatte während der Isolation in seinem Haus einiges an Gewicht verloren. Seine Hose passte nicht mehr, was aber angesichts des ohnehin unförmigen Schnitts, der derzeit in Mode war, nicht weiter auffiel.

Die meisten der Anwesenden stammten aus zum Teil uralten Adelshäusern der Grafschaft Mark, nur wenige Bürgerliche waren eingeladen worden. Sie alle einte das Bestreben, die Angriffe des Brandenburger Kurfürsten auf ihre Rechte abzuwehren.

Der Hausherr, der sie eben noch auf der breiten Eingangstreppe begrüßt hatte, betrat als Letzter den Saal, bedankte sich erneut für das Kommen seiner Gäste und forderte dann die Anwesenden auf, Platz zu nehmen und sich an den dargebotenen Speisen zu bedienen.

Das ließ Jürgen sich nicht zweimal sagen. Er spießte mit seinem Messer ein großes Bratenstück auf und schob es auf seinen Teller. Mit einer Kelle schaufelte er reichlich Soße dazu. Brot rundete die Speise ab. Während er kaute, schaute er sich verstohlen um. So also wohnten reiche Adelige, dachte er. Die Decke und die Wände des Raumes verzierten Eichenholzpaneele, links und rechts der Fenster hingen schwere, brokatbestickte Vorhänge.

Am beeindruckendsten aber war der Kamin, der mittig an einer Wand des Saals stand. Jürgen schätzte seine Breite und Höhe je auf mindestens fünf Schritt. Am Sturz aus grauem Sandstein erkannte er kunstvolle Steinmetzarbeiten, die mystische Szenen zeigten, dazwischen fanden sich Figuren, deren Bedeutung sich ihm nicht erschloss. Ganz oben identifizierte Jürgen das Familienwappen der von Schell, das auch den Haupteingang des Gebäudes zierte. Neben dem Kamin stand ein livrierter Diener, dessen Aufgabe es anscheinend war, ständig Holz nachzulegen, um das Feuer zu schüren.

Das Gespräch an der Tafel drehte sich um Belangloses, bis Johann von Schell sich erhob. »Meine Herren«, begann er. »Wir sind heute hier zusammengekommen, um uns darüber zu verständigen, wie wir mit den Forderungen des neuen Bergvogts von Diest umgehen wollen. Kaum im Amt, droht er unverhohlen, unsere Rechte zu beschneiden. Ich beziehe mich auf das Prinzip der Bergbaufreiheit, wonach jeder auf seinem Grund ohne Zustimmung des Landesherrn alle Bodenschätze gewinnen kann. Und wenn es dessen Erlaubnis nicht bedarf, so zumindest sehe ich das, gibt es auch keine Grundlage dafür, uns den Zehnten abzupressen.«

Die Anwesenden unterstützen diese Stellungnahme lautstark. Jürgen hielt sich zurück. Er fühlte sich in dieser Versammlung nicht dazugehörig. Im Gegensatz zu den anderen Teilnehmern gehörte ihm der Grund ja nicht, auf dem sein Pütt stand, sondern war nur gepachtet. Allerdings war er von den drohenden Abgaben ebenso betroffen.

»Damit aber nicht genug«, warf ein kleiner, recht untersetzter Mann ein, dessen Kleidung ihn ebenfalls als Adeligen auswies. »Der Bergvogt schreibt uns vor, wie wir die Kohlen abzubauen und den Betrieb zu organisieren haben. So hat es mir von Diest angedroht.«

Die Herren redeten nun durcheinander, bis Johann von Schell sich Gehör verschaffte. »Lasst einander ausreden. Herr von Romberg, führt Ihr das bitte weiter aus?«

Der untersetzte Mann erhob sich: »Von Diest hat sich auf die alte klevische Bergordnung berufen. Demnach darf in unseren Pütts kein Raubbau stattfinden, um die Lagerstätte so vollständig wie möglich auszubeuten. Ich habe ihm geantwortet, dass das in unserem eigenen Interesse liege und wir dafür keine Aufsicht durch den Rat in Kleve benötigten. Was meine Besitztümer angeht, hat er mir im Grunde Recht gegeben, sich aber darauf berufen, dass andere von uns sich eben nicht an diese Grundsätze hielten und des kurzfristigen Gewinns wegen Kohle auf Teufel komm raus förderten. Da hat er leider nicht ganz unrecht.« Von Romberg setzte sich wieder.

Jürgens Tischnachbar entgegnete: »Egal, ob der Bergvogt sich nun im Recht fühlt oder nicht, ich bin Grundeigentümer und tue auf meinem Besitz, was ich für richtig halte. Und wenn ich diesen Raubbau betreiben will, dann mache ich das. Ich lasse mir von niemandem in meine Herrschaft reinreden. Von Euch nicht, Herr von Romberg, aber auch nicht von einem Kurfürsten, der nicht einmal in der Grafschaft residiert, sondern sich im fernen Brandenburg auf seinen gepolsterten Stühlen den Arsch platt sitzt. Da kann er sich Landesherr nennen, solange er will. Außerdem ist der Zehnte nichts anderes als eine Steuer. Und wir märkischen Adeligen genießen seit Alters her Steuerbefreiung. Dabei soll es auch bleiben.«

Nun wandte sich der Gastgeber direkt an Jürgen. »Ihr seid Kaufmann, habt den Grund, auf dem Euer Pütt liegt, gepachtet, soweit ich weiß. Wie steht Ihr zum Ansinnen des Kurfürsten?«

Jürgen dachte einen Moment nach, bevor er vorsichtig antwortete. »Wenn ich den Zehnten zukünftig abführen muss, frisst er einiges von meinem Gewinn auf. Deshalb bin ich natürlich dagegen. Nur: Ihr seid von Adel und beruft Euch auf alte Rechte. Das kann ich nicht. Was, wenn mir der Bergvogt den Pütt einfach wegnimmt?«

»Ein berechtigter Einwand.« Johann von Schell nickte Jürgen aufmunternd zu.

Wieder ergriff von Romberg das Wort. »Wenn ich von Diest richtig verstanden habe, plant er folgendes Verfahren, um die Abgabe durchzusetzen: Unsere Kohle wird, bevor sie in Fässer verladen wird, aufgeschüttet. Jeder zehnte Eimer soll nun an anderer Stelle gelagert und später verkauft werden. Den Erlös will von Diest für den Kurfürsten vereinnahmen. Sollte es dazu kommen, werde ich nicht die Arbeit des Bergvogts erledigen. Er muss sich schon selbst um den Verkauf kümmern. Das wird nicht gerade einfach für ihn sein, besonders dann nicht, wenn das als Zehnten vorgehaltene Kohlelager über Nacht überraschend kleiner oder gar von Spitzbuben gestohlen wird. Es gibt viele Abnehmer für Steinkohle. Herr von Diest kann ja jeden Kohlehaufen in der Mark bewachen lassen. Nur fehlen ihm dafür die Leute. Genauso wenig kann er Bergschreiber neben jede Haspel stellen.« Von Romberg grinste hintergründig. »Er hat ja nur einen.« Die Anwesenden lachten verstehend. »Könnte das nicht ein Weg zur Gestaltung auch Eurer Zahlungen sein, Herr von Linden?«

»Möglicherweise.«

»Dann sind wir uns einig. Wir weisen das Ansinnen, den Zehnten abzuführen, auf das Schärfste zurück. Ich werde gleich ein entsprechendes Schreiben aufsetzen, das alle Bergbaubetreiber, die von Stand sind, unterschreiben. Die anderen Herren würden wir mit einer Unterschrift in eine missliche Lage bringen. Sie können sich, wie Herr von Linden eben richtig bemerkt hat, nicht auf unsere Rechte berufen und würden einem landesherrlichen Befehl offen widersprechen. Das könnte übel enden.« Nach einer kurzen Pause fragte er: »Sind alle einverstanden?«

Von Schell sah in die Runde. »Ich sehe keinen Widerspruch. Doch wie reagieren wir, wenn der Bergvogt unseren Beschluss schlicht ignoriert?«

»Ganz einfach«, erwiderte von Romberg. »Der märkische Adel verfügt über das Steuerbewilligungsrecht. Das kann uns der Landesherr nicht nehmen. Fordert er den Zehnten, verweigern wir ihm die Erhebung anderer Steuern.«

»Das wäre ebenfalls offener Widerstand«, gab von Schell zu bedenken.

»Na und? Wer bricht denn altes Recht? Wir oder der Kurfürst? Außerdem steht uns immer noch der Weg vor das Reichskammergericht offen. Ein Prozess dauert Jahre. Vermag der Kurfürst, so lange ohne Steuern auszukommen?«

# 5

*Kleve, 13. Dezember 1632*

In den letzten Jahren residierte Adam von Schwarzenberg fast ausschließlich in Berlin, einer der drei Residenzstädte des Fürstentums Brandenburg. Sein Einfluss auf den calvinistischen Herrscher Georg Wilhelm war weiter gewachsen und der Geheimrat kontrollierte inzwischen den Großteil des kurfürstlichen Rates. Dank seiner windigen Geschäfte hatte er ein beachtliches Vermögen angehäuft. So konnte er sogar seinem Landesherrn mit Krediten unter die Arme greifen, was dieser ihm dadurch dankte, dass er von Schwarzenberg mit immer mehr Macht ausstattete.

Dem Geheimen Rat war es ein Jahr zuvor tatsächlich gelungen, das ganze Amt Neustadt aus der Grafschaft Mark auszugliedern und als freie Reichsherrschaft zu installieren, eine Konstruktion, die der Kaiser schon bald anerkannte, obwohl er und der Brandenburger im großen Krieg auf verschiedenen Seiten standen.

Zu Walters Erleichterung regierte von Schwarzenberg fast ausschließlich mit Briefen und Anweisungen, in Kleve erschien er nur sporadisch. Er forderte von seinem früheren Adlatus keine weitere Unterstützung bei seinem Bestreben, Geld zu scheffeln. Es schien, als ob von Schwarzenberg seine Ziele erreicht hatte und sich nun mit der Konsolidierung seiner Macht beschäftigte.

Walter war das nur recht. Mehr als einmal hatte er nächtelang wach gelegen und sich düsteren Gedanken hingegeben. Was, wenn von Schwarzenbergs Machenschaften aufflögen? Der Geheimrat war nie in Erscheinung getreten, sondern hatte alle Verhandlungen und Gespräche Walter überlassen. Wer müsste also im Zweifelsfall den Kopf für diese Geschäfte am Rande der Legalität hinhalten?

Wenigstens hatte von Schwarzenberg Wort gehalten und Walter als neuen Prokurator Kleves am Reichskammergericht in Speyer vorgeschlagen. Seine abschließende Berufung stand zwar noch aus, galt aber als Formsache. Über kurz oder lang konnte er die Interessen von Mandanten aus der Grafschaft Mark am höchsten Gericht vertreten. Diese Position sicherte Einfluss und hohe Einkommen. Denn im Gegensatz zu den Advokaten, die nur zur außergerichtlichen Beratung berechtig waren, durfte der Prokurator vor Gericht auftreten und selbstständig entscheiden, ob er zu seiner Unterstützung andere Rechtsbeistände hinzuziehen wollte, die deshalb von den Prokuratoren finanziell abhängig waren. Advokaten, die fest in den Diensten eines Landesherrn standen, benötigten allerdings die Genehmigung ihres Herrschers für einen solchen Zusatzverdienst.

Doktor Konradus Fabri hingegen hatte sich mit seinen ständigen Sticheleien und Intrigen, die er gegen Walter zu spinnen versuchte, ins Abseits gestellt. Die anderen Beamten begriffen schnell, wer die Gunst des Geheimrats genoss, und ließen Fabri mehr als einmal ins Leere laufen. Mittlerweile verfasste der Advokat in erster Linie Gutachten, die niemand las, prüfte Eingaben von untergeordneter Bedeutung und die Korrektheit der Steuerabgaben unbedeutender Landadeliger, was seine Wut auf Walter nur steigerte.

Heute saß ihm in seinem Arbeitszimmer ein zerknirschter Gutsherr aus dem Umland von Rees gegenüber. Gerd von Huck wurde beschuldigt, den Zehnten nicht in voller Höhe abgeführt zu haben. Fabri sollte den Sachverhalt aufklären.

Der Adelige wand sich in Ausflüchten und stieß schließlich hervor: »Die Kleinen hängt Ihr und die Großen lasst Ihr laufen.« Er hielt sich sofort die Hand vor den Mund, als ob er das Gesagte bereits bereute.

»Wie meint Ihr das?«, wollte Fabri wissen.

Von Huck druckste herum. »Ich konnte die Abgaben nicht bezahlen.«

Der Advokat seufzte. »Diese Entschuldigung höre ich immer wieder. Sie wird dadurch leider nicht besser.«

»Mag sein. Aber bei mir stellt sich der Sachverhalt wirklich anders dar.«

»Lasst hören.«

»Versprecht Ihr mir, dass Ihr mir die Schulden erlasst, wenn ich Euch erkläre, warum ich meinen Verpflichtungen nicht nachkommen konnte?«

Fabri lachte auf. »Seid Ihr von Sinnen? Entweder Ihr redet oder Ihr lasst es bleiben. Eure Zahlungsverpflichtung bleibt davon unberührt.«

»Wie ich schon sagte. Die Großen …«

»Es reicht«, fuhr der Advokat den säumigen Schuldner an. »Meine Zeit ist zu kostbar, um sie mit Rätseln zu vergeuden.«

»Also gut. Wie Ihr wisst, verkaufe ich den größten Teil meines Korns an die kurfürstliche Verwaltung in Kleve.«

»Das ist mir bekannt.«

»Wisst Ihr auch, dass ich durch einen Vertrag genötigt werde, einem der Herren Eurer Verwaltung Geld dafür zu bezahlen, dass mein Korn gekauft wird?«

»Wie bitte?«

»Ja. Ich zahle fünf vom Hundert meines Erlöses.«

Jetzt war Fabris Interesse geweckt. »Bekommt Ihr mehr als den üblichen Preis?«

»Nein. Ich zahle nur für die Gewissheit, dass mein Korn gekauft wird und nicht das eines anderen Gutsherrn. Das ist ja das Ärgerliche: Trotz meiner Zahlungen wird der Preis ständig gedrückt.«

»An wen zahlt Ihr?«

»Ich kenne seinen Namen nicht.«

»Warum lasst Ihr Euch auf einen solchen Handel ein?«, wunderte sich Fabri.

»Was soll ich denn machen? Tue ich es nicht, übernimmt ein anderer das Geschäft.«

Fabri dachte fieberhaft nach. So wie sich der Sachverhalt

darstellte, war der Grafschaft kein Schaden entstanden, im Gegenteil. Sie zahlte weniger für das Korn. Auf der anderen Seite versuchte von Huck, sich um die Abgaben zu drücken. Und es durfte nicht sein, dass ein Beamter solche Vorteile aus seiner Tätigkeit zog. Nur wer mochte solches Schindluder treiben? Es musste jemand sein, der die Macht hatte, den Lieferanten tatsächlich auszutauschen. Das konnte nur ein Beamter, der in der Hierarchie relativ weit oben angesiedelt war. Und das Schließen eines Vertrages wies darauf hin, dass es sich um einen Rechtskundigen handelte. Das schränkte die Zahl der Verdächtigen drastisch ein. »Beschreibt den Mann, der den Vertrag mit Euch schloss.«

Von Huck kam der Aufforderung nach. Und mit jedem Wort, das er sprach, erschien vor Fabris geistigem Auge ein klares Bild des Mannes, den er hasste wie kaum einen anderen: Walter von Linden.

## 6

*Genua, 10. Januar 1633*

Ursula Nagel war in den letzten Jahren mit ihrem Gesang zu einem bescheidenen Wohlstand gelangt. Zunächst war sie durch Süddeutschland gewandert, auf der Flucht vor ihren Erinnerungen. Nur konnte sie vor ihren trüben Gedanken nicht einfach weglaufen. Immer wieder holten sie ihr Mann Clemens, ihr Sohn Bertram und die Wut auf ihren hartherzigen Bruder ein.

Irgendwann war auch sie nach Italien gezogen, führte dort ein unstetes Leben, bereiste das Land bis hinunter nach Neapel, blieb längere Zeit in der Heiligen Stadt Rom, bis es sie nach Mailand verschlug, wo sie Kontakt zu einem Theaterensemble fand, das zur musikalischen Untermalung ihrer Aufführungen eine Lautenspielerin und Sängerin suchte. Da Ursula auf ihrer Wanderung die Sprache gelernt hatte, bereiteten ihr die fremden Texte keine Schwierigkeiten. Ja, das italienische Publikum war geradezu entzückt, wenn sie bekannte Volkslieder und Balladen mit ihrem deutschen Akzent vortrug.

Mit den Jahren stieg diese Schauspielergruppe in der Gunst des Mailänder Publikums, sodass sie mittlerweile sogar im *Teatro Regio Ducale* auftreten durften. Das brachte höhere Gagen und für Ursula ein regelmäßiges Einkommen, von dem sie den größten Teil sparte. Was brauchte sie schon zum Leben? Ein Dach über dem Kopf, etwas zu essen und ab und an einen Krug Rotwein. Irgendwann wollte sie nach Hattingen zurückkehren und das Geld ihrem Sohn schenken.

Einer der Schauspieler stammte aus Genua und reiste von Zeit zu Zeit in seine Heimatstadt, um dort lebende Verwandte zu besuchen. Luigi, so hieß der Mime, hatte ein Auge auf die blonde Schöne aus dem hohen Norden geworfen, die jeden Annäherungsversuch freundlich, aber bestimmt unterband. Trotzdem gab Luigi nicht auf und suchte immer wieder ihre Nähe. So auch an diesem Abend nach ihrer letzten Aufführung.

Die Truppe war in eine kleine Taverne in der Nähe des Theaters eingekehrt. Luigi versuchte, einen Platz neben Ursula zu ergattern, was die anderen Mitglieder des Ensembles zu verhindern suchten. Sie wussten um Luigis Werben und Ursulas Ablehnung und machten sich einen Spaß daraus, seine Anstrengungen zu unterlaufen.

Nicht Bosheit ließ sie so handeln, sondern Zuneigung zu beiden. Denn bis auf Luigi war allen klar, dass seine Angebetete dem Werben niemals nachgeben würde. Sie wollten Ursula ein wenig vor seinem ungestümen Verhalten schützen und ihn vor einer Enttäuschung bewahren. Aber Luigi blieb hartnäckig. Unverdrossen machte er seinem Schwarm weiter schöne Augen und rutschte schließlich doch neben ihr auf die Bank.

»Ursula, mein Onkel hat mir etwas erzählt, was dich vielleicht interessieren könnte.«

»Ja?«

»Am Hafen in Genua betreibt ein deutsches Paar eine Taverne.«

Ursulas Interesse war in der Tat geweckt. Sie lechzte geradezu nach Nachrichten aus ihrer alten Heimat. Zwar kamen immer wieder deutsche Händler nach Mailand, aber sie fand nur selten Gelegenheit, diese auszufragen. Die Kaufleute blieben nie lange in der Stadt und sesshaft wurden nur wenige. Von deutschen Betreibern einer Taverne hatte sie hingegen noch nie gehört. Natürlich fielen ihr sofort Trine und Wilhelm und deren Träume ein. »Seit wann?«

»Keine Ahnung. Aber bestimmt seit Langem. Mein Onkel erzählte nämlich, dass einer seiner Freunde dort Stammkunde war. Der ist aber schon seit Jahren tot.«

Ihr kam ein Gedanke. »Wie heißt das Gasthaus?«

Luigi zuckte nur mit den Schultern.

Von Mailand nach Genua waren es rund zwanzig Meilen. Wenn sie sich ein Pferd liehe, dürfte sie diese Strecke sicher in drei Tagen bewältigen. In einer Woche konnte sie zurück sein. Und da in der nächsten Zeit keine Auftritte oder Proben anstanden, wäre diese Reise ohne Probleme möglich. Kurz entschlossen stand sie auf. »Ich muss jetzt gehen, da ich morgen früh aufstehen will. Ich werde Mailand für einige Tage verlassen. Gute Nacht«, meinte sie knapp.

»Wo willst du denn hin?«, fragt Luigi enttäuscht. »Kann ich dich begleiten?«

Aber Ursula hörte ihn nicht mehr oder wollte nicht antworten.

Verwundert sahen ihr Luigi und die Freunde nach, als sie aus der Taverne rauschte.

Auf dem Weg nach Genua grübelte Ursula über die Frage nach, wie sie eine Taverne nennen würde. Sicher würde sie ihr einen italienischen Namen, keinen deutschen geben. Die Namensgebung sollte aber trotzdem an die ferne Heimat erinnern.

Sie redete sich ein, dass Trine und Wilhelm ähnlich gehandelt hatten. Also musste sie nach einer Taverne suchen, deren Namen sie an Deutschland erinnerte.

Am Abend des übernächsten Tages erreichte Ursula Genua. Sie fand einen Bauern, der ihr und dem Pferd, für das sie in Mailand ein kleines Vermögen an Kaution hatte hinterlegen müssen, einen Platz für die Nacht und Nahrung bot.

Ursula verzehrte das karge und schlecht schmeckende Abendessen, welches ihr die Bauersfrau servierte, ohne Murren und legte sich zeitig zum Schlafen nieder.

Das Krähen des Hahnes ließ sie am nächsten Morgen aufschrecken. Sie wusch sich am Brunnen, trank zum Frühstück einen Becher lauwarme Milch, frisch aus dem Euter der Kuh, und machte sich dann auf den kurzen Weg nach Genua.

In der Hafenstadt pulsierte bereits das Leben. Knechte zogen voll beladene Karren, Mägde schleppten Körbe voller fangfrischem Fisch, Handwerker priesen an fast jeder Ecke ihre Produkte an, Musikanten spielten auf den Plätzen so laut wie möglich, um die Aufmerksamkeit der Stadtbewohner auf sich zu lenken, und Kinder tobten durch die Straßen.

Zur vollen Stunde läuteten zahlreiche Kirchenglocken gleichzeitig. Ihr Klang verschmolz mit dem Tumult auf den Straßen und dem Krach, der aus den zahllosen Werkstätten hinausdrang, zu einem Lärmbrei ohnegleichen. Genua schmerzte in den Ohren, fand Ursula.

Sie folgte dem Geruch des Meeres und stand wenig später am Hafen. Hier war es ruhiger. Dafür blies ein eisiger Wind. Ihr war kalt. Sie hätte doch den schweren Umhang umlegen sollen, der sie auf ihrem Ritt warm gehalten hatte.

Dutzende Schiffe lagen an den Molen, die wie die Finger einer Hand in das runde Hafenbecken hineinragten. Unermüdlich schleppten Knechte Kisten, Säcke oder Ballen aus den Bäuchen der Kähne und stapelten sie am Pier, wo Schreiber die angelandeten Waren in lange Listen eintrugen. Weiter hinten war es genau umgekehrt. Hier wurde Pferdekarren um Pferdekarren geleert und ihr Inhalt auf die Schiffe getragen. Und an vielen Stellen hörte Ursula die Kommandos der

Kapitäne und Steuermänner, häufig in ihr unbekannten Sprachen.

Sie wandte sich an einen Mann, der gerade auf den Bock seines Karrens klettern wollte, und fragte ihn, wo sich die Schänken und Gasthäuser befänden. Der Mann musterte sie abschätzig. Ursula kannte diesen Blick. Der Kerl fragte sich, was er wohl zahlen müsste, um ihre Dienste in Anspruch nehmen zu können. Sie spürte Zorn in sich aufsteigen und wollte schon gehen, als der Kerl nach Westen zeigte, wo die Speicherhäuser durch kleinere Gebäude abgelöst wurden.

»Da hinten findest du, was du suchst«, meinte er und stieg nun endgültig auf den Wagen.

Ursula schluckte ihren Ärger hinunter und bedankte sich. Dann ging sie los.

In dem Viertel hinter den Lagergebäuden reihte sich Haus an Haus, jedes dritte von ihnen eine Taverne. In einigen Türen lehnten gelangweilte Männer, von denen ihr manche obszöne Bemerkungen hinterherriefen. Solche Kerle kannte Ursula aus Mailand. Da standen die Schlepper, die Kundschaft in die Frauenhäuser locken sollten.

Einen von ihnen, einen jungen Mann mit einem freundlichen Lächeln, sprach sie an. »Ich suche eine Taverne, die zwei Deutschen gehören soll.«

Der junge Mann spuckte aus. »Keine Ahnung. Aber ich arbeite noch nicht sehr lange hier. Frag Giovanni. Das ist der Muskelberg dahinten, der sich gerade in der Nase bohrt. Er kennt hier jeden.«

Giovannis Antwort auf Ursulas Frage als wortkarg zu bezeichnen, wäre geschönt. Er glotzte die junge Frau aus blutunterlaufen Augen an, brummte etwas Unverständliches und schüttelte den Kopf. Ursula wertete das als Nichtwissen.

Nachdem ihr drei weitere Passanten keine Auskunft erteilen konnten, entschloss sie sich, einen Blick in jede der Tavernen zu werfen. Aber wo sie sich auch erkundigte: Entweder antworteten die Mägde, die die Gasthäuser putzten, dass sie kaum jemanden im Viertel kannten, oder sie verweigerten schlicht die Auskunft.

Schließlich erreichte Ursula ein etwas abseits stehendes Gebäude, an dessen Vorderfront weit sichtbar der Name der Taverne prangte: *Il Vaticano*.

Vor dem Haus fegte eine junge Frau, die etwa in Alkes Alter war. Als Ursula sie auf Deutsch ansprach, sah das Mädchen sie nur erstaunt an. Das war nicht Alke. Und auf die italienisch gestellte Frage antwortete sie mit einem Wortschwall in einem Dialekt aus dem Süden, den Ursula, von wenigen Worten abgesehen, nicht verstand. Das, was sie identifizieren konnte, ergab für sie keinen Sinn.

Enttäuscht wandte die Musikantin sich ab. Würden die Protestanten Trine und Wilhelm ihre Taverne ausgerechnet nach dem Sitz des Papstes benennen? Wohl kaum. Entweder hatte sich Luigis Onkel geirrt oder ihre Bekannten hatten die Taverne mittlerweile aufgegeben.

Die Kälte kroch unter Ursulas Kleidung und lies sie zittern. Diese Reise, gestand sie sich ein, war von Anfang an nichts als eine fixe Idee gewesen. Es war an der Zeit zurückzukehren.

## 7

*Kleve, 11. Januar 1633*

Es bedurfte mehrerer Gespräche auf dem Gut bei Rees, bis es Konradus Fabri gelang, seinen Zeugen nach drei Wochen zur Mitarbeit zu bewegen. Von Huck wartete an einem Nachmittag vor dem Kanzleigebäude, bis Walter durch das Tor ging. Dann sprach er ihn unter einem Vorwand an.

Später bestätigte der Gutsherr, dass von Linden der Mann war, mit dem er den Vertrag geschlossen hatte. Fabri rieb sich die Hände. Auf eine solche Gelegenheit hatte er jahrelang gewartet. Endlich konnte er es seinem Rivalen heimzahlen. Der Kerl hatte ihm die Ehefrau weggeheiratet und seinen beruflichen Aufstieg verhindert. Dafür würde er nun büßen.

Dreimal musste Fabri bei Adam von Schwarzenberg vorsprechen, bis dieser endlich bereit war, ihn zu empfangen. Dann aber stand der Advokat mit feuchten Händen vor dem Geheimrat.

Von Schwarzenberg thronte hinter seinem Schreibtisch, las in von seinem Sekretär bereitgelegten Dokumenten und sah kaum auf, als ihn der Advokat nach mehreren unterwürfigen Verbeugungen ansprach.

»Euer hochwohlgeborene Exzellenz«, begann Fabri, wurde aber sofort von seinem Vorgesetzten unterbrochen.

»Lasst die Lobhudelei. Ich habe nicht viel Zeit, weil ich zurück nach Berlin muss. Dort warten dringende Aufgaben. Was wollt Ihr?«

»Es geht um einen säumigen Schuldner. Sein Name ist Gerd von Huck.«

»Was ist mit ihm?«

»Er ist den Zehnten schuldig geblieben.«

Von Schwarzenberg legte das Dokument, das er in der Hand hielt, beiseite und schaute Konradus Fabri zum ersten Mal ins Gesicht. Der Geheimrat legte seine Stirn in Falten und blaffte: »Mit solchen Kleinigkeiten belästigt Ihr mich? Ihr werdet dafür bezahlt, diese Kinkerlitzchen allein zu regeln.« Er machte eine abwehrende Handbewegung. »Droht dem Mann mit dem Kerker, dann wird er schon zahlen.« Als Fabri sich nicht zurückzog, fragte von Schwarzenberg: »Was denn noch?«

»Es geht eigentlich nicht um von Huck.«

»Sondern?«

»Um Walter von Linden. So wie es sich darstellt, hat er von Huck unter Druck gesetzt, um unrechtmäßige Zahlungen für sich zu erpressen.«

»Wie kommt Ihr darauf?«

Konradus Fabri schilderte den Vorfall.

Der Geheime Rat sah seinen Untergebenen mit undurchdringlicher Miene an. »Ist der Grafschaft irgendein Schaden entstanden? Durch zu hohe Preise beispielsweise, die dieser von Huck genommen hat?«

»Nein, im Gegenteil. Der Lieferant musste sein Korn sogar billiger offerieren.«

»Warum hat er es dann überhaupt an uns verkauft?«, wollte von Schwarzenberg wissen.

»Wir haben ihm seine gesamte Ernte abgenommen. Er sparte Zeit, weil er nicht auf den Märkten anbieten musste, und Geld, weil er mit weniger Fuhrwerken für den Transport auskam.«

»Das leuchtet ein. Was ich nicht verstehe: Wo liegt das Problem? Der Mann hat zu einem günstigen Preis an uns verkauft und, wenn ich Euch richtig verstanden habe, Herrn von Linden angeblich eine Provision gezahlt, um uns als Kunden zu behalten. Was soll daran unredlich sein?«

Fabri zog ein Dokument aus der Tasche. »Dies ist ein Erlass unseres gnädigsten Kurfürsten aus dem Jahr 1628. Darin hat unser edler Herr angeordnet, dass keiner seiner Bediensteten ohne seine Genehmigung Geld- oder Sachleistungen Dritter entgegennehmen darf. Wer dagegen verstößt, muss sich vor einer Kommission verantworten und mit seiner Entlassung aus dem Dienst rechnen. Außerdem kann derjenige zu Schadensersatz verurteilt werden oder sogar in den Kerker wandern.«

Jetzt zeigte der Geheimrat eine Regung. Seine Gesichtsfarbe wechselte ins Rote. Fabri führte das auf die Enttäuschung zurück, die er seinem Vorgesetzten soeben bereitet hatte.

»Zeigt her«, schnauzte von Schwarzenberg den Advokaten an und streckte fordernd die Hand aus, um das Dokument in Augenschein zu nehmen. Nach kurzer Zeit legte er es vor sich auf den Tisch. »Ihr habt recht. Sollte es sich tatsächlich so zugetragen haben, wie Ihr sagt, wird sich Herr von Linden zu verantworten haben. Ihr habt Beweise für Eure Behauptung?«

»Nur die Aussage des Herrn von Huck.«

»Was ist mit dem angeblichen Vertrag?«

»Dummerweise ist dieser verloren gegangen.«

»Und seit wann soll diese Provision gezahlt worden sein? Wie hoch ist sie überhaupt?«

»Von Huck hat gesagt, dass er seit fünf Jahren zweimal jährlich Fünf vom Hundert, das waren jeweils etwa fünfzig Taler, an Herrn von Linden abgeführt hat.«

Von Schwarzenberg sah Fabri skeptisch an. »Das sind insgesamt fünfhundert Taler, weniger als von Lindens Jahresverdienst. Dafür soll er seine Stellung riskieren? Ich weiß nicht …«

»Möglicherweise hat er ja nicht nur von Huck unter Druck gesetzt, sondern auch andere. Ich schlage vor, wir sprechen mit jedem unserer Lieferanten und forschen nach, ob auch sie …«

Von Schwarzenberg ignorierte den Einwand. »Warum beschwert sich dieser Kornlieferant erst heute, wenn er doch angeblich schon seit so langer Zeit zur Kasse gebeten wird?«

»Er begründet das mit Ernteausfällen, die seine finanzielle Situation verschlechtert haben. Deshalb ist er mit dem Zehnten in Verzug gewesen und hat sich mir offenbart.«

»Aha.« Von Schwarzenberg dachte nach. Dann meinte er: »Ich will mit diesem von Huck sprechen und mir selbst ein Bild von seiner Glaubwürdigkeit machen. Schafft ihn bis morgen früh herbei. Dann sehen wir weiter.«

»Ihr genehmigt also meinen Vorschlag?«

»Welchen?«

»Die Lieferanten zu befragen.«

Von Schwarzenberg sah Fabri entgeistert an. »Ihr seid wohl nicht bei Trost. Bevor keine Klarheit herrscht, ob Eure Vorwürfe Bestand haben, sprecht Ihr mit niemandem. Habt Ihr verstanden?«

»Sehr wohl.«

Der Geheimrat nickte dem Advokaten huldvoll zu. Der verstand. Die Audienz war beendet.

## 8

*Hattingen, 11. Januar 1633*

Die Stadt war praktisch bankrott. Etwa vierhundert Opfer hatte die Pest in Hattingen und Umgebung gefordert, genauer konnten die Verluste nicht benannt werden. Irgendwann waren die Toten nicht mehr gezählt, sondern nur noch möglichst schnell verscharrt worden.

Der Aderlass für die Stadt war enorm: Fast jeder dritte Einwohner war vom Schwarzen Tod dahingerafft worden. Die Pest verschonte keinen Berufszweig. Und weniger Handwerker, Kaufleute oder Bauern bedeuteten geringere Steuereinnahmen. Das war Geld, das im Stadtsäckel fehlte. Erschwerend kam hinzu, dass einige Bürger vor der Krankheit geflohen waren – es stand in den Sternen, ob sie jemals zurückkehren würden. Gleichzeitig strömten Dutzende von Kriegsflüchtigen in die Stadt, die oftmals nur ihr nacktes Leben retteten. Häufig besaßen sie nicht mehr als das, was sie auf dem Leibe trugen. Diese Menschen hatten naturgemäß keine Arbeit und mussten verpflegt werden, sollten sie nicht verhungern. Notküchen übernahmen diese Aufgabe. Aber Spenden allein reichten nicht für ihre Finanzierung. Die Stadt schoss ständig Geld zu.

Und dann waren da noch die Bettler. Banden hatten sich gebildet, die versuchten, die Mildtätigkeit der Bürger auszunutzen und ihnen die Taler aus den Taschen zu ziehen. Oftmals waren deren Mitglieder nicht wirklich arm, sondern täuschten das nur vor. Um diese Gauner von den wirklich Bedürftigen zu unterscheiden, gab die Stadt Bettelausweise aus. Wer ohne einen solchen beim Betteln erwischt wurde, musste mit Strafe rechnen.

Eine erneute Kreditaufnahme bei den Reichen Hattingens schied aus. Diese waren der Auffassung, schon genug zur Ader gelassen worden zu sein, und hatten jede weitere Zahlung kategorisch abgelehnt. Höhere Steuern wären ein Weg, aber der Rat schreckte vor diesem Schritt aus Angst vor Unruhen zurück. Blieb nur das Wegegeld.

Seit über zweihundert Jahren hatte Hattingen das Recht, für alle Waren, die über die Straßen und Wege in die Stadt hinein- und hinaustransportiert wurden, eine Gebühr zu erheben. Wer Güter ausführte, zahlte nur die Hälfte. So wurden die einheimischen Produzenten vor ihren Konkurrenten aus den Nachbarstädten geschützt. Um die Abrechnung zu vereinfachen, verpachtete die Stadt das Recht der Gebühreneinziehung an den Meistbietenden für die Dauer von sechs Jahren. Natürlich boten nur die Wohlhabenden bei dieser Auktion mit, denn der Pächter hatte eine Bürgschaft für die zukünftigen Zahlungen zu stellen. Eigentlich durfte das Wegegeld ausschließlich für die Verbesserung der Straßen und der Stadtbefestigungen eingesetzt werden. In diesen Tagen jedoch hielt sich der Rat nicht an die Vorschrift, die vor ewigen Zeiten erlassen worden war, sondern stopfte mit den Einnahmen die Löcher in den städtischen Kassen.

Im Normalfall war das Wegegeld für beide Seiten ein gutes Geschäft. Die Stadt verfügte über feste Einnahmen und verlagerte das Ausfallrisiko auf den Pächter. Der hingegen konnte davon ausgehen, dass immer Waren nach Hattingen geliefert wurden. Hatte er nicht zu hoch geboten, blieb für ihn ein großes Stück vom Kuchen übrig.

Dieses sorgsam austarierte Geschäft geriet nun aber in Gefahr. Trotz hoher Strafen versuchten immer mehr Händler, das Wegegeld zu umgehen. Entweder sie zahlten nicht, was ein hohes Entdeckungsrisiko bedeutete, oder sie bestachen die Stadtsoldaten, damit diese die ausgestellten Wegegeldscheine, die als Beleg für die Zahlung galten, nicht an den Stadttoren einzogen, wie es Vorschrift war. So konnten die Scheine erneut benutzt werden.

In Notzeiten wie diesen sank die Zahl der Händler drastisch. Entsprechend reduzierten sich die Einnahmen der Pächter, die folgerichtig vom Rat eine Erhöhung des Wegegelds forderten, während die Bürger und Händler das genaue Gegenteil verlangten. Da der Rat Gefahr lief, zukünftige Bieter durch zu geringe Renditen zu verschrecken, erhöhte er in der Regel das Wegegeld, auch wenn ein solcher Beschluss zu Protesten führte.

Die letzten zwei Auktionen waren von einer der reichsten Hattinger Kaufmannsfamilien, den Kielmanns, gewonnen worden. Ihr Reichtum, vielen ohnehin ein Dorn im Auge, basierte nicht zuletzt auf dem Wegegeld. Dreimal hatte ihre Intervention dazu geführt, dass die Gebühr drastisch erhöht wurde, was das Ansehen der Familie nicht förderte. Aber von vereinzelten Unmutsäußerungen abgesehen, war es bisher ruhig in der Bürgerschaft geblieben.

Jürgen saß mit seinem Sohn im Kontor über einem Stapel unbezahlter Rechnungen. Während Dirk die fehlenden Beträge addierte, stierte sein Vater gedankenverloren ins Nirgendwo.

»Ich bin fertig, Vater.«

»Wie?« Der Kaufmann schreckte hoch.

»Die Rechnungen. Ich habe sie sortiert und zusammengezählt.«

»Und?«

»Glücklicherweise belaufen sich unsere Außenstände nur auf einige Dutzend Taler. Willst du die genaue Zahl wissen?«

Jürgen schüttelte den Kopf.

»Die meisten unbezahlten Rechnungen entfallen auf wenige Schuldner, die ihren Verpflichtungen bisher immer nachgekommen sind, wenn wir sie daran erinnert haben. Soll ich das jetzt wieder tun?«

»Ja. Gute Arbeit, Dirk.«

Sein Sohn strahlte.

»Ich habe dir doch von der Versammlung vor einigen Tagen erzählt.«

Der junge Mann nickte

»Ich habe ein ungutes Gefühl. Vielleicht war es ein Fehler, daran teilzunehmen.«

»Warum?«

»Die Herren haben sich offen gegen den Kurfürsten gestellt. Ich habe zwar den Brief an den Bergvogt nicht unterzeichnet, mich aber an der Debatte beteiligt. Was, wenn das jemand der Anwesenden weiterträgt? Wer schützt mich dann vor dem Zorn des Bergvogts?«

»Vielleicht solltest du mit Onkel Walter darüber sprechen?«, riet Dirk.

Jürgen nickte. »Ein guter Gedanke. Ich werde ihm einen Brief schreiben und ihn bitten, nach Hattingen zu kommen. Sein Besuch ist ohnehin schon lange überfällig. Noch etwas. Hol mir bitte die Waage, mit denen die Goldschmiede ihr Edelmetall wiegen.«

Schon häufiger hatte Jürgen den Eindruck gehabt, dass die brandenburgischen Kippermünzen ein anderes Gewicht aufwiesen als früher. In einer Eichenschatulle hortete er einige, von denen der Kaufmann genau wusste, dass sie noch vor Ausbruch des Krieges geprägt worden waren. »Und bring auch die Münzen mit, die in der Kassette daneben liegen.«

Sein Sohn gehorchte. Als beides vor Jürgen stand, fragte Dirk: »Was hast du vor, Vater?«

»Ich will einen Vergleich anstellen.« Er zeigte auf die fünf Münzen, die ihm sein Sohn gebracht hatte. »Das sind Vorkriegsmünzen.« Er legte fünf Geldstücke gleichen Nennwerts aus seinem Beutel daneben. »Die hier stammen aus dem letzten Jahr. Schau auf den Prägestempel und du wirst sehen, dass ich recht habe.« Jürgen legte die alten Münzen in die linke, die neuen in die rechte Waagschale. Die alten waren schwerer. »Siehst du, was ich meine?«

»Wie kann das sein?«, wunderte sich Dirk. »Es sind doch alles Albus?«

»Die eigentlich nur aus Silber bestehen dürfen. Dann aber wäre ihr Gewicht nicht unterschiedlich. Der Kurfürst hat in jüngster Zeit das Silber mit einem leichteren Metall, vermutlich Zinn, gestreckt.«

»Warum tut er so etwas?«

»Weil Silber teurer ist und er Geld für seine Armee benötigt.«

Dirk nahm die Münzen der einen Seite von der Waage und ersetzte sie durch die genormten Gewichte. »Das sind nur wenige Gramm Unterschied«, meinte er, nachdem er seine Messung beendet hatte. »Wie kann das die Geldprobleme des Kurfürsten lösen?« Er dachte nur kurz nach. »Natürlich! Die Masse macht's. Es sind Tausende dieser Münzen im Umlauf.«

»Viel, viel mehr.«

»Ich verstehe. Wenn ein Huhn, sagen wir, einen Albus kostet, dann gilt das nur so lange, wie der Albus wirklich aus Silber besteht. Verringert sich nun der Edelmetallanteil, ist eine solche Münze natürlich weniger wert als die, deren Silbergehalt gleich geblieben ist.«

»Richtig!«

»Das ist also der Grund, warum alles teurer wird.«

»Einer davon bestimmt.«

»Aber das ist Betrug«, stellte Dirk fest. »Der Fürst verwandelt gutes Geld in schlechtes.«

Jürgen lächelte. »Treffend erkannt, mein Sohn.«

## 9

*Kleve, 12. Januar 1633*

Der Bergvogt tobte, nachdem er das an ihn gerichtete Schreiben gelesen hatte. Er stampfte wütend in seinem Arbeitszimmer auf und ab, fegte mit dem Handrücken Dokumente vom Tisch, nur um sie unmittelbar darauf unter Flüchen wieder aufzuheben und dann erneut auf den Boden zu werfen. Schließlich stand er mit puterrotem Kopf mitten im Raum und brüllte: »Dieser unbedeutende Landadel wagt es, den Kurfürsten herauszufordern? Wer sind diese Kerle, dass sie sich zu einer solchen Insubordination erdreisten?«

Walter von Linden ertrug den Wutausbruch mit stoischer Ruhe. Zum einen blieb ihm nichts anderes übrig, zum anderen verstand er den Ranghöheren. Gelang es diesem nicht, den Widerstand des märkischen Adels gegen den Zehnten zu brechen, lief er Gefahr, seine Stellung zu verlieren.

»Und dieser Herr von Schell hat es tatsächlich gewagt, die Kriegserklärung persönlich abzugeben?«

Walter nickte bloß.

»Ich nehme an, er ist sofort zurückgeritten?«

»Nein, er möchte mit Euch sprechen.«

»Hah! Der Kopf der Rebellion ersucht um eine Audienz. Na, die kann er haben. Verständigt die Wache, sie sollen ihn zu mir bringen. Und später gleich in den Kerker werfen.«

»Herr, Ihr solltet …«

»Papperlapapp«, schnitt von Diest ihm das Wort ab. »Schafft den Kerl her.«

Wenig später stand der Castroper Edelmann vor dem Bergvogt, der hinter seinem Tisch Platz genommen hatte.

Von Diest demonstrierte seine Macht dadurch, dass er von Schell weder begrüßte noch einen Stuhl anbot. Stattdessen blaffte er den sehr selbstbewusst wirkenden Adeligen an: »Was wollt Ihr mit dieser lächerlichen Demonstration bezwecken?« Dabei zeigte er auf das Schreiben, welches die Unterschriften fast aller adeligen Bergbaubetreiber der Grafschaft Mark enthielt. »Das ist Hochverrat. Dafür kann ich Euch alle in den Kerker werfen lassen und anklagen. Ihr kennt die Strafe für ein solches Verbrechen?«

»Ich kenne sie«, erwiderte von Schell kühl. »Auf Hochverrat steht der Tod. Allerdings vermag ich nicht zu erkennen, weshalb es sich bei einem Schreiben, in welchem wir darauf hinweisen, dass ein Zehnter dem verbrieften Recht auf Steuerfreiheit widerspricht, um ein solches Vergehen handelt.«

»Weil ich das gesagt habe«, brüllte von Diest los. »Kraft der mir vom Kurfürsten übertragenen Befugnisse.«

»Ihr seid kein Richter. Eure Befugnisse hin oder her, Ihr könnt ohne ein entsprechendes Verfahren keine solche Strafe verhängen.«

»Dann führen wir eben einen solchen Prozess gegen Euch.«

»Wie ich hörte, benötigt der Kurfürst doch viel Geld für den Krieg gegen den Kaiser. Ohne unsere Zustimmung kann der Landesherr keine neuen Steuern erheben. Das ist altes, verbrieftes Recht, an das sich auch der Kurfürst zu halten hat.«

Von Diest sprang auf. »Das ist ungeheuerlich. Ihr droht mit offener Rebellion!«

»Das sehen wir anders. Wir fordern lediglich unser Recht.«

»Euer Recht, euer Recht«, echote von Diest. »Euer Recht, vielmehr Eure Pflicht ist es, den Weisungen Eures Landesherrn nachzukommen. Aber gut. Ich erkenne Eure Uneinsichtigkeit. Einige Tage im Kerker werden Euch Gelegenheit geben, über Eure Anmaßung nachzudenken.«

»Herr«, versuchte Walter von Linden, dass Schlimmste zu verhindern, wurde aber vom Bergvogt mit einer schnellen Handbewegung zum Schweigen gebracht.

»Ruft die Wache.«

Von Schell wurde blass, fasste sich aber schnell wieder. »Ich möchte mit Euch unter vier Augen sprechen.«

»Weshalb?«

»Weil ich Euch nützlich sein kann.«

»Ach«, spottete von Diest. »Wenn der Kerker droht, lenkt der Herr ein. Ich befürchte nur, Ihr seid schon jetzt zu weit gegangen. Aber gut.« Er wandte sich an Walter. »Ihr könnt gehen. Ich rufe Euch, wenn ich Euch brauche.«

Walter senkte den Kopf und zog sich zurück.

Als von Diest mit von Schell allein war, sagte er: »Ich warne Euch: Ich bin unbestechlich. Also versucht es nicht, sonst findet Ihr Euch im Kerker wieder.«

»Das käme mir nie in den Sinn«, versicherte von Schell. »Ich weiß, dass wir uns mit dem Schreiben auf dünnem Eis bewegen. Sicher werden wir dem Kurfürsten erhebliche Schwierigkeiten bereiten, aber langfristig verhindern wir die Anwendung des Bergregals nicht. Brandenburg und Pfalz-Neuburg haben vor mehr als einem Jahr den vor fast zwanzig Jahren in Xanten geschlossenen provisorischen Erbschaftsvergleich erneuert. Er sichert Brandenburg die Herrschaft über die Grafschaft Mark und das Herzogtum Kleve. Diese Vereinbarung wurde nur deshalb getroffen, um eine militärische Auseinandersetzung zwischen den beiden Fürsten zu verhindern. Allerdings schwelt der Konflikt immer noch. Spätestens wenn der große Krieg zwischen den Konfessionen beendet ist und der Kurfürst seine Truppen ausschließlich in seinem Sinne einsetzen kann, dürfte es mit der Selbstständigkeit des märkischen Adels vorbei sein. Dann wird er seine Forderungen notfalls mit Gewalt durchsetzen.«

»Einsicht ist der erste Weg zur Besserung«, knurrte von Diest.

»Nennt es, wie Ihr wollt. Dem Kurfürsten ist an einer offenen Auseinandersetzung mit den Ständen sicher nicht gelegen. Er braucht den Adel. Gegen unseren Widerstand wird er es schwer haben, seine Steuern einzutreiben. Vor allem aber wird es ihm fast unmöglich sein, neue Soldaten zu rekrutieren, wenn wir unserer Bevölkerung abraten, in die Dienste der Armee zu treten. Ein solcher Konflikt kann aber vermieden werden.«

»Wie?«

»Ihr habt viel zu wenig Leute, um den Zehnten gegen unseren Widerstand wirklich einzutreiben. Wenn ich das richtig sehe, stehen nur ein Bergschreiber und ein Berggeschworener in Euren Diensten. Und fast alle Rentmeister in der Grafschaft sind auf unserer Seite. Wie wollt Ihr da ermitteln, wie hoch der Zehnte pro Pütt überhaupt ist?«

»Mir wird schon etwas einfallen.«

»Vielleicht. Einfacher wäre es für Euch jedoch, wenn Ihr unter den Rentmeistern jemanden hättet, der Euch mit den nötigen Information versorgt.«

»Daher weht der Wind. Ihr bietet mir an, für mich zu spionieren? Ihr seid ja Rentmeister für Dortmund und Umgebung. Oder irre ich mich?«

»Das tut Ihr nicht. Vor allem stehen die Pütts von Hörde unter meiner Aufsicht. Und das sind die Hauptlieferanten für die Salzsalinen im Unnaer Raum.«

»Da sagt Ihr mir nichts Neues.«

»Als Rentmeister weiß ich recht genau, wer wann wie viel fördert, wohin geliefert und was dafür gezahlt wird. Dieses Wissen könnte ich mit Euch teilen.«

»Und welche Gegenleistung erwartet Ihr?«

»Natürlich Verschwiegenheit. Und ich möchte, dass Ihr Eure Forderungen besonders bei Caspar von Romberg von Brünninghausen durchsetzt.«

»Warum?«

»Er betreibt die größten Pütts in Hörde. Er macht mir mit seinen Lieferungen das Leben schwer. Meine Pütts in Herbede und Volmarstein sind nicht so ergiebig. Von Romberg unterbietet mich, sodass ich meine Kohle nur unter Verlust verkaufen kann.«

»Das glaube ich nicht. Dann würdet Ihr doch keinen Ringel mehr fördern.«

»Lasst es mich so formulieren: Ich könnte bessere Geschäfte machen, wenn sich von Rombergs Kohle verteuerte, was sie durch den Zehnten ja auch täte.«

»Eure aber auch.«

»Nur, wenn Ihr auf meinen Pütts ebenso gründlich vorgeht.«

»Ich soll Euch den Zehnten erlassen?«

»Nein, das könnt Ihr nicht und das akzeptiere ich. Aber Ihr könnt meine Angabe über die Fördermenge ungeprüft zu den Akten nehmen.«

»Verstehe.«

»Dann wäre da noch etwas.«

»Ja?«

»Es gibt im Raum Hörde einige vielversprechende Äcker, auf denen ich Kohle vermute. Sie gehören zu einem Gut, dessen Besitzer sie verpachten will. Von Romberg möchte dieses Geschäft machen, ich ebenfalls.«

»Dann bietet dem Bauer eben mehr.«

»Mein Konkurrent verfügt über mehr Geld als ich und wird fast jeden Preis zahlen, um in den Besitz der Äcker zu gelangen. Da kann ich nicht mithalten.«

»Und was soll ich dagegen tun?«

»Lasst ihn wissen, dass Ihr ihm die Belehnung verweigert, weil er den Zehnten nicht zahlen will. Ich hingegen werde mich vertraglich verpflichten, das zu tun, und auch die anderen Bestimmungen der Bergordnung einhalten.«

»Eine Mutung hat noch nicht stattgefunden, nehme ich an?«

»Nein, aber fündig ist von Romberg geworden.«

Von Diest dachte nach. Dann meinte er: »Einverstanden. Ihr besorgt mir die erforderlichen Unterlagen und ich belehne Euch mit den Pütts. Außerdem werde ich in einem Zeitraum von fünf Jahren die Erträge Eurer Gruben nicht prüfen. Das muss reichen, um Euer Scherflein ins Trockene zu bringen.«

»Einverstanden.« Der Castroper reichte dem Bergvogt die Hand, die dieser allerdings ausschlug.

»Herr von Schell, ich halte Euer Verhalten für unehrenhaft und beteilige mich nur deshalb daran, weil ich so meine Ziele schneller durchsetzen kann. Bedenkt: Der Verrat wird geliebt, nicht aber der Verräter. Und jetzt entschuldigt mich.«

## 10

*Kleve, 26. Januar 1633*

Lange hatte Adam von Schwarzenberg darüber nachgedacht, seinen Vertrauten von Linden schon jetzt über Fabris Vorwürfe zu informieren, dann aber davon Abstand genommen. Je weniger Menschen zum gegenwärtigen Zeitpunkt von den Anschuldigungen von Hucks wussten, umso besser. Außerdem war von Linden zuzutrauen, sich anderen zu offenbaren, sich vielleicht sogar an den Kurfürsten selbst zu wenden. Das aber, dachte von Schwarzenberg, wäre seinen Geschäften nicht förderlich. Wenn dieser ärgerliche Vorfall bereinigt war, würde er von Linden informieren und ihn anweisen, alle Provisionszahlungen zu beenden. Von Schwarzenberg hatte seine Ziele erreicht, da kam es auf einige Taler mehr oder weniger nicht an.

Pünktlich zur verabredeten Zeit traf Konradus Fabri mit einem sichtbar verunsicherten Gerd von Huck im Kanzleigebäude ein. Der Geheimrat begrüßte beide überaus freundlich und bat dann darum, allein mit dem Gutsherrn aus Rees sprechen zu dürfen. Natürlich gehorchte der Advokat und verließ den Raum, obwohl er innerlich kochte.

Die Unterredung nahm einige Zeit in Anspruch. Dann trat ein sichtbar zufriedener Gerd von Huck auf den Flur, nickte Fabri zu und verließ zur Verwunderung des Advokaten schnell das Gebäude.

Kurz darauf erschien der Sekretär, betrat das Zimmer von Schwarzenbergs und trat wenig später wieder vor die Tür. Zu Fabri gewandt meinte er: »Herr von Schwarzenberg wird Euch gleich rufen. Bitte geduldet Euch noch ein wenig.«

Nach minutenlangem Warten kehrte der Sekretär zurück, Walter von Linden im Schlepptau. Bevor die Männer im Zimmer des Geheimrats verschwanden, grüßte Walter seinen Kollegen, was Fabri aber ignorierte.

Während des Wartens wurde der Advokat immer nervöser. Warum, zum Teufel, ließ von Schwarzenberg ihn im Ungewissen? Weshalb war von Huck so schnell gegangen? War dessen Verhör schon beendet? Und was machte von Linden so lange bei ihrem Vorgesetzten? Musste er sich bereits verantworten?

Der Advokat trat näher an die schwere Eichentür heran, in der Hoffnung, etwas von dem aufzuschnappen, was darin vorging. Aber er hörte nichts. Er hatte erwartet, dass es angesichts der ungeheuerlichen Vorwürfe gegen von Linden im

Zimmer hoch herginge, weil von Schwarzenberg seinen Untergebenen lautstark zur Ordnung rufen würde. Aber alles blieb still.

Fabris Unsicherheit wuchs. Wie immer, wenn die Nervosität ihn packte, schwitzte er. Erst waren es nur seine Hände, die feucht wurden. Aber dann perlte der Schweiß auf seiner Stirn und lief unangenehm seinen Rücken hinunter. Fabri nestelte an seiner Kröse. Er trug den Kragen nur zu formellen Anlässen. Walter von Lindens Entlassung und seine Wiedereinsetzung als Prokuratoranwärter sollten eigentlich eine solche Gelegenheit sein. Aber jetzt war das Kleidungsstück einfach zu warm und lästig.

Endlich öffnete sich die Tür, der Sekretär erschien und bat ihn hinein. Mit weichen Knien betrat der Advokat den Raum. Entschied sich jetzt seine Zukunft?

»Doktor Fabri«, eröffnete Adam von Schwarzenberg die Unterredung. »Ich bin Euren Anschuldigungen selbstverständlich nachgegangen, obwohl ich von Anfang an Zweifel an ihrem Wahrheitsgehalt hatte.«

Fabri zuckte zusammen. Was wollte der Geheimrat damit sagen?

»Ich habe mich ausgiebig mit Herrn von Huck ausgetauscht und ihn mit Euren Vorwürfen konfrontiert. Er erklärte, der Sachverhalt habe sich anders als von Euch dargestellt ereignet. Er wäre es gewesen, der Herrn von Linden eine Provision angeboten habe, die dieser jedoch strikt abgelehnt habe.«

Der Advokat zitterte am ganzen Körper. Warum war von Huck nicht bei seiner Aussage geblieben? Hatte womöglich von Schwarzenberg ihn beeinflusst? Nein, das konnte nicht sein.

»Allerdings hat mir der Gutsherr auch erklärt, dass Ihr an diesem Tag sehr aufgewühlt gewesen seid. Möglicherweise habet Ihr ihn falsch verstanden.«

Fabri schüttelte energisch den Kopf. »Ich weiß nicht, warum, aber Herr von Huck lügt. Vielleicht hat ihn Herr von Linden unter Druck gesetzt.«

»Habt Ihr denn mit Eurem Kollegen über Euren Verdacht gesprochen?«

Fabri schüttelte den Kopf.

»Ich ebenfalls nicht. Also müsste es schon von Huck selbst gewesen sein. Natürlich habe ich ihn das gefragt. Er hat diese Unterstellung energisch und, wie ich betone, für mich absolut glaubhaft zurückgewiesen.«

»Bitte befragt ihn in meinem Beisein erneut.«

»Das wird nicht nötig sein.« Von Schwarzenberg gab dem Sekretär ein Zeichen und der präsentierte Fabri eine Urkunde. »Herr von Huck hat seine Aussage beeidet und unterschrieben. Er wird nichts anderes mehr aussagen können, will er nicht wegen Eidbruchs im Kerker landen. Also warum ihn erneut belästigen?«

Für Fabri brach eine Welt zusammen.

»Ich denke, wir sollten die ganze unglückselige Angelegenheit damit auf sich beruhen lassen.«

Fabri schüttelte fassungslos den Kopf.

»Wollt Ihr tatsächlich bei Euren Behauptungen bleiben? Dann müsste ich ein formelles Verfahren einleiten, nicht nur gegen Herrn von Linden, sondern auch gegen Euch.«

»Gegen mich?«, keuchte der Advokat.

»Natürlich. Falsche Anschuldigungen sind ehrabschneidend. Das kann ich nicht ignorieren. Überlegt es Euch gut. Habt Ihr Herrn von Huck nicht doch missverstanden?«

Dem Advokaten wurde übel. Seine Gedanken rasten. Das war doch alles ein abgekartetes Spiel! Aber nur seine Karten lagen offen auf dem Tisch, die anderen hielten ihr Blatt verborgen. Er hatte verloren.

»Sicher«, erwiderte Konradus Fabri deshalb mit brüchiger Stimme. »Es kann nur so gewesen sein.«

»Eine vernünftige Entscheidung.« Erneut winkte von Schwarzenberg dem Sekretär. »Hier ist eine entsprechende Erklärung, in der Ihr versichert, dass alle Eure Anschuldigungen sich als haltlos herausgestellt haben. Wenn Ihr bitte unterzeichnen würdet.«

Als Fabri die Feder in der Hand hielt, zögert er noch einen Moment. Dann aber unterschrieb er mit feuchten Augen.

»Sehr gut«, lobte der Geheimrat, als der Advokat die Feder fallen ließ. »Ich muss Euch nicht daran erinnern, dass Euch dieses Dokument bindet. Solltet Ihr jemals die Anschuldigungen erneuern, werde ich Euch mit der ganzen Härte des Gesetzes wegen Verleumdung verfolgen.«

»Ich weiß.«

»Dann gibt es für Euch nur noch eines zu tun.«

»Was denn noch?«, stöhnte der Advokat.

»Ihr müsst Euch selbstverständlich bei Herrn von Linden entschuldigen. Was habt Ihr denn gedacht?«

Für einen Augenblick sah es so aus, als wollte sich Fabri auf seinen Dienstherrn stürzen. Dann hatte er sich wieder in der Gewalt. »Ich entschuldige mich bei Euch in aller Form«, presste er hervor, ohne Walter anzusehen.

»Ich nehme Eure Entschuldigung an«, erwiderte dieser, obwohl ihm Fabri wirklich leidtat. Aber auch er war nur ein Rädchen in dem großen Getriebe, das Adam von Schwarzenberg drehte.

Fabri schlurfte als gebrochener und gedemütigter Mann aus dem Raum.

Gerd von Huck hatte mittlerweile die Mauern von Kleve hinter sich gelassen und ritt bester Laune Richtung Westen. In seiner Satteltasche lag ein Liefervertrag über seine gesamte Kornernte der nächsten fünf Jahre. Und ein mit Goldtalern prall gefüllter Lederbeutel. Der Ausflug nach Kleve hatte sich mehr als gelohnt.

## 11

*Hattingen, 25. März 1633*

Die Magd betrat das Kontor und kündigte einen Gast an.
»Wer ist es?«, fragte Jürgen.
»Ein Herr von Romberg.«

Für einen Moment konnte Jürgen mit dem Namen nichts anfangen. Dann aber fiel ihm ein, wer der Besucher war. »Lass ihn herein.«

Caspar von Romberg erschien dem Hausherrn noch gebeugter als zum Zeitpunkt ihres Kennenlernens bei der Versammlung in Castrop. Es sah aus, als ob eine schwere Last auf seinen Schultern ihn unerbittlich nach vorne zwang. Obwohl jenseits der fünfzig, war seine Stimme fest und seine Augen wirkten klar. Nur das Gehen bereitete ihm augenscheinlich Schwierigkeiten, denn er stützte sich auf einen schlichten Stock mit geschnitztem Knauf.

Nach der Begrüßung erklärte von Romberg, er habe geschäftlich in Hattingen zu tun und wolle dem Herrn von Linden seine Aufwartung machen, wenn er schon einmal in der Stadt sei. Da er aber auf Nachfragen nur ausweichend reagierte, wurde dem Hattinger schnell klar, dass von Romberg nicht die Wahrheit sagte. Er hatte den Weg von Schloss Brünninghausen bei Dortmund nur auf sich genommen, um mit Jürgen zu sprechen. Fragte sich nur, weshalb.

»Lasst uns in die Stube gehen. Dort brennt der Kamin und es ist wärmer«, schlug der Kaufmann vor, denn von Romberg rieb sich unablässig die klammen Hände. »Ist Euer Schreiben dem Bergvogt schon übergeben worden?«, fragte Jürgen, als sie in der Nähe des Feuers saßen, einen Becher heißen Würzwein in der Hand.

»Ja. Herr von Schell hat es persönlich in Kleve überbracht.«

»Erwartet Ihr eine Antwort?«

»Eine Antwort: Ja. Eine Schriftliche? Nein.«

»Wie meint Ihr das?«

»Von Diest muss in jedem Fall reagieren. Er kann nicht akzeptieren, dass wir uns gegen ihn stellen. Aber ich glaube nicht, dass er es bei einem freundlichen Brief bewenden lassen wird. Er wird drohen, vermutlich sogar mit Inhaftierung.«

Von Romberg sprach über die Möglichkeit, in den Kerker zu wandern, mit einer Gelassenheit, als ob er sich mit Jürgen über das Wetter unterhalten würde. Insgeheim war der Kaufmann erleichtert, dass von Schell nicht auf einer Unterzeichnung des Briefs durch die nicht adeligen Teilnehmer der Versammlung bestanden hatte. Denn ihn schreckte Kerkerhaft sehr wohl.

»Welchen Eindruck macht von Schell auf Euch?«, fragte von Romberg unvermittelt.

Jürgen dachte einen Moment nach. Dann entgegnete er: »Mir scheint, er ist ein sehr besonnener Mann.«

»Besonnen? Vor allem gerissen.«

Dass von Romberg sich zu einer solchen Aussage hinreißen ließ, zeigte, dass er nicht besonders gut auf von Schell zu sprechen war. Schließlich kannte er seinen Gastgeber kaum, wusste vor allem nicht, ob dieser mit dem so Gescholtenen näher bekannt war. Da wäre es klüger gewesen, sich zurückzuhalten.

»Ich will Euch etwas über das Geschäftsgebaren Herrn von Schells berichten«, setzte von Romberg fort. »Wie Ihr vielleicht wisst, hat er das Amt des Rentmeisters in Dortmund inne.«

Jürgen nickte.

»In dieser Eigenschaft sollte er eigentlich die Interessen des Landesherrn vertreten. Tatsächlich aber kümmern ihn nur seine eigenen. Wie andere Rentmeister auch, ist er an mehreren Pütts beteiligt, manchmal sogar, ohne öffentlich in Erscheinung zu treten. So gehören ihm Pütts in Barop und Schürenberg «

»Ist das etwa nicht statthaft?«

»Doch, doch«, räumte von Romberg ein. »Die Tatsache an sich stellt kein Problem dar. Allerdings hat von Schell Kohlen an die besser zahlenden kurkölnischen Salinen geliefert und die märkischen in Unna benachteiligt. Das war im Übrigen auch ein Grund, warum Ihr überhaupt mit Winold von Büren ins Geschäft gekommen seid. Den Zehnten hat er selbstverständlich nicht abgeführt. Und schließlich hat er seine Fördermenge falsch deklariert.«

»So wie Ihr es mir empfohlen habt?«

Von Romberg grinste. »Genau. Ich habe deshalb dem Bergvogt Cronenberg zugesagt, zukünftig nach Königsborn zu liefern, wenn er mich mit weiteren Pütts belehnt und sie so dem Zugriff von Schells entzieht. Im Gegenzug habe ich ihm versprochen, dass er nicht leer ausgehen würde.«

»Ihr habt versucht, von Schell auszustechen«, stellte Jürgen fest. »Und dazu den Bergvogt bestochen. Das erzählt Ihr ohne Scheu einem Fremden?«

»Natürlich. Ich glaube, Ihr habt nicht anders gehandelt. Wie seid Ihr sonst an die Genehmigung gekommen, Kohle nach Königsborn zu liefern?« Jürgen schwieg und von Romberg lachte leise. »Seht Ihr.«

»Mir scheint, Ihr seid nicht weniger gerissen als Herr von Schell.«

»Mag sein. Aber in einem ist er mir voraus.«

»Und das wäre?«

»Von Schell hat sich die Unterstützung des Pfalz-Neuburgers gesichert. Der hat ihm daraufhin die Pütts erneut belehnt und mich aus dem Geschäft gedrängt.«

»Der Brandenburger Kurfürst ist unser Landesherr. Was hat Pfalz-Neuburg damit zu schaffen?«

»Sicher. Im Vertrag von Xanten wurden die vereinigten Herzogtümer Kleve und Berg geteilt. Aber ein abschließender Vertrag steht noch aus. Und so versuchen beide Seiten, ihre Einflusszonen auszuweiten, auch wenn sie sich in Angelegenheiten des jeweils anderen Herrschers einmischen. Was will der Kurfürst machen? Wegen einer solchen Kleinigkeit ein erneutes Zerwürfnis oder gar einen Krieg riskieren?« Von Romberg schüttelte den Kopf. »Beide Seiten brauchen ihre Truppen, um sich an der Fehde zwischen Protestanten und Katholiken zu beteiligen.«

»Ihr könntet vor Gericht ziehen.«

»Das habe ich bereits getan, glaube aber nicht an einen Erfolg. Und nun streckt von Schell die Finger nach Äckern aus, die ich zum Zwecke der Kohleförderung pachten wollte.«

»Woher wisst Ihr das?«

»Der Bauer, dem die Äcker gehören, hat mir vor zwei Tagen vom Interesse von Schells berichtet.«

Jürgen kratzte sich am Kopf. »Das ist ja sehr interessant. Aber warum erzählt Ihr mir das alles?«

»Von Schell ist mit Wennemar von der Recke befreundet. In meiner Gegenwart haben sie darüber gesprochen, wie sie Euch Euren Pütt abjagen können. Von Schell will die Kohlen, von der Recke eine deutlich höhere Pacht.«

Jürgen erbleichte. Mit dem ehemaligen Bergvogt Cronenberg hatte er seinen einzigen Unterstützer verloren. Und gegen zwei Adelige anzukämpfen? Er ahnte, wie ein Streit mit zwei dieser Narren ausgehen würde.

»Ich sehe, Ihr versteht, was ich meine. Hört mein Angebot: Lasst uns Geschäftspartner werden. Jeder behält die Pütts, die er im Moment betreibt. Wir sichern uns gegenseitige Unterstützung für den Fall zu, dass jemand unser Eigentum angreift. Neue Pütts kaufen wir als Konsorten gemeinsam. Ich kenne die Absatzmärkte für Kohle vermutlich besser als Ihr, dafür verfügt Ihr über ausreichend Transportkapazitäten. Wie ich höre, fahren Eure Fuhrwerke auch für von Schell?«

»Manchmal.«

»Das solltet Ihr, wenn wir uns einigen, besser lassen. Dann kann er sehen, wie er seine Kohlen transportiert. Ich werde im Gegenzug zukünftig Eure Dienste in Anspruch nehmen. Das dürfte Eure Einbußen mehr als kompensieren. Schließlich sichern wir uns die Unterstützung des neuen Bergvogts und damit des Kurfürsten, indem wir ihm den Zehnten zusagen.«

»Habt Ihr nicht gerade einen Brief unterzeichnet, in dem genau das Gegenteil steht?«

»Die Entwicklung der letzten Tage hat eine neue Situation geschaffen. Außerdem ist Papier geduldig. Was haltet Ihr von meinem Vorschlag?«

Jürgen stand auf und schaute aus dem Fenster. Er bedachte die Vor- und Nachteile einer solchen Kooperation. Schnell setzte sich die Einsicht durch, dass er allein nicht gegen von Schell und von der Recke gewinnen konnte. Der Hattinger kehrte zum Tisch zurück. »Einverstanden«, sagte er.

## 12

*Bei Grundschöttel, 10. Mai 1633*

Sie kamen aus Hörde und ritten Richtung Südwesten, um bei Herdecke die Ruhr zu überqueren. Von Diest hatte den Bergbaubetreiber aufgesucht, der sich laut von Schell im kleinen Kreis der Edelleute am heftigsten gegen die Anwendung des Bergregals durch den Kurfürsten ausgesprochen hatte. Zu seiner Unterstützung hatte Walter von Linden ihn begleitet.

Aber der Hörder Adelige hatte sich uneinsichtig gezeigt und versichert, dass er den Zehnten unter keinen Umständen zahlen würde. Und werde er dazu gezwungen, würde er seinen Pütt eher absaufen lassen, als dem Kurfürsten auch nur einen Albus in den Rachen zu werfen. Alles gute Zureden war vergeblich gewesen.

Allerdings war der Mann ein guter Gastgeber. Er hatte von Diest und Walter fürstlich bewirtet und sie mehrmals mit einem neuen Krug besten Weines zum Bleiben genötigt, als sie endlich aufbrechen wollten. Der Adelige hatte sich vorher eingehend nach ihren weiteren Reiseplänen erkundigt und ihnen empfohlen, nicht, wie vorgesehen, über Vosskuhle, sondern Herdecke nach Grundschöttel zu reiten.

Der Bergvogt hatte gezögert, denn er kannte den vorgeschlagenen Weg. Der war weiter und führte mitten durch ein ausgedehntes Waldgebiet. Aber ihr Gastgeber widersprach. Dieser Weg sei mittlerweile gut ausgebaut und dank einiger Höfe in unmittelbarer Nachbarschaft sicher. So kämen sie wohlbehalten zu ihrem Ziel am Schlehbusch in der Nähe der Bauernschaft Grundschöttel.

Dort lag der Pütt Sankt Peter, der von Thönies Steinhaus und Konsorten betrieben wurde. Von Diest beabsichtigte, dort nach dem Rechten zu sehen und zu überprüfen, ob der Betreiber die Bergordnung einhielt. Nach kurzer Diskussion hatte der Bergvogt entschieden, dem Vorschlag des Adeligen zu folgen.

Südlich der Ruhr stiegen die Hänge steil an. An einigen Stellen begrenzten Sandsteinfelsen den Weg und bildeten kleine Schluchten. Der Blick nach oben wurde durch dicht wachsende Tannen erschwert, die vermutlich nur deshalb noch dort standen, weil ihr Fällen mühselig und gefährlich war.

»Wir haben zu viel Zeit in Hörde vertan und sollten uns beeilen«, sagte der Bergvogt. »Ich möchte heute noch Bochum erreichen und verspüre wenig Lust, die Nacht im Freien zu verbringen. Es treibt sich zu viel Gesindel auf den Straßen herum.«

Ein Pferd wieherte in ihrer Nähe. »Mir scheint«, meinte von Diest, »dass wir nicht die einzigen Reisenden sind. Haltet Euren Säbel bereit. Wer weiß, wer da kommt.«

Langsam ritten sie weiter. Aber hinter der nächsten Wegbiegung, wo sie eigentlich den unbekannten Reiter vermutet hatten, war niemand. Alles blieb friedlich.

»Ihr habt doch eben auch ein Pferd gehört, oder?«

»Ja.«

»Wo, zum Teufel, steckt der Gaul?«

Noch bevor Walter antworten konnte, verspürte er einen

heftigen Schmerz an der Schulter. Dann hörten sie den Knall zweier Musketen.

»Zu dem Busch da vorn, schnell«, befahl von Diest und trieb sein Pferd an.

Walter folgte ihm. Hinter dem Busch befand sich ein überstehender Felsen, der gerade breit genug war, um den beiden Beamten samt ihren Pferden Deckung zu geben. Sie sprangen aus den Sätteln, zogen die unruhig werdenden Gäule näher und drängten sich in die trügerische Sicherheit der Felsen. Wieder fielen Schüsse. Staub und kleine Steine rieselten auf sie herab.

»Die Kerle sind direkt über uns«, stieß von Diest, schwer atmend, hervor. »Es sind mindestens zwei. Die Schüsse sind fast gleichzeitig gefallen. So schnell lädt niemand eine Muskete.« Er sah zu Walter hinüber, der mit nur einer Hand stöhnend versuchte, sein scheuendes Reittier zu bändigen. »Seid Ihr verletzt?«

»Es scheint nur ein Streifschuss zu sein. Ich kann den Arm bewegen, aber es brennt höllisch.«

»Ihr haltet aus?«, wollte von Diest wissen.

»Ja.«

Einige Minuten lang ereignete sich nichts.

»Ob die Kerle noch da sind?« Der Bergvogt schob langsam den Kopf aus der Deckung. »Es scheint alles ruhig zu sein. Wir sind in der Deckung relativ sicher, denn die Galgenvögel, die uns unter Feuer genommen haben, kommen niemals diesen Steilhang hinunter. Trotzdem können wir hier nicht bleiben«, erklärte er dann. »Ich kenne diese Gegend. Einige Hundert Schritt südlich von hier flacht das Gelände ab. Dort kann man mühelos vom Berg auf den Weg zurückkehren. Wenn uns die Ganoven dort auflauern oder entgegenkommen, sind wir verloren. Mit Eurem Schwert und meinem Dolch werden wir nur schwerlich gegen Musketenträger bestehen. Also müssen wir fort. Und das schnell!«

»Sollten wir das Trappeln der Pferdehufe über uns nicht hören?«

»Auf Waldboden?« Der Bergvogt schüttelte den Kopf. »Eher nicht. Vielleicht haben sie die Hufe auch mit Stoff umwickelt und sind bereits auf dem Abstieg. Also, was meint Ihr?«

»Wie lautet Euer Plan?«

Von Diest lachte leise. »Einen Plan habe ich nicht. Oder doch, aber er ist recht einfach: Wir schwingen uns in die Sättel, treiben unsere Gäule an, hoffen, dass die Kerle, wenn sie denn immer noch oben auf dem Felsen lauern, so überrascht sind, dass ihre Kugeln uns nicht treffen, und reiten, so schnell es geht, zurück Richtung Ruhr. Bis nach Herdecke werden die Wegelagerer uns wohl kaum folgen.«

Walter biss die Zähne zusammen und stieg auf seinen Wallach. »Worauf warten wir?«, fragte er mit schmerzverzerrtem Gesicht und stieß seinem Braunen die Hacken in die Flanken.

Der Gaul galoppierte los. Walter beugte sich tief über den Hals des Hengstes, darauf gefasst, von einer weiteren Kugel getroffen zu werden. Aber nichts passierte. Ohne erneut beschossen worden zu sein, verließen sie den Hohlweg und preschten den Hang hinunter der Ruhr entgegen. Erst auf der anderen Flussseite in Sichtweite Herdeckes hielten sie an.

»Was meint Ihr, wer hat uns da aufgelauert?«, fragte Walter. »Versprengte Landsknechte?«

»Das glaube ich nicht. Die sind in der Regel nicht mit Musketen bewaffnet. Landsknechte sind auf Beute aus und hätten uns hinter irgendeiner Wegbiegung aufgelauert. Ich denke, der Angriff galt nicht unserem Geld, sondern unserem Leben.«

Walter schaute verwundert.

»Ich habe den Hörder in Verdacht. Erst will er wissen, wohin wir reiten, dann redet er uns den eigentlich geplanten Weg aus und verführt uns mit viel Wein zum Bleiben. So hat er Zeit für seine Leute geschunden, um einen Hinterhalt zu legen. Nur beweisen werde ich das wohl niemals können.«

»Das leuchtet mir nicht ein. Selbst wenn die Kerle Erfolg

gehabt hätten und Ihr tot wäret, würde der Kurfürst doch nicht von seinem Ziel ablassen, den Zehnten einzutreiben.«

»Sicher nicht, aber ein neuer Bergvogt müsste sich zunächst einarbeiten.« Von Diest grinste. »Vielleicht würde der neue Mann angesichts dessen, was seinem Vorgänger passiert wäre, auch nicht allzu scharf vorgehen. Wie auch immer, Zeit vergeht auf jeden Fall, in der kein Zehnter eingetrieben wird.« Er warf einen prüfenden Blick auf Walters Arm. »Kommt, Eure Wunde blutet und muss versorgt werden.«

## 13

*Hattingen, 11. Mai 1633*

Mit verbundenem Arm saß Walter in der Stube seines Bruders. Voller Mitleid beobachtete Gesche, wie ihr Schwager sich mit einer Hand bemühte, das Fleisch zu zerteilen. Er war erst vor Kurzem aus Herdecke eingetroffen. Kaum hatte sie seine Verletzung bemerkt, hatte Gesche ihren Schwager in Beschlag genommen, seine Wunde neu verbunden und ihn mit sanftem Zwang zum Ausruhen in eine Schlafkammer bugsiert. So war bisher noch keine Zeit für Gespräche geblieben. Erst jetzt beim Mittagessen tauschte sich die Familie über die Ereignisse aus.

»Sind die Ganoven, die dich angeschossen haben, gefasst worden?«, erkundigte sich Jürgen, während er sich ein Stück Gesottenes in den Mund schob.

»Leider nicht. Soldaten der Herdecker Stadtwache sind am nächsten Morgen mit uns an den Ort des Überfalls zurückgekehrt. Aber außer einigen Hufabdrücken im weichen Waldboden fanden wir nichts. Und diese wenigen Spuren verloren sich unten auf dem Hohlweg.«

»Warum bist du eigentlich erst jetzt zu uns gekommen?«, wollte Jürgen wissen. »Ich habe dir in den letzten Wochen drei Schreiben geschickt, aber keine Antwort erhalten.«

»Ich bin auch nicht aufgrund deiner Briefe gekommen, sondern habe den Bergvogt bei seiner Reise begleitet.«

»Weshalb?«, erkundigte sich Jürgen, aber Walter wich der Frage aus.

Stattdessen meinte er: »Wundert dich, dass die Post nicht funktioniert? Etwa jede zweite Nachricht, die ich absende, kommt nicht beim Empfänger an. Es herrscht Krieg im ganzen Land. Deutsche, Schweden, Spanier, Österreicher – da kämpft jeder gegen jeden. Entweder werden die Boten überfallen oder sie werfen die Briefe einfach fort, um schneller in die Sicherheit ihrer Häuser zurückkehren zu können.«

»Was meinst du, wie lange wird der Krieg zwischen Katholiken und Protestanten noch dauern?«, erkundigte sich Dirk. »Vater meint, bestimmt noch einige Monate.«

»Monate?« Walter schüttelte den Kopf. »Bisher hat keine Seite einen wirklichen Vorteil erlangen können. Ich befürchte, dass – wenn es nicht zu einer Entscheidungsschlacht kommt – dieser Krieg uns noch Jahre beschäftigen wird.«

»Jahre?« Dirk wirkte bestürzt.

»Leider. Mir brennt noch etwas anderes auf der Seele.« Walter machte eine bedeutungsschwangere Pause. »Lasst Ihr mich bitte mit Jürgen allein?«

»Ich habe keine Geheimnisse vor meiner Familie«, erklärte der.

»Trotzdem wäre es mir lieber, wenn ich zunächst unter vier Augen mit dir sprechen könnte.«

Bevor der Kaufmann etwas erwidern konnte, standen Gesche und Dirk auf. »Schon gut. Wir haben ohnehin noch anderes zu tun, als eurem Gerede zuzuhören.«

Jürgen wusste, dass es in seiner Frau brodelte. Auch Dirk dürfte nicht gerade beglückt sein, verstand er sich mittlerweile doch eher als Partner seines Vaters, denn als sein Sohn.

Als die beiden die Stube verlassen hatten, kritisierte Jürgen: »Du hast sie verletzt. Ich hoffe, du hast gute Gründe für dein Verhalten.«

»Die habe ich. Mir ist zu Ohren gekommen, dass du an

einer Versammlung von Edelleuten in Castrop teilgenommen hast, bei der es um den Zehnten ging.«

Einen kurzen Moment lang dachte Jürgen daran, seine Teilnahme zu leugnen. Aber er kannte seinen Bruder. Wenn Walter sich wie gerade ausdrückte, handelte es sich bei seinen Worten nicht um eine Vermutung, sondern um Gewissheit. Fragte sich nur, wie Walter an dieses Wissen gekommen war.

»Ja«, erwiderte er deshalb knapp.

»Ich befürchte, das war keine besonders gute Idee.«

»Warum nicht?«

»Das fragst du? Weil sich die Edelleute gegen ihren Landesherrn gestellt haben.«

»Zunächst haben sie sich gegen den Zehnten ausgesprochen, nicht gegen den Kurfürsten.«

»Das stimmt so nicht, und das weißt du auch.«

Jürgen holte tief Luft. »Wie kommst du darauf?«

»Ich weiß es eben.«

»Erzähl keinen Unsinn. Ich kenne dich so gut wie du mich. Irgendjemand hat dir diese Information zugetragen. Wer?«

»Das Problem ist, dass in erster Linie der Bergvogt diese Hinweise erhalten hat. Er hat nur kurz darüber berichtet.«

»Ich frage dich noch einmal und bitte dich, wahrheitsgemäß zu antworten.«

»Also gut. Johann von Schell war es.« Jürgens Verblüffung war ihm anzusehen, denn Walter meinte sarkastisch: »Nicht jeder, der dir einen vermeintlichen Gefallen tut, ist auch dein Freund. Von Schell ist es mit Sicherheit nicht.«

Jürgen griff zum Weinbecher und nahm einen tiefen Schluck. »Das passt zu dem, was mir von Romberg mitgeteilt hat. Von Schell versucht, ihn und mich aus dem Kohlegeschäft zu drängen. Ich werde mich mit von Romberg zusammentun.«

»Das geht nicht. Der Adelige ist einer der erbittertsten Gegner des Bergregals. Wenn der Bergvogt davon erfährt, wird er die Erlaubnis widerrufen, Kohle an die Königsborner Saline zu liefern und dir auch sonst das Leben schwer machen.

Dann kannst du deinen Pütt stilllegen. Wenn du Pech hast, zerrt er dich sogar vor Gericht oder wirft dich gleich in den Kerker. Angedroht hat er das jedenfalls. Es steht viel auf dem Spiel, Bruder. Deshalb wollte ich nicht, dass Gesche und Dirk bei unserem Gespräch anwesend sind. Es reicht, wenn wir beide uns sorgen.« Jürgen versuchte, ihn zu unterbrechen, aber Walter redete weiter. »Du verlierst in diesem Konflikt nur. Ehe du dich versiehst, macht von Romberg gemeinsame Sache mit von Schell und du bleibst auf der Strecke. Diese Herren sind von Adel. Das macht sie zwar keinen Deut besser als unsereins, aber im Zweifel halten sie zusammen wie Pech und Schwefel. Vor allem, wenn sie ihre Pfründe sichern.«

»Meinst du, das weiß ich nicht?« Jürgen schüttelte den Kopf. »Für wie blöd hältst du mich eigentlich? Von Romberg plant allerdings, sich nicht länger gegen den Zehnten zu stellen und hofft im Gegenzug auf die Unterstützung des Bergvogts.«

Walter strich mit der Hand durch sein Haar. »Daher weht also der Wind. Der eine Edelmann hintergeht seinen eigenen Stand und schwärzt ihn beim Bergvogt an, der andere entdeckt plötzlich sein Herz für uns Bürgerliche und will Dietrich von Diest in den Arsch kriechen. Ich glaube, von Romberg hat dir die Zusammenarbeit nur deshalb angetragen, weil du mein Bruder bist. Er will sich über dich bei mir einschmeicheln.«

Jürgen lachte auf. »Überschätzt du dich da nicht ein wenig? Was kann ein Adeliger sich von einem kleinen Advokaten im Dienst des Rates von Kleve versprechen?«

»Von dem Juristen nicht viel. Aber von dem Mitarbeiter des Bergvogts eine ganze Menge.«

»Du arbeitest für von Diest?«, wunderte sich Jürgen. »Warum hast du das nicht gleich gesagt?«

»Das habe ich. Du hast nur nicht genau hingehört. Ich habe dir übrigens nicht alles über den Überfall erzählt.« Walter berichtete vom Verdacht des Bergvogts.

»Dann warst du mit von Diest also dienstlich unterwegs und hast ihn nicht einfach nur begleitet?«

»So ist es. Ich bin mir sicher, dass der Überfall kein Zufall war, auch wenn uns der Beweis dafür fehlt. Dieser Hörder Adelige hat seine Leute auf uns gehetzt. Das zeigt, dass einige der Gegner des Bergvogt zu allem bereit sind. Es geht nicht mehr nur um den Zehnten, sondern darum, ob sich der Kurfürst mit seiner Verwaltungsreform im Herzogtum Kleve durchsetzt oder nicht. Er will die Macht des Landadels in den Regionen brechen, die er kontrolliert. Die Adeligen fürchten natürlich um ihren Einfluss. In diesem Streit wird ein verdammt großes Rad gedreht, Jürgen. Zu groß jedenfalls für einen Kaufmann aus dem beschaulichen Hattingen. Das solltest du wissen. Also sei vorsichtig.«

Jürgen legte seinem Bruder den Arm um die Schulter. »Natürlich. Solange von Romberg seine Zusagen einhält und den Zehnten zahlt, bleibt es bei unserer Zusammenarbeit. Auf jeden Fall aber werde ich den Bergvogt unterstützen und mich selbstverständlich nicht gegen den Kurfürsten stellen.«

»Das habe ich gehofft. Aber denke immer daran, dass diese Männer rücksichtslos sind, ob sie nun von der Recke, von Romberg oder von Schell heißen.«

Die Erinnerung an Ursula und ihren von Anfang an aussichtslosen Kampf gegen ihren Bruder überfiel Jürgen. »Das werde ich sicher niemals vergessen«, erwiderte er und ließ Walter in dem Glauben, dass sich sein Versprechen ausschließlich auf ihr geführtes Gespräch bezog.

# 14

*Hattingen, 4. Juli 1633*

Es rumorte in der Stadt. Jeder spürte die Unruhe. Gerüchte machten die Runde. Mal hieß es, kaiserliche Truppen drohten, das Land zu überfallen. Dann wieder sollten es die protestantischen Schweden sein, die angreifen würden. Die ständige Bedrohung durch den Krieg zerrte an den Nerven. Kleinigkeiten, über die vor Jahresfrist noch gelacht worden war, führten häufig zu erbittertem Streit. Fast in jedem Haushalt war Schmalhans Küchenmeister. Auf den Märkten gab es nur wenig zu kaufen und die Bäcker und Fleischhauer verlangten Fantasiepreise für ihre Waren, die nur manche zahlten.

Trotzdem – oder vielleicht gerade wegen dieser Situation – ließen die Einwohner kein kirchliches oder privates Fest aus, auf denen der Alkohol in Strömen floss. Es schien, als ob die Menschen ihren Kummer in Bierkrügen ertränkten.

Um dieser Maßlosigkeit Einhalt zu gebieten und den Geldbeutel ihrer Bürger zu schonen, modifizierte der Rat der Stadt die Hochzeitsordnung, die schon seit über einhundert Jahren bestand. Die Dauer der Feier reglementierten sie wie auch die Anzahl der Gäste. Der Umfang der dargebotenen Speisen wurde beschränkt sowie die Höchstmengen der Getränke vorgeschrieben.

Dieser Ratsbeschluss führte zu tagelangen Debatten und heftigen Protesten. Das Fass zum Überlaufen aber brachte die erneute Erhöhung des Wegegeldes. Auf das Bestreben des Pächters Georg Kielmann, Sohn des an der Pest verstorbenen Bürgermeisters, erhöhte der Rat die Abgabe.

Die wenigsten Bürger betraf diese Entscheidung, denn nur die ausgeführten Waren wurden besteuert. Alles, was der Versorgung der Bevölkerung diente und von den Höfen aus der Umgebung stammte, unterlag nicht dem Wegegeld. Die Händler anderer Städte, die die Abgabe zu entrichten hatten, waren den Hattingern herzlich egal. Trotzdem war der Unmut erheblich, nicht zuletzt deswegen, weil vielen der Reichtum der Kielmanns suspekt und ihr Einfluss im Rat zu groß war.

Als dann das Gerücht aufkam, es sei zu Unstimmigkeiten bei der städtischen Rechnungslegung gekommen, von denen wiederum die Kielmanns profitiert hätten, schlug der Unmut in offenen Aufruhr um. Dutzende Bürger versammelten sich vor dem Rathaus, verschafften sich lautstark Luft und verlangten, den Bürgermeister zu sprechen.

Jürgen von Linden blieb dieser Aufmarsch nicht verborgen, der Kaufmann hielt sich aber im Hintergrund. Er konnte den Zorn seiner Nachbarn nachvollziehen, verstand sich andererseits gut mit Georg Kielmann. Und schließlich richtete sich der Volkszorn in seinen Augen nur vordergründig gegen Kielmann. Am Pranger standen eigentlich die Reichen der Stadt, zu denen auch Jürgen gehörte. Da schien es klüger, Zurückhaltung zu üben.

Da sich Hermann Pfannkuch im Rathaus aufhielt, erschien dieser in Begleitung einiger Soldaten der Stadtwache vor der Fleischhalle, um der aufgebrachten Menge Rede und Antwort zu stehen. »Was wollt ihr?« Pfannkuch stemmte die Hände in seine Seiten und streckte angriffslustig sein Kinn vor.

Einer der Männer, der am lautesten geschrien hatte, schob sich nach vorn. Jürgen kannte den Mann flüchtig. Er hieß Veit und arbeitete als Knecht bei einem der Lohgerber zwischen Bruchtor und Lükerturm. Die Umstehenden traten bereitwillig zur Seite, denn Veit verströmte den charakteristischen Geruch seiner Zunft – er stank erbärmlich.

»Wir schieben Kohldampf und Ihr sitzt mit Euren fetten Ärschen im Rat und schröpft uns, wo Ihr nur könnt. Das muss ein Ende haben.«

Die Menge klatschte Beifall.

»Wir vermögen die Abgaben nicht mehr aufzubringen.«

»Was zahlst du schon für Abgaben?«, gab der Bürgermeister zurück. »Keinen Albus.«

So schnell gab sich Veit nicht geschlagen. »Ich stehe hier nicht nur für mich, sondern für alle, die nicht mehr genug zu beißen haben.«

»So schlimm kann dich der Hunger nicht plagen«, spottete Pfannkuch. »Du siehst recht wohlgenährt aus.«

Einige lachten.

»Das Einzige, was meine Wampe füllt, ist Wasser«, erwiderte Veit schlagkräftig, »während dein Bauch mit Fleisch und Wein gemästet wird.«

»Dummes Zeug«, brummte der Bürgermeister.

»Außerdem ist uns zu Ohren gekommen, dass Ihr uns bescheißt.«

»Wen und was meinst du genau?«

»Den Rat natürlich.«

»Und was soll der getan haben?«

»Die Wegegeldabrechnungen gefälscht. Es heißt, es sei mehr eingenommen worden, als in Euren Büchern steht.«

»Blödsinn. Warum sollte der Rat so etwas tun?«

»Um dem feinen Herrn Kielmann weitere Pfründe zuzuschanzen.« Veit sah sich Beifall heischend um.

»Genau«, brüllte jemand aus den hinteren Reihen. »Ihr schiebt Euch die Taler doch gegenseitig in den Arsch und wir müssen dafür bluten.«

»Betrüger«, schrie eine Frau. »Alle miteinander. Der ganze Rat muss weg.«

Veit nickte. »Wir fordern eine Neubesetzung.«

»Am besten mit dir«, frotzelte Pfannkuch. »Dumm nur, dass du vermutlich weder lesen noch schreiben kannst.«

»Was hat das damit zu tun?«, konterte Veit. »Ihr mögt ja das Schreiben beherrschen, zieht uns aber trotzdem das Fell über die Ohren. Vielleicht gerade deswegen.«

Wieder rief jemand dazwischen. »Der ganze Scheißrat ist eine Gaunerbande.«

»Hüte deine Zunge«, blaffte nun Pfannkuch los. »Sonst denkst du im Kerker über deine Beleidigungen nach.«

»Ihr droht uns?«, zischte Veit und rollte mit den Augen.

Der Bürgermeister trat vorsichtigerweise einen Schritt zurück, denn ihm war nicht verborgen geblieben, dass die Stimmung immer aufgeheizter wurde. Die Leute schoben nach vorn, rückten enger zusammen und wirkten wie eine aggressive Rinderherde. »Nun bleibt doch vernünftig. Ich bin gerne bereit, einer Abordnung Einblick in die Bücher zu geben.«

Veit lachte auf. »Was bringt das? Sie sind doch ohnehin gefälscht.« Er sah sich um. »Wir sollten Euch alle aus dem Amt jagen.«

»Ach ja?« Pfannkuch war anzusehen, dass er diesen Disput leid war. Er gab den Musketieren ein Zeichen. Die Soldaten brachten ihre Waffen in Stellung. »Das ist offene Rebellion«, erklärte der Bürgermeister. »Mein Amt gibt mir das Recht, gegen solche Ausschreitungen auch gewaltsam vorzugehen.«

Die Soldaten entzündeten die Lunten, spannten die Hähne ihrer Musketen und legten auf die Protestierenden an. Einige Bürger, die bisher in der ersten Reihe gestanden hatten, schauten direkt in die Waffenläufe und zogen es vor, sich nach hinten abzusetzen. Und die, die nun so unfreiwillig nach ganz vorn gerückt waren, hielt es auch nicht lange auf ihrem Posten.

Veit rief mit weniger sicherer Stimme. »Bleibt. Sie können uns nicht alle erschießen.«

»Dich jedoch schon«, meinte Pfannkuch selbstsicher, weil er wusste, gewonnen zu haben. »Und nun seid vernünftig und geht nach Hause. Es gab keine Fälschungen der Bücher und es wird auch zukünftig keine geben. Niemand ist verletzt worden und von einigen unbedachten Worten abgesehen, ist nichts passiert, wofür es sich zu sterben lohnt.«

Als sich Veit ein letztes Mal umdrehte, stand er fast allein vor den Soldaten. Er brummelte etwas Unverständliches und trollte sich ebenfalls.

Bürgermeister Pfannkuch atmete tief durch. Der Aufstand war zu Ende, bevor er überhaupt angefangen hatte. Aber das musste nicht so bleiben.

## 15

*Hattingen, 17. Juli 1633*

An diesem Sonntag ging Jürgen mit seiner Familie zum Gottesdienst. Für den späten Nachmittag hatte sich Caspar von Romberg angemeldet, mit dem Jürgen vor einigen Wochen einen Pütt gekauft hatte. Ihr Neuerwerb trug den Namen *Romberg'sche Grube*, da der Dortmunder Edelmann drei Viertel der Kuxe hielt, Jürgen lediglich den Rest. Der Pütt lag bei Dorstfeld in der Nähe des Familiensitzes derer von Romberg bei Brünninghausen. Der Gottesdienst fand im Weinhaus statt, da Sankt Georg seit der Vertreibung der Protestanten durch den Drosten von Dellwig immer noch fest in katholischer Hand war.

Gesche zuliebe hatte Jürgen vor einigen Monaten ebenfalls die Konfession gewechselt, obwohl es ihm im Grunde egal war, welche Riten er befolgte. Für ihn gab es nur einen Gott und er konnte sich nicht vorstellen, dass es den Allmächtigen im Geringsten interessierte, ob seine Schäflein die Messe auf Deutsch oder Lateinisch hörten. Wohlweislich behielt er solche Überlegungen für sich. Es waren Menschen schon aus nichtigerem Anlass als Ketzer angeklagt und dem Feuer übergeben worden – wenn auch nicht in seiner Heimatstadt.

Nach dem Kirchgang lud Jürgen Dirk noch auf ein Bier in den *Goldenen Schwan* ein. Sein Sohn war in den letzten Tagen recht bedrückt gewesen und Jürgen befürchtete, dass er ihm zu viel Verantwortung aufgeladen hatte. Der junge Mann sollte sich alleinverantwortlich um die Alte Missgunst kümmern. Und obwohl Mathias von Honnichen immer noch in den Diensten der Familie stand, wartete ein gehöriges Stück Arbeit auf Dirk. Wichtige Entscheidungen waren zu treffen: Sollte der Entwässerungsstollen weiter vorangetrieben werden? War das neue Kohleflöz, auf das sie durch Zufall gestoßen waren, ergiebig genug, um dort zu schürfen? Ein Nachmittag in geselliger Runde, so hoffte Jürgen, würde Dirk auf andere Gedanken bringen.

Aber sein Sohn blieb auch im Gasthof einsilbig. Der Kaufmann versuchte erst gar nicht, ihn zu drängen. Er kannte Dirk und wusste, dass er sich nur noch weiter in sein Schneckenhaus zurückzog. Also ignorierte er die miese Stimmung, die sein Sohn verbreitete, und unterhielt sich prächtig mit einigen Bekannten, während der junge Kaufmann mit verschlossenem Gesicht zuhörte. Irgendwann stand Dirk auf, verabschiedete sich, nahm in einer seltenen Gesten seinen Vater sogar in den Arm, und verschwand. Der Kaufmann ließ ihn gewähren. Es war vermutlich besser so.

Caspar von Romberg war pünktlich. Nur Dirk, der nach Jürgens Wunsch an der Besprechung teilnehmen sollte, war unauffindbar. Um seinen Gast nicht ungebührlich lange warten zu lassen, kehrte der Hattinger schließlich ohne seinen Sohn ins Kontor zurück.

Schnell kamen die Männer auf den Zweck ihrer Zusammenkunft zu sprechen.

»Habt Ihr eigentlich mit von Schell über unsere Abmachung geredet?«, wollte Jürgens Gast wissen.

»Nein. Ich kenne ihn nur von dem Treffen in *Haus Goldschmieding*. Ich denke nicht, dass er von sich aus meine Bekanntschaft sucht.«

Der Adelige lachte. »Da habt Ihr recht. Wer weiß sonst von unserer Übereinkunft?«

»Mein Bruder. Und meine Familie natürlich.«

»Euer Bruder ist zuverlässig?«

»Er wird nichts tun, was einem von Linden schadet. Warum fragt Ihr?«

»Wegen von Schell. Wir treffen uns in der nächsten Woche. Da ist es gut zu wissen, welchen Kenntnisstand sein Gegenüber besitzt. Ich weiß nämlich nicht, was er genau will. Ich nehme an, er möchte mich davon überzeugen, mit ihm zu kooperieren. Denn im Gegensatz zu seinen und meinen Erwartungen scheint der Bergvogt sich Zeit zu lassen mit der Entscheidung, wen er nun mit den Pütts belehnt, an denen wir beide interessiert sind. Vermutlich hat das Schreiben an von Diest, in dem ich mich zur Zahlung des Zehnten bereit erkläre, einen Sinneswandel bei ihm hervorgerufen. Hat Euer Bruder etwas darüber berichtet?«

Jürgen schüttelte den Kopf. »Über die Äcker, die Ihr im Auge habt, hat er nichts gesagt. Ihr solltet allerdings genau überlegen, was Ihr von Schell erzählt. Es könnte sein, dass der Inhalt Eures Gesprächs, wie vom Wind getragen, auf dem Schreibtisch von Diests in Kleve landet.«

»Von Schell ist ein Zuträger des Bergvogts? Das glaube ich nicht.«

»Denkt, was Ihr wollt, nur seid vorsichtig.«

»Woher habt Ihr dieses Wissen? Von Eurem Bruder, vermute ich.«

»Das habt Ihr gesagt.«

»Ich verstehe Euch.« Von Romberg griff in seine Tasche und zog ein Bündel Papier hervor. »Hier, die Abrechnung unserer Grube der letzten acht Wochen. Die Kohle ist von erstklassiger Qualität und gut zu verkaufen. Außerdem gibt es nur wenig Wassereinfall und das Flöz verläuft fast gerade. Das Hangende steht stabil und wir benötigen kaum Ausbau. Unsere Förderung belief sich auf …«, er blätterte in den Unterlagen ,»… sechzig Ringel am Tag.«

Jürgen atmete tief durch. Das war deutlich mehr, als die Alte Missgunst förderte. »Und alles wurde verkauft?«

»Ja.«

»Zu welchem Preis?«

»Nie unter drei Albus für den Ringel.« Von Romberg schob Jürgen die Papiere zu. »Seht Euch die Unterlagen an.

Der neue Pütt verspricht Wohlstand für uns beide, Herr von Linden.«

»Was ist mit dem Zehnten?«

»Ordentlich angemeldet und abgeführt.« Der Adelige verzog das Gesicht. »Wie es sich gehört.«

Ihr Gespräch drehte sich dann um die Maßnahmen des Bergvogts. Von Diest habe den ersten Bergbaubetreibern schriftlich mit Enteignung oder gar Haft gedroht, wusste von Romberg zu berichten. Trotzdem standen die meisten noch zu der Vereinbarung, die in Castrop getroffen worden war. Das würde sich ändern, vermutete der Edelmann, sobald durchgesickert wäre, dass er aus dieser Phalanx ausgebrochen war.

»Konntet Ihr in Erfahrung bringen, was genau von Schell und von der Recke ausgeheckt haben, um sich meinen Pütt anzueignen?«, stellte Jürgen schließlich die Frage, die ihm unter den Nägeln brannte.

»Nein. Aber wenn ich etwas höre, seid Ihr der Erste, der es erfährt.«

»Danke.«

Kurz darauf verabschiedete sich von Romberg. Es dämmere bereits und er wolle nicht in Hattingen, sondern in Bochum übernachten, erklärte er Jürgen. Da müsse er sich sputen, damit er nicht vor verschlossenen Stadttoren stünde.

Der Kaufmann begleitete seinen Gast zur Tür und suchte dann nach Dirk, um ihm zu erzählen, was er eben erfahren hatte.

Die Stute, die er seinem Sohn vor Jahresfrist geschenkt hatte, stand nicht im Stall. Verwundert kehrte Jürgen ins Haus zurück. Auf dem Weg läutete die Glocke Sankt Georgs zur Abendvesper, ein Zeichen, dass bald auch Hattingens Tore verriegelt wurden. Also konnte es nicht mehr lange dauern, bis sein Sohn eintraf.

Eine halbe Stunde später suchte der Kaufmann seine Frau. Er fand sie mit verweintem Gesicht in ihrer gemeinsamen Kammer. »Was ist los?«, fragte er und eine dunkle Ahnung kroch in ihm hoch. »Ist irgendetwas mit Dirk?«

Gesche nickte. Jürgen setzte sich neben sie auf das Bett und legte den Arm um ihre Schultern. »Sprich.«

»Er ist weg«, schluchzte sie nach einer Weile, als ob sie sich erst hatte wappnen müssen.

»Wie soll ich das verstehen?«

»Dirk ist auf dem Weg nach Genua.« Sie drängte sich eng an ihren Mann. Ein Weinkrampf schüttelte sie. »Es ist wegen Alke. Er will sie heiraten«, stieß sie hervor.

Entgeistert schob Jürgen Gesche so weit von sich, dass er in ihr Gesicht sehen konnte. »Aber warum ist er ohne ein Wort gegangen? Ich habe ihm doch erlaubt, sie zu besuchen?«

»Ja, aber erst, nachdem der Krieg vorbei ist. Als Walter bei seinem letzten Besuch davon sprach, dass der Krieg noch Jahre dauern könne, hat unser Sohn befürchtet, Alke würde nicht so lange auf ihn warten. Direkt nach eurem Besuch in der Gaststube ist er fort. Er muss diesen Entschluss tagelang in seinem Kopf gewälzt haben. Oder ist dir nicht aufgefallen, wie bedrückt er in letzter Zeit war?«

»Doch, aber ich habe das auf die Aufgaben zurückgeführt, die ich ihm übertragen habe.«

»Er hat mir seinen Entschluss erst heute mitgeteilt. Er bittet dafür um Verzeihung, dich nicht um Erlaubnis gebeten zu haben. Aber er wusste, dass du ihm diese Reise aktuell nicht gestattet hättest. Und er wollte unter keinen Umständen gegen ein ausdrückliches Verbot handeln. Deswegen hat er dich nicht gefragt.«

»Hat er denn dein Einverständnis eingeholt?«

Gesche weinte, antwortete aber nicht sofort. Jürgen wusste, was ihm seine Frau nun gestehen würde.

»Wie er da voller Verzweiflung vor mir stand – ich habe es nicht über mich gebracht, ihm die Reise zu untersagen.«

»Hat er wenigstens ausreichend Geldmittel?«

»Ja. Ich habe ihm genug aus der Truhe gegeben. Bitte schelte mich nicht dafür.«

Jürgen schüttelte den Kopf und stand auf. Kurz überlegte er, Dirk zu suchen. Aber selbst wenn er die Stadtsoldaten überreden konnte, für ihn ein Tor zu öffnen, wohin sollte er sich wenden? Es führten viele Wege nach Süden und sein Sohn war sicher schon einige Meilen weit geritten. Der Kaufmann würde ihn nie finden.

»Bitte sei nicht böse auf ihn.« Gesche war an Jürgens Seite getreten und hatte seine Hand ergriffen. »Er folgt nur seinem Herzen.«

»Ich bin nicht böse«, knurrte Jürgen und sein Blick verlor sich. »Sondern besorgt.« Er wandte sich wieder seiner Frau zu. »Hoffen wir, dass Dirk diese Entscheidung niemals bereuen wird.«

## 16

*Hattingen, 5. September 1633*

Im Frühling waren Bochumer Händler nach Mailand gekommen, mit denen Ursula zufällig zusammengetroffen war. Sie berichteten, dass Wennemar von der Recke im letzten Winter am Fieber verstorben sei. Allerdings, so schränkten die Männer ein, wüssten sie das nicht aus erster Hand, sondern hätten es von anderen Kaufleuten erfahren, die mit ihnen die Alpen überquert hatten.

Diese Nachricht hatte Ursula aufgewühlt. Wochenlang dachte sie nach, bis sie sich endlich zur Rückkehr entschloss. Was hielt sie schon in Mailand? Selbst Luigi nicht, dessen Werben sie fast nachgegeben hätte. Sie sehnte sich nach ihrem Sohn Bertram und vielleicht konnte sie sogar ihr Erbe antreten.

Im Frühsommer war der Weg über den Gotthard relativ leicht in drei Monaten zu bewältigen gewesen. Im Spätsommer traf sie wieder in ihrer alten Heimat ein.

Ihr erster Weg führte sie nicht nach Kemnade, sondern nach Stiepel. Dort erfuhr sie, dass sie einer Falschmeldung aufgesessen war. Wennemar hatte zu ihrem Bedauern nicht das

Zeitliche gesegnet, sondern erfreute sich bester Gesundheit. Diese Nachricht bewahrte sie davor, erneut mit Schimpf und Schande aus ihrem Elternhaus vertrieben zu werden.

Nach Hattingen führten zwei Wege. Der kürzere ging an Haus Kemnade vorbei. Ohne anzuhalten, passierte sie die Wasserburg und verspürte lediglich einen Stich in ihrem Herzen, als sie mit ihrem Pferd über die Ruhrbrücke ritt. Wirkliche Trauer fühlte sie nicht, vielleicht ein wenig Wehmut. Sie schien mit diesem Kapitel ihres Lebens abgeschlossen zu haben.

Ursula warf nur einen schnellen Blick auf ihren Geburtsort – viel hatte sich nicht verändert. Die meisten Gebäude lagen nach wie vor in Schutt und Asche. Wennemar war es augenscheinlich immer noch nicht gelungen, genug Geld für den Wiederaufbau zu beschaffen. Sie trieb das Pferd an und ritt die steile Straße nach Blankenstein hinauf. Von dort war es nicht mehr weit nach Hattingen, wo Bertram auf sie wartete.

Sie kannte die Magd nicht, die ihr öffnete. Ursula verlangte, Gesche zu sprechen, und wenig später stand die Hausherrin vor ihr.

Es dauerte einen Moment, bis sie die Besucherin erkannte. Dann erbleichte die Kaufmannsfrau. »Wir dachten, Ihr wäret tot.«

»Das war ich auch viele Jahre lang«, antwortete die Sängerin. »Aber nun geht es mir besser und ich wollte Bertram holen.«

Gesche schluckte. Ihre Augen füllten sich mit Tränen, was Ursula nicht entging. »Kommt erst einmal ins Haus.« Sie führte ihren Gast in die Stube. »Bertram ist nicht da. Er ist mit seinem Vater … mit Jürgen zum Pütt geritten. Es wird aber sicher nicht lange bis zu ihrer Rückkehr dauern.«

Die Frauen schwiegen sich an. Erst als die Magd etwas zu trinken brachte, erzählte Ursula zögernd von ihrem vergangenen Leben.

Nur manchmal unterbrach Gesche sie mit einer knappen Frage. Beide Frauen spürten die Spannung, die auf diesem Besuch lag.

Endlich kehrten Jürgen und Bertram zurück. Der Knabe stürmte vor dem Mann, den er Vater nannte, in die Stube, die ihm unbekannte Frau neben Gesche ignorierend. »Mama«, rief er. »Vater hat mich die Haspel bedienen lassen. Ich habe insgesamt fünf Fässer gefördert«, berichtete er stolz.

Ursula sprang auf. »Mein Junge«, stieß sie hervor. »Wie habe ich dich vermisst. Weißt du, wer ich bin?«

Bertram zeigte keine Reaktion, sondern starrte lediglich erstaunt auf die fremde Frau.

Ursula hingegen musterte ihren Sohn mit unverhohlener Zuneigung. In dem Knaben, der vor ihr stand, erkannte sie die Züge ihres toten Mannes. Bertram hatte Clemens' Nase geerbt, das Kinn schob er ähnlich keck nach vorne und aus den Augen blitzte der gleiche Schalk. Sie wollte den Jungen in den Arm nehmen. »Komm zu mir«, bat sie. Aber Bertram flüchtete hinter den Rücken Gesches.

»Ursula?« Jürgen von Linden hatte den Raum betreten und blieb verblüfft in der Tür stehen. »Wir dachten ...« Ohne es zu bemerken, war er ins vertraute Du gewechselt.

»Ich weiß«, unterbrach ihn die Sängerin.

»Sie will uns den Jungen wegnehmen«, platzte es aus Gesche heraus. »Jürgen, das können wir nicht ...«

»Nicht vor dem Knaben.« Der Kaufmann gab der Magd, die schweigend neben dem Kamin stand, ein Zeichen. »Geh mit Bertram in die Küche.«

»Aber ich will hierbleiben«, maulte der Junge.

»Jürgen hat recht«, stimmte Ursula zu und wandte sich an Bertram. »Du solltest besser gehorchen.«

»Du hast mir gar nichts zu sagen«, fuhr er sie an. »Wer bist du überhaupt?«

»Bertram!«, rief Gesche den Knaben zur Ordnung. »Ursula Nagel ist Gast in unserem Haus und wird auch von dir so behandelt.«

Gehorsam senkte Bertram den Kopf und presste eine Entschuldigung hervor. Dann trottete er der Magd hinterher.

»Wie ist es dir ergangen?«, erkundigte sich Jürgen.

Ursula antwortete nicht auf die Frage, sondern schluchzte: »Jahrelang habe ich von diesem Moment geträumt, mir erhofft, dass mein Kind mir glücklich um den Hals fallen würde, und nun das. Gewiss, ich habe damit gerechnet, dass er mich nicht auf den ersten Blick erkennen würde, aber ich war mir sicher, er würde sich an meine Stimme erinnern.« Tränen der Enttäuschung liefen über ihr Gesicht.

Gesche nahm Ursula nun doch in den Arm und versuchte, sie zu trösten.

Diese befreite sich mit einem Ruck. »Erzählt mir von meinem Kind«, forderte sie.

Zwei Stunden später war alles gesagt und Gesche endete mit den Worten: »Er ist jetzt unser Sohn, Ursula. Ich liebe ihn wie meinen eigenen. Bitte nimm ihn mir nicht weg.«

»Wo ist eigentlich Dirk?«, fragte die Sängerin statt einer Antwort.

»In Genua«, erwiderte Jürgen. »Er will Alke heiraten.«

»In Genua?«, echote Ursula verblüfft.

»Ja. Wilhelm und Trine betreiben dort seit Jahren eine Taverne.«

»Weißt du, wie sie heißt?«

»Irgendwas mit ›Vatikan‹. Warum interessiert dich das?«

Was war sie doch für eine Idiotin, schalt sich Ursula. Warum hatte sie die Taverne nicht betreten und sich genauer erkundigt? »Ach, das ist reine Neugier. Kann ich mit Bertram alleine sprechen?«

»Natürlich.«

Gesche rief die Magd und fragte, wo der Junge sei. Im Garten, erhielt sie zur Antwort. »Du findest den Weg, oder?«

Ursula nickte. Dann verließ sie die Stube.

Als sie allein waren, fragte Gesche ängstlich: »Was machen wir, wenn sie Bertram wirklich mitnehmen möchte?«

»Das wird nicht passieren«, versuchte Jürgen, seine Frau zu

beruhigen. »Der Junge ist vor Gericht als unser Sohn anerkannt worden. Sie kann ihn uns nicht einfach wegnehmen. Eher lasse ich sie durch die Stadtwache aus Hattingen werfen.«

Gesche blickte ihren Mann entgeistert an. »Das kannst du nicht tun. Sie ist schließlich seine Mutter.«

»Ich habe dich eben so verstanden, dass du willst, dass Bertram bei uns bleibt. Oder irre ich mich?«

»Selbstverständlich will ich das. Aber nur, wenn unser Kind das auch möchte. Ursula ist seine Mutter, auch wenn ich ebenfalls so empfinde. Und ich werde niemals einer leiblichen Mutter ihr Kind verweigern, wenn Bertram sich für sie entscheiden sollte. Das ist mein letztes Wort, dass du besser akzeptieren solltest.«

Jürgen nickte nur.

Es dauerte fast eine Stunde, bis Ursula zurückkehrte. »Ich habe einen Entschluss gefasst«, eröffnete sie den beiden. »Bertram hat keinerlei Erinnerung an mich. Aber er liebt euch. Deshalb verzichte ich. Er wird bei euch sicher glücklich werden.« Ihre Stimme klang belegt. Sie griff in ihre Tasche und zog einen prall gefüllten Lederbeutel hervor. »Das ist für mein Kind. Gebt es ihm, wenn er den Wert des Geldes schätzen gelernt hat.« Sie legte den Beutel auf den Tisch. »Ich kehre zu meinen Freunden nach Mailand zurück und werde sicher Wilhelm und Trine in Genua besuchen. Soll ich ihnen oder Dirk etwas ausrichten?«

»Sag meiner Schwester und ihrer Familie«, erwiderte Jürgen, »dass sie immer bei uns willkommen sind. Und Dirk, dass wir keinen Groll gegen ihn hegen.« Der Hausherr zeigte auf den Beutel. »Ich schwöre bei Gott, dass dein Kind das Geld erhält, wenn es groß genug ist.«

»Du brauchst nicht schwören, Jürgen von Linden. Dein Wort reicht.« Sie ging zur Tür und drehte sich noch einmal um. »Gott schütze euch.«

»Willst du nicht noch etwas bleiben?«, fragte Gesche.

»Nein. Bertram ahnt nicht, dass ich seine Mutter bin. Und das ist auch gut so. Bliebe ich länger, würden mich meine

Gefühle überwältigen und ich würde versuchen, ihn doch noch auf meine Seite zu ziehen. Das darf nicht sein. Er ist jetzt euer Sohn.« Sie versuchte ein Lächeln. »Außerdem wartet in Mailand Luigi auf mich. Er wird sich bestimmt freuen, dass ich zurückkehre. Lebt wohl.«

## 17

*Hattingen, 14. September 1633*

Die Soldaten kamen an einem Vormittag. Ein Oberst, begleitet von einem Offizier und einigen Reitern, passierte unter den besorgten Blicken der Hattinger Bürger das Weiltor und suchte das Rathaus auf. Dort ließ der Oberst anhalten, stieg vom Pferd und stiefelte mit drei Begleitern die Treppe hoch zum Sitz der Bürgermeister. Die Landsknechte drängten den herbeigeeilten Stadtbüttel zur Seite, betraten den Ratssaal und die beiden Offiziere marschierten an das Kopfende der Tafel und setzten sich.

»Schaff den Bürgermeister hierher«, ordnete einer der Offiziere an. »Schnell!«

Der Büttel gehorchte.

Als Hermann Pfannkuch mit hängender Zunge eintraf, stellte sich der Obrist als Wilhelm Wendt zum Crassenstein vor, unterwegs im Auftrag der schwedischen Armee.

»Ich werde nicht lange in Hattingen bleiben«, versicherte er dem Bürgermeister. »Höchstens zwei Tage. Bis dahin sorgt dafür, dass meine Soldaten ein Dach über dem Kopf und ausreichend Essen bekommen, ich und mein Offizier standesgemäß untergebracht sind und die Pferde versorgt werden. Wir haben am Stadttor ein Gasthaus passiert. Könnt Ihr das empfehlen?«

Pfannkuch nickte eingeschüchtert. »Ihr meint den *Trabacher Hof?*«

»Es ist völlig egal, wie das Wirtshaus heißt. Ist es sauber?«

»Ja.«

»Keine Wanzen oder Flöhe?«

»Nein.«

»Gut. Dann folgt mir und erklärt dem Wirt, dass die Stadt alle Kosten übernimmt, die während meiner Anwesenheit entstehen.« Der Offizier machte Anstalten, sich zu erheben.

»Aber Herr, die städtischen Geldtruhen sind leer.«

»Ist das mein Problem?«, fuhr Oberst Wendt ihn an. »Dann habt Ihr schlecht gewirtschaftet. Wenn Euch Geld fehlt, erhebt Steuern.«

»Die Bürger können nicht noch mehr Abgaben zahlen. Ich bitte Euch …«

Jetzt sprang der Obrist auf und seine Soldaten nahmen eine bedrohliche Haltung ein. »Ihr wagt es, mir zu widersprechen?« Seine Stimme klang gefährlich leise. »Hütet Eure Zunge. Sonst müsst Ihr schon heute Abend auf sie verzichten.«

Pfannkuch erbleichte.

»Wenn die Stadt kein Geld hat, zahlt eben der Wirt meinen Aufenthalt. Das ist mir gleich«, setzte Oberst Wendt etwas versöhnlicher hinzu. »Und jetzt los. Ich bin die ganze Nacht geritten und mein Arsch schmerzt. Außerdem habe ich Hunger und Durst.«

Der Bürgermeister schluckte. Seine schlimmsten Befürchtungen waren eingetreten. Jetzt ging es nicht mehr um die vergleichsweise unwichtigen Streitereien der Fürsten von Brandenburg und Neuburg-Pfalz um das Erbe des Herzogs von Kleve, sondern der große Krieg zwischen den europäischen Mächten war in Hattingen angekommen.

Der Widerstand des Wirtes des *Trabacher Hofs* gegen die Einquartierung erlahmte schlagartig, als ihm einer der schwedischen Landsknechte auf Befehl seines Vorgesetzten einen Dolch an den Hals hielt. Unterwürfig und immer wieder buckelnd trieb er die Mägde in Küche und Gaststube zu Höchstleistungen an, um die Ansprüche Wilhelm Wendts zu erfüllen. Immer besserer Wein wurde aus den Tiefen des Kellers herangeschafft, neues Fleisch gebraten, Hühner geköpft. Das Gelage der zwölf Soldaten dauerte bis in die Abendstunden. Erst dann waren die Herren Offiziere und Landsknechte zufrieden.

Der Oberst und sein Begleiter zogen sich in ihre Kammern im ersten Stock des Gebäudes zurück, während die gemeinen Soldaten es sich einfachheitshalber auf den Bänken und Tischen des Gasthauses mit dem Stroh und den Decken bequem machten, die die Mägde auf ihr Verlangen hin heranschafften. Als die Sonne unterging, glich die Gaststube des *Trabacher Hofs* einem Heerlager.

Entgegen der ursprünglichen Zusicherung Wilhelm Wendts zum Crassenstein blieben die Schweden länger in der Stadt. Sie soffen, fraßen und schließlich verlangten die Besatzer zu ihrer Unterhaltung nun auch Musikanten und riefen nach hübschen Mädchen, um sich die Zeit zu vertreiben.

Der Goldschmied hatte, kaum dass ihn die Nachricht vom Eintreffen der Schweden erreichte, in weiser Vorausschau einen Großteil seiner Schmuckstücke im Garten vergraben. Als die betrunkenen Landsknechte seinen Laden plünderten, fanden sie nur billigen Tand aus Katzengold, den der Handwerker genau für solche Zwecke angefertigt hatte. Betrunken wie sie waren, bemerkten sie den Unterschied nicht und zogen befriedigt mit ihrer Beute weiter.

Nicht so glücklich kamen die Tuchmacher davon. Die grölenden Soldaten stahlen nicht nur bereits fertig genähte Kleider, sondern auch Stoffe und Halbwaren, kurz alles, was sich irgendwie zu Geld machen ließ. Ähnlich erging es den Feinschmieden. Ihre Scheren und Messer wanderten in die Taschen der schwedischen Landsknechte, von denen allerdings keiner aus dem fremden Land stammte, sondern alle aus der Gegend von Lemgo, wo die Burg Wilhelm Wendts zum Crassenstein lag.

Bald genügten den Soldaten die Hübschlerinnen nicht mehr und sie begannen, den Ehefrauen und Töchtern der Hattinger nachzustellen. Aber damit nicht genug: Der Offizier, der den Oberst begleitete, entpuppte sich als Werber für die schwedische Armee. Und als er mit seinen Untergebenen auf dem Marktplatz begann, junge Männer zum Dienst zu überreden, regte sich weiterer Widerstand. Denn nicht wenigen erschien das Soldatenleben attraktiver als die mühselige Arbeit als Bauer oder Knecht. Die Eltern hatten Angst um ihre Söhne, zum anderen fürchteten die Hattinger, die in dem Religionskrieg bisher strikt auf Neutralität gesetzt hatten, die Rache der katholischen Truppen, falls bekannt wurde, dass die Protestanten ihre Reihen mit den Söhnen der Stadt auffüllten.

Eine Delegation der Bürger wandte sich daher mit einer Petition an den Rat, sich beim mit den Schweden verbündeten hessischen Landgrafen dafür einzusetzen, dass Oberst Wendt mit seinen Leuten schnellstmöglich die Stadt verließe. Der Rat aber sah sich außerstande, einen solchen Bittbrief zu schreiben, befürchtete er wohl nicht zu Unrecht, dass sich weder der Landgraf noch der Oberst einen Dreck um die Befürchtungen der Hattinger scherten.

Und so wuchs der Unmut der Einwohner, machte sich anfangs nur in lautem Schimpfen Luft, wurde immer größer, bis sich die Bürger aus lauter Verzweiflung zur Selbsthilfe entschlossen.

Wie in jeder Nacht schliefen die Soldaten in der Gaststube des *Trabacher Hofs* ihren Rausch aus. Einige beherzte Männer, unter ihnen auch Jürgen von Linden, schlichen mit Billigung des Wirts in den frühen Morgenstunden in den Schankraum, nahmen den Betrunkenen ihre Waffen, verteilten sie an diejenigen Angreifer, die damit umgehen konnten, und stürzten sich dann auf die Schlafenden, die sich wenig später gefesselt und geknebelt an eine Wand gelehnt wiederfanden. Jürgen und die anderen Männer warteten dann darauf, dass die beiden Offiziere ihre Kammern verließen, um zu frühstücken.

Der Erste, der in der Gaststube erschien, war Wilhelm Wendt zum Crassenstein. Er realisierte schnell, dass Widerstand angesichts des halben Dutzends auf ihn gerichteter und geladener Musketen sinnlos war und ergab sich deshalb seinem Schicksal. Auch der andere Offizier, der wenig später auf der Treppe erschien, war klug genug, nicht den Helden zu spielen.

Initiator der nächtlichen Attacke war ein Tuchmacher, dem die Soldateska den Laden leer geräumt hatte. Er erhob sich zum Sprachrohr der Hattinger: »Wir werden Euch kein Haar krümmen, wenn Ihr Euch an unsere Befehle haltet. Ihr werdet die Stadt verlassen und nicht zurückkehren. Nehmt Eure Pferde und Ausrüstungsgegenstände mit. Wir geben Euch Verpflegung für einige Tage, Eure Waffen stellen wir allerdings sicher. Solltet Ihr es trotzdem wagen, uns anzugreifen, werdet Ihr erleben, dass wir mit Musketen umgehen können. Ihr händigt uns alles aus, was Ihr gestohlen habt. Dafür verschonen wir Euer Leben.«

Oberst Wendt knirschte mit den Zähnen. Sein Gesicht lief rot an und er wahrte nur mühsam die Beherrschung, als er antwortete: »Ich beuge mich Eurer nackten Gewalt. Aber seid sicher, dass ich wiederkommen werde. Gott ist mein Zeuge. Er wird Euch für dieses schmachvolle Attentat bestrafen.«

## 18

*Genua, 16. September 1633*

Dirk hatte die weite Reise ohne Probleme bewältigt und war am Vormittag in Genua eingetroffen. Er hatte in Hattingen den Namen von Trines und Wilhelms Taverne auf einem Zettel notiert und zeigte diesen nun Passanten am Hafen. Einige fassten sich an den Kopf, als sie lasen, was Dirk da aufgeschrieben hatte, andere lachten ihn dreist aus und Dritte zeigten aufs Meer ins Nirgendwo.

Was sollte das? Hatte er den Namen vielleicht falsch abgeschrieben? Schließlich kam ihm der Gedanke, dass *Il Vaticano* etwas mit dem Sitz des Papstes in Rom zu tun haben könnte. Das würde die seltsamen Reaktionen der Genuesen auf seine wortlos vorgetragene Frage erklären. Also mimte er beim nächsten Passanten das Löffeln von Suppe, während er ihm gleichzeitig den Zettel vor die Nase hielt. Und er hatte Glück: Nach kurzem Nachdenken wies der Mann nach Westen. Nach einer weiteren Bitte um Auskunft war Dirk endlich am Ziel seiner Reise angekommen.

Aus den offenen Fenstern der Taverne erklang Stimmengewirr und lautes Lachen. Der Hattinger sah ins Innere. Fast alle Tische waren besetzt. Mägde flitzten umher. Aber seine Verwandten waren nicht zu sehen. Die Gäste tauchten ihre Löffel in dampfende Schüsseln, spießten Fleisch von Holzplatten auf Gabeln, brachen Brot und aßen. Es schien ihnen zu schmecken, denn missmutige Gesichter konnte er nirgends entdecken.

Dirk ging zum Eingang, holte tief Luft und betrat die Taverne. Eine der Mägde kam auf ihn zu, überschüttete ihn mit einem Redeschwall und machte ein bedauerndes Gesicht. Dirk verstand. Es war kein Platz mehr frei. Aber er wollte auch nicht essen. Deshalb fragte er: »Alke?«

Es dauerte einen Moment, bis ihn die Magd verstand. Zu seiner Erleichterung nickte sie und führte ihn durch die Taverne in den hinteren Bereich, wo der große Kamin stand. Daneben befand sich eine Tür, auf die die Magd zeigte und ihm zu verstehen gab, dass er Alke dahinter finden würde.

Dirk schob die Tür auf und wäre fast mit einer anderen Magd zusammengestoßen, die mehrere Schüsseln geschickt auf ihrem rechten Arm balancierte. Sie quittierte die Begegnung mit Worten, die sich für Dirk wie ein Fluch anhörten, und schob sich an ihm vorbei in die Gaststube. Erst dann betrat Dirk die Küche.

Es war heiß in dem Raum und die Luft voller Kochschwaden. Der Duft fremder Gewürze stieg in seine Nase. In der Mitte der Küche stand ein großer Tisch, auf dem augenscheinlich die Speisen vorbereitet wurden. In einem weiteren Kamin an der Stirnseite glühte Holzkohle. Über der Glut lag ein schwerer Eisenrost, auf dem ganze Fische brieten. Daneben blubberte es in Töpfen und Pfannen.

Eine Frau mit einem blauen Kopftuch rührte in der Suppe, eine andere hackte Gewürze. Beide drehten ihm den Rücken zu. Eine dritte spülte die benutzten Schüsseln und Teller in einem Wasserbottich und sah erstaunt hoch, als sie den Fremden in der Küche bemerkte. Sie sagte etwas in der fremden Sprache. Die Frau am Tisch antwortete, ohne aufzusehen. Dirk erkannte die Stimme sofort: Es war die seiner Tante Trine.

»Guten Tag«, sagte er auf Deutsch.

Die anderen beiden Frauen fuhren herum und stierten ihn an, als ob er ein Geist wäre. Einen Moment schienen sie wie erstarrt. Aber dann ließ Alke, die Frau mit dem blauen Kopftuch, ihren Löffel achtlos auf den Boden fallen, schoss wie der Blitz um den Tisch herum, rief seinen Namen und fiel ihm um den Hals.

Dirk spürte ihren Atem, roch ihr Haar und umarmte sie. Allein dieser Moment kurzer Glückseligkeit entschädigte ihn für die Anstrengungen, die er auf sich genommen hatte. Alle seine trüben Gedanken waren wie weggeblasen. Nun gab es keinen Zweifel mehr. Alke hatte auf ihn gewartet.

»Dirk!«

Trine putzte sich die Hände an ihrer Schürze ab und begrüßte ihren Neffen mit einem saftigen Kuss auf die Wange. »Du bist allein gekommen?«

»Ja.«

Sie nickte verstehend. »Schön, dass du bei uns bist. Wilhelm wird sich sicher ebenfalls freuen.«

Alke schob sich wieder enger an Dirk heran. »Du musst mir alles von zu Hause erzählen, hörst du?«

»Aber nicht jetzt«, ordnete Trine resolut an. »Es ist Mittagszeit. Die Gäste warten auf ihr Essen. Das geht vor. In einer Stunde wird es ruhiger. Dann haben wir Zeit für dich. Du wirst ja sicher nicht schon morgen früh wieder aufbrechen wollen. Habe ich recht?«

»Wenn ich bleiben kann?«

»Solange du willst«, erwiderte Trine und schaute zu ihrer Tochter, die wie eine Klette an Dirks Arm hing. »Ich denke, Alke sieht das ebenso.«

Aus der einen Stunde wurde fast ein ganzer Tag. Denn gerade am Abend wurde die Taverne rappelvoll. Erst spät in der Nacht fand die Familie Zeit, sich in der nun geschlossenen Gaststube an einem Tisch zu versammeln.

Wilhelm war mittlerweile von seinen Krankenbesuchen zurückgekehrt. Auch sein Geschäft als Bader laufe zufriedenstellend, erzählte er, wenngleich es die Taverne sei, die ihr Auskommen sichere. Das liege in erster Linie daran, dass er sich immer noch mit dem Italienischen schwertue. Er verstünde mehr, als er sprechen könne. Und Kranke, die ein fauler Zahn quäle, erwarteten vom Bader nicht nur, dass er mit der Zange hantieren könne, sondern auch Zuspruch, um ihnen die Ängste vor der Behandlung zu nehmen. Daran hapere es bei ihm.

Trine und ihre Familie hingen an Dirks Lippen, als er von Hattingen erzählte, den ständig wechselnden Besatzungen, der Pest und den Kriegswirren. Und natürlich von seinen Eltern, Ursula und Bertram.

Es war früher Morgen, als Trine die gesellige Runde aufhob. Es läge ein harter Tag vor ihnen. Aber Alke könne, sobald alle Vorbereitungen erledigt seien, jeden Nachmittag einige Stunden mit ihm verbringen.

Alke zeigte Dirk in den nächsten Tagen die Hafenstadt, führte ihn auf die schönsten Plätze und präsentierte mit Stolz die Prachtstraßen. Dann und wann ergriff er ihre Hand, aber selbst wenn sie sich auf einer Mauer ausruhten und sie näher an ihn heranrückte, ignorierte er ihre Avancen.

Sie versuchte alles, was gerade noch als schicklich galt: Sie führte Dirk zu den Prunkbauten, deren Simse in Marmor gehauene Liebende schmückten, quetschte ihn immer wieder über die Heirat gemeinsamer Hattinger Bekannter aus, machte ihm schöne Augen und himmelte ihn dermaßen an, dass sie sich selbst albern vorkam.

Aber ihre Anstrengungen blieben ohne Erfolg. Dirk war nett zu ihr, sehr nett sogar, äußerst zuvorkommend und überaus anständig. Was hätte sie dafür gegeben, wenn er nur für einige Minuten seine Anständigkeit vergessen würde. Aber er tat ihr nicht den Gefallen.

Alke wusste genau, was sie wollte: Dirk. Und sie hatte klare Vorstellungen davon, wie ihre Hochzeit ablaufen sollte. Nur was nützten ihre Pläne, wenn der Mann ihrer Träume nicht auf sie einging? Nächtelang lag sie wach. Warum, zum Teufel, hatte Dirk überhaupt die weite Reise unternommen, wenn er noch nicht einmal versuchte, sie zu verführen? Natürlich hätte sie ihn empört abgewiesen, wenn er seine Hände nicht bei sich behalten hätte. Aber was würde sie darum geben, dass er es endlich probierte!

Mittlerweile ging der Spätsommer zu Neige. Schon drohte der Herbst. Dirk würde bald aufbrechen müssen, wollte er vor dem Winter die Alpen passieren. Dann wäre ihre Chance vertan und sie müsste weiter warten oder sich mit seinem Verlust abfinden. Nein! Das käme unter keinen Umständen infrage. Bei ihrem nächsten Spaziergang würde sie den ersten Schritt wagen, Schicklichkeit hin oder her.

Ihre Gelegenheit kam am übernächsten Tag. Sie schlenderte mit Dirk außerhalb der ersten Stadtmauer am Meer entlang, als ihr ein großer Stein auffiel, der vor ihnen auf dem Weg lag.

Geschickt schob sie Dirk ein wenig zur Seite, sodass zwangsläufig sie auf diesen Stein treffen musste. Und das tat sie auch. Alke stieß dagegen, schrie kurz auf, stolperte, ließ sich theatralisch zu Boden fallen, drehte sich mit schmerzverzerrtem Gesicht auf den Rücken, schloss die Augen und wartete gespannt.

Wie erwartet, kam ihr Dirk sofort zu Hilfe. Er kniete neben seiner Freundin, sprach sie besorgt an und als Alke immer noch nicht reagierte, beugte er sich über sie. Das war der

Moment, auf den die junge Frau gewartet hatte. Blitzschnell schlang sie ihre Arme um seinen Hals, zog ihn zu sich herunter und küsste ihn. Einen kurzen Moment befürchtete sie, er würde sich ihr entziehen. Aber dann sank er auf sie nieder und überschüttete sie mit Liebkosungen.

»Ich liebe dich«, stieß er hervor.

»Ich dich auch«, antwortete sie.

»Willst du meine Frau werden?«

Alkes Herz machte einen Sprung. Ihr Plan war aufgegangen. Endlich! »Bist du nicht deswegen nach Genua gekommen, du Idiot?«, schnurrte sie.

»Sicher. Also, willst du?« Er küsste sie erneut.

»Natürlich.«

»Wann sagen wir es deinen Eltern?«

»Noch heute.«

## 19

*Schloss Brünninghausen, 17. September 1633*

Die Herren standen im Prunksaal des Wasserschlosses in Brünninghausen, welches Caspar von Romberg in den letzten drei Jahrzehnten ständig hatte ausbauen lassen, und sahen aus dem Fenster auf den Turm der Nordwestseite der Anlage.

»Euer Bau dürfte eine Menge Geld verschlungen haben«, stellte Johann von Schell lächelnd fest. »Sogar zwei große, gegenüberliegende Türme habt Ihr. Das ist schon fast verschwenderisch.«

»Findet Ihr? *Haus Goldschmieding* steht aber dem meinen nichts nach.«

»Ach was. Eure Türme sind deutlich höher.«

Obwohl er wusste, dass von Schells Lob in erster Linie der Höflichkeit geschuldet war, fühlte sich von Romberg geschmeichelt.

»Gehen wir zu Tisch.« Er zeigte auf die Tafel, neben der in gebührendem Abstand vier Diener standen, bereit, jeden Wunsch ihres Herrn augenblicklich zu erfüllen. »Bei Essen und Trinken verhandelt es sich leichter.«

Die Tafel bog sich unter den dargebotenen Genüssen: gesottenes Rindfleisch, Wildbret, knusprig gebratenes Geflügel, frisch gebackenes Brot, gekochtes Gemüse und Obst. Dazu gab es eiskaltes Bier, roten und weißen Wein, der aus großen Zinnkrügen in kunstvoll ziselierten Gläsern serviert wurde, und Silbertafeln voller Kuchen und anderer Süßspeisen. Von Romberg hatte auffahren lassen, was die Küche hergab, dem Anlass des Treffens angemessen, wie er fand.

Nachdem sie Platz genommen hatten, machte der Gastgeber eine ausladende Handbewegung. »Sagt dem Diener, was Ihr möchtet, oder bedient Euch selbst. Ganz wie es Euch beliebt.«

Von Schell griff zu. Von Romberg wartete, bis die ersten Stücke auf dem Silberteller seines Gastes lagen, griff dann selbst zum Messer und schnitt sich eine Keule des Fasans ab. Während er kaute, fragte er: »Ihr habt mit dem Bergvogt gesprochen?«

»So wie wir es vereinbart hatten. Eure Einschätzung seiner Lage war richtig. Er braucht Verbündete, sonst wird er niemals seine Ziele erreichen, was dem Kurfürsten nicht gefallen dürfte. Dann ist er die längste Zeit Bergvogt gewesen.«

»Die Argumentation, Ihr wolltet mich mit seiner Unterstützung als Konkurrenten ausschalten, hat er geschluckt?«

»Ohne Widerspruch.« Von Schell kicherte. »Ich muss sehr glaubwürdig als Verräter gewesen sein. Er hat mir sogar den Handschlag verweigert.«

»Dann habt Ihr ihn überzeugt.«

»Vollständig.«

»Gut. Habt Ihr ihm schon den Zehnten für Eure Pütts gezahlt?«, fragte von Romberg weiter.

»Ja. Aber natürlich habe ich die Fördermenge deutlich nach unten gerechnet. Er vermag uns nicht wirksam zu kontrollieren, solange nicht neben jedem Pütt ein Bergschreiber steht.«

»Die er nicht hat.« Jetzt grinste auch von Romberg. »Ich habe ebenso gehandelt. Der Zehnte ist ein kleiner Preis für die Belehnungsrechte der Pütts in unserem Raum.«

»Es bleibt also bei unserem abgestimmten Vorgehen?«

»Sicher. Ihr gebt den Verräter, ich den Konkurrenten, der um seine Pütts fürchtet. Mal fordert Ihr die Unterstützung des Bergvogts an, mal ich. So kommen wir an die Belehnung vieler Erfolg versprechender Mutungen, ohne Konkurrenten fürchten zu müssen. Kontrollieren wir erst einen Großteil der Förderung, senken wir die Kohlepreise und unterlaufen so die Angebote der anderen Bergwerksbetreiber. Einen Preiskrieg werden die meisten von ihnen nicht lange durchstehen. So erhalten wir nach und nach die Verfügungsgewalt über einen Pütt nach dem anderen in unserer Region.«

»Was ist mit diesem Jürgen von Linden?« Von Schell ließ sich von einem der Diener frischen Wein eingießen.

»Ich habe ihm die Partnerschaft angeboten. Ihm gehört ein Viertel der Romberg'schen Grube.«

»War es schwierig?«

»Ach was. Als dieser Kaufmann Euren und von der Reckes Namen gehört hat, roch ich fast seinen Angstschweiß. Er vertraut mir blind.«

»Ihr solltet ihn nicht unterschätzen. Ich habe gehört, er sei tüchtig, denn sonst hätte er sich in diesen schwierigen Zeiten nicht als Grubenbesitzer durchgesetzt.«

»Ein tüchtiger Kaufmann? Vielleicht. Aber im Schmieden von Ränken ist er gänzlich unerfahren. Er wird das, was ich ihm ins Ohr flüstere, unverzüglich seinem Bruder erzählen, der es wiederum dem Bergvogt auf einem Silbertablett präsentieren wird. So beeinflussen wir durch geschicktes Platzieren von Gerüchten dessen Handlungen.«

»Nicht steuern?« Von Schell klang enttäuscht.

»Nein. Von Diest ist mit allen Wassern gewaschen. Er wird nicht auf eine einfache Einflüsterung hin seine Politik ändern, auch wenn ihm der inszenierte Überfall sicher gehörig in die Knochen gefahren ist. Es reicht, wenn wir auf die eine oder andere seiner Entscheidungen einwirken. Und umgekehrt erfährt Jürgen von Linden einiges von seinem Bruder, was wiederum uns nützt. Er wird mit mir alles bereitwillig teilen, was ihm der Advokat zuträgt. Zumindest so lange, wie er sich jeden Monat über einen Beutel Reichstaler freuen kann.«

»Lassen wir ihm seinen Pütt?«

»Zunächst noch, schlage ich vor. Noch brauchen wir den Hattinger. Aber er wird nicht auf Dauer Grubenbesitzer bleiben. Irgendwann schnappen wir uns auch seinen Besitz.« Nun hob auch von Romberg sein Glas.

Der Diener, ein junger Mann von vielleicht zwanzig Jahren, sprang herbei und ergriff den Weinkrug. Er stand noch nicht lange in Diensten und war deshalb bemüht, seinem Herrn alles recht zu machen. Eilfertig wollte er einschenken, vergoss dabei einige Tropfen des Weines. Beim Versuch auszuweichen, stieß von Romberg dem Diener in die Seite, der daraufhin erschrocken den Krug fallen ließ, dessen Inhalt sich über die Kleider seines Herrn ergoss.

Wütend sprang der Hausherr auf und versetzte dem armen Kerl zwei schallende Ohrfeigen. »Elender Tölpel«, schrie er. »Sieh, wie du mich zugerichtet hast!«

Der Diener stammelte eine Entschuldigung, die sein Herr schlicht ignorierte. Stattdessen brüllte von Romberg: »Wache!«

Sofort öffnete sich die Tür und zwei Bewaffnete betraten den Raum. Der Herr von Schloss Brünninghausen zeigte auf den wie Espenlaub zitternden jungen Mann hinter sich. »Schafft mir diesen Mistkerl aus den Augen. Ich will ihn nie wieder in meinem Haus sehen. Bevor ihr ihn auf die Straße werft, versetzt ihm zwanzig Prügelhiebe auf seinen bloßen Arsch und Rücken. Der Pferdeknecht soll die Strafe ausführen. Er ist der kräftigste von Euch allen.« Er machte eine flüchtige Handbewegung. »Und nun fort mit ihm.«

Die Wachen zogen den verängstigten und um Gnade bettelnden Diener mit sich.

»Zwanzig Hiebe sind eine harte Strafe«, meinte von Schell, als sie wieder allein waren. »Ich habe kräftigere Männer als ihn gesehen, die zehn nicht überlebten.«

Von Romberg winkte einen der anderen Diener zu sich. »Ein trockenes Tuch. Aber schnell! Und neuen Wein.« Zu von Schell gewandt setzte er fort: »Zwanzig Hiebe werden ihn lehren, wie sich ein Diener zu verhalten hat.«

Der Besucher schwieg.

Sein Gastgeber hob das wieder volle Glas. »Auf unsere gemeinsamen Interessen.« Er trank das Glas in einem Zug leer und orderte Nachschub. »Glaubt mir, Jürgen von Linden ist Wachs in meinen Händen.«

## 20

*Hattingen, 22. November 1633*

Immer neue Gerüchte liefen durch die Stadt, nachdem Reisende berichtet hatten, südlich von Münster sammele sich ein schwedisches Heer. Einige meinten, die Truppen würden zusammengezogen, um gegen den Erzbischof in Köln zu ziehen, andere erwarteten eine Schlacht mit den Spaniern an der holländischen Grenze um die Vorherrschaft am unteren Rhein. Dritte glaubten zu wissen, es ginge gegen das kurkölnische Werl. Und die größten Pessimisten befürchteten sogar einen Angriff auf Hattingen.

Wie auch immer, das schwedische Heer wuchs in den Erzählungen der Menschen um Tausende von Landsknechten täglich und die Aufregung verwandelte sich bald in nackte Panik.

Die Beteuerungen des Rats, er verhandele mit dem schwedischen Reichskanzler um einen Schutzbrief, trugen nur wenig zur Beruhigung bei. Denn Verhandeln bedeutete nicht unbedingt auch Unterzeichnung. Was nutzten ihnen Verhandlungen, wenn die Schweden vor den Toren Hattingens standen und trotzdem ihre Stadt beschossen?

Aber noch war es nicht so weit. Bisher hatte niemand das schwedische Heer gesehen. Der Stadtbüttel, der als Bote nach Bochum geschickt worden war, um dort weitere Erkundigungen einzuholen, kehrte unverrichteter Dinge zurück. Auch in der Nachbarstadt wusste niemand zu bestätigen, dass sich bei Münster ein mächtiges Heer sammelte.

Selbst die mittlerweile zurückgekehrten Besatzungssoldaten der Katholischen Liga gingen scheinbar unberührt von diesen Gerüchten ihrem Tagwerk nach. Sie exerzierten, schanzten und betranken sich in ihrer dienstfreien Zeit oder stellten den jungen Frauen nach.

Also versuchten die Bewohner Hattingens, trotz ihrer Ängste ein halbwegs normales Leben zu führen. Denn fast hatten sich die Bürger daran gewöhnt, von wechselnden Truppen besetzt zu sein: Erst kamen die Spanier, dann Brandenburger. Später pfalz-neuburgische Soldaten, dann welche aus Anholt. Feldmarschall Tilly nahm Quartier in der Stadt, später waren es Italiener. Der kaiserliche Generalwachtmeister Bönninghausen suchte Hattingen heim, ihm folgten holländische Regimenter. Die Pappenheimer zogen durchs Land, dann kamen die Schweden. Und jetzt waren es erneut kaiserliche Truppen, die ihr Lager in der Stadt bezogen hatten. Kein Wunder, dass sich viele Hattinger Bürger resignierend ihrem Schicksal ergaben.

Jürgen war zu Gast bei Georg Kielmann in dessen Haus am Flachsmarkt. Es war nicht größer als das, welches die Familie von Linden bewohnte, aber aufwendiger ausgestattet. Jeder Raum im Erdgeschoss verfügte über einen Kamin, die verglasten Fenster waren größer und damit sicher teurer, in der Stube standen um den üppig mit Schnitzereien ausgestatteten Tisch nur gepolsterte Stühle mit Armlehnen, keine schlichte Bank wie bei den von Lindens. Besonders fielen die Wandmalereien ins Auge, die Szenen aus der Bibel zeigten.

Jürgen wusste, dass der Vater des jetzigen Besitzers sie von einem Künstler aus Köln hatte anfertigen lassen, der damals extra dafür angereist war.

Die beiden Kaufleute saßen bei heißem Würzwein in der Stube und sprachen über die wirtschaftliche Situation. Kielmann engagierte sich vorwiegend im Tuchhandel. Seine Geschäfte liefen schlechter als die Jürgens. Allerdings besaß seine Familie mehrere Bauernhöfe südlich der Stadt, die von Pächtern bewirtschaftet wurden und so halfen, das Einkommen der Kielmanns zu sichern. Trotzdem bestand immer die Gefahr, dass die Pächter vor den Kriegswirren flohen oder gar umgebracht wurden. Und Stoffe, egal ob als Fertigwaren oder noch auf Rollen, erschienen den Landsknechten lockende Beute. Jürgens Aktivitäten versprachen da ein sichereres Einkommen. Allerdings, so erzählten sich die anderen Kaufleute, habe schon Arnold Kielmann sehr erfolgreich gewirtschaftet und einen gehörigen Batzen Geld beiseitegelegt, Taler, die sein Sohn jetzt gut gebrauchen konnte.

»Ich befürchte, über kurz oder lang wird der Rat mit einer erneuten Kreditbitte an uns herantreten. Die Kosten der Besatzungssoldaten und die ständigen Schutzgelderpressungen wachsen uns über den Kopf«, meinte Kielmann mit sorgenvoller Miene. »Lange geht das nicht mehr gut. Würdet Ihr Euch an einem neuen Kredit beteiligen?«

»Fragt Ihr als Ratsmitglied oder Kaufmann?«

»In erster Linie als Kaufmann.«

Jürgen nickte. »Ohne Sicherheiten gebe ich kein weiteres Geld. Und die Stadt muss vorher alle Einnahmequellen anzapfen.«

»Worin bestehen diese Eurer Meinung nach?«

»Die Stadt besitzt Grundstücke sowohl innerhalb als auch außerhalb der Stadtmauern. Bevor sie uns um Geld bittet, kann sie diesen Grund verkaufen. Findet sie keinen Käufer, kann sie verpachten. Erst als letzten Schritt sollte sie weitere Schulden aufnehmen, diese Kredite dann aber absichern. Eben über die Grundstücke.«

»Was hättet Ihr geantwortet, wenn ich als Ratsmitglied gefragt hätte?«

»Dasselbe.«

Kielmann lachte. »Das hatte ich befürchtet.«

Ein Knecht betrat die Stube. »Herr, das solltet Ihr Euch ansehen. Die Soldaten haben begonnen, die Ruhrbrücke abzureißen!«

»Was?«, fragten Kielmann und Jürgen wie aus einem Mund.

Als sie an den Ufern des Flusses standen, hatten sich schon einige Dutzend empörter Bürger versammelt, darunter Bürgermeister Pfannkuch und fast alle Ratsmitglieder. Fassungslos schauten sie auf das Geschehen vor ihnen.

Von der Brücke, der Lebensader der Stadt, stand nur noch die Hälfte. Die katholischen Soldaten hatten ganze Arbeit geleistet. Auf der Winzer Seite war der hölzerne Übergang bereits vollständig verschwunden. Rasch näherten sich die Landsknechte dem linken Ufer der Ruhr. Zunächst rissen sie die Planken heraus, die als Wegbelag dienten, und warfen sie in den Fluss. Dann zerschlugen sie mit ihren Äxten die Tragpfeiler.

Pfannkuch redete, heftig gestikulierend, auf den Offizier ein, der die Arbeiten befehligte. Der ignorierte ihn. Schließlich schien er die lautstark vorgetragene Beschwerde sattzuhaben, gab zwei Soldaten ein Zeichen und die schoben Pfannkuch unter den Missfallensbekundungen der Anwesenden zu den Ratsmitgliedern zurück, bei denen auch Kielmann und Jürgen standen.

»Warum tun sie das?«, erkundigte sich Kielmann entgeistert.

»Es ist wegen der Schweden«, erklärte Pfannkuch. »Sie kommen.«

## 21

*Hattingen, 23. November 1633*

Skeptisch musterte Jürgen den jungen Mann, der am Morgen unangemeldet vor seiner Haustür aufgetaucht war und nach ihm gefragt hatte. Dessen ungewaschenes Haar hing strähnig bis auf die Schultern, die Augen lagen tief in ihren Höhlen, unter denen dunkle Tränensäcke hingen. Zerrissen und speckig schlackerte die Kleidung an seinem Körper. Den zerrissenen Umhang hielt er unter dem Arm. Die ausgemergelte Gestalt seines Besuchers ließ darauf schließen, dass der Unbekannte schon lange nichts Vernünftiges mehr zwischen die Zähne bekommen hatte. Der Kerl, der da in seinem Kontor stand, schien dem Tode näher zu sein als dem Leben.

»Wer bist du und was ist dein Begehr?«, fragte Jürgen den Fremden.

»Man ruft mich Jacob. Bis vor Kurzem lebte ich in Dortmund. Ich konnte die Pacht für die Kammer nicht mehr aufbringen, da hat mich der Hausbesitzer auf die Straße gesetzt. Ohne Einkommen, ohne Bleibe – schnell wurde ich aus der Stadt verwiesen. Der Offizier der Stadtwache hat mir mit Kerker gedroht, sollte ich versuchen zurückzukehren.« Die Stimme des Mannes klang bitter. »Seitdem habe ich mich auf der Straße herumgetrieben, von Almosen gelebt und unter Büschen geschlafen. Aber jetzt droht der Winter und ich weiß nicht mehr, wohin.«

»Das ist alles sehr bedauerlich. Aber was habe ich damit zu tun?«

»Eigentlich nichts.«

Der Kaufmann schaute verwundert.

»Ihr müsst wissen«, setzte Jacob fort, »dass ich in den Diensten des Herrn von Romberg stand, der Euch ja bekannt ist.« Er warf einen sehnsüchtigen Blick zur Fensterbank, auf der ein Teller mit Äpfeln stand.

Jürgens Interesse war geweckt. »Greif zu«, interpretierte er das Verlangen Jacobs richtig.

Der ließ sich das nicht zweimal sagen. Gierig stopfte er sich einen Apfel nach dem anderen in den Mund. Noch kauend, wandte er sich wieder Jürgen zu. »Ihr solltet Euch das ansehen.« Er ließ seinen Umhang einfach fallen, öffnete sein verdrecktes Wams, schob mit einer schnellen Bewegung das grobe Unterkleid hoch und drehte sich um.

Jürgen erschrak. Auf Jacobs Rücken reihte sich Furche um Furche, die meisten davon blutig verkrustet und nur schlecht verheilt.

»Herr von Romberg hat mich so zurichten lassen. Wenn nicht eine Köchin gewesen wäre, die mich heimlich verbunden hätte, wäre ich wohl nicht mehr am Leben. Und das alles nur dafür, dass ich Wein verschüttet habe.«

»Dein Schicksal ist ohne jeden Zweifel schrecklich, ich verstehe nur immer noch nicht, was das alles mit mir zu tun hat.«

Jacob zog sich wieder an. »Ihr macht mit von Romberg Geschäfte, richtig?«

»Ja, woher weißt du davon?«

»Ich war sein Diener, da hört man so einiges. Und ich habe ein gutes Gedächtnis.«

»Was genau willst du mir sagen?« Jürgen wurde ungeduldig. Er hatte anderes zu tun, als sich mit einem entlassenen Diener auseinanderzusetzen.

»Ihr kennt auch den Herrn von Schell?«

»Sicher. Komm endlich zur Sache.«

»Die beiden feinen Herren haben sich gegen Euch und andere verbündet.«

»Unsinn.«

»Könntet Ihr mir etwas zu trinken geben?«

Jürgen atmete tief durch. Er sollte diesen Jacob sofort an die frische Luft setzen lassen. Aber da war etwas an seinem

Auftreten, das ihn zögern ließ. Vielleicht konnte ihm Jacob doch nützlich sein. Also zeigte er auf den Krug, der auf dem Tisch stand. »Da ist Bier. Benutze den Becher daneben.«

Jacob goss sich ein und trank mit großen Schlucken. Er setzte den Becher ab und wischte sich mit dem Handrücken den Schaum vom Mund. »Ich sagte eben, ich hätte ein gutes Gedächtnis. Hört, was ich Euch zu erzählen habe.«

Jacob berichtete, was die beiden Adeligen auf Schloss Brünninghausen besprochen hatten. Er erwähnte Details, die außer Jürgen nur seine Familie und von Romberg kannten. Als Jacob endete, hatte der Kaufmann keinen Zweifel mehr daran, dass von Romberg ihn betrog.

»Warum erzählst du mir das alles? Aus Rache?«

»Das in erster Linie. Aber, wie gesagt, der Winter naht. Und ich hoffte, Ihr würdet mir zum Dank ein Dach über dem Kopf und einen Platz an einem warmen Feuer gewähren, etwas zu essen und dann und wann einen Krug Bier. Ich kann arbeiten und bin mir, wenn meine Wunden endgültig verheilt sind, für nichts zu schade. Was Ihr mir auch auftragt, ich werde es zuverlässig erledigen. Nur eines verlange ich.«

»Und das wäre?«

»Dass Ihr niemals die Hand gegen mich erhebt. Wer mich noch einmal körperlich misshandelt, sollte mich besser sofort umbringen. Sonst wird er keinen ruhigen Schlaf mehr finden, denn ich werde die erste Gelegenheit nutzen, ihn zu töten.«

Jacob sprach mit einer solchen Entschlossenheit, dass es Jürgen eiskalt den Rücken herunterlief. »Gilt das auch für von Romberg?«, fragte er, obwohl er die Antwort kannte.

»Für ihn in erster Linie. Ich habe ihn beobachtet, auf einen günstigen Moment gewartet, leider vergebens. Er ist nur selten allein und wenn, dann auf einem Pferd unterwegs. Da fehlt es an Gelegenheiten.«

»Du bist ehrlich.«

»Was habe ich zu verlieren? Seht mich an. Ich habe Euren Blick schon richtig gedeutet. Ich bin ein Toter auf Urlaub, wenn Ihr mir keinen Unterschlupf gewährt. Den Winter jedenfalls werde ich nicht überstehen. So viel ist sicher.«

Jürgen kam ein Gedanke. »Kannst du schreiben?«

»Es geht langsam, aber es geht.«

»Gut. Bleib den Winter über hier. Ich sage einer Magd, dass sie dir saubere Kleidung besorgen und sich um deine Wunden kümmern soll. Dann setzt du dich hin und schreibst auf, was du bei von Romberg gehört hast, so gut du dich erinnerst. Du hast eine Stunde Zeit.«

Jacob nickte.

»Dann komm mit mir.«

Beide verließen das Kontor und Jürgen übergab den Diener, wie versprochen, in die Obhut einer Magd. Er informierte Gesche über sein Vorhaben und ging dann zum Stall. »Sattele mein Pferd«, befahl er dem Knecht. »Ich muss heute noch nach Kleve reiten.«

## 22

*Kleve, 23. November 1633*

Entgegen seiner sonstigen Gewohnheit ritt Jürgen wie der Teufel. Wut und Enttäuschung ließen ihn die Anstrengungen vergessen. Er holte die letzten Reserven aus seinem Hengst heraus, sodass Schaum vor dem Maul des schwer atmenden Pferdes stand, als sie endlich in der Abenddämmerung Kleve erreichten.

Vor dem Haus seines Bruders blieb Jürgen einen Moment stehen und versuchte, sich zu sammeln. Noch immer loderte der Zorn über die fein gesponnene Intrige von Rombergs und von Schells, in deren Netz er sich beinahe verfangen hätte, wie Feuer in ihm. Sein Bruder hatte recht gehabt: Adeligen war nicht zu trauen.

Zwar stritten sie miteinander, wenn sie sich einen Vorteil davon versprachen, führten sogar Kriege, aber wer focht diese Konflikte für sie aus? In der Regel lagen nicht die Grafen und Herzöge im Staub und verbluteten, sondern ihre Soldaten und Bauern. Und wurden sie gefangen genommen, drohte nicht der Galgen, stattdessen wartete eine bequeme Zelle in einer Burg auf sie, bis sie gegen ein üppiges Lösegeld freikamen. Ging es aber gegen Menschen anderen Standes, kannten sie keine Gnade. Dann hielten diese Kerle zusammen wie Pech und Schwefel. Nein, Edelleuten war nicht zu trauen.

Der Kaufmann klopfte.

Agatha, Walters Frau, öffnete. Überraschung stand in ihrem Gesicht, als sie ihren Schwager erkannte. »Jürgen! Was machst du denn hier?«

»Ich möchte dringend mit Walter sprechen.«

»Er ist noch in seinem Arbeitszimmer auf der Schwanenburg, kommt aber sicher jeden Moment.« Sie trat einen Schritt beiseite, um ihn einzulassen. »Du siehst erschöpft aus.«

»Das bin ich auch.« Jürgen zeigte auf seinen Hengst, den er an einem in die Hauswand eingelassenen Eisenring angebunden hatte. »Das Tier muss dringend mit Stroh abgerieben werden. Es braucht Wasser und Futter, wenn ihr welches habt.«

»Natürlich. Der Knecht kann das erledigen.«

Als sie in der Stube standen, verfinsterte sich Agathas Miene. »Deiner Familie ist doch hoffentlich nichts passiert? Gibt es Nachrichten von Dirk?«

»Leider nein. Es dreht sich um etwas Geschäftliches.«

»Das muss ja sehr wichtig sein, wenn du dafür den weiten Weg von Hattingen in Kauf nimmst. Wann bist du losgeritten?«

»Heute Morgen.«

»Du hast auf Pausen verzichtet«, stellte sie fest.

Jürgen nickte.

»Dann ist es wirklich dringend. Setz dich. Ich bringe dir Bier gegen den Durst.«

»Kein Bier, später vielleicht. Ich möchte einen klaren Kopf behalten. Etwas Wasser wäre besser.«

Agatha schüttelte den Kopf. »Unser Wasser ist faulig, das kannst du nicht trinken. Es eignet sich kaum zum Verdünnen von Wein. Aber unser Bier ist nicht stark. Ein Kerl wie du muss schon viel davon in sich hineinschütten, bevor sich seine Sinne vernebeln.«

»Dann einen Becher Bier.«

Etwa eine Stunde später erschien Walter und war ebenso überrascht, seinen Bruder in der Stube sitzen zu sehen. Jürgen erklärte in wenigen Worten den Grund seiner Anwesenheit und zog dann das Schriftstück aus der Tasche, welches Jacob für ihn angefertigt hatte.

Walter nahm sich Zeit, es zu studieren. Als er es beiseitelegte, meinte er: »Ich glaube diesem Jacob, dir ohnehin. Aber wem wird der Bergvogt sein Vertrauen schenken? Einem entlaufenen, rachsüchtigen Diener oder einem Adeligen, der sich ihm als Unterstützer angedient hat? Ich weiß, dass er von Schell und von Romberg nicht besonders schätzt. Aber er benötigt Verbündete. Von Diest wird, selbst wenn ihm Zweifel ob von Rombergs Ehrlichkeit kämen, zunächst annehmen, dass dieser Jacob etwas falsch verstanden hat. Schließlich ist der Mann nur ein Diener. Noch dazu einer, der allen Grund hat, seinen ehemaligen Herrn anzuschwärzen.«

»Wir können doch diesen infamen Betrug nicht einfach auf sich beruhen lassen?«

»Nein, da gebe ich dir recht. Aber wir brauchen mehr als ein Dokument, das noch dazu in schlechtem Deutsch abgefasst ist. Wir brauchen Beweise.«

Für einen Moment schwiegen die Brüder. In die entstehende Stille hinein bemerkte Agatha, die bisher der Unterhaltung stumm gelauscht hatte: »Stellt den Adeligen doch eine Falle.«

Walter schaute erstaunt auf seine Frau. »Wie meinst du das?«

»Du sagtest gerade, von Diest würde Jacobs Anschuldigungen vermutlich keinen Glauben schenken. Das denke ich auch. Aber was ist, wenn ihr in Absprache mit dem Bergvogt von Romberg über Jürgen eine wichtige Information zukommen lasst? Einen Hinweis auf eine vielversprechende Kohlelagerstätte beispielsweise, an der noch andere Bergbaubetreiber interessiert seien? Würde von Romberg dann nicht von Schell davon in Kenntnis setzen und dieser alles daransetzen, vom Bergvogt mit dem neuen Pütt belehnt zu werden? Wenn dieser Hinweis völlig aus der Luft gegriffen ist, gibt es keinen Zweifel mehr daran, dass von Romberg das Wissen, das er von Jürgen erhält, an seinen Kumpan weitergibt. Uns Frauen wird nachgesagt, wir würden uns auf Intrigen verstehen.«

Jürgen sah seinen Bruder an, dessen Grinsen immer breiter wurde.

»Was immer euch nachgesagt wird«, meinte Walter, »dein Vorschlag ist genau das, was wir brauchen.«

Am nächsten Morgen saßen die Brüder dem Bergvogt in seinem Arbeitszimmer gegenüber. Wie Walter befürchtet hatte, reichte ihm die Aussage Jacobs nicht. Allerdings verstärkte sie das ungute Gefühl, dass er mit sich herumtrug, seitdem ihm von Schell seine Dienste angeboten hatte.

»Also gut«, sagte der Bergvogt nach reiflicher Überlegung. »Versuchen wir es. Was schlagt Ihr vor?«

## 23

*Hattingen, 26. November 1633*

Am heutigen Markttag tummelten sich deutlich mehr Menschen auf Hattingens Straßen als üblich, wenn auch nicht so viele wie in den Vorkriegszeiten. Jürgen konnte sich kaum noch daran erinnern, wie es war, Frieden zu genießen.

Der große Krieg dauerte nun schon fast sein halbes Leben – eigentlich kannte er nichts anderes als eine ständige Abfolge von Scharmützeln, Besatzungstruppen und Seuchen. Krieg war mittlerweile Alltag geworden. Man hatte sich mit ihm arrangiert wie mit dem Schnupfen, der einen mehrmals im Jahr plagte. Allerdings gab es einen Unterschied, der Jürgen sehr wohl bewusst war: Am Schnupfen starb man in der Regel nicht, im Krieg hingegen lag die Wahrscheinlichkeit eines gewaltsamen Todes deutlich höher.

Jürgen wollte zu seinem Pütt Alte Missgunst, dann weiter zur Romberg'schen Grube. Er hoffte, dort von Romberg zu treffen. Seit seiner gestrigen Rückkehr aus Kleve brannte er darauf, ihren Plan endlich in die Tat umzusetzen.

Sein Aufbruch verzögerte sich, weil Bürgermeister Pfannkuch ihn unbedingt sprechen wollte. Jürgen empfing ihn im Kontor, den Umhang schon griffbereit über eine Stuhllehne gelegt.

»Ich werde Euch nicht lange aufhalten«, versicherte Pfannkuch, als Jürgen ihn darauf hinwies, dass er sich etwas in Zeitnot befinde. »Aber das hier solltet Ihr sehen.« Er wedelte mit einem Dokument, welches sichtbar ein großes Siegel trug. »Eine gute Nachricht. Ich habe sie schon dem Rat vorgestellt und bin jetzt unterwegs, um sie den anderen Honoratioren der Stadt zu verkünden, bevor ich sie durch den Büttel allen Bürgern bekannt geben lasse.«

Es musste wirklich wichtig sein, was der Bürgermeister zu verkünden hatte, sonst hätte er ein einfacheres Bekanntmachungsverfahren gewählt.

»Dieses Dokument hier bringt Hattingen endlich Frieden.« Der Bürgermeister machte eine lange Pause, um die Bedeutung seiner Worte hervorzuheben und sie wirken zu lassen. »Es stammt vom schwedischen Reichskanzler Axel Oxenstierna. Wie Ihr sicher wisst, ist er gleichzeitig auch Gouverneur des schwedischen Teils von Preußen und Bevollmächtigter seiner Krone für die Rheinregion. Ein sehr wichtiger Mann! Stellt Euch vor: Er hat unserer mehrfach vorgetragenen Bitte endlich entsprochen und Hattingen einen Schutzbrief ausgestellt. Kein schwedischer Soldat darf uns zukünftig mehr angreifen.«

Jürgen, der so seine Erfahrungen mit Schutzbriefen hatte,

brummte: »Hoffen wir, dass jeder schwedische Offizier dieses Dokument auch kennt ...«

»Wenn nicht, werden wir es ihm zeigen«, unterbrach ihn Pfannkuch mit triumphierender Stimme.

»... und sich daran hält«, ergänzte Jürgen seinen Satz.

Die schwedische Armee, so berichteten Händler, kam nur im Schneckentempo vorwärts. In einer solchen Streitmacht bestimmten die Langsamsten das Tempo. Das waren die Einheiten, die die von Ochsen gezogenen schweren Geschütze mit sich führten. Jürgen machte sich Sorgen. Denn was sich da näherte, waren sicher keine spanischen Besatzer, die Hattingen mit nur einigen Hundert Soldaten besetzt gehalten hatten, oder durchreisende Generäle wie Tilly mit seinen Offizieren. Die Schweden zählten nach Tausenden und fraßen wie Heuschrecken das Land leer, durch das sie zogen. Selbst wenn sie die Städte, die auf ihrem Weg lagen, nicht in Schutt und Asche legten, hinterließen sich nichts als Hunger.

»Außerdem nützt ein Schutzbrief, der von Oxenstierna unterzeichnet wurde, recht wenig gegen katholische Truppen, denke ich. Hattingen hat in den letzten Jahren immer versucht, seine Neutralität zu wahren. Das ist zwar nicht immer gelungen, ein Schutzbrief der einen Kriegspartei allerdings kann von der anderen auch dahingehend interpretiert werden, dass sich unsere Stadt den Schweden angedient hat.«

Für einen Augenblick schaute Pfannkuch Jürgen perplex an. Dann meinte er kopfschüttelnd: »Ihr seid eben ein Miesepeter. Besser ein zugesagter Schutz von einer Seite als überhaupt keiner.«

»Da ist etwas Wahres dran«, erwiderte Jürgen und setzte, entgegen seiner Überzeugung, hinzu: »Ein schöner Erfolg. Ich beglückwünsche Euch.«

Der Bürgermeister strahlte ihn an. »Danke. Und nun werde ich Euch nicht länger aufhalten.«

Jürgen führte seinen Hengst zum Weiltor. Kaum lag es hinter ihm, schwang er sich in den Sattel, um Richtung Ruhr zu reiten. Der Fluss führte schon seit Tagen Hochwasser. An den Resten der Brückenpfeiler in der Mitte des Stromes gurgelte das Wasser. Die Fähre, ein nicht sehr vertrauenserweckender Kahn von vielleicht zehn Schritt Länge, lag, gut vertäut, an einem in den letzten Tagen schnell errichteten provisorischen Anleger.

Gelangweilt sah der Fährmann Jürgens Ankunft zu und wirkte enttäuscht, als dieser eine abschlägige Handbewegung machte. Nie im Leben, dachte der Kaufmann, würde er sich und den Hengst diesem eilig zusammengezimmerten Boot anvertrauen.

Das über die Stromschnellen sprudelnde Wasser schäumte. Hier würde das Pferd keinen sicheren Tritt finden. Eine kleine Untiefe, ein unscheinbares Loch und es stürzte. Nein, Jürgen würde wohl oder übel die Furt weiter westlich unterhalb der Burgruine auf dem Isenberg nutzen müssen, auch wenn das einen Umweg von wenigstens einer Stunde bedeutete.

Als er endlich die Alte Missgunst erreichte, war Mathias von Honnichen nicht anwesend. Der Bergmann sei unterwegs, um Grubenholz zu besorgen, das für den Ausbau benötigt würde, erklärte ihm einer der Knechte. Der Droste von Bochum habe die Erlaubnis erteilt, einige Klafter im Weitmarer Holz zu schlagen.

Jürgen verzichtete darauf anzufahren, sondern vertraute den Aussagen des Knechtes, dass die Arbeiten, wie geplant, vorangingen. Dafür sprachen die gefüllten Fässer, die neben dem Haspel auf ihren Abtransport warteten.

Jürgen beklagte sich nicht. Die kriegsbedingten Einbußen beim Transportgeschäft wurden durch die Gewinne im Kohleverkauf wettgemacht. Und seit er mit der Romberg'schen Grube einen weiteren Pütt zumindest anteilig in seinen Besitz genommen hatte, verdiente er besser als in den Jahren zuvor.

Ob das aber auch zukünftig so bliebe? Wenn es ihm gelang,

die Intrigen von Rombergs aufzudecken, würde dieser ihn sicher nicht mehr an der Grube beteiligen. Diese Einnahmequelle wäre versiegt. Aber er konnte auch nicht einfach still sitzen und warten, bis ihm von Schell und von Romberg die Alte Missgunst streitig machen würden. Wie er es auch drehte und wendete, ihm blieb nur die Wahl zwischen zwei Übeln.

Missmutig ritt er weiter nach Osten. Mit jeder Meile, die er zurücklegte, besserte sich Jürgens Laune. Er würde einen Weg finden, die drohenden Einnahmeverluste auszugleichen. Das war ihm bisher immer gelungen. Es wäre nur gut, wenn er sich mit jemandem darüber austauschen konnte. Walter war weit weg und Gesche gab ihm zwar den einen oder anderen Ratschlag, aber sie verstand nicht so viel vom Geschäft wie zum Beispiel Dirk.

Als er an seinen Sohn dachte, spürte der Kaufmann einen Stich in der Brust. Seit Dirks Abreise vor Monaten hatten sie nichts von ihm gehört. Jürgen hatte sich mittlerweile erkundigt, wie weit es von Hattingen nach Genua war: rund einhundertfünfzig Meilen. Da hatte er mit seiner früheren Schätzung nicht so falschgelegen. Sein Sohn war mit dem Pferd unterwegs. Acht Meilen täglich waren zu schaffen, wenn er sein Reittier schonte. Und das würde Dirk sicher tun, angesichts der Strecke, die vor ihm lag. Acht Meilen, also rund zwanzig Tage bis Genua.

Jürgen erreichte eine Anhöhe, von der er die Aue der Emscher und auch die Türme Schloss Brünninghausens ausmachen konnte. Jetzt war es nicht mehr weit bis zu seinem Ziel. Es trieb ihn zum Pütt, obwohl er genauso gut versuchen konnte, von Romberg in dessen Schloss seine Aufwartung zu machen. Aber er hatte der Grube erst einen Besuch abgestattet und wollte sie sich erneut ansehen – wer weiß, ob er eine weitere Gelegenheit dazu bekäme. Also ließ er Schloss Brünninghausen links liegen und wandte sich direkt nach Osten.

Tatsächlich traf er Caspar von Romberg am Pütt an. Der Adelige stand neben der Haspel, die deutlich größer als die auf der Alten Missgunst war. Reichte dort die Kraft eines Mannes, um die Winde zu drehen, mussten hier zwei ordentlich zupacken. Außerdem, bemerkte Jürgen nicht ohne Neid, lagerten die Kohlefässer nicht wie bei ihm im Freien, sondern unter einem breit ausladenden, mit Schindeln gedeckten Dach. So mussten die noch offenen Fässer nicht vor jedem Regenschauer notdürftig abgedeckt werden, um ein Durchnässen der Kohle zu verhindern. Denn feuchte Kohle brannte schlecht und führte dazu, dass die Kunden die Preise zu drücken versuchten. Ein solches Dach sollten sie auch auf der Alten Missgunst bauen, beschloss er.

»Herr von Linden«, begrüßte ihn der Adelige. »Ich bin entzückt. Was führt Euch zu mir?«

Du Schlange, dachte Jürgen, antwortete aber mit einem Lächeln: »Zu Euch weniger, obwohl es auch mich freut, Euch zu treffen. Ich wollte nur einmal nach dem Rechten sehen.«

»Natürlich. Obwohl das nicht nötig ist. Der Bergmann, der hier die Aufsicht führt, hat mein vollstes Vertrauen und sollte deshalb auch das Eure genießen. Was immer sich auf dem Pütt ereignet, ich erfahre unverzüglich davon.«

»Das beruhigt mich«, log Jürgen. Er wusste, was das hieß: Er würde nur das erfahren, was von Romberg glaubte, ihm mitteilen zu müssen. Kein Wort mehr.

»Wollen wir uns ein wenig umsehen?«

Erst als sie auf dem bewachsenen Gelände herumspazierten, bemerkte der Besucher einen zweiten Schacht, der sich unweit des ersten hinter Büschen verbarg.

»Es ist manchmal einfacher, das Flöz von oben anzugreifen, als Untertage seinem Verlauf zu folgen. So müssen wir die Kohle nicht mühselig durch den Stollen transportieren, sondern können sie da, wo wir sie abbauen, an die Tagesoberfläche bringen.«

Jürgen nickte. Das hatte ihm von Honnichen auch schon erklärt. Bei einem größer werdenden Grubengebäude benötige auch die Alte Missgunst einen zweiten Schacht.

Schnee fiel aus tief hängenden Wolken und sie suchten

Schutz unter dem Schindeldach. Glücklicherweise war es nicht kalt genug und die Flocken schwer und voller Wasser. Dieser Schnee blieb nicht liegen. Hielte der Schauer allerdings länger an, würde auch er die Straßen und Wege aufweichen, was ein Durchkommen der Fuhrwerke erschwerte. Deswegen schaute Jürgen immer wieder besorgt zum Himmel. Die dunklen Wolken hingen tief und schwer über dem Land und lösten sich nicht auf.

Schließlich kam der Kaufmann zur Sache. »Mein Bruder hat mir von einer Erfolg versprechenden Lagerstätte erzählt, die ein Bauer in der Nähe von Werden besitzt. Dem Mann fehlen die Mittel, einen eigenen Pütt aufzumachen. Deshalb möchte er das Gelände verpachten. Der Preis, der ihm vorschwebt, sei mehr als günstig, meint mein Bruder.«

Von Romberg legte die Stirn in Falten, ein Zeichen, dass er angestrengt nachdachte.

»Von Diest hat das Gelände bereits besichtigt und soll, so mein Bruder, sehr angetan sein von der Qualität der Kohle. Walter befürchtet, dass von Diest daran denkt, einen der Essener Grubenbesitzer mit dem Acker zu belehnen. Das ist bedauerlich, denn ich hatte gehofft, wir beide könnten dort zum Zuge kommen.«

»Habt Ihr Euren Bruder über Euer Interesse informiert?«

»Natürlich. Aber so weit scheint sein Einfluss auf den Bergvogt nicht zu gehen. Ich befürchte, dieser Pütt ist für uns verloren.«

»Wie, sagtet Ihr, heißt dieser Bauer?«

»Ich sagte gar nichts, da ich es nicht weiß.«

»Kennt Ihr die genaue Lage dieses Ackers?«

Jürgen zuckte mit den Schultern. »Keine Ahnung. Ich könnte meinen Bruder fragen und von Eurem Interesse berichten. Vielleicht habt Ihr eher das Ohr des Bergvogts als er.«

»Nein«, wehrte von Romberg schnell ab. »Ich denke nicht, dass das zum Erfolg führen könnte. Ich glaube, Ihr habt recht. Der Pütt kommt für uns nicht infrage.«

Natürlich war das alles frei erfunden und Jürgen deshalb so

vage geblieben, um etwaige Nachforschungen des Adeligen zu erschweren, aber doch konkret genug, um dessen Interesse zu wecken.

»Möchtet Ihr noch mit auf mein Schloss kommen?«, wechselte der Adelige das Thema. »Dort könnt Ihr Euch am Feuer aufwärmen, bevor Ihr Eure Heimreise antretet.«

»Nein«, bedankte sich Jürgen. »Das Wetter scheint sich zu verschlechtern. Und ich möchte nicht in einem Unwetter zurück nach Hattingen reiten.«

»Das verstehe ich.«

Die Herren verabschiedeten sich. Und obwohl Jürgen schon nach kurzer Zeit fror und ihm das Schneewasser den Rücken hinunterfloss, ritt er doch zufrieden nach Hause. Die Saat war ausgebracht. Jetzt musste sie nur noch aufgehen.

Eine halbe Stunde später erreichte er die an einer Anhöhe liegende Kreuzung bei Lütgendortmund. Die nördliche Straße führte nach Castrop, südlich ging es Richtung Witten. Der Schneeregen hatte glücklicherweise aufgehört und erste Sonnenstrahlen kämpften gegen das Grau am Himmel.

Jürgen stieg vom Pferd, um sich etwas die Beine zu vertreten und ein wenig Tabak zu trinken. Er war nicht mehr der Jüngste und das Reiten fiel ihm von Jahr zu Jahr schwerer. Es war erst früher Nachmittag und er würde Hattingen ohne Schwierigkeiten vor der Abenddämmerung erreichen. Er stopfte seine Pfeife, stellte die geöffnete Zunderdose auf den steinernen Wegweiser am Straßenrand, griff zu Feuerstahl und Schwefelkies und schlug diese so lange gegeneinander, bis ein Funken den Feuerschwamm zum Glimmen brachte. Jürgen führte die Zunderdose an seinen Mund, blies vorsichtig hinein, um die Glut anzufachen, entzündete dann ein Schwefelholz am glühenden Schwamm, um endlich den brennenden Span an seine Pfeife zu halten.

Gierig sog er den Rauch ein und schaute sich um. Ein kurzes Aufblitzen nördlich von ihm ließ ihn aufmerken.

Er verstaute seine Rauchutensilien und schwang sich wieder in den Sattel, um besser sehen zu können. Erneut blitzte es. Irgendetwas reflektierte die Strahlen der tief stehenden Sonne.

Tatsächlich!

Metall warf den Lichtschein zurück. Metall, aus dem Brustharnische gefertigt worden waren. Jetzt vermochte der Kaufmann auszumachen, was sich am Horizont auf ihn zubewegte: Aus Richtung Castrop näherten sich Tausende Soldaten und marschierten gen Süden, zur Ruhr. Eine Armee war im Anmarsch. Die Schweden waren tatsächlich gekommen!

Jürgen fiel vor Schreck fast die Pfeife aus dem Mund. Hastig steckte er sie zurück in die Tasche, ohne sich darum zu kümmern, dass der glühende Tabak möglicherweise seine Kleidung beschädigte, und hieb dem Hengst die Hacken in die Flanken.

## 24

*Castrop und Kleve, 1. Dezember 1633*

Nach dem Durchmarsch des schwedischen Heeres machte sich von Romberg auf zu seinem Partner nach Castrop, um ihn über das in Kenntnis zu setzen, was er von diesem Hattinger Kaufmann erfahren hatte. Von Schell teilte seine Auffassung und schnell einigten sich die beiden Adeligen auf ihr weiteres Vorgehen. Sie planten, ein Konsortium zu gründen, das von Schell nach außen repräsentieren sollte, während von Romberg als lediglich stiller Teilhaber die Hälfte der Kuxe hielte. So würde er öffentlich nicht in Erscheinung treten.

»Ich werde also unverzüglich den Bergvogt aufsuchen und ihm mitteilen, dass mir zu Ohren gekommen sei, dass einige der Bergbaubetreiber trotz anderslautender Zusagen immer noch nicht den Zehnten abliefern. Von Diest wird wissen wollen, um wen es sich handelt. Welche Namen soll ich ihm nennen?«

Von Romberg zählte einige auf, allesamt Herren, die an der Versammlung in *Haus Goldschmieding* vor Jahresfrist teilgenommen hatten.

»Das wäre auch mein Vorschlag gewesen.« Von Schell grinste breit. »Hoffen wir, dass sich der Bergvogt erkenntlich zeigt.«

»Das wird er sicher«, antwortete von Romberg. »Er lechzt geradezu nach solchen Hinweisen.« Er schüttelte den Kopf. »Wie durchschaubar doch Personen sind, kennt man nur ihre Interessen.«

»Ich werde gleich morgen früh aufbrechen«, sagte von Schell zu. »Die Schweden sind ja glücklicherweise zur Ruhr gezogen.«

»Ich habe gehört, sie kamen aus Münster und wollen nach Hessen, um dort die Kaiserlichen zu vertreiben.«

»Besser sie kämpfen da, als dass sie unsere Ländereien in der Mark verwüsten. Wünscht mir Glück. Ich möchte ungern irgendeiner schwedischen Nachhut in die Hände fallen.«

»Macht Euch keine Sorgen. Die Schweden haben andere Probleme, als dass sie ein einzelner Reiter interessiert.«

»Euer Wort in Gottes Ohr.«

Trotz seiner Befürchtungen traf Johann von Schell am Abend des nächsten Tages wohlbehalten in Kleve ein. Er quartierte sich im besten Gasthof der Stadt ein, labte sich an Wein und Braten, nahm später die Dienste zweier junger Hübschlerinnen im Hurenhaus in Anspruch und ersuchte am nächsten Tag um eine Audienz beim Bergvogt Dietrich von Diest.

Dieser empfing ihn in seinen Arbeitsräumen, an seiner Seite stand Walter von Linden, den von Schell flüchtig kannte.

Der Adelige aus Castrop kam bald zur Sache und versicherte dem Bergvogt seine Unterstützung. Außerdem nannte er ihm die Namen derjenigen, die angeblich den Widerstand gegen die Politik des Kurfürsten fortsetzten.

»Ihr könnt Euch denken«, beendete von Schell seine Ausführungen, »dass ich ein nicht unerhebliches Risiko eingehe. Ich habe gehört, dass Ihr überfallen worden seid. Das kann auch mir passieren. Außerdem muss ich damit rechnen, dass die anderen Bergbaubetreiber mich bei den Kunden anschwärzen. Bereits jetzt sind Gerüchte im Umlauf«, schwindelte er weiter. »Meine Kohlen seien minderwertig und die Taler nicht wert, die ich dafür verlänge. Mir drohen wirtschaftliche Einbußen.«

»Und Ihr erwartet, dass ich diese ausgleiche?«, wunderte sich der Bergvogt.

»Natürlich nicht. Ich wünsche mir nur etwas Entgegenkommen Euerseits.«

»In welcher Angelegenheit?«

Von Schell beugte sich vor und senkte die Stimme. »Mir ist zu Ohren gekommen, das auf einem Acker bei Werden Kohlen gefunden wurden. Es heißt, Ihr habt die Lagerstätte bereits in Augenschein genommen.«

»Ihr meint den Acker, der einem Bauer gehört, der ihn verpachten, nicht aber die Kohle selbst abbauen will?«

»Genau. Der Mann erwartet lediglich eine angemessene Pacht.«

»Woher wisst Ihr davon?«

»Der Besitzer eines Gutshofes in der Nähe hat mir davon berichtet. Er wusste auch zu erzählen, dass Ihr daran denkt, einen Essener mit dem Acker zu belehnen.«

Der Bergvogt warf von Linden einen schnellen Blick zu, den von Schell aber nicht bemerkte oder falsch interpretierte. »Ihr möchtet, dass ich Euch den Pütt überlasse?«

»Als Gegenleistung für meine Kooperationsbereitschaft, ja.«

»Wollt Ihr die neue Grube allein betreiben oder habt Ihr Partner?«

»Ich denke, ich wage es allein.«

Der Bergvogt erhob sich und ignorierte erneut von Schells ausgestreckte Hand. »Ihr erhaltet Nachricht von mir.«

Als er mit Walter von Linden wieder allein war, wies ihn

der Bergvogt an, sich auf den Platz zu setzen, den eben noch von Schell eingenommen hatte. Dann meinte er: »Euer Bruder hatte recht. Von Romberg und von Schell versuchen, auch mich zu betrügen. Entwerft ein Schreiben an den Kurfürsten, in dem er über diese Intrige gegen ihn in Kenntnis gesetzt wird. Und dann prüft, ob wir die Eidbrüchigen in den Kerker werfen können.«

»Letzters habe ich schon getan, Herr.«

»Mit welchem Ergebnis?«

»Ihr könntet so vorgehen. Das Recht wäre auf Eurer Seite. Aber es erscheint mir nicht ratsam, denn dann schlössen die Adeligen sich gegen Euch nur noch fester zusammen. Besser wäre es, ihren Verrat öffentlich zu machen, sie so bei den anderen Grubenbesitzern zu diskreditieren und ihnen gleichzeitig wirtschaftlich zu schaden. Bedenkt: Die Bergbaubetreiber konkurrieren alle miteinander. Was dem einen schadet, nützt dem anderen.«

»Unter anderem Eurem Bruder«, stellte der Bergvogt fest.

»Ihm auch«, räumte Walter ein. »Aber ich versichere Euch, das war nicht die Richtschnur meines Handelns.«

»Ich weiß.« Von Diest überlegte nur kurz. »Ich werde darüber nachdenken. Erarbeitet einen entsprechenden Vorschlag. Und dann laden wir die beiden Adeligen in meinen Bochumer Amtssitz ein. Bittet auch Euren Bruder hinzu. Dort bringen wir die Sache hoffentlich zu einem Ende.«

## 25

*Hattingen, 8. Dezember 1633*

Die schwedischen Truppen standen unter dem Kommando Wilhelm Wendt zum Crassensteins, jenem Obristen, den die Bürger einige Monate vorher so schmählich mit Waffengewalt aus der Stadt vertrieben hatten. Der Oberst dachte nicht im Traum daran, die Neutralitätserklärung, die Reichskanzler Oxenstierna ausgestellt hatte, zu befolgen, sondern durchquerte mit seiner Armee von einigen Hundert Landsknechten die Ruhrfurt und sammelte seine Truppen vor der Stadt. Die zerstörte Brücke hatte seine Soldaten nur wenige Stunden aufgehalten. Dann schickte er einen Boten zu dem Bürgermeister.

Pfannkuch und einige Mitglieder des Rats empfingen den Beauftragten. Ohne sich auf die üblichen Begrüßungsrituale einzulassen, entrollte der Offizier ein Dokument und las laut vor: »Ich habe Euch Folgendes von meinem Befehlshaber zu übermitteln: Ihr müsst die Stadt bis morgen früh kampflos übergeben. Wer danach mit einer Waffe in der Hand angetroffen wird, egal ob Bürger oder Soldat, ist des Todes. Das gilt selbstverständlich ebenso für einen Angriff auf einen der Unseren, egal ob bewaffnet oder mit bloßen Händen. Außerdem hat die Stadt eintausend Taler als Entschädigung für das Unrecht zu zahlen, das Ihr unserem Befehlshaber zugefügt habt.« Er übergab das Schreiben mit einer knappen Verbeugung. Dann trat er einen Schritt zurück. »Ich warte auf eine Erwiderung.«

Bürgermeister Pfannkuch präsentierte mit zitternden Händen die Erklärung des schwedischen Reichskanzlers. »Seine Exzellenz sichert uns Unversehrtheit und Schutz vor jedem schwedischen Angriff zu«, erklärte er unsicher. »Euer Ultimatum widerspricht seinen Intentionen.«

»Oberst Wendt kennt das Dokument«, erwiderte der Offizier. »Nur ist es an Oberst Knyphausen gerichtet, nicht an unseren Befehlshaber. Damit hat es für ihn keine Gültigkeit. Nun?«

Pfannkuch schluckte und schaute zu den Ratsmitgliedern. Mehrere schüttelten heftig den Kopf. Trotzdem bat der Bürgermeister den Unterhändler: »Wir müssen darüber beraten. Gebt uns einen Tag Zeit.«

»Nein, mein Befehl ist eindeutig. Ihr habt Euch jetzt zu entscheiden. Also sprecht.«

Der Bürgermeister holte tief Luft. Aber bevor er antwortete, riss Georg Kielmann mit vor Zorn gerötetem Gesicht die Gesprächsführung an sich: »Wir werden uns nicht erneut einer Erpressung beugen. Noch dazu, wenn sie so gegen Recht und Anstand verstößt wie Euer Ansinnen.«

Der Offizier verzog keine Miene. »Ist das auch Eure Meinung?«, fragte er Pfannkuch und die anderen. Als die Herren nicht antworteten, meinte er nur: »Es ist Eure Entscheidung«, und stapfte aus dem Ratssaal.

»Seid Ihr von Sinnen?«, rief Pfannkuch verzweifelt aus, kaum dass sich die Tür hinter dem Soldaten geschlossen hatte. »Ihr habt den Schweden den Krieg erklärt.«

»Nein«, erwiderte Kielmann. »Das Ultimatum war die Kriegserklärung an uns.«

»Aber die Neutralitätserklärung …«

»Wischt Euch damit den Arsch ab«, platzte es aus dem Kaufmann heraus. »Zu mehr taugt das Papier nämlich nicht.« Er schaute in die Runde. »Ich schlage vor, wir schließen die Stadttore, bewaffnen die Rotten und besetzen die Mauern. Die Antwort Wendt zum Crassensteins wird nicht lange auf sich warten lassen.«

Entgegen Kielmanns Erwartung erfolgte der schwedische Angriff nicht sofort. Stattdessen zog der Oberst in den nächsten Tagen immer mehr Truppen zusammen. Schließlich schätzten die Hattinger die Zahl der vor den Stadtmauern stehenden Landsknechte auf etwa dreitausend, fast fünfmal so viel, wie die Stadt verteidigten. Sie führten Belagerungsgerät mit sich, Sturmleitern und schwere Geschütze. Schon bald war Hattingen von allen Seiten umzingelt.

Die Verteidiger verfügten nur über wenige Musketen, die meisten trugen Hakenbüchsen. Und auch ihre Munition reichte bloß für einige Tage.

Vor ihrem Sturmangriff ruhten sich die Schweden von dem Marsch aus und plünderten zur Versorgung der eigenen Soldaten die Höfe der Umgebung. Dann hoben sie Laufgräben aus, dank denen sie sich der Stadtmauer nähern konnten, ohne durch die Geschosse der Verteidiger gefährdet zu sein. Trotzdem gelang es den Stadtsoldaten immer wieder, die Angreifer bei ihren Schanzarbeiten zu beschießen. Dutzende Landsknechte fanden so den Tod.

Am zehnten Tag der Belagerung waren die Schweden nah genug an Hattingen herangekommen, um ihre Geschütze einzusetzen. Stunde für Stunde donnerten die Kanonen, erbebte die Stadtmauer unter den Einschlägen der Geschosse, stürzten von Kugeln getroffene Häuser in sich zusammen.

Schließlich gelang es einem Stoßtrupp, trotz heftiger Gegenwehr ein Feuer am Heggertor zu legen. Fast gleichzeitig fiel, durch den tagelangen Beschuss instabil geworden, ein Teil der Mauer ein und diese entstandene Bresche drohte zum weiteren Einfallstor der Angreifer zu werden.

Nach kurzer Beratung beschloss der Rat der Stadt die Übergabe. Ein Hornsignal verkündete die Einstellung der Kämpfe. Der Rat, an seiner Spitze Bürgermeister Pfannkuch, trat den schweren Weg durch das zertrümmerte Heggertor zu den Schweden an.

Oberst Wendt zum Crassenstein empfing die Hattinger Abordnung in seinem Zelt mit einem zutiefst zufriedenen Gesicht. Natürlich saß er, während die Hattinger in gebührlichem Abstand nebeneinander vor seinem Stuhl standen.

»Ihr seid gekommen, um über die Übergabe der Stadt zu verhandeln?« Der Oberst hielt seine Hände über das eiserne Becken, in dem Kohle glühte.

»Ja, Herr«, antwortete Pfannkuch.

»Sehr schön. Dann hört meine Bedingungen. Alle Waffen werden abgegeben. Wer sich zur Wehr setzt, wird getötet. Die Stadt garantiert den Unterhalt meiner Truppen bis zu meinem Abmarsch.«

»Wann wird das sein?«, wagte der Bürgermeister eine Zwischenfrage, die der schwedische Obrist aber ignorierte.

»In den Kämpfen vor Eurer Stadt wurden dreihundert meiner Männer getötet. Als Schadensersatz und zum Ausgleich für die Schmach, die Ihr mir zugefügt habt, zahlt Ihr mir für jeden von ihnen zehn Reichstaler.«

Pfannkuch stöhnte auf. »Das können wir nicht aufbringen.«

Oberst Wendt brüllte unvermittelt los: »Aber meine Soldaten totschießen könnt Ihr, was? Ich bekomme dreitausend Taler. Es ist mir völlig egal, wie Ihr das Geld beschafft. Ansonsten brenne ich Eure Stadt nieder und lasse niemanden am Leben. Außerdem werden sich meine Landsknechte für die erlittenen Schmerzen bei Euch schadlos halten.«

»Was heißt das?«, erkundigte sich der Bürgermeister, obwohl er die Antwort kannte.

»Na was wohl? Sie nehmen sich von Euren Bürger, was sie wollen.«

»Ihr gebt die Stadt zur Plünderung frei?«, stammelte Pfannkuch entsetzt.

Der schwedische Befehlshaber schaute sein Gegenüber belustigt an. »Was habt Ihr denn gedacht?«

»Wäre es nicht möglich, auf die Plünderung zu verzichten?«

»Unsinn. Die Soldaten haben tapfer gekämpft und ein Recht darauf. Ihr wisst das ebenso gut wie ich.«

»Aber wir übergeben die Stadt freiwillig.«

»Weil Euch nichts anderes übrig bleibt. Glaubt mir, geplündert wird ohnehin. Hättet Ihr weiter Widerstand geleistet und wären noch mehr meiner Männer ums Leben gekommen, hätte das ihren Zorn nur zusätzlich angestachelt. Dann wäre in Hattingen kein Stein auf dem anderen geblieben. Eure Überlebenden hätten die Toten beneidet.« Der Oberst zeigte zum Ausgang des Zeltes. »Ihr dürft jetzt gehen. Öffnet alle Tore, sonst schießen wir sie zu Kleinholz.« Mit diesen Worten war die Abordnung der Stadt entlassen.

Die Plünderungen begannen zwei Stunden später und dauerten zwei Tage und Nächte. Einige Hattinger kamen ums Leben, andere wurden verletzt. Die Landsknechte stahlen alles, was einen gewissen Wert besaß und von einem Mann getragen werden konnte. Wohl dem, der wie Jürgen von Linden in weiser Voraussicht den Großteil seiner Ersparnisse im Garten vergraben hatte. Die Soldaten gaben sich mit dem zufrieden, was sie in der Truhe fanden, die der Kaufmann ihnen sofort aushändigte, und verschonten ihn und seine Familie. Zum ersten Mal seit Dirks Verschwinden waren Jürgen und Gesche froh, dass ihr Sohn fort war. Hätte er die Erstürmung der Stadt unversehrt überstanden?

Manchen erging es schlechter. Leisteten sie Widerstand, um ihr Eigentum in Sicherheit zu bringen, wurden sie bestenfalls verprügelt, ihre Frauen und Töchter geschändet und ihre Häuser verwüstet. Viele von ihnen bezahlten jedoch ihren Widerstand mit dem Leben oder erlitten schwere Verletzungen bei dem Versuch, die Ihren zu schützen.

Die Plünderer verschonten selbst Sankt Georg nicht. In der Kirche entwendeten sie die silbernen Leuchter und Kerzenständer, raubten die Silberbecher und die Tabletts, auf denen die Hostien dargeboten wurden.

Über zweitausend Landsknechte tobten durch Hattingens Straßen. Sie vertilgten die letzten Vorräte der Bewohner und hielten sich an ihrem Wein schadlos. Kaum jemand blieb verschont. Der Spuk endete erst einige Tage später, als ein neuer Befehl Oberst Wilhelm Wendt zum Crassenstein zum Abmarsch aufforderte.

Kein Bürger lieh der Stadt nach den Erfahrungen der letzten Tage Geld, sodass Hattingen den von Oberst Wendt geforderten Schadensersatz nur durch den Verkauf einiger Bauernhöfe aufbringen konnte. Als die Schweden endlich abzogen, war Hattingen eine geschlagene, ausgeraubte und völlig verarmte Stadt.

## 26

*Bochum und Hattingen, 7. März 1634*

Die zutiefst traumatisierten Bürger Hattingens waren die Leidtragenden der militärschen Niederlage gewesen und hatten sich in den vergangenen Wochen nicht davon erholt. Zwar normalisierte sich das Leben langsam wieder, aber zu viel erinnerte an die Ereignisse. Die sichtbaren Schäden stellten das kleinste Problem dar. Die Stadtmauer blieb zerstört, da die finanziellen Mittel für einen Wiederaufbau fehlten. Auch die meisten der Häuser, die durch den schwedischen Beschuss beschädigt worden waren, warteten auf ihre Instandsetzung. Die Toten lagen zwar alle in ihren Gräbern und die Verletzten waren geheilt, aber all das betraf nur die äußerlichen Wunden. Die Stadt versank in Agonie. Es würde Jahre dauern, bis sie sich von dieser Tragödie erholt hatte.

Der Bergvogt hatte Jürgen endlich zu dem lange erwarteten Gespräch nach Bochum eingeladen. Es sollte im Rathaus stattfinden.

Das milde Klima ließ ihn den Ritt in die Nachbarstadt genießen. Erste Blumen streckten sich am Wegesrand der Sonne entgegen, Vögel begrüßten den Frühling mit lautem Gezwitscher. Ein lauer Wind wehte und am Horizont des wolkenlosen Himmels tauchten schon bald die Türme Bochums auf.

Walter erwartete ihn bereits, führte seinen Bruder in einen Nebenraum und bat darum, dort zu warten. Von Diest wolle das Gespräch mit den Adeligen zunächst allein führen. Die Anwesenheit Jürgens würde sie möglicherweise misstrauisch werden lassen. Mit diesen Worten ließ Walter ihn allein.

Die beiden Adeligen trafen zu unterschiedlichen Zeiten ein. Sie wollten jeden Eindruck einer Gemeinsamkeit vermeiden.

Auf dem Tisch im Arbeitszimmer des Bergvogts standen nur ein Krug mit Wasser und zwei Becher, um ihren Durst zu stillen. Auf Wein, Obst oder gar Braten warteten sie vergebens.

Zunächst unterhielten sie sich über das Wetter, ihre Geschäfte im Allgemeinen, den Kohlebergbau im Besonderen und die militärische Lage, die immer undurchsichtiger wurde.

Schließlich kam von Diest zur Sache und eröffnete das Gespräch mit einer Frage: »Herr von Romberg, habt Ihr auch Kenntnis von einer Lagerstätte in Essen, die verpachtet werden soll und zur Belehnung ansteht?«

Der Angesprochene sah überrascht zu von Schell hinüber. Was soll das denn?, schien dieser Blick zu sagen. Fieberhaft dachte von Romberg über die richtige Antwort nach. Hatte dieser Kaufmann womöglich seinen Bruder über ihr Gespräch informiert? Dann würde ein Nein seine Reputation infrage stellen. Von Romberg beschloss, vage zu bleiben: »Ich habe davon gehört, ja. Ein Freund, der plant, ins Kohlegeschäft einzusteigen, hat von dem Angebot erfahren und mit mir darüber gesprochen.«

»Tatsächlich? Und, habt Ihr Interesse?«

Von Romberg entging der süffisante Unterton des Bergvogts. »Natürlich, wer hätte das nicht.«

»Was ist mit Euch, Herr von Schell?«

»Wir haben ja bereits darüber gesprochen. Ich würde mich freuen, wenn Ihr mich mit dem Pütt belehnt.«

Dietrich von Diest ließ sich Zeit für seine Erwiderung. »Ihr wisst von der Lagerstätte durch einen in der Nähe lebenden Gutsbesitzer, wenn ich mich recht erinnere.«

»So ist es.«

»Untereinander habt Ihr Euch nicht über diese Belehnung ausgetauscht?«

»Wie kommt Ihr denn darauf?«, echauffierte sich von Romberg.

»Ganz einfach«, antwortete von Diest mit sichtbarer Genugtuung. »Weil es diesen Pütt nicht gibt.«

Den beiden Adeligen verschlug es die Sprache. Als Erster

fasste sich von Romberg. »Das ist ja unerhört! Wir wurden hereingelegt«, versuchte er, die Situation zu retten. »Ein übles Spiel, das man mit uns treibt. Hat man Euch ebenso hintergangen wie mich?«

»Das würde ich nicht sagen«, antwortete der Bergvogt breit grinsend. »Ich denke vielmehr, Ihr hintergeht mich.«

Jetzt war es an von Schell, Empörung zu zeigen. »Niemals käme mir das in den Sinn und ich denke, das wisst Ihr auch.«

»Ich bin mir leider nicht so sicher.« Der Bergvogt wandte sich an Walter von Linden. »Bittet unseren dritten Gast herein.«

Die beiden Adeligen erbleichten, als Jürgen wenig später den Raum betrat und sich neben den Edelleuten platzierte.

»Ich muss Euch ja nicht vorstellen«, meinte von Diest und schaute in die Runde. »Nun?«

Von Romberg erfasste die Situation zuerst. »Dieser Mann«, er zeigte auf Jürgen, »war so impertinent, mir von dieser Lagestelle zu erzählen.« Er schlug sich theatralisch mit der flachen Hand vor die Stirn. »Und ich habe ihm auch noch geglaubt.«

Es dauerte etwas, bis auch von Schell schaltete und dieselbe Anschuldigung erhob.

Von Diest schien sich prächtig zu amüsieren. Die Adeligen zappelten wie Fische am Angelhaken. Er gab Walter ein Zeichen. Der reichte ihm das Schriftstück, welches Jacob verfasst hatte. »Das stammt von einem Eurer früheren Bediensteten, Herr von Romberg. Er behauptet darin, Ihr und von Schell hättet Euch gegen mich und die anderen Grubenbesitzer verschworen.«

»Das ist ja unerhört«, regte sich von Romberg auf. »Ihr glaubt doch wohl nicht den Aussagen eines weggelaufenen Dieners, der nur aus Rache handelt?« Er biss sich auf die Lippen, denn ihm wurde klar, dass er einen Fehler begangen hatte.

»Von einem Diener habe ich nicht gesprochen«, antwortete der Bergvogt scharf. »Und von Rache erst recht nicht.

Aber genug der Spielerei: Die Idee mit dem erfundenen Pütt stammt von dem Advokaten an meiner Seite und ich habe zugestimmt, Euch diese Falle zu stellen. Herr von Linden hat Euch, Herr von Romberg, über die angebliche Belehnung unterrichtet, den Namen dieses Pütts aber nicht genannt, damit Ihr den Wahrheitsgehalt seiner Behauptung nicht überprüfen konntet. So erfandet Ihr, Herr von Schell, den Gutsbesitzer und Ihr, von Romberg, den Freund. Natürlich habt Ihr Euch sofort untereinander ausgetauscht, dabei aber den Fehler begangen, dies nicht unter vier Augen zu tun. Wenn Ihr schon Vertrauliches im Beisein anderer beredet, wäre es schlau gewesen, einen der Mitwisser später nicht wegen einer Kleinigkeit zu maßregeln. Aber daran habt Ihr in Eurer Wut wohl nicht gedacht. Was sagt Ihr dazu?«

Die Edelleute antworteten nicht.

»Es ist Euer Recht zu schweigen. Aber ob Ihr gut daran tut?« Von Diest wiegte den Kopf. »Ich habe selbstverständlich den Kurfürsten von Eurem Versuch unterrichtet, Euch zulasten Dritter zu bereichern. Er hat mir in dieser Angelegenheit freie Hand und seine volle Unterstützung zugesagt.« Er ließ sich von Walter ein weiteres Dokument aushändigen und hielt es hoch. »Der Kammergerichtsadvokat Doktor Konradus Fabri hat in einem Rechtsgutachten dargelegt, dass ich Euch auch wegen Hochverrats anklagen und bis zum Prozess in den Kerker werfen lassen kann. Natürlich würdet Ihr gegen eine solche Entscheidung beim Reichskammergericht Klage erheben. Aber Justitias Mühlen in Speyer mahlen langsam. Es könnte Jahre bis zu einer abschließenden Entscheidung dauern – Jahre, die, in einem feuchten Kerker verbracht, Eurer Gesundheit nicht förderlich sein werden. Es muss jedoch nicht so weit kommen.«

»Was verlangt Ihr von uns?«, fragte von Romberg kleinlaut.

»Erstens: Ihr unterschreibt eine Erklärung, dass die Vorwürfe gegen Euch zutreffen.«

»Einverstanden«, versicherte von Schell eilig.

»Ich bin noch nicht fertig. Zweitens werdet Ihr verbindlich

für Euch und Eure Erben zusichern, dass Euer Geschlecht jetzt und in der Zukunft den Zehnten an den Kurfürsten abführen wird. Bei Zuwiderhandlung erklärt Ihr Euch bereit, dass Euer gesamter Besitz an unseren Landesherrn fällt. Die Beweislast, die Abgabe gezahlt zu haben, obliegt dabei Euch, nicht dem Kurfürsten oder mir.«

Die beiden Adeligen atmeten schwer, nickten aber.

»Und drittens werdet Ihr durch Eure Unterschrift erklären, Herrn Jürgen von Lindens geschäftliche Aktivitäten nicht zu behindern. Ihr dürft ihm Konkurrenz machen, das sicher. Aber jede Form übler Nachrede, ungebührliche Absprachen mit Dritten zu seinem Nachteil oder Gewaltmaßnahmen gegen ihn oder seinen Besitz werden mit einer Konventionalstrafe von je fünftausend Talern belegt. Für jeden von Euch, damit ich mich unmissverständlich ausdrücke.«

Von Romberg und von Schell waren am Boden zerstört.

»Ein Letztes noch: Wenn ich richtig informiert bin, hält Herr von Linden ein Viertel der Kuxe an der Romberg'schen Grube.«

»Das ist richtig«, keuchte von Romberg.

»Ihr werdet Herrn von Linden seinen Anteil zum Preis von eintausend Talern abkaufen.«

Von Romberg schnappte nach Luft. »Das ist fünfmal so viel, wie er gezahlt hat.«

»Ist das mein Problem?«, erwiderte von Diest gelassen.

»Das akzeptiere ich nicht.«

»Ist das Euer letztes Wort?«

»Ja.«

»Wie Ihr meint. Dann lasse ich Euch auf der Stelle festnehmen. Seid versichert: Das ist keine leere Drohung.«

Im Gegensatz dazu stieß von Schell hastig hervor: »Ich unterschreibe alles, was Ihr einfordert.«

»Die Vereinbarung betrifft Euch beide«, erklärte der Bergvogt. »Mitgefangen, mitgehangen.«

»Nun stimmt schon zu«, blaffte von Schell seinen ehemaligen Partner an. »Oder wollt Ihr im Kerker verrecken?«

»Eintausend Taler! Das ist eine Unverschämtheit!«

»Passt auf, was Ihr sagt«, forderte der Bergvogt mit schneidender Stimme. »Sonst könnte mir in den Sinn kommen, dass Herr von Linden sogar mehr verdient hätte.«

»Zahlt«, flehte von Schell. »Ich beteilige mich auch an Euren Kosten.«

»Mit wie viel?« In von Rombergs Augen stand die Gier.

Von Diest schlug so heftig mit der Hand auf den Tisch, dass alle zusammenzuckten. »Jetzt reicht es. Wir sind hier nicht auf einem Wochenmarkt. Mein Advokat wird Euch die entsprechenden Schriftstücke in mehrfacher Ausfertigung vorlegen. Unterschreibt oder lasst es bleiben. Damit Ihr auch wirklich den Ernst der Lage erkennt, zeige ich Euch, was Euch erwartet, falls Ihr nicht unterzeichnet.«

Walter von Linden ging zur Tür und öffnete. Ein klevischer Offizier betrat mit vier Soldaten das Arbeitszimmer. Nach einem kurzen Blickkontakt mit seinem Vorgesetzten hob einer der Männer demonstrativ die Hand und bewegte sie mehrmals hin und her. Die Handfesseln, die er zeigte, schlugen metallisch aneinander.

»Und nun entscheidet Euch endlich«, forderte der Bergvogt.

Als Erster tunkte von Romberg die Feder in die Tinte.

Auf dem Heimweg versicherte sich Jürgen mehrmals, dass seine Abschriften der Vereinbarungen in der Ledertasche verstaut waren, die er auf dem Rücken trug. Sein im Garten vergrabenes Vermögen, die neu hinzugekommenen eintausend Taler und die Zusicherungen der beiden Adeligen würde es ihm ermöglichen, sein Geschäft auszubauen. Nur der älteste Sohn fehlte als Nachfolger. Kein Brief war von Dirk gekommen, kein Reisender hatte etwas von ihm gesehen oder gehört. Sein Sohn blieb verschwunden.

Jürgen übergab seinen Hengst dem Knecht und ging dann in die Stube, um von Walters und seinem Erfolg zu berichten. Gesche wartete bereits mit Bertram.

Der Kaufmann erzählte von der Verhandlung, dem Druck,

den der Bergvogt aufgebaut hatte, und dem Einlenken der Adeligen. Dann stand er auf, um die Dokumente in der Familientruhe zu verstauen.

Als er den Fuß auf die erste Treppenstufe setzte, um ins Obergeschoss zu gelangen, klopfte es. Jürgen öffnete. Für einen Moment war er durch die tief am Himmel stehende Sonne geblendet. Draußen stand ein hochgewachsener Mann, die Hutkrempe tief ins Gesicht gezogen, an seiner Seite eine bildhübsche junge Frau.

Der Kaufmann stutzte, ließ die Tasche mit den Dokumenten fallen, breitete die Arme aus und umarmte seinen Sohn.

Dann rief er, so laut er es vermochte, in Richtung Stube: »Gesche, schnell. Dirk ist wieder da.«

Sein Sohn strahlte ihn an. »Und Alke ebenfalls.« Er ergriff ihre Hand. Als ob er seit Jahren darauf gewartete hätte, diese Worte endlich auszusprechen, platzte es aus ihm heraus: »Wir sind uns einig: Wir werden heiraten.«

Jürgen liefen Tränen der Freunde über die Wangen. Sein Nachfolger war zurück. Die Zukunft der Familie und des Geschäftes schien endlich gesichert. »Schön, dass Ihr wieder zu Hause seid.«

# Glossar

**Akzise**
Verbrauchssteuer auf Lebens- und Genussmittel

**Ausbau**
Verfahren, das zur Abstützung oder Verfestigung des Gesteins führt, das den zu sichernden Hohlraum umgibt

**Auskragung**
Vorspringen oder Hinausragen eines Bauteils über die Baufluchtlinie

**Bader**
Eigentlich Betreiber einer Badestube. Bader wurden mit der Zeit immer mehr zu Gehilfen der Ärzte. Der Besuch eines Baders war für die arme Bevölkerung oft die einzige Möglichkeit, wenigstens ein Minimum an medizinischer Versorgung zu erhalten. Aus diesem Beruf entwickelte sich der → Feldscher.

**Belehnung**
Nutzungsrecht, auch Übereignung

**Berggeschworener**
Vereidigter Bediensteter des Bergmeisters (später des Bergamts), dem die technische Aufsicht der Bergwerke unterstand

**Bergregal**
Verfügungsrecht über die ungehobenen Bodenschätze

**Bergschreiber**
Schreiber des Bergvogts

**Blattern**
Pocken

**Brennschere**
Werkzeug zur Ondulation des Haares

**Bruchwald**
Permanent nasser, örtlich überstauter, langfristig gefluteter, sumpfiger Wald

**Büttel**
Gerichtsdiener, auch Schreiber

**Droste**
Beamter, der im Auftrag eines Herrschers einen definierten Verwaltungsbezirk in rechtlicher, militärischer und polizeilicher Hinsicht leitete. Der Droste war in der Regel von Adel und in seinen Aufgaben mit einem Amtmann vergleichbar, führte sogar häufig diesen Titel.

**Eingeschlichener**
Zugereister, der keine Stadtrechte besitzt

**Emscherbrücher**
Robuste, wild lebende, kleine Pferderasse im Gebiet der Emscher (Emscherbruch)

**Endlicher Rechtstag**
Nach den Vorschriften der Peinlichen Gerichtsordnung Karls V. von 1532 konnte Recht nur durch die Herstellung von Öffentlichkeit entstehen. Deshalb wurde in einem formalisierten Akt der eigentliche, vertraulich abgelaufene Prozess vor Zuschauern wiederholt.

**Fahrte**
Bergmännisch für ›Leiter‹. Jede Bewegung unter Tage wird

als ›fahren‹ bezeichnet (Grubenfahrt, Befahrung, Anfahren).

**Feldscher**
Wundarzt, der auf dem Schlachtfeld Verwundete versorgt. Im Gegensatz zum Medicus, der sein Wissen an einer Universität erlangte, wurde der Feldscher von halb professionellen Laien, den → Badern, ausgebildet. Die Feldschere bildeten die unterste Stufe der Militärärzte.

**Feuerstahl**
Schlageisen zum Erzeugen von Funken

**Filler**
Abdecker

**Fleischhauer**
Metzger

**Flöz**
Lagerstätte eines Rohstoffes (zum Beispiel Kohle), die parallel zur Gesteinsschichtung verläuft

**Fündigkeit/Fündig**
Nachweis, dass Bodenschätze an einer bestimmten Stelle vorhanden sind. Dieser Nachweis musste durch den Antragsteller nach bestimmten Regeln, zum Beispiel der freien Zugänglichkeit, erbracht werden. Die Fündigkeit war Voraussetzung für eine → Mutung.

**Gefach**
Raum zwischen den Holzbalken der Wand eines Fachwerkhauses

**Gräfte**
Wassergraben, der einen Adelssitz umgibt und für dessen Schutz sorgen soll

**Hakenbüchse**
Schwerfällig zu handhabender Vorderlader, der überwiegend als Verteidigungswaffe von den Burgmauern hinunter eingesetzt wurde

**Hängebank**
Vorrichtung zum Entleeren der Fördergefäße und zum Einbringen von Material

**Hangende**
Über einem Flöz liegende Gesteinsschichten

**Haspel**
Seilwinde

**Haushofmeister**
Der Haushofmeister war vom Mittelalter bis ins 19. Jahrhundert hinein einer der ersten Hofbeamten. Ihm oblag mit der Überwachung der → Hofordnung die Leitung der königlichen Hauswirtschaft und des Dienstes um die Person des Herrschers. Der Haushofmeister hatte nicht nur für die Einhaltung der Regeln zu sorgen, sondern war auch für die Buchführung zuständig. Seine Funktion ähnelt einem Verwaltungsspezialisten für Hauswirtschaft.

**Herrlichkeit**
Territorium oder Lehen eines Landesherrn, der in diesem Gebiet die vollen Herrschaftsrechte ausübt

**Hilinciweg**
Auch kleiner Hellweg. Uralter Handelsweg, der von der Kölner Bucht durch das Bergische Land führt und bei Hattingen die Ruhr überquert, anfangs durch die Furt unterhalb der Isenburg, später über die Ruhrbrücke. Kreuzt bei Bochum-Linden den Westfälischen Hellweg und verläuft weiter Richtung Münster/Osnabrück.

**Hofordnung**
Regelwerk, das das tägliche Geschehen ›bei Hofe‹, das heißt in einer Burg oder der Residenz eines Adeligen, regelte. Die Hofordnung wurde meist von einem → Haushofmeister überwacht.

**Holschen**
Westfälische Bezeichnung für Holzschuhe

**Hübschlerin**
Prostituierte

**Kammergerichtsadvokat**
Am Kammergericht zugelassener Jurist, der nicht vor Gericht auftreten durfte, aber zum Beispiel Schriftsätze verfassen konnte. Der Gerichtsadvokat wurde deutlich schlechter bezahlt als der → Kammergerichtsprokurator, der sein Honorar häufig frei vereinbaren konnte.

**Kammergerichtsprokurator**
Prozessvertreter am Reichskammergericht. Er war im Gegensatz zu den Advokaten als Rechtsberater seiner Mandanten bei Gericht zugelassen.

**Kammergerichtspronotar**
Sekretär am Reichskammergericht

**Kanonissin**
Auch Stiftsdame. Sie lebt in einer geistlichen Gemeinschaft in einem Frauenstift, ohne Ordensgelübde abzulegen.

**Kapitelsaal**
Versammlungsstätte einer klösterlichen Gemeinschaft

**Katzengold**
Pyrit. Mineral aus Eisen und Schwefel, das Gold ähnelt, aber

im Gegensatz zu diesem nur schlecht formbar ist. Es wird daher meistens zu Schmucksteinen verarbeitet, bei denen häufig die ursprüngliche Gestalt beibehalten wird.

**Kippermünzen**
Münzen, deren Wert nicht mehr durch den Metallwert gedeckt war und die als Wechselgeld galten (Groschen, Kreuzer etc.)

**Klafter**
Längen-, Raum- und Flächenmaß. Ein Klafter entspricht drei Raummeter.

**Koller**
Wattiertes Kleidungsstück, welches Hals und Oberkörper bedeckte

**Konsorten**
Zeitlich begrenzter Zusammenschluss rechtlich selbstständig bleibender Unternehmer

**Kontribution**
Zwangserhebung von Geldbeträgen im feindlichen Gebiet durch Besatzungstruppen

**Kröse**
Halskrause, in Rüschen gezogener Abschluss des Kragens

**Kuxe**
Anteilschein an einem Grubenbetrieb

**Libell**
Prozessakte, in der Regel eine Klageschrift

**Lohgerber**
Handwerker, der Rinderhäute zu strapazierfähigen, kräftigen Ledern verarbeitet

**Marketender**
Händler, der die Soldaten mit Waren des täglichen Bedarfs belieferte

**Meile**
Eine deutsche Meile oder Landmeile entspricht 7.532,5 Metern. Sie galt in Deutschland bis ins späte 19. Jahrhundert. Eine Meile bestand aus 10.000 Schritt, ein Schritt war also etwa 0,75 Meter lang.

**Miasma**
Übler Dunst, ausgelöst durch Fäulnisprozesse, der nach der Auffassung der Mediziner der frühen Neuzeit Krankheiten übertrug

**Mundloch**
Eingang eines Stollens an der Tagesoberfläche

**Muskete**
Von der → Hakenbüchse unterschied sich die Muskete hauptsächlich durch die größere Länge, die dem Geschoss eine höhere Mündungsgeschwindigkeit und dadurch gesteigerte Reichweite und Durchschlagskraft verlieh.

**Mutung**
Antrag auf Genehmigung eines bergbaulichen Vorhabens

**Narrenhäuslein**
Arrestzelle, eine Art Pranger an Hattingens Kleine Weilstraße

**Panier**
Fahne

**Peinliche Befragung**
Folter

**Pfründe**
Unterhalt

**Pronotar**
Leitender Notar der kaiserlichen Administration

**Pütt (auch Pfütze)**
Umgangssprachlich für Kohlengrube. Der Begriff ist abgeleitet aus dem lateinischen Wort *puteus* für Brunnen.

**Pyrit**
→ Katzengold

**Rattler**
Kleine bis mittelgroße Hunde, die als Rattenfänger verwendet werden, zum Beispiel Mittelschnauzer oder Pinscher

**Refektorium**
Speisesaal

**Rentmeister**
Leiter einer landesherrlichen Finanzverwaltung

**Rotte**
Acht bis zwölf Landsknechte oder Stadtsoldaten

**Säumer**
Personen, die Lasten auf dem Rücken von Saumtieren über das Gebirge transportierten. Als Säumer musste man ein Pferd, einen Maulesel, ein Maultier oder einen Ochsen besitzen. Die Bezeichnung ›Säumer‹ bezieht sich meist auf diesen historischen Beruf, aber auch auf die Saumtiere selbst. Das heute nicht mehr gebräuchliche Wort ›Saum‹ bedeutet so viel wie ›Last‹. Das Gewerbe der Säumer wurde als ›Säumerei‹ bezeichnet. Der Säumer arbeitete auf eigene Rechnung im Auftrag fremder Kaufleute oder Kunden. Zum Teil

waren die Säumer auch in Säumergenossenschaften organisiert.

**Schaube**
Weiter, vorn offener, ungegürteter Überrock, der im 15. Jahrhundert aufkam, um den darunter getragenen Scheckenrock sichtbar zu machen. Ursprünglich war die Schaube ein Kleidungsstück für Männer, das später mit einer schleppenartigen Verlängerung aber auch von wohlhabenden Frauen getragen wurde.

**Scheffel**
Maßeinheit, die etwa fünfzig Liter entspricht

**Schwarzer Tod**
Synonym für die Pest. Ursprünglich wurde damit nur die große europäische Pandemie zwischen 1346 und 1353 bezeichnet, etablierte sich später aber auch als genereller Begriff.

**Schwefelholz**
Längliche Späne, deren Spitzen in geschmolzenen Schwefel getaucht wurden und sich so leicht entzündeten

**Schwefelkies**
→ Katzengold

**Sohle**
Boden eines Grubenbaus

**Stadtbüttel**
Stadtdiener

**Stempel**
Stütze, um das Hangende gegen Steinschlag zu sichern

**Steuerbewilligungsrecht**
Das Recht, Steuererhebungen eines Landesherrn zuzustimmen oder abzulehnen

**Sudler**
Kurpfuscher

**Tambour**
Trommler

**Teatro Regio Ducale**
1598 zur Feier der Durchreise von Margarete von Österreich durch Mailand erbaut, 1699, 1708 und 1776 niedergebrannt. Die weltberühmte *Scala* ist der Nachfolgebau des abgebrannten *Teatros.*

**Teufe**
Tiefe

**Trossbube**
Eine Art Knecht, der zum Beispiel die Pferde versorgt

**Untitulierter Adel**
Niedere Adelsfamilien ohne Adelstitel

**Vesper**
Liturgisches Abendgebet sowohl in der katholischen als auch evangelischen Kirche

**Wedeme**
Pfarrhaus

**Zitation**
Eine mündliche Anweisung des Kaisers

**Zunderdose**
Metalldose, häufig künstlerisch bearbeit, in der der → Zunderschwamm aufbewahrt wurde

**Zunderschwamm**
Getrockneter, in Deutschland weit verbreiteter Ständerpilz, der in speziellen → Zunderdosen aufbewahrt wurde und zum Anstecken von Feuern benutzt wurde

**Zustiftung**
Zu zahlender Betrag, der den Eintritt in ein Adelsstift ermöglicht

Einige der Erläuterungen habe ich sinngemäß (zum Teil auch wörtlich) der freien Enzyklopädie *Wikipedia* entnommen.

# Nachbemerkung

Die Kleinzeche Alte Missgunst in Bochum-Querenburg hat tatsächlich existiert, so wie es auch weitere Pütts gleichen Namens im Ruhrtal gab. Allerdings gehörte sie nicht Wennemar von der Recke, wie im Roman behauptet, sondern Wennemar von Melschede auf Haus Brenschede. Lange habe ich mich gefragt, warum jemand seinem Besitz einen solchen negativen Namen gab. Recherchen in den Stadtarchiven Bochums und Hattingens blieben ohne Ergebnis, auch eine Nachfrage beim Bergbaumuseum in Bochum brachte keinen Erfolg.

Schließlich fand ich heraus, dass mit ›Missgunst‹ auch Flurstücke bezeichnet wurden. Das Wort stammt vermutlich vom mittelhochdeutschen Wortpaar ›Günne‹ im Sinne von ›das Gegönnte‹. Das Gegenstück ist ›Übelgönne‹. Nicht einig sind sich die Sprachwissenschaftler darin, was genau mit dieser Bezeichnung gemeint ist. Wurde mit ›Günne‹ (= günstig) ein guter Boden, mit ›Övelgünne‹ (= ungünstig) ein schlechter bezeichnet? Oder waren mit Letzterem rechtliche Streitigkeiten um den Besitz gemeint? Christof Spannhoff, dem ich diese Erkenntnis verdanke, vertritt die These, dass viele Flurstücke, die als ›Gönne‹ bezeichnet werden, von der Qualität trotzdem gering gewesen seien. Der Ertrag der Böden könne also nicht gemeint sein. Deshalb sei es wahrscheinlich, dass mit der Bezeichnung ›Missgunst‹ die Verweigerung oder Rücknahme der Erlaubnis, ein bestimmtes Flurstück zu bestellen, gemeint war, vermutet der Historiker.

Dieses Buch ist ein Unterhaltungsroman, kein wissenschaftliches Werk. Deshalb habe ich mir auch dieses Mal die Freiheit genommen, die Lebensdaten einiger historischer Personen zu verändern und Ereignisse so zu verlegen, dass sie in den Ablauf meiner Handlung passen. Vor allem habe ich die zeitliche Abfolge der Geschehnisse während des Dreißigjährigen Krieges in Hattingen deutlich gestrafft und einige historische Personen an Ereignissen beteiligt, mit denen sie tatsächlich nichts zu tun hatten.

Diese Zeit war in Hattingen und dem gesamten Bergischen Land, Westfalen und Niederrhein ein – wie es eine meiner Figuren formuliert – großes Tohuwabohu. Da kämpften die Niederlande im Achtzigjährigen Krieg gegen Spanien um ihre Unabhängigkeit, befehdeten sich die europäischen Großmächte Frankreich und Spanien seit Jahrzehnten, rangen die seefahrenden Staaten um die Macht in den neu entdeckten Kolonien, tobte der Dreißigjährige Krieg, ging es im jülisch-klevischen Erbfolgestreit um den Nachlass des letzten Herzogs von Kleve und über allem standen die Religionskonflikte der Reformation zwischen Katholiken und Protestanten. Eine wahrhaft explosive Gemengelage, auch wenn es in Hattingens Umgebung zu keinen großen Schlachten kam. Ganz konnte ich nicht darauf verzichten, die Hintergründe einiger dieser Streitigkeiten zu schildern. Knapp bleibt die Darstellung dennoch. Wer mehr wissen möchte, schaue bei Wikipedia nach.

Auf das Schicksal Ursulas von der Recke bin ich durch einen Artikel im dritten Bochumer Heimatbuch von 1930 gestoßen, der auf der Internetseite der Stadt veröffentlicht ist. Danach sei Ursula aus einem Kloster in Greverath geflohen und mit dem Hausierer Clemens Nagel durchgebrannt. Die beiden sollen sieben Kinder gehabt und ein lästerliches Leben geführt haben, so der Chronist August Weiß.

Es gibt aber auch eine andere Deutung dieser Geschichte, die mir wahrscheinlicher erscheint. Ebenfalls auf den Bochumer Seiten findet sich nämlich in einer kurzen Notiz der Hinweis, dass Ursulas Heirat mit Clemens möglicherweise nicht unter ihrem Stand gewesen war, wie ihre Gegner damals behaupteten. Denn Nagel sei der Name eines nicht titulierten westfälischen Adelsgeschlechts. Das wird auch durch genealogische Daten bestätigt, in denen Nagel mit dem Attribut ›von‹ versehen wird.

Im dem im Internet veröffentlichten Findbuch des Landesarchivs NRW finden sich die wesentlichen Gründe des Verfahrens, welches Ursula angestrengt hat. Im Rubrum des Prozesses wird das Kloster Gräfrath genannt.

Clemens Nagel wurde bereits 1605 erschossen, Cord von der Recke starb um 1611. Der Prozess um das Erbpflichtteil begann 1613 und endete erst Jahre später – da war Ursula von der Recke schon lange tot.

Ob das Gänsereiten wirklich von den Spaniern ins Ruhrgebiet gebracht wurde oder nicht, ist umstritten. Ich habe mich jedenfalls an diese Überlieferung gehalten.

Nicht immer sind die Angaben in den vorliegenden Quellen konsistent. So sollen zum Beispiel im November 1633 schwedische, also protestantische Truppen in Hattingen stationiert gewesen sein. Zur selben Zeit aber hätten kaiserliche katholische Soldaten die Ruhrbrücke zerstört und von der Stadt Unterhaltszahlungen verlangt. Diese Duplizität der Ereignisse ist nur schwer vorstellbar. Angesichts der vielen untereinander verfeindeten Heere, die durch Hattingen gezogen oder dort gelagert haben, scheinen auch die damaligen Chronisten manchmal den Überblick verloren zu haben. Ich habe solche widersprüchlichen Aussagen schlicht ignoriert und die Stadthistorie so interpretiert, wie ich sie benötigte.

In meiner Geschichte dauert es nur wenige Wochen, bis der Entwässerungsstollen in der Alten Missgunst gegraben ist. Tatsächlich erforderte das Aufhauen solcher Stollen viel mehr Zeit, auch wenn er, wie in meiner Geschichte, durch ein weiches Kohlenflöz führt. Zum Vergleich: Für einen Meter Stollen im festen Gestein benötigte ein Knappe durchschnittlich etwa ein Jahr.

Das Münzwesen in dieser Zeit war ebenso zerrissen wie das Land selbst. Viele Regenten prägten eigene Münzen, trotz manchmal gleichen Namens waren sie vom Gold- oder

Silbergehalt grundverschieden. Ich habe mich einfachheitshalber auf den Albus und den Taler beschränkt, obwohl das nicht in jedem Fall korrekt ist.

Die Quellen, die ich benutzt habe, finden Sie auf meiner Internetseite.

*Jan Zweyer, Sommer 2018*

# Danksagung

Dr. Christof Spannhoff, Historiker und Sprachwissenschaftler an der Universität Münster, hat mir geholfen, den Zechennamen Alte Missgunst richtig einzuordnen.

Dr. Volker Schacke half mir mit Literaturtipps über den frühen Bergbau auf die Sprünge und hat einzelne Bergbaupassagen kritisch durchgesehen.

Auch Dr. Franz-Josef Wodopia gab mir weiterführende Literaturhinweise.

Thomas Weiß, Leiter des Stadtarchivs in Hattingen, überließ mir einige Veröffentlichungen des Archivs zur Durchsicht, unter anderem die Ratsprotokolle der Stadt Hattingen aus dieser Zeit und die sogenannte *Merckersche Chronik.* Als ausgewiesener Kenner der Stadtgeschichte half er mir – soweit möglich –, einige widersprüchliche Zeitangaben in den historischen Quellen aufzuklären.

Trotz dieser fachkundigen Unterstützung bin ich für alle Fehler natürlich selbst verantwortlich.

# Hiermit hat alles begonnen

Jan Zweyer

**Das Haus der grauen Mönche –**
**Das Mündel**

ISBN 978-3-89425-619-7
Auch als E-Book erhältlich

Anno 1488: Die grauen Mönche nehmen sich des Waisenjungen Jorge an. Dabei haben sie schon genug Probleme: Nicht nur dem Hattinger Bürgertum sind die Bettelmönche ein Dorn im Auge, auch der Erzbischof von Köln möchte sie weit weg sehen. Jorge gerät zwischen die Fronten von weltlichen und kirchlichen Machthabern.

**Das Haus der grauen Mönche –**
**Freund und Feind**

ISBN 978-3-89425-620-3
Auch als E-Book erhältlich

Anno 1502: Jorge wird verbannt und begibt sich auf Wanderschaft. Währenddessen will der Hattinger Kaufmann Hinrick van Enghusen durch die Hochzeit seiner Tochter seine Macht in der Bürgerschaft festigen. Auch der Benediktiner Bartholomäus verfolgt unbeirrt weiter seine Pläne, nur Jorge kann ihm noch gefährlich werden. Doch Gier ist immer ein schlechte Berater: Bald schon muss sich ein jeder die Frage stellen: Wer ist Freund, wer Feind?

**Das Haus der grauen Mönche –**
**Im Dienst der Hanse**

ISBN 978-3-89425-621-0
Auch als E-Book erhältlich

Anno 1506: Jorge von Linden baut sich in Lübeck eine neue Existenz auf. Aber als die Hanse Stellung bezieht im Krieg zwischen Schweden und Dänemark, wird ausgerechnet Jorge das Opfer einer Intrige. Währenddessen geht seine Jugendliebe Marlein eine Zweckehe ein. Doch in Zeiten des Krieges hält sich niemand an getroffene Vereinbarungen: Weder für Jorge noch für Marlein scheint es eine Zukunft zu geben ...

grafit

# In den Wirren der Reformation

Jan Zweyer

**Ein Königreich von kurzer Dauer**

ISBN 978-3-89425-623-4

Auch als E-Book erhältlich

## Jan Zweyer erzählt die große Familiensaga ›Das Haus der grauen Mönche‹ in der zweiten Generation weiter

Anno 1531: Die von Lindens gehören zu den angesehensten Handelsfamilien Hattingens. Doch bereiten dem Patriarchen Jorge seine Söhne Kopfzerbrechen: Linhardt bekommt die Probleme der Niederlassung in Lübeck nicht in den Griff. Hinrick ist zwar blitzgescheit, hat aber keinerlei kaufmännische Ambitionen. Genauso wenig wie Lukas, der sogar mit seinem Vater bricht, um Instrumentenbauer in Münster zu werden. Dort reißen gerade die Wiedertäufer die Herrschaft an sich. Ungewollt steht Lukas bald im Zentrum der Auseinandersetzungen …

*»Jan Zweyer … hält hier vier Fäden einer Geschichte in der Hand, die er lebendig, raffiniert und mit vielerlei Verstrickungen klug ineinander webt. … Genau so muss ein Roman sein!«*
Andrea Backhaus, Carpe Diem

*»Früher war nicht alles besser, und Bücher wie das vorliegende lassen uns das Leben in unserer Zeit richtig und in vollen Zügen genießen.«* Brigitte Lindner, EXPULS – Magazin für das Glücksbiotop Oberpfalz

*»Exzellent ausgeleuchtet sind die Gründe für den Niedergang der Hanse.«* Jens Dirksen, WAZ Westdeutsche Allgemeine Zeitung

*»Nach dem Erfolg der Trilogie Das Haus der Grauen Mönche fügt Zweyer der ›Von-Linden-Saga‹ einen weiteren lesenswerten Band hinzu.«* Jürgen Seefeldt, ekz-Bibliotheksservice

grafit

# Auf der Flucht vor der Inquisition ...

Beate Sauer

**Die Buchmalerin**

ISBN 978-3-89425-622-7

Auch als E-Book erhältlich

Ein intriganter Kardinal, eine junge Buchmalerin und ein kaiserlicher Kundschafter liefern sich ein packendes Katz-und-Maus-Spiel

Im Westen des Deutschen Reiches, zu Beginn des Jahres 1235 n. Chr.: Der Machtkampf zwischen Papst Gregor IX. und Kaiser Friedrich II. bestimmt das Schicksal Donatas, einer jungen Buchmalerin. Seit vier Jahren vor der Inquisition auf der Flucht, beobachtet sie einen Mord und wird damit zur Schlüsselfigur in dem perfiden Ränkespiel des Kardinals Enzio von Trient.

*»Beste Unterhaltung sowohl für Krimifans als auch für Freunde historischer Romane.«* Martina Müller, 3sat.online

*»Die Geschichte der Buchmalerin Donata, die von der Inquisition verfolgt wird, weil sie Menschen und Heilpflanzen zeichnen kann, als wären sie lebendig, ist wirklich so spannend, dass man diesen Wälzer nicht aus der Hand legen kann.«* Brigitte

*»Ein wunderbarer Schmöker – spannend und äußerst unterhaltsam.«* Darmstädter Echo

*»Ein fesselnder historischer Roman um den Glanz der Bilder, die Intrigen der Macht und den Kampf gegen die eigenen Dämonen.«* buchSzene

grafit

# Spannendes Mittelalter

Ilka Stitz

**Harzblut**

ISBN 978-3-89425-617-3
Auch als E-Book erhältlich

Im Harz fliesst Blut für den Reichtum Venedigs

Anno 1493: Federico Manzoni ist Erzsucher im Auftrag Venedigs. Mangan und Kobalt für die blühende Kristallglasherstellung findet er im fernen Deutschland am Fuße des Brockens, wo auch seine heimliche Liebe, die verheiratete Anna, lebt.

Doch dieses Jahr steht nicht nur für Federico unter einem denkbar schlechten Stern: Das Handelshaus der Manzonis ist bankrott und den Schuldschein besitzt ausgerechnet deren Intimfeind Pertuzzi …

*»Ilka Stitz' Roman* Harzblut *erzählt von Liebe, Eifersucht und den Bodenschätzen im Harz, die bei vielen Menschen die nackte Gier wecken. Ein Schmöker wie gemacht für den Urlaub.«*
Morgenpost am Sonntag

*»Ein gelungener Mix aus geschichtlichen Fakten, ausgefeilten Charakteren und einem spannenden und sehr unterhaltsamen Plot.«*
Ulrike Weil, ekz-Bibliotheksservice

*»Ein spannender Schmöker; auf mitreißende Weise entführt Ilka Stitz ihre Leser an den Fuß des spätmittelalterlichen Brocken.«*
Buch aktuell

*»Ein historischer Roman mit allem, was ein solcher braucht. Interessante Protagonisten, spürbar gut recherchiert und mit viel Liebe zum Detail geschrieben.«*
Karin Speck, www.histo-couch.de

grafit